정신역동과 임원코칭
현대 정신분석 코칭의 기초 1

Executive Coaching: A Psychodynamic Approach

 호모코치쿠스 10

정신역동과 임원코칭
현대 정신분석 코칭의 기초 1

Executive Coaching: A Psychodynamic Approach

캐서린 샌들러 지음
김상복 옮김

 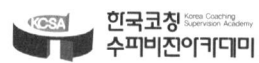

Executive Coaching, 1st Edition

Korean Language Edition Copyright ⓒ2019 by McGraw-Hill Education Korea, Ltd. and Korea Coaching Supervision Academy All rights reserved. No part of this publication may be reproduced or distributed in any form or by any means, or stored in a database or retrieval system, without prior written permission of the publisher.

1 2 3 4 5 6 7 8 9 10 KCSA 2019

Original: Executive Coaching, 1st Edition ⓒ2011
        By Catherine Sandler
        ISBN 978-0-33-523793-7

This authorized Korean translation edition is jointly published by McGraw-Hill Education Korea, Ltd. and Korea Coaching Supervision Academy. This edition is authorized for sale in the Republic of Korea.
This book is exclusively distributed by Korea Coaching Supervision Academy.
When ordering this title, please use ISBN 979-11-89736-08-8 (93180).
Printed in Korea.

이 책을 마틴Martin, 사이먼Simon, 레이첼Rachel,
대니Danny와 조에Zoë에게 바친다(영문판, 2011).

내 저서의 한국어판을 부모님에게 바친다.
아버지 조셉 샌들러Joseph Sandler(1926-1998)와 어머니 안느-마리 샌들러
Anne-Marie Sandler(1925-2018)는 영국 정신분석 분야의 리더였으며,
한국 정신분석 공동체와 함께 일했고, 한국 여행을 언제나 매우 즐겁게
추억했다(한국어판, 2019).

- 캐서린 샌들러Catherine Sandler

목차

역자 서문 ······ 9
한글판 저자 서문 ······ 13
시리즈 편집자 서문 ······ 16
감사 인사 ······ 19
머리말 ······ 21

서장 ······ 27
정신역동 접근: 가치에 대한 설명, 근거 없는 믿음 떨쳐버리기 | 코칭에 영향을 준 중요한 경험 | 이 책의 구성 | 고객 자료

1장. 임원코칭이란 무엇인가? ······ 39
내 코칭 프랙티스 | 고객은 누구이며, 어떻게 그리고 왜 코칭에 임하는가? | 일대일 작업을 위한 도전 | 내 코칭 스타일 | 작업가설 활용 | 코칭 수퍼비전 | 리더의 감정적 압박과 임원코칭의 성장

2장. 정신역동 이론의 주요 개념들 ······ 59
무의식 | 우리의 방어적인 패턴들 | 무의식의 신경학적 근거 | 프로이트: 마음 구조 모델 | 내부 갈등 | 개인은 어떻게 심리적으로 성장하는가? | 초기 애착관계의 중요성 | 신경과학과 애착 이론 | 실례로 이해하기 | 정신역동 치료 | 전이 그리고 역전이 | 심리적 방어기제 | 정신역동 모델 적용하기

3장. 고객 이해하기 ······ 95
정신역동 모델에 근거한 7가지 핵심 전제 | 전제 1: 고객은 누구나 무의식적 생각과 감정이 있다 | 전제 2: 고객의 정서적 경험은 중심적 의미를 지닌다 | 전제 3: 불안을 이해하는 것은 특히 중요하다 | 전제 4: 고객은 언제나 내적 갈등을 경험한다 | 전제 5: 고객은 자신의 힘든 감정과 내적 갈등을 위해 내장된 특징적인 방어 패턴을 개발할 것이다 | 전제 6:고객의 초기 가족 관계와 생활 경험은 그들 개개인의 성격 패턴을 만들어내는 데 중요한 역할을 한다 | 전제 7: 코치-고객 관계는 통찰력의 중요한 근원이며 변화 요인이다

4장. 고객과 나란히 함께하기 ······ 125
작업동맹 만들기 | 불안해하는 새로운 고객 | 불안 알아채기 | 양가감정 예상하기 | 구조 제공하기 | 공감 드러내 표현하기 | 확인하여 제공하기 | 불안 담아주기 | 마음속으로 경계 관리/유지하기 | 고객의 전이를 사용하라 | 무엇을 하지 말아야 하는가? | 역전이 다루기

5장. 통찰력 개발과 변화 실현하기 ······ 159
정신역동의 차이점 | 내 코칭 실천 | 어려운 감정 인식하기-복잡한 감정 다루기 | 비합리적 신념 이해하기 | 문제 재구성하기 | 스펙트럼의 양 끝 시각화하기 | 어려운 감정 인내하기-정상화 기술 | '핫스팟'에 집중하기 | 의도와 행동 | 도가 지나쳐 흘러넘치는 강점 | 고객 자신의 경험 활용하기 | 다른 사람을 통해서 통찰을 얻도록 고객을 돕기 | 독백을 대화로 | 코칭과정

6장. 조직의 맥락을 이해하라 ⋯⋯ 197
첫 계약 | 조직과 상호작용 | 첫 만남 약속하기 | 삼자 관계 관리

7장. 정서 프로파일 삼각형 ⋯⋯ 213
정서 프로파일 삼각형의 기원 | 정서 프로파일 삼각형 | EPT는 누구를 위한 것인가? | 세 가지 정서 프로파일 | 불안이 엄습할 때 세 가지의 역기능적 리더십 유형 | 효율성 되찾기: 세 가지 프로파일을 가진 리더들이 직면한 도전 | EPT 사용하기 | 세바스찬, 다니엘 그리고 니콜라와의 EPT 사용

8장. 타인을 괴롭히는 고객 ⋯⋯ 235
핵심적인 정신역동적 통찰 | 고객에 대하여 | 주요 코칭 이슈 | 첫 만남 준비하기 | 코칭 도전 과제 | 불안 담아내기 | 문제의 구성: 방어적 반응 피하기 | 고객 이해하기: 작업가설 세우기 | 사람과 행동을 분리하기 | 작업동맹 구축하기 | 높은 성취와 낮은 자존감 | 왜 지금인가? | 세바스찬의 방어 패턴들 | 긴급한 조치들 | 세바스찬의 방어: 투사와 공격자에 대한 동일시 | 코칭의 핵심 과제 | 정서 프로파일 삼각형을 활용한 통찰 | 정서 프로파일 삼각형을 활용한 변화 촉진 | 대화로 독백하기 | 경계 설정 | 타인을 책임 추궁하는 다른 방법 | 결과

9장. 사람들을 기쁘게 하는 사람 ⋯⋯ 263
핵심적인 정신역동 관점 | 고객 | 주요 코칭 이슈 | 첫 번째 만남을 위한 준비 | 코칭을 통한 도전 | 불안 담아내기 | 패턴 확인하기 | 갈등 회피 | 역전이 활용 | 작업동맹 구축 | 고객이 자기감정을 느끼도록 돕기 | 다니엘의 방어기제: 억압, 부인, 투사적 동일시 | 코칭의 핵심 과제 | 정서 프로파일 삼각형을 활용한 통찰 | 정서 프로파일 삼각형을 활용한 변화 촉진 | 점진적인 발전: 다니엘의 부정적 감정 떠 올려 보기 | 행동 스펙트럼 돌파구 | 결과

10장. 얼음 여왕 ⋯⋯ 291
주요 정신역동 관점 | 고객 | 주요 코칭 이슈 | 첫 만남을 위한 준비 | 코칭 도전 과제 | 불안 담아내기containing | 코칭 이슈 탐색하기 | 더 깊이 파보기 | 작업동맹 구축 | 복합감정 기술 | 니콜라의 내면세계 이해하기 | 불안해하는 사람인가 아니면 그저 냉담한 사람인가? | 역전이 활용하기 | 니콜라의 방어기제: 억압, 합리화, 투사 | 주요 코칭 과제 | 정서 프로파일 삼각형으로 통찰을 개발하고 변화를 위한 동기부여 | 감정적 개입 촉진 | 결과

11장. 결론 ⋯⋯ 319
코칭의 조기 종결 | 참조 | 코칭 종결 | 코칭과정 완료: 검토, 평가 및 상호책임 | 정서적 과정: 애착의 중요성 | 코치-고객 관계와 의존성 | 종결을 둘러싼 의식적, 무의식적 행동 | 후기

참고문헌 ⋯⋯ 342
색인 ⋯⋯ 345
저자 소개 ⋯⋯ 354
발간사 ⋯⋯ 356

일대일 코칭 발전을 위해 함께 공부하는 코치들과
기쁨을 함께 합니다.

- 김상복

역자 서문

이 책은 영국 코치, 캐서린 샌들러Catherine Sandler의 『Executive Coaching: A Psychodynamic Approach(2011)』를 번역한 것이다. 출판 연도를 따져 보면 제법 오래되었으며, 급변하는 코칭 환경과 이론을 고려해 보면 조금 옛것이라는 인상을 받는다. 그렇지만 방법론으로서의 정신역동을 코칭 임상에 접목하여 연구한 저서로는 세계적으로 첫 번째 책이다. 이 책에 앞서 나온 책은 - 『임원코칭: 시스템-정신역동 관점Executive Coaching: Systems-Psychodynamic perspective(2006) Edited Halina Brunning』(근간) - 논문 모음집이 유일하다. 정신분석과 코칭을 결합하는 것은 역자의 주요 관심사이다. 일부 주장하는 이에 따르면 정신분석과 정신역동은 용어의 차이만큼 역사적 발자취를 달리해 왔다고 하지만 그 발원지는 같고, 오늘날에는 차이가 없는 한 줄기 한 흐름이다(Nancy McWilliams). 정신분석의 이론적 설명 한 단락은 임상적 실천 한 걸음이다. 분석 안에서 매번 마주치는 두 사람의 고군분투와 우여곡절, 도전과 경이로움이 한 움큼의 이론이 되어 발전해 왔다. 인간의 성숙과 영성 진화, 아름다움과 진실 추구를 위한 다양한 등정 루트登程가 '현대' 정신분석으로 개척되고 있다. 인간의 잠재력 개발과 역량 회복, 성숙을 지향해온 코칭 역시 발생 초기부터 정신분석의 영향이 매우 컸다. 코칭은 정신분석의 성과를 흡수하며 발전했고, 정신분석을 비판하는 주장에 기대어 자기를 강화해 왔다. 알프레드 아들러의 영향은 후자의 예 가운데 하나이다.

오늘날까지 마치 '정신분석은 곧 프로이트'라는 세간의 언설言說이 유지되고 있다. 프로이트 비판을 통해 자기를 설명하고 이론을 수립했던 주장들로 말미암아 정신분석이 부정되고, 부분만을 빌려 활용해 온 일방적인 인상印象이 올바른 이해를 방해했다. 물론 정신분석의 출발지는 프로이트라 할 수 있으나 그가 높고 큰 산인 만큼, 깊은 골짜기와 크고 작은 봉우리로 백여 년의 정신분석 산맥이 오늘날까지 이어져 왔다. 오늘에 만나는 정신분석은 마땅히 새로운 봉우리로 '현대'와 호흡하는 정신분석이다. 코칭 역시 정신역동, 집단역동, 자기심리학 등 정신분석 산맥의 여러 봉우리와 연결되고 그 변주곡에 크게 빚지고 있다. 2000년 전후 인간 개발, 리더십 개발을 위해 정신분석을 코칭에 실질적으로 접목해온 노력은 영국 타비스톡 인간관계연구소와 프랑스 인시아드 국제리더십센터 등으로 대표된다. 정신분석 영향을 받은 코치들이 대체로 두 조직에서 훈련을 받았거나 연구해왔다. 우리는 그 성과를 번역된 저서로 만나볼 수 있다. 『임원코칭의 블랙박스』(2019), 『마인드풀 리더십코칭』(근간), 『코치와 카우치』(근간)가 그것이다. 또 정신역동 방법에 따른 코칭 연구로 덴마크 코치 울라 샤롯데 벡의 『정신역동 코칭의 이해와 활용Psychodynamic Coaching: focus & depth, Ulla Charlotte Beck, 2013』(근간)도 만나볼 예정이다. 그렇지만 현대 정신분석에 근거한 코칭 연구는 아직도 제한적이다. 두드러지게는 모든 저서가 자크 라캉을 비켜 갔으며, 윌프레드 비온의 초기 이론을 인용하는 정도에 머물고 있다. 물론 코칭 학술지에는 꾸준히 새로운 논문들이 발표되고 있다. 상호 주관주의, 전이-역전이 활용, 인격의 자폐적 요인에 관한 연구, 자기애와 공격성 등 현대 정신분석의 성과에 더 깊이 결합된 현대 정신분석 코칭 관련 연구와 임상 시도는 앞으로의 과제이다. 이 출발을 위해 그간의 연구 성과를 '현대 정신분석 코칭의 기초'라는 범주로 묶어 소개한다. 강호의 코치 동료들과 뒤에 오는 젊은 코치들에게 스승의 예禮로 후속 작업을 부탁하고자 한다.

　　　　5년 전 정신분석 공부를 시작할 때부터 이를 코칭과 결합한 저서들을 손에 들고 놓지 않았다. 이 책은 가장 먼저 탐독한 책이다. 그렇지만 개인 분석과 수퍼비전을 받으면서 읽지 않았다면 내용을 이해하기 힘들었을 것이고, 번역은 꿈에서나 가능했을 터다. 해를 거듭하는 정독 과정에서 내 코칭도 응당 변화를 거듭했다. 일대일 코칭에 더 몰입되었고, 코칭 세션 중 '지금-여기'에 좀 더 주목하게 되었다. 자연스럽게 지금-여기의 전이轉移와 구별되는 '그때-거기'도 고객과 함께 더 명료하게 공유되었다. 또 내 역전이를 놓치고 뒤늦게 알거나 이를 나중에 다시 바라보기도 했다. 이런 영향으로 코치로서의 개입은 점차 자제되고 축소되어 '과소寡少(?)' 개입이라는 피드백을 받기도 했다. 때로는 고독과 외로움에 빠지기도 했다. 그렇지만 지금은 이런 변화를 즐겁게 받아들이고 있으며, 내 코칭을 경험하거나 바라보는 이들의 여러 언급을 편하게 즐긴다.

　　　　그동안 소개되어 온 코칭 관련 전문서 소개가 열 권에 이른다. 이 책이 '호모코치쿠스 10'이다. 발행된 책의 내용과 현재 경험하는 임상과 격차를 느끼는 코치들이 많다. 역자 또한 마찬가지다. 그러나 이런 성과의 소개를 '이론의 과잉'으로 생각하지 않는다. 오히려 우리에게는 코칭 이론과 철학의 결핍이 너무 길었던 것이 아닐까? 우리 문화와 코칭 경험에 근거한 내용이 나오기까지는 이론 과잉과 결핍의 이 같은 공존은 당분간 계속 될 수밖에 없다.

　　　　정신분석 분야에서 번역된 단어 표현의 엄밀성, 타 분야와 연결할 때 영어 표기가 있어야 명확하게 비교할 수 있고 구별되는 용어, 특별히 원어의 의미와 차이를 드러내야만 하는 코칭 용어 등에 대한 고집으로 번잡하게 영어를 덧붙였다. 가독성이 떨어지더라도 코칭 현장에서 일어나는 현상을 명확하게 이해하기 위해 오해의 여지가 없게 표현하려다 보니 영어식 표현을 그대로 두어야 했다. 이는 영어 능력 부족만큼이나 모국어에 대한 역자의 몰이해 때문이다. 독자의 용서를 구하고 지속해서 수정해 가려 한다.

한국코칭수퍼비전아카데미에서 진행해 온 프로그램인 코칭 스킬업, 코칭튠업21에 함께 해 온 파트너(trainer-trainee) 코치들에게 동지적 사랑을 갖는다. 그들의 관심과 눈빛이 나로 하여금 앞을 향해 걷게 만들었다. 또 이 책 신간 안내 목록에서 보듯 필자와 역자로 참여해, 내 뜻을 이해해주고 격려하며 동행하는 코치분들에게 깊은 감사의 마음을 전한다. 난삽한 원고, 불투명한 번역을 잡아준 정익구 코치, 내 소망을 이해하며 발행사를 써준 김현주 코치가 고맙다.

언제나 예민해 있는 나를 묵묵히 지원해 준 아내 영옥, 성급하게 내딛는 아빠의 발걸음에도 차분히 저자와의 교신을 감당해 준 아들 완희, 이를 모른 척하며 지켜보는 막내 성희에게도 고마운 마음이다.

끝으로 한국어판 발행을 위해 어렵게 꼬인 저작권 확보를 위해 애를 쓰고, 서문을 보내준 저자 캐서린 샌들러 박사에게도 특별한 감사를 드린다. 정신분석가인 그녀 부모의 책도 두 권이나 우리나라에 소개된 바 있다.

覺雲山房에서
2019년 5월 1일 노동절에
코치 김상복

한글판 저자 서문

이 책을 한국어로 출판하게 되어 대단한 영광이다. 내 아이디어를 새로운 독자들과 공유할 기회를 적극적으로 환영한다. 나는 임원코칭에 정신역동 관점을 적용하는 것이 리더십 개발 분야에서 일하는 모든 사람이나 임상가들에게 새로운 접근법이라는 것을 잘 알고 있다. 그러나 2011년 영국에서 출판된 책이 북미, 스칸디나비아, 호주 및 중동을 비롯해 세계 여러 곳의 코치와 치료사들에게 관심을 받아왔다. 2018년에는 중국어판이 출시되었고, 코치, 컨설턴트, 경영진이나 임원 및 오너들에게 이 책과 관련된 교육프로그램을 제공하기 위해 몇 차례 중국을 방문할 기회가 있었다.

정신역동 모델이 국제적으로, 문화적 차이를 넘어 주목받는 이유는 그것이 인간 존재에 주목하기 때문이라 믿는다. 출생 기원이나 양육환경이 무엇이든 우리는 모두 초기관계와 경험으로 형성된다. 우리가 그것을 알고 있든 그렇지 않든, 우리는 모두 우리의 생각과 행동 중심에 있는 감정에 영향을 받는다. 우리는 모두 심리적 안정감을 찾고 압도적인 불안으로부터 자신을 보호할 방법을 개발하도록 프로그램되어 있다. 또 우리는 모두 상충되는 생각과 감정을 품고 있으며, 삶에서 직면하는 어려움을 극복할 수 있는 독특한 방법을 개발하여 여기에 최선을 다해 왔다. 코치와 관련 전문직들이 고객의 새로운 알아차림과 직업 생활과 삶을 더 능숙하고 만족스럽게 탐색할 수 있도록 돕는 것은 이러한 통찰력 덕분이다.

임원코칭에 정신역동 접근을 하게 된 내 관심은 여러 가지이다. 어릴 적부터 나는 사람들이 서로 어떻게 상호 작용하는지 관심이 많았다. 나는 곧 우리가 더 행복하고 능숙한 대처방안을 유지하기 위해 치러야 하는 심리적 어려움이 있지만 이를 꼭 겪지 않아도 될 것이란 믿음을 계속 다짐해 왔다. 직업을 갖고 일을 하면서 나는 리더십의 중요성을 확인했고 어떤 계층에 있는 리더들이라도 조직과 조직원들에게 긍정적이든 부정적이든 영향력이 매우 크다는 점에 주목해 왔다. 반면에 정신분석가였던 두 명의 보모를 둔 것도 운이 좋았다. 이는 내가 어린 시절부터, 우리가 말하고 생각하는 것이 자주 의식적 알아차림 밖에 있는 감정과 관련이 있다는 생각을 하게 했다. 나는 표면 아래를 보는 것이 자연스러웠다. 비합리적으로 보일 수 있는 태도와 행동에는 자신이 의식하지 못하는 내부 논리가 있다는 점을 이해했다. 나는 임상의 clinician가 되기보다는 리더십 개발 분야에 이런 통찰을 적용하겠다는 선택을 했고, 그 덕분에 비즈니스 환경에서 일하는 수많은 재능있고 뛰어난 개인과 협력할 특권을 누렸다. 리더십 역량을 향상할 수 있도록 지원하는 활동은 - 자주 변화하기도 하고 - 개인뿐만 아니라 동료와 조직 전체에 영향을 미친다.

이 책에서 나는 코치가 코치이와 '나란히 함께하기 getting alongside'의 필요성을 강조하였지만, 이 서문을 기회로 다시 한번 더 강조하고자 한다. 정신역동 개념은 내가 코치이의 행동 뒤에 어떤 불안이나 갈등 및 방어가 있는지에 대한 작업개설을 가질 수 있지만 이런 생각을 언제 어떻게 나눠야 하는지에 대해서는 매우 큰 주의를 기울여야 한다. 내 최우선 과제는 항상 안전감을 느끼고 존경과 신뢰 관계를 구축하는 것이다. 나는 공감적 귀와 눈으로 관찰하고 세상에 대해 그들의 관점에서 어떻게 느끼는지 이해하기 위해 최선을 다하며 코치이와 '나란히 함께하기'를 한다. 나는 그들의 생각과 감정에 공감하고 자기 강점과 성취에 대해 내 안의 마음으로부터 우러나오는 공감을 드러낸다. 숙련되지 못하고 상처를 주거나 단순히 봉사하지 못하는 리더십 행동을 다룰 때 나는 정신역동 용어를 사용하지 않고 일상 언어로 문제를 언급하고, 그들이 더 효과적으로 행동하는 방안을 함께 재치 있게 탐색한다. 내 역할은 고객의 리더십 개발과 성장을 돕는 것이지만 그들의 방어기제가 발동하면 배울 수 있는 능력이 사라지기 때문이다. 따라서 나는 언제나 그들의 취약함$_{vulnerabilities}$을 염두에 두고 비판, 공격, 또는 자신감이나 권위를 훼손당하는 느낌을 갖지 않도록 노력한다.

  이 책을 읽는 독자들은 여러분 자신과 다른 사람에 대한 이해를 넓히기 위해 노력하면서 따뜻한 인류애로 고객에게 다가가기 위해 이러한 노력을 비슷하게라도 기울일 수 있기를 바란다. 정신역동 접근은 여러분이 새로운 자각 인식, 통찰과 확신을 얻고 새롭고 더 효과적인 행동을 습득함으로써 큰 성과를 얻게 해 줄 것이다. 여러분 모두의 성공과 기쁨을 기원한다.

2019년 6월 8일
캐서린 샌들러

시리즈 편집자 서문

임원코칭은 수십 년 전부터 우리 주변에서 익숙한 주제였으며 코칭받고 싶어 하는 많은 시니어들에게 인기가 있고, 두 번째 인생 경력으로 검토되어 왔다. 우리가 볼 때 코칭이 정말 잘 되었다는 생각이 들 때는 쉽고 부드럽고 별일 아닌 듯 보인다. 이는 드러나지 않은 예술 행위와 같다. 많은 초보 코치들은 처음에 열정을 갖고 활동하지만 얼마 지나지 않아 자신이 딜레마에 직면했다는 것을 알아차리게 된다. 고객은 언제나 자기가 진정으로 변화를 원한다고 말한다. 그러나 실제로 진정한 변화가 일어났는지 살펴보면 전혀 그렇지 않다. 변화를 이야기해온 고객은 결국 다시 과로 속으로 빠져들고, 꼭 필요한 새로운 담당자는 선임 되지 못한 채 공석으로 남아 있다. 억압적이고 과업 중심적인 사장은 여전히 괴롭히는 사람으로 남아 있는 안타까운 상황이 반복된다. 그렇다면 이 점을 대체 어떻게 해야 하는가?

우리가 알고 있듯이 코칭 접근방식은 단순히 답을 제공하지 않는다. 상황을 보건대 코칭 교육 단체가 주말에 전체 과정을 진행하는 프로그램에서 몇 가지 '기술'을 한꺼번에 배운다고 해도 대답을 찾기에는 충분하지 않다. 그동안 대부분의 코칭 관련 훈련과 저작물은 본질에서 행동 접근법에 기반을 두고 있다. 문제를 토론하고, 목표가 무엇인지에 동의

하며, 목표가 달성되고 있음을 의미하는 행동에 관해 이야기하고, 필요한 실천을 하고, 문제가 해결되었다! 그렇지만 안타깝게도 딱 여기까지다. 이것은 실제로 코칭이 어떻게 이루어졌든 현실과는 매우 다르다.

캐서린 샌들러Catherine Sandler의 저서는 인간이 왜 그들이 하고 싶은 바로 그 변화에 저항하는지를 이해하는 데 도움이 될 것이다. 그녀는 정신분석학의 풍부한 전통을 실용적인 전략으로 바꾼 정신역동적 통찰력이 고객이 변화transactional가 아니라 변형적transformational으로 움직이게 어떻게 작용할 수 있는지 설명한다. 변화를 확인하기 어려운 실제 이유는 사람들이 나름대로 자신을 지금 그대로 유지하기 위한 아주 많은 방어 전술을 개발하여 이미 완성해서 가지고 있기 때문이다. 이 가운데 하나가 불안에 대한 방어이다. 이런 방어 전술은 모든 면에서 잘 작동하고, 조직에서 안전하게 성공한 사람들도 모두 다 가지고 있다.

이 책은 영국에서 가장 경험 많고 성공적인 임원코치 가운데 한 명이 집필한 실용적이고 읽기 쉬운 안내서이다. 그녀는 실천에서 얻은 사례연구를 통해 정신역동 아이디어를 적용하는 방법을 설명한다. 많은 코치가 정신역동 작업이 치료 분야에서 온 접근으로 보고 이를 코칭에 적용하는 것을 두려워하거나 불필요하다고 생각할 수 있다. 그러나 이 책은 정신역동 아이디어가 강력한 접근법과 아이디어 요구에 부응하여, 치료하는 것이 아닌 새로운 차원의 복잡성과 효과성으로 고객과 함께 작업할 수 있도록 해주는 접근법이라는 것을 확신시켜줄 것이다. 캐서린 샌들러의 유용한 모델과 알기 쉬운 설명은 내가 알고 있는 한, 코치로서의 프랙티스를 변형해줄 최고의 안내서가 될 것이다.

이 책은 또 임원코칭 분야에서 코치이 자신과 그가 속한 조직, 두 라인에 대한 상호책임accountability을 언급하고 있다. 이 둘에 대한 동시의 이

중적 관리는 그것 자체가 미묘한 과제이다. 우리는 코치이와 같이 작업하면서도 그 안에 있는 운영 시스템에 대해서도 파악해야만 한다. 이 책은 우리가 빠질 수 있는 여러 함정을 설명해주기 때문에 우리 스스로 잘 조정할 수 있는 의지할 만한 가이드가 될 것이다.

  코칭 분야에 꼭 필요한 책이 발행되는 과정에 참여한 일이 내게는 아주 기쁜 일이다.

제니 로저스Jenny Rogers

감사 인사

이 책이 나오기까지 도움과 지지를 보내준 모든 분에게 감사 인사를 할 수 있어 정말 기쁘다. 감사해야 할 사람이 너무 많지만 나는 오직 몇 사람 이름만을 언급할 수밖에 없어서 정말 안타깝다.

케이트 란츠Kate Lanz, 브렌다 로스Brenda Ross, 콜레트 개논Colette Gannon, 자니 루베리Jani Rubery, 그리고 레이첼 굿윈Rachel Goodwin, 샌들러 란츠Sandler Lanz사의 동료 코치들은 아이디어와 실천 경험을 정기적으로 교환하며 여러 해 동안 내 사색과 발전에 큰 도움을 주었다. 그들의 전문성, 헌신, 고객을 위한 최상의 작업 수행에 대한 의지는 그들과 함께 일하는 내 자부심과 즐거움의 원천이었다. 특히 케이트와의 협업과 우정에 정말 감사드린다.

안나 레빗Anne Rabbit과 우리 회사를 경영하고 돌봄으로써 우리의 실천을 이끌어준 비앙카 바부Bianca Barbu와 조시아 노비키Zoshia Nowicki 두 사람에게도 특별히 감사드린다. 흔쾌히 대표를 맡아준 그들이 없었다면 나는 이 책에 집중할 여유를 결코 가질 수 없었을 것이다.

역시 이해심 많은 두 편집자에게도 감사드린다. 제니 로저스Jenny Rogers는 문체에 대해 훌륭하게 조언해주었으며 그녀와 모니카 리Monika Lee는 글쓰기 과정 전반에 걸쳐 나를 격려하고 인내해주었다. 내 수퍼바이저 트리시아 바너스Tricia Barnes는 내게 최고 수준의 지원을 제공해주며 나를 신뢰하고 바른 길을 가도록 계속 지켜주었다.

어머니 안느 마리 샌들러Anne-Marie Sandler와 아버지 조셉 샌들러Joseph Sandler는 이 책을 위해 저마다 독특한 공헌을 해 주었다. 그들은 나에게 도전을 위한 역할 모델이 되었고 표면 너머로 나를 들여다볼 수 있게 해주었다. 어머니는 정신역동 모델의 이론적 측면에 많은 도움을 주셨다(그러나 모든 실수는 내 것이다). 자신의 글이 매우 명료하고 예리한 아버지는 항상 나에게 책을 쓰라고 격려했지만 그는 지금 그 성과를 볼 수 없다. 그는 천국에서도 행복하고 자랑스러워할 것이다.

가족을 특별히 언급하고 싶다. 남편 마틴 데드먼Martin Dedman의 적극적인 격려가 없었다면 이 책을 시작도 못 했을 것이다. 나 자신의 능력에 대한 그의 믿음, 초안에 대한 유용한 의견, 날마다 내가 요구하는 음식에 대한 탁월한 보살핌은 나에게 가장 따뜻한 감사와 사랑을 맛보게 했다. 나이 든 딸인 레이첼Rachel은 자기 나이보다 성숙하게 원고 편집에 도움을 주었다. 시몬Simon, 데니Danny와 조외Zoë는 육체적으로나 심리적으로 내가 함께하지 못하는 것에 많은 관용을 보여주었다. 다행히도 우리 모두를 위해 조외의 사랑스러운 강아지 루Roo는 훌륭한 기쁨을 제공했다.

끝으로 지난 20년 동안 일할 특권을 내게 준 코칭 고객과 수퍼바이지들에게 감사드린다. 그들을 통해 나는 이 책에서 묘사된 생각과 기술을 발전시켰고, 나에 대해 많은 것을 배웠다. 나는 그들의 정직, 용기와 애착과 변화를 위한 능력에 감명과 영감을 받았다. 나는 늘 감사와 애정으로 그들과 함께한다.

머리말

이 책은 세상에 나오기까지 오랜 시간이 걸렸다. 임신 기간이 길었다. 나는 리더십 개발 분야에서 20년 넘게 일하면서 매우 오래전부터 내가 한 일을 책으로 쓰고 싶었다. 그러나 비즈니스를 구축하고 고객과 협력하며 가족을 돌봐야 하는 요구는 이 작업을 언제나 뒤로 미뤄 두어야만 했다. 2008년 내 생일을 계기로 박차를 가했다. 아이들이 컸고 사업이 좋은 성과를 내자 아주 선명하고 자신감 있게 이 책을 쓸 준비가 됐다는 느낌이 들었다.

내 책 제안서를 수락한 지 몇 주 만에 영국은 경기 침체에 빠져들었다. 내가 일하는 많은 조직이 붕괴의 충격, 예산 삭감, 생존을 위한 회사 간의 격렬한 갈등에 몰두하게 되자 오히려 많은 고객이 내 사업에 관심을 두게 되었다. 이것이 이 책의 시작을 지연시켰지만 놀랍게도 이 시기가 내게는 가장 창조적인 시기였다. 파트너인 케이트 란츠Kate Lanz와 나는 격동의 시기를 선도하겠다는 과제를 갖고 각자 또 팀으로 모여 함께 바쁜 시간을 보냈다. 이런 자극이 두 가지 모델의 발전을 가져왔다는 생각이다. 그중 하나가 경기 침체기의 사기 유지를 위한 리더의 심리적 역할에 초점을 두는 것이다(Sandler, 2009b). 두 번째는 정서 프로파일 삼각형 Emotional Profiles Triangle으로 리더가 압력을 처리하고 대처하는 방식을 다룬다.

2010년 초, 편집자들은 이 책이 과연 완료될지 궁금해하기 시작할 때 본격적으로 글쓰기를 시작했다. 나는 코칭할 때 연구 과정을 매우 엄격하게 한다. 이는 내가 자기 인식을 높이는 데 도움이 되며 실천에도 유효했다. 나는 다른 코치들에게 새로운 관점과 무엇인가 새로운 시도를 할 기회를 제공하는 것을 언제나 환영했다. 또 항상 가르침과 수퍼비전을 사랑해 왔으며 글쓰기는 이 즐거움을 다른 형태로 제공하는 한 가지 방법이 되었다. 이 모든 것이 이 책의 결과이다.

캐서린 샌들러

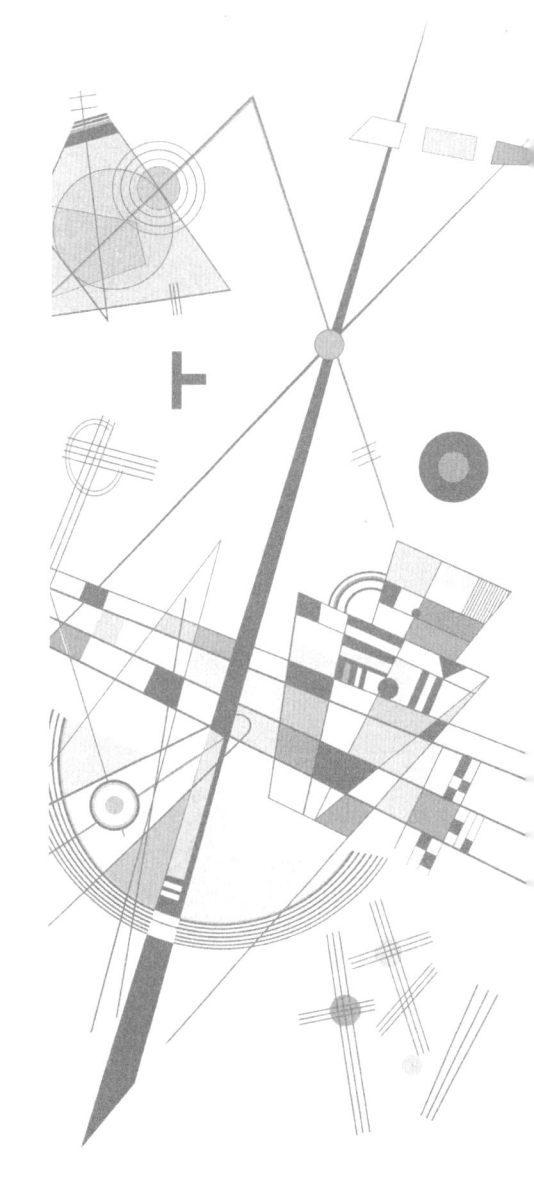

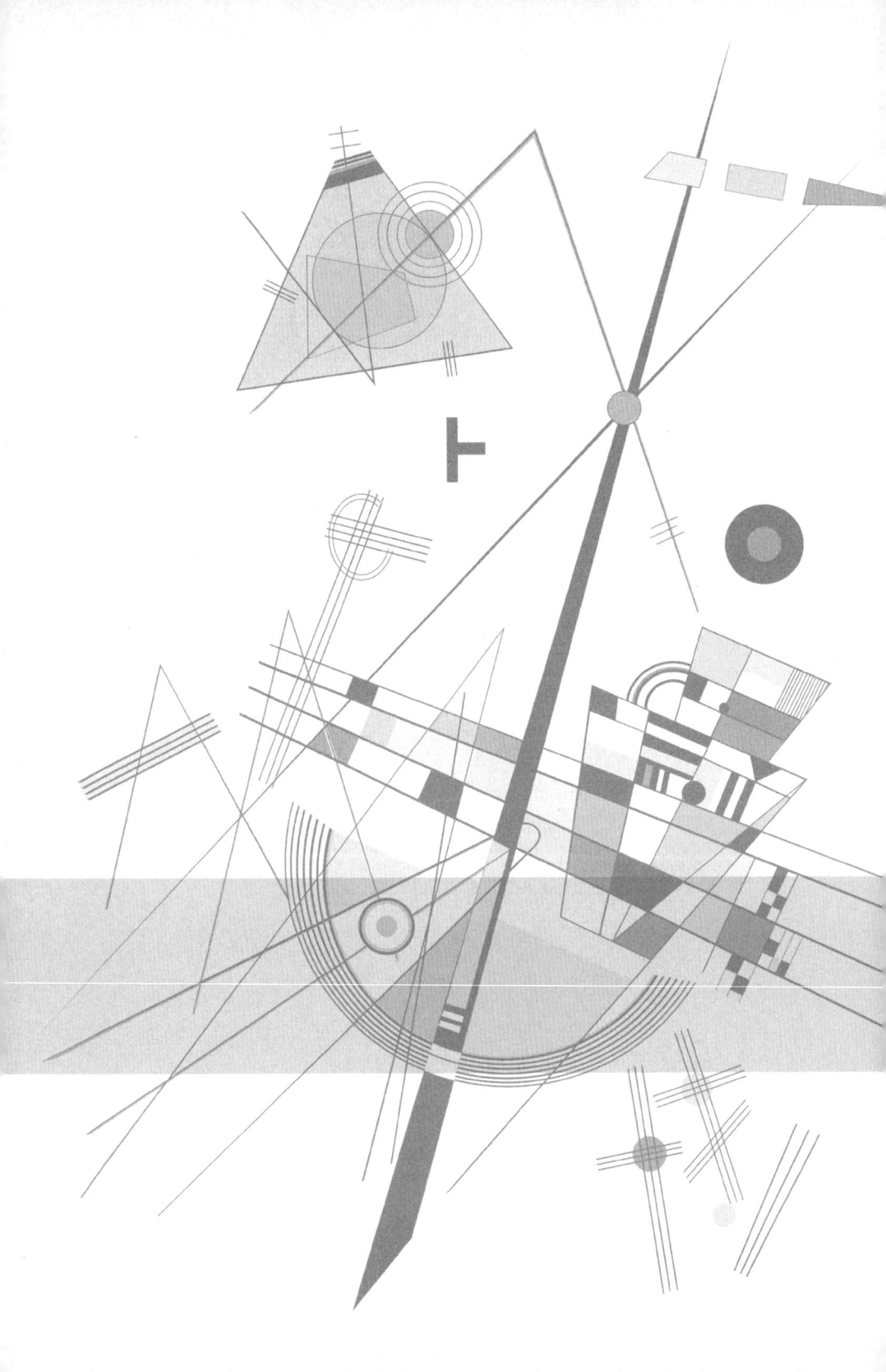

서 장

서 장

이 책은 임원코치와 정신역동 심리학에 대해 더 공부하려는 코치들을 위하여 또 이를 임원코칭 현장에 어떻게 적용할 수 있는지 소개할 목적으로 집필했다. 컨설턴트, 치료사, 카운슬러, 멘토, 교육자, HR 전문가, 조직 매니저나 리더 같이 주어진 과업이 사람의 성장을 지원하는 업무라면, 그들의 업무 능력을 향상하고 더욱 발전시킬 수 있는 개념과 전략 그리고 기술을 이 책에서 찾을 수 있다.

      임원코치는 매우 다양한 방법으로 작업한다. 내가 이 책에서 설명하는 접근법은 스스로 고안해낸 것이다. 나는 생각과 행동 사이에 다리를 연결하는 것이 목표이며 내가 해온 코칭에 대한 정신역동 이론의 영향을 설명하고자 한다. 내용 대부분을 예시와 사례연구에 근거한 실질적 적용에 중점을 두었다. 고객 사례들은 최고 리더들을 대상으로 한 것이지만, 코칭이나 다른 교육 활동을 하는 사람들을 위한 자료로도 활용 가능할 것이다. 임원코치가 아닐지라도 사람의 성장을 돕는 일을 자기만의 고유 업무로 하고 있다면 그것과 결합해 활용할 수 있기 바란다.

정신역동 접근: 가치에 대한 설명, 근거 없는 믿음 떨쳐버리기

나는 정신역동 관점과 조직행동론, 리더십, 경영 이론, 신경과학, 성격 유형personality type, 인지행동 치료, 집단역동, 시스템 사고를 포함한 여러 이론에서 아이디어를 끌어와 코칭에 활용한다. 그렇지만 정신역동 모델은 다른 이론이 제공하지 못하는 독특한 도움을 내게 준다. 이 모델은 코칭이 이루어지는 전체 회기 동안 고객들이 자기 성공을 장기적으로 뒷받침하는 심리적이고 정서적인 변화와 이로 말미암아 겪어야 할 고통 속에서도 구체적인 코칭목표를 성취할 수 있게 도움을 준다. 결과적으로 고객들이 깊이 있고 철저하게 지속 가능한 결과를 얻을 수 있으며, 유익함과 경력에 남을 수 있는 성과로 자기 현재와 미래는 물론 조직과 자신 둘 다에 이바지할 수 있게 돕는다.

이제 여러분에게 정식역동 모델의 시도를 망설이게 했던 강한 의문이나 근거 없는 믿음myths이 있다면 이를 검토해보라고 요청한다. 우선 나는 어떻게 정신역동 모델이 고객들의 개인 역사를 세밀하고 깊이 있게 탐구하지 않고도, 자신들이 업무를 수행할 때 직면하는 여러 쟁점을 다룰 수 있는지를 설명할 것이다. 많은 사람이 정신역동 이론에 근거한 접근은 개인의 아동기와 부모와의 관계, 양육방식과 필연적으로 상당한 관련성을 지닐 것이라고 가정한다. 그러나 내 경험에 따르면 항상 그런 것만은 아니다. 앞으로 이 책에서 언급할 내용을 잠깐 보자면, 나는 고객의 현재 직장에서의 수행능력을 탐구한다. 그리고 그들의 정서적, 행동적 패턴의 특징을 이해하는 데에 정신역동 개념을 적용한다. 물론 이러한 요소들이 어떻게 그들의 리더십과 경영 능력에 영향을 미치는지도 포함한다. 코칭대화 순간 내 안에서 얻어지는 정신역동적인 통찰을 활용해 어떻게 효과적인 코칭을 추구하는지를 탐구한다.

또 다른 근거 없는 믿음은 정신분석학, 정신치료, 상담 훈련을 받은 사람들만이 정신역동 접근법을 사용할 수 있다는 주장이다. 정신역동 모델이 상대적으로 잘 알려지지 않고 앞서 언급한 특정한 분야들 외에는 잘 사용되지 않는 것이 사실이다. 그렇지만 나는 이 분야의 전문가들이 아닌 비임상가non-clinicians들도 정신역동 모델을 적절하게 적용하면, 특히 상당히 사려 깊은 돌봄을 제공하는 코칭에서도 가치 있게 사용될 수 있다고 믿는다. 물론 이를 적절히 사용하기 위해서는 몇 가지 조건이 있어야만 한다(영국은 물론 여러 나라에 정신역동 관점을 지닌 전문기관들 - 예를 들면, 타비스톡 상담 서비스Tavistock Consultancy Service - 이 있다. 그렇지만 이 기관들은 수가 적고 서로 멀리 떨어져 있다). 만약 당신이 앞서 언급한 의견들에 흥미가 있다면, 열린 사고를 갖고 검토하겠다는 분명한 자기 인식이 무엇보다 중요하다. 물론 실제 교육 기회를 얻는 것으로 시작해야 할 것이다. 관련 그룹 행사나 심리치료, 상담 등, 아니면 어떠한 다른 형태의 교육이든지 상관없다. 그러나 높은 질적 수준의 코칭 수퍼비전은 필수적이다.

세 번째로 정신역동 접근법은 정신치료의 위장된 형태이며, 그것이 효과를 보기 위해서는 언제나 고객이 속한 조직의 요구보다는(그들이 코칭비용을 낸다), 고객 개인의 요구에 더 중점을 두게 된다는 근거 없는 믿음이다. 정신역동 임원코칭은 심리치료와 상담과는 다른 목적과 맥락을 가지고 있다. 임원코칭의 목적은 고객들이 그들이 속한 조직과 그들 자신을 위해 작업장에서 자신들의 성과를 높이려고 하는 고객을 돕는 것이다. 이를 위해 나는 고객들의 전문적 역할과 사업 목표의 맥락 안에서, 그들이 할 수 있는 한 영향력 있고 성공적인 전문인으로 거듭나게 하는 데 중점을 두고 있다. 임원코치의 이중적 상호책임dual accountability의 중요성 - 고객 개인과 그들의 조직 - 이 이 책에서 강조되고 있다. 비록 일부 고객들이 코칭 결과로 조직 이외의 다른 자기 삶의 영역에서 코칭의 이점을 누리고 있을지라도 이는 임원코칭에 따른 보너스이다.

반면에 심리치료와 상담은 아동기에 생겨난 감정적인 문제들이나 심리적 과제를 자주 다루곤 한다. 또 삶을 누리는 데에 방해가 되는 개인의 능력, 예를 들면 성공적인 인간관계를 유지하거나 매일 제기되는 도전 과제에 대한 압력을 이겨내야 하는 문제도 다룬다. 그들은 불안anxiety이나 우울depression 같은 인간의 심리 상태가 완화되는 것을 돕거나 사별 등 동요를 불러일으키는 사건들을 고객이 극복할 수 있게 돕는다. 좋은 코치good coach라면 고객들의 이런 심리 상태를 이해하는 이해심을 가져야 하며, 고객들이 치료받기 위해 언제 심리치료사나 다른 전문가들을 방문해야 하는지를 알아채는 기민함을 가져야 한다(Buckley and Buckley, 2006). 이 주제는 11장에서 다시 다룬다.

코칭에 영향을 준 중요한 경험

내 코칭의 중심 요소인 정신역동 접근에 대한 현실적 배경에 대한 이해를 돕고자 전문가로 활동하기까지 과정을 간단히 공유하고자 한다. 다른 코치처럼 나 역시도 여러 분야에서 영향을 받았다.

나는 대학원 시절 야간 수업을 들으면서 내가 연구보다는 성인교육에 더 흥미를 갖고 있다는 사실을 빠르게 알아차렸다. 곧 성인근로자교육협회Workers Educational Association에 입사했고 그곳에서 내가 고안한 '배움을 위한 두 번째 기회'라는 프로그램을 운영했다. 이 프로그램은 실업자와 학교에서 퇴학당한 성인들을 대상으로 진행했다. 수업 방식은 코칭의 전형적인 형태인 두 명이 짝을 지어 서로를 돕는 그룹 교육방식으로 이뤄졌다. 이런 방식은 학생들의 불안감을 억제했고, 스스로 수업에 집중하도록 독려하여 자신감을 느끼게 했다. 물론 이들을 성공으로 연결하는 교육과정은 그 자체가 매우 뿌듯한 일이었다. 단 한 명의 학생도 시범적으로 벌인 수업 과정 중간에 그만두지 않았으며, 모든 학생이 좀 더 심화한 학습과정을 이어갔다. 그들의 목표는 직업을 찾거나 자기 사업을 시도하는 것이다. 나는 프로그램을 진행하면서 교육을 통해 성인들을 어떤 방향으로든 발전하도록 지원하는 직업을 갖고 싶다고 확신하게 되었다.

그 뒤 나는 내 경험과 이론을 정리하기 위해 일 년을 보냈다. 대인관계 훈련과 다양한 프로그램에 참석했으며 심리학을 응용했다. 1987년에 레스터학회 Leicester conference - 타비스톡 병원 Tavistock Clinic이 개최한 철저하게 체험에 중점을 둔 2주간의 합숙 훈련 - 에도 참석했다. 타비스톡 병원은 정신분석 관련 센터로 타비스톡 연구소와 함께 정신분석 연구와 훈련 분야에서 세계적인 명성을 가진 병원이다. 수면 밑에 매우 강렬하게 숨겨진 그룹 역동과 자기 자신에 대해 배우는 훈련이었다. 이런 훈련을 거치면서 나는 조직 생활에 이러한 아이디어를 적용하는 주제에 관심이 있었고, 타비스톡 영향을 받은 파리의 경영자문 회사에서 2년간 일했다. 주요 고객이 거대 국영 기업인 프랑스 전력공사 EDF(Electricite de France)와 프랑스 가스회사 GDF(Gaz de France)였다.

내가 이런 정신역동 접근을 처음 경험한 것은 아니다. 부모님 두 분 모두 직업이 정신분석 전문의였던 덕분에 나는 불안과 분노, 죄책감이 우리 행동에 중요한 역할을 한다는 것과 우리가 어렸을 때 겪는 경험이 매우 중요하다는 분위기에 둘러싸여 성장했다. 물론 부모들이 나를 대상으로 정신분석 실험을 하지는 않았지만 내 성장 배경은 내가 인간 행동의 역동 분야에 흥미를 갖는 데 영향을 준 것이 사실이다. 그렇지만 정신분석 전문의를 부모로 두었다는 것이 그렇게 좋은 일만은 아니다. 20대 때 나 자신이 심리치료를 받으면서 내 성장 배경은 나 자신을 이해하기 위한 수단으로 큰 도움이 되었다는 사실도 알게 되었다.

      1989년에 런던으로 돌아와 결혼하고 가정을 이루었다. 이후에는 리더십 개발 분야에서 자유롭게 경력을 쌓았다. 1992년에 브랜다 로스Brenda Ross는 런던 경영대학원London Business School에서 함께 근무하는 그녀의 동료를 소개해주었고 약 7년간 그곳에서 정규직으로 일했다. 모건 스탠리Morgan Stanley, 로슈 제약회사Roche pharmaceuticals, BAE시스템스, 브리티시 에어로스페이스British Aerospace같이 다양한 회사의 전문가 그룹을 코칭했다. 또 MBA에서 경영자 프로그램까지 공개강좌를 관리하고 가르쳤다. 정신력psychometric과 행동 측정 방식behavioural insturments 관련 폭넓은 연구 방법을 배웠으며, 경영과 리더십 개발 프로그램의 최신 이론과 실행에 대해 접할 수 있었다. 물론 이런 과정은 내게 매우 가치 있는 훈련이 되었으며, 이 경험을 민간 부문 조직에 도입하겠다는 새로운 사업상 도전에 직면하게 했다.

      2000년에는 인시아드 국제리더십센터INSEAD Global leadership centre에서 공부하는 전문가들을 위한 개인 리더십 개발 모델을 연구하는 데 협조하게 되었다. 이 모델은 공개강좌이면서도 개별 회사에 초점을 둔 맞춤 프로그램으로 빠르게 명성을 얻었다. 이 센터는 정신역동 접근을 경영자 교육에 적용했으며, 나는 영국에서의 훈련을 조금 남겨둔 채 파리로 여행하면서 매우 흥미롭게 국제적인 업무에 참여해왔다. 이곳에서 근무하며 나는 타비스톡 병원에서 조직개발학 석사 과정MA course in organizational development을 관리함과 동시에 가르쳤다. 그리고 타비스톡 상담 서비스와 연관된 몇 가지 매우 흥미로운 작업에도 참여했다.

조직 배경이 다른 대상을 상대로 이뤄진 교육, 상담, 코칭을 하며 개인 심리학individual psychology에 관심이 커졌다. 1990년 초 런던 리젠트 대학Regent's college에서 상담가로 거듭나기 위한 교육과 훈련을 받았고, 내게 주어진 기업 교육훈련 활동과 함께 3년간 정신역동 지향 소규모 집단 실습을 했다. 이런 활동은 코칭과 상담 활동에 대한 우선순위를 명확하게 하는 데 큰 도움이 되었다. 상담은 보람 있고 가치 있었지만 오히려 조직에서 리더 역할을 하는 개인들과 함께 일하는 것이 얼마나 즐거운지 알 수 있게 해주었기 때문이다. 그뿐만 아니라 리더들이 조직이나 회사 생활에 어려움을 갖고 헤맬 때 길잡이가 되는 많은 일에 나 자신이 보람을 느꼈다.

이런 다양한 경험을 통해 나는 일대일 코칭one-to-one coaching에 집중해야 한다는 결론을 내렸다. 고객들과 그들이 속한 조직을 위해 코칭할 때 사업에 대한 이해와 심리 전문지식이 적절하게 혼합될 필요가 있으며, 이런 코칭을 내가 할 수 있다는 확신이 들었다. 1998년 샌들러 컨설팅Sandler Consulting을 설립했다. 소매업, 은행업, 수송업, 그리고 제약업의 운영 간부들뿐만 아니라 회계, 법률 전문 법인의 파트너들이 주요 고객이 되어 함께 작업하기 시작했다. 2004년 인시아드INSEAD에서 코칭하며 케이트 란츠Kate Lanz와 만났고 2주도 안 되어, 코칭 분야에 관련된 그녀의 탁월한 능력이 내 고객들에게도 큰 도움이 될 것을 알았다. 그 뒤 우리는 함께 일했으며, 2007년 샌들러 란츠Sandler Lanz라는 이름으로 파트너십을 맺었다. 그 이후 함께 비즈니스 리더들과 고위 경영진들을 위한 임원코칭에 힘쓰고 있다.

● 이 책의 구성

1장은 임원코칭과 정신역동 코칭의 주요한 특징을 소개하는 데 목적이 있다. 2장, 3장은 정신역동 이론의 핵심 원리들을 열거하고, 이것이 내가 해온 작업에 어떤 영향을 미쳤는지 설명할 것이다. 4장과 5장은 코칭과정에 대한 가장 중요한 부분을 다룬다. 예를 들어 고객과 어떻게 관계를 형성할 것인가, 그들이 열린 마음으로 코칭을 받아들일 수 있게 그들의 심리 상태를 편안하게 해주려면 어떻게 해야 하는가, 그들이 시야를 넓게 갖고, 생산적 발전을 이룰 수 있게 하려면 어떻게 해야 하는가 등을 다룰 것이다. 6장은 개인과 조직 양쪽에 대한 코치의 이중적 상호책임coach's dual accountability의 의미와 과정 초기에 조직과의 상호작용이 이루어지는 경우 이것이 어떻게 코칭에 유용한 자료가 될 수 있는지도 검토해볼 것이다.

7장에서는 간단하지만 세 가지 리더십 유형을 이해하는 데 유용한 구조인 정서 프로파일 삼각형Emotional Profiles Triangle(EPT)를 소개한다. 압박을 받을 때 세 유형의 리더가 저마다 어떻게 행동할지에 대한 소개이다. 나는 어떻게 이 삼각형이 유용하고 효과적인 코칭 도구로 사용할 수 있는지를 설명하고자 한다. 8장과 9장, 10장은 정서 프로파일 삼각형의 세 유형을 대변하는 고객 사례연구를 다룬다. 마지막으로 11장은 중요하지만 자주 간과되는 코칭의 주요 지점인 '코칭 종결'에 대해 다룰 것이고, 코칭과정에서 드러나는 이슈인 애착attachment과 의존dependency 주제를 간단히 다룰 것이다.

고객 자료

본론에 들어가기에 앞서 여러분이 유념해야 할 것이 더 있다. 내가 코칭에서 사용했던 기술과 방안을 설명하기 위해 제시된 고객에 관한 것이다. 8장, 9장, 10장은 전체가 고객 사례연구로 이뤄져 있다. 내가 잘 서술했다면 여러분은 이 이야기들이 매우 현실성 있고 설득력 있다고 생각할 것이다. 그러나 분명히 강조하건대 책에 서술되는 고객들은 모두 가상의 인물이다. 각 장을 구성하면서 나는 주요 내용에 적합한 사례를 들 때 내가 이제껏 함께 일했던 고객들 가운데 예시에 가장 적합한 사례에서 영감을 얻어 사용했다.

글을 쓰는 동안에 내가 만들어낸 허구의 인물은 세바스찬Sebastian, 다니엘Daniel, 니콜라Nicola이다. 나는 그들에게 저마다의 일생을 만들어주었고 이 가상 인물에 대한 내 애정도 점차 커졌다. 나는 그들이 태어나면서 부여받은 생각과 감정, 힘과 약함, 도전과 명성의 현실적인 본성이 그들의 삶에 반영되도록 내용을 구성했다. 독자도 이들과 만남을 즐겼으면 좋겠다.

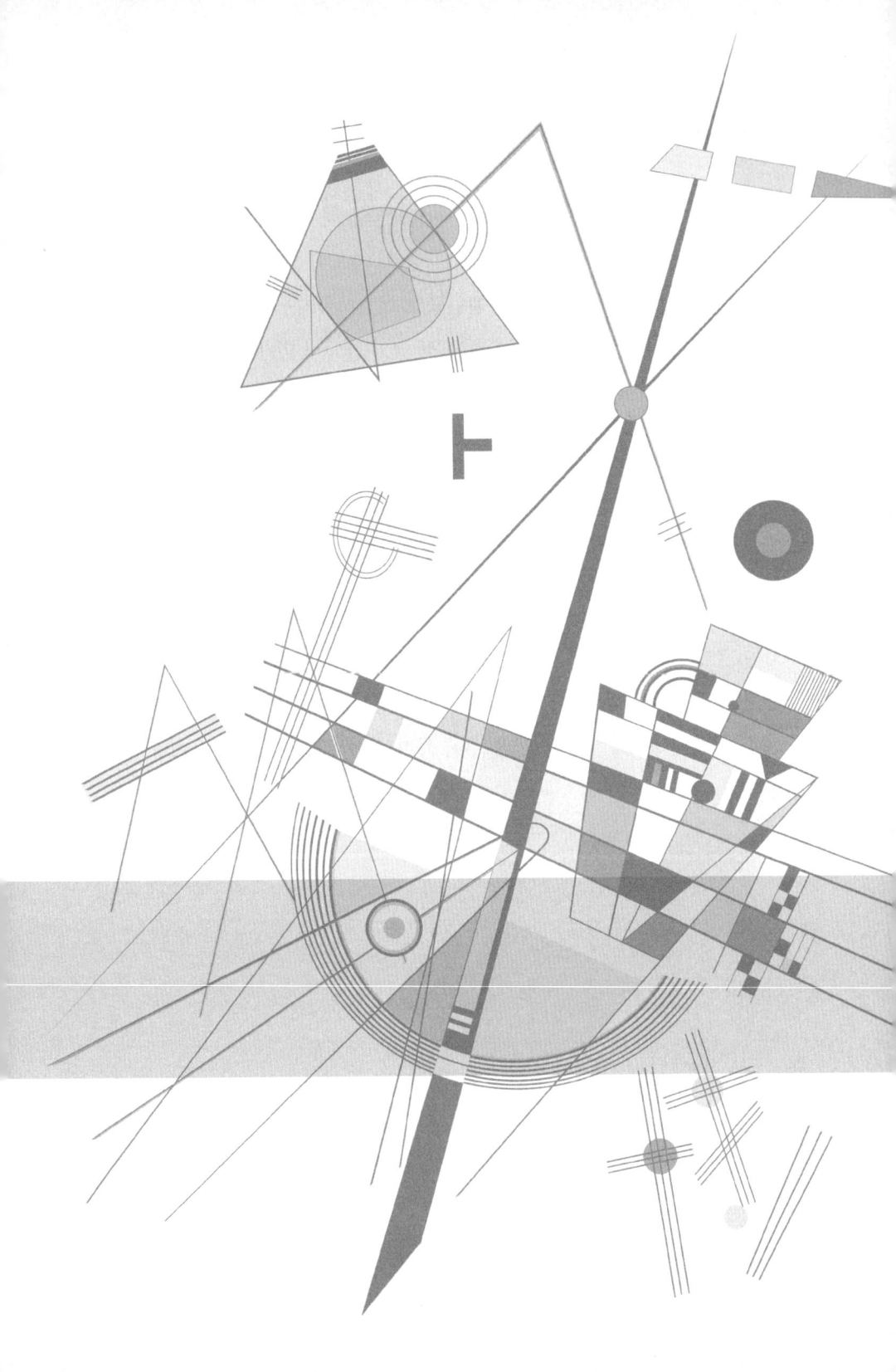

1장.
임원코칭이란 무엇인가?

1장. 임원코칭이란 무엇인가?

세바스찬은 매우 재능 있는 변호사지만 사무실에서 고객을 대할 때 나오는 공격적인 태도 때문에 실제 업무 역량이 위협받고 있다. **다니엘**은 제약 회사에 다니는 호감 가는 고위 임원이다. 그는 팀 빌딩 - 팀의 목표설정, 구성원 사이의 커뮤니케이션 개선 등, 그룹의 일체화 작업, 효율 향상을 꾀하는 작업 - 을 즐기지만, 저성과자와 팀 융합에서 겉도는 팀원을 다루는 데 애를 먹곤 한다. **니콜라**는 금융 서비스 분야의 관리자이다. 그는 전략적인 계획을 세워 인력을 관리하고 싶어 하지만 그녀의 팀원들은 그녀가 너무 현실 감각이 없다고 평가한다. 이 세 명의 고객은 내가 함께 작업했던 고객들의 전형적인 유형들이다. 이들은 임원코칭을 받아 성공적인 업무 역량을 발휘하는 데 걸림돌이 됐던 부분을 제거함으로써 더욱 역량 있는 리더로 거듭났다. 정신역동 관점에서 코칭을 실행하고 나서 이들뿐 아니라 조직도 도움을 받았다. 이들에 대한 코칭 이야기는 이 책 후반 8장에서 10장에 걸쳐 자세하게 다룰 것이다.

이 사례에서 보듯 코칭은 관계자 모두에게 믿을 수 없을 만큼 도전적인 과정이 될 수 있다. 사람들은 변화를 어려워한다. 우리는 모두 변화를 원하면서도 이를 두려워하고 저항한다. 고객들도 아마 코칭에 열정적으로 임할 것이고, 능률을 높이는 새로운 방법을 찾고자 진정으로 열망할 것이다. 그렇지만 자신들이 오랫동안 고집해왔던 방식을 틀림없이 완고하게 고수할 것이다. 이들 가운데 몇 사람은 그들 자신이나 다른 사람들을 더 확실하게 이해할 수 있는 통찰insight을 얻는 데 실패할 수 있지만, 다른 사람들은 새로운 통찰을 얻고 자신들이 실제 업무에 적용하기에 불가능해 보이는 신선한 기술들도 수용할 것이다. 그렇지만 어떤 이들은 초반에 새로운 행동 전략을 실행하는 데 성공하지만, 이를 반복적으로 적용하는 데는 실패할 수 있다.

이런 점들이 내가 정신역동 접근을 하는 이유이다. 나는 그것이 얼마나 강력한지 확인했다. 정신역동 접근은 사람 마음을 이해할 수 있는 매우 효과적인 렌즈를 착용하는 것이다. 이것은 우리가 평생 개발해온 감정과 행동 패턴의 복잡하고 뿌리 깊은 본성에 관해 설명해준다. 또 우리가 왜 심지어 우리 자신을 위한 일이 아님에도 이런 감정과 행동 패턴을 지속할 수밖에 없는지 설명한다. 정신역동 사고방식은 내 코칭 작업의 모든 측면을 사려 깊게 하고 세심하게 접근할 수 있게 했다. 이것은 고객과 친밀하고 유익한 관계를 갖도록 내 능력을 키워줬고 고객들이 자기 강점을 강화할 수 있게 했다. 자신들의 잠재 능력을 끌어올리는 데에 방해가 됐던 장애물을 알아차리는 데도 도움을 주었다.

● 내 코칭 프랙티스

코칭할 때 내 목적은 그들의 조직에 이익을 가져오는 개인들에게 강력한 자기 성장 경험을 갖게 해야 한다는 것이다. 나는 고객들이 더 효율적이고 자신감 있고 자기 직무에 적합한 능력을 갖춘 인물로 거듭나길 바란다. 정신역동 모델을 설명하고, 이것이 내 코칭에 어떻게 도움을 주었는지 설명하기 전에 내 작업의 주요 특징 몇 가지를 간단히 공유하고자 한다. 이는 이 분야의 초급자를 위해, 또 임원코칭이 다른 코칭과 어떻게 다른지를 명확히 하기 위해서이다. 특징을 먼저 언급하고 이에 대한 보충 설명을 덧붙인다.

- 코칭을 의뢰하고 코칭비를 지불하는 것은 거의 항상 고객이 속한 조직이다.
- 일반적으로 6~12개월 동안 코칭한다.
- 코칭은 내 사무실에서 이루어진다. 이유는 고객들이 항상 근무하는 환경이나 그 공간에서 느끼던 압력에서 벗어나 코칭에 집중할 수 있게 하기 위함이다.
- 코칭 시간은 일반적으로 2시간 정도이다.
- 나는 코칭계약 동안 고객들과 세션과 세션 사이에 정기적인 연락을 주고받는다.

● 고객은 누구이며, 어떻게 그리고 왜 코칭에 임하는가?

코칭 고객은 대부분 저마다 다른 경로와 다양한 이유로 코칭에 참여한다. 임원들은 아마도 특별히 힘겨운 시기에 부딪히거나 조직의 전략적 업무를 맡았을 때 코칭을 받으면 자기 어려움을 성공적으로 극복할 수 있을 거란 믿음으로 코칭에 임할 것이다. 모든 관리자는 360도 다면평가[1]로 어려웠던 경험이 있고, 리더십 프로그램이나 피드백 코스를 경험해보았을 것이다. 또 자기 사업 목적의 업무를 수행하는 동안 어떠한 부분이 문제가 되는지 파악해왔을 것이다. 임원들은 자기 경력 수행 목표를 명확하게 하고, 조직 안에서 그 목표를 빠르게 달성하기 위하여 기꺼이 코칭을 활용한다. 업무와 관련하여 불안감에 둘러싸이고 스트레스로 머리에 과부하가 걸린 간부들은 코칭을 이 불안을 효과적으로 다루는 데 유용한 도구로 활용한다. 최고경영자들과 임원들은 그들 주위에 마음을 터놓을 수 있는 지인들이 많이 없을 수 있다. 그래서 그들은 아마 외부에서 비밀스러운 '생각을 나누는 파트너'를 찾는다. 대부분 고객은 조직의 HR 동료의 협조를 받아 코칭을 의뢰한다. 그렇지만 소수의 고위 임원들은 코칭을 스스로 직접 신청해 시작하기도 한다. 물론 이런 고객들은 일반적으로 코칭을 정기적으로 의뢰하는 코칭 회사와 계약을 맺은 회사에 속한 경우가 많다.

안나

스스로 코칭을 신청한 고객 가운데 한 명인 안나Anna를 들어 이야기해보자. 그녀는 국제 보험회사의 자회사에 상무이사로 새롭게 임명받았다. 보험 시장의 치열한 경쟁 때문에 경영 목표 달성이 실패할 수 있는 상황에서 이 위기를 타파하기 위한 역할을 부여받았다. 엄청난 업무 압박으로 그녀는 자기 자신이 업무 중에 자주 고독감을 느끼며, 과로로 약간 우울해졌다는 걸 감지했다. 임원코치에게 코칭을 받아 자신이 직면한 어려움에 관해 이야기 나누고 업무 중에는 사려 깊고 능력 있는 자기 모습을 유지하고 싶었다. 또 기꺼이 자신의 효율적인 업무 능력과 리더십을 행사하여 영향력을 높이는 기술influencing skill을 연마하고 싶었다. 코칭을 받기 전에도 그녀는 이 두 가지 능력을 잘 다뤘지만 더욱 잘하고 싶었다. 지인의 추천을 받아 그녀는 다른 경로를 통하지 않고 내게 직접 연락했고 우리는 코칭을 시작했다.

그렇지만 많은 고객은 직접 코칭을 시작하려 하지 않는다. 그 대신에 조직의 장이나 HR 담당이 이를 권유해야만 코칭을 받곤 한다. 그 이유와 계기는 다양하다. 임원 승진을 앞두거나 이미 임원이 된 경우 개인 차원에서 준비가 필요한 경우가 많다. 그들은 요직을 맡을 가능성이 크고, 중요한 프로젝트를 담당하거나, 조직에서 매우 중요한 부문을 관리하게 될 가능성이 크다. 코칭은 그들이 직면한 새로운 환경 안에서 최대한 빠르고 효율적으로 업무를 끌어낼 수 있도록 돕기 위해 기획된다. 이를테면 중견 관리자가 회사 임원으로 처음 승진하여 첫 번째 역할을 맡을 때 효과적으로 사용된다. 그들은 관리적 리더십에서 전략적 리더십으로 중요한 변화shift를 지원받고 싶어 한다. 또 다른 경우 인력 자원 관리, 팀 빌딩, 영향력 확대, 의사소통, 갈등 관리 능력, 권한 위임, 일과 생활의 균형을 맞추는 힘 등의 주제를 효율적으로 실행하려고 코칭을 시작한다. 개인적으로는 자신감을 더욱 강화하고, 리더십 영향력을 키우고 싶어 코칭을 받는다. 고객들은 조직에 큰 이익을 가져올 수 있다고 인정받는 중요한 구성원이고, 동시에 그들의 업무 수행에 특정한 측면 - 예를 들면 사업 개발 - 에 어려움을 겪는 한 개인이기도 하다. 가끔은 코칭이 단순한 신임투표가 되기도 한다. 코칭 제공 자체가 조직에서 그 개인을 조직에 이익을 가져올 잠재력 있는 재원으로 본다는 사실을 고객이 알게 하고, 기꺼이 그들의 성장에 투자하고 있다는 사실을 입증하는 실례가 된다.

비록 이 같은 유형의 고객들이 먼저 코칭을 의뢰하지는 않지만, 이들은 일반적으로 코칭을 열린 마음으로 받아들이며, 코칭받는 기회를 기꺼이 활용한다. 그러나 임원코칭이 보급되는 초기 시절에는 코칭받는다는 사실을 낙인이 찍히는 것으로 느끼고 코칭을 일종의 교정 과정remedial process으로 간주하기도 했지만, 과거 몇 년 동안 실제 이러한 태도들은 눈에 띄게 변화했다.

라지

라지Raj는 회사에서 의뢰해 코칭받은 고객이다. 거대한 소액 금융 은행의 고위 간부다. 그는 조직에서 기술적인 면에서는 상당히 잠재력이 있다고 평가받고 있지만 그룹의 리더로 활동하는 데는 우려하는 의견이 많았다. 그는 자기 상사가 출산 휴가로 떠나 있는 동안 본부장 업무를 대리하라는 명을 받았다. 물론 이런 기회가 자신의 경영 관리 역량과 전략적 기술을 개발하고 업무 자신감을 높일 수 있는 매우 가치 있는 기회라고 생각했다. 코칭은 그가 이 기회를 잘 수행해 실질적인 승진으로 이어지도록 하는 데 중요한 도움을 줄 필수적인 요소였기에 라지는 코칭에 기꺼이 응했다. 코칭받는다는 생각은 그를 약간 불안하게 만들기는 했지만 코치와의 첫 만남을 즐겼고 그 역시 다음 단계로 빠르게 진행하기를 원했다.

마지막으로 회사에서 볼 때 구체적인 사안이 한두 개가 아니라서 이런 주제를 해결할 수 있는 마지막 기회로 코칭을 받도록 **보내진** 경우이다. 코칭받는 것에 대한 그들의 반응은 순응에서 저항까지 다양하다. 어떤 경우 코칭이 그들에게 성공을 가져다줄 작은 기회가 되기도 하고, 어렵거나 가망 없어 보였던 시작이 놀랍게도 좋은 결과로 이어지기도 한다. 이런 상황을 의뢰받으면 나는 코칭 효과를 우려하는 모든 관계자에게 코칭이 정말 좋은 기회가 될 수 있는지 평가할 수 있도록 조직과 미리 긴밀하게 협조한다. 또 필요하다면 회사에 해결을 위한 '대안적 전략'을 제안하기도 한다.

엘리자베스

규모가 큰 자선단체에서 기금 마련 업무를 담당하는 이사 엘리자베스Elizabeth는 코칭을 매우 효과적으로 진행했다. 과도한 업무가 개인에게 집중되는 상황이라 스트레스를 잘 다루지 못했다. 이 때문에 생긴 문제들이 그녀의 업무에까지 지장을 줘서 그녀의 관리 방식을 점차 거칠게 만들었다. 팀의 사기는 바닥을 쳤고 실적 또한 좋지 못했다. 재단의 최고 관리자가 그녀에게 준 여러 번의 피드백은 징계 절차로 끝맺음 되었다. 코칭은 그녀의 감정과 행동을 다스리고 관리 방식을 향상하기 위해서 제공되었다. 엘리자베스는 코칭을 마지못해 수락했고 비록 잡음 많은 시작이었으나 그녀가 자기감정과 행동을 재정비하고, 그녀의 팀 실적을 끌어올리는 데 큰 역할을 했다.

일대일 작업을 위한 도전

다양한 코칭목표를 지원하는 임원코치들은 특별한 도전에 직면한다. 모든 조직은 그 나름대로 목적과 구조, 문화와 역사가 있지만 코치들은 이런 직접 경험에서 한 발 떨어져 있다. 작업의 주된 초점은 복잡한 조직 시스템 안에서도 고객의 성과에 초점을 맞춰야 하기 때문이다. 고객의 사고와 감정, 행동에 복잡한 조직 시스템[2]이 어떤 영향을 미치는지 파악하기 위해 코치들은 반드시 고객이 속한 조직에 관해 최대한 많은 양의 정보를 모아야 한다. 상사와 이야기해야 하고 HR과 연락해야 하며, 고객이 일하는 사무실도 방문해야 하고, 각종 매체를 통해 조직에 관한 정보도 조사해야 한다. 나는 또 조직에서 보이거나 감춰진 역동에 대해 외부 파트너로서 얻은 통찰과, 조직과 직접 상호작용하며 갖게 된 내 경험을 활용한다(이에 대해서는 6장에서 자세하게 다룬다).

일대일 작업의 또 다른 특징은, 고객이 조직 안에서 어떻게 행동하는지 말하는 것은 대체로 고객의 주관적인 이야기라는 사실이다. 그들이 하는 이야기는 조직에서 동료들에게 자신이 어떤 모습으로 비쳤으면 하는 바람에 영향받기도 하고, 코치에게 좋은 인상을 주고 싶은 마음에도 영향받는다. 또 고객들이 이야기했을 때 다른 사람들로부터 긍정적인 답변을 얻지 못할 거란 불안감과, 상황을 성공적으로 제어하지 못할지도 모른다는 생각에 객관적으로 이야기하지 못할 수 있다. 아니면 어떤 고객들은 자기 자신을 충분히 신뢰하지 못하고, 자신이 성취한 성과를 저평가하기도 하고, 다른 사람들이 자신을 어떻게 보는지 알아차리는 능력이 둔할 수도 있다. 이런 모든 요소는 고객이 조직에서 자기 모습을 이야기할 때 고의로 또는 자기도 모르게 왜곡, 수정하는 이유이다. 이런 점들은 우리가 고객 이야기를 경청할 때 비판적이고 객관적인 자세를 갖는 수용력 capacity이 특히 중요한 이유이다. 또 오랫동안 고객의 입을 통해 자세히 묘사되고 들어온, 코칭룸에는 없는 고객 동료들에 대해 열린 마음을 갖고 포용적 태도를 보일 필요가 있다. 나는 일 년에 한두 번 또는 그 이상, 상사와 삼자대면하거나 팀 미팅 기회를 얻었을 때 고객 동료나 상사들의 인상이 고객 이야기로 그려진 인물과 상당히 다른 경우를 경험하곤 한다.

고객이 조직에서 실제로 어떻게 일하는지 되도록 많은 정보를 얻기 위해 나는 다면평가와 보고서를 되도록 충분히 검토하고, HR 책임자나 고객의 직속 상사들이 고객을 평가하는 내용을 가지고 고객을 탐구하며 다른 외부 데이터도 이용한다. 신입 직원부터 최고경영자까지 어떤 사람이든 동료들이 고객을 평가하는 인식에는 크고 중요한 가치가 있다. 특히 자기 어려움을 인정하는 것 acknowledging을 두려워하고, 자기 강점을 과소평가하거나 아니면 다른 사람들의 의견을 정확하게 전달하지 못하는 고객들에게 이런 일은 매우 중요하다. 나는 고객의 정서, 행동 프로파일을 자세하게 살펴볼 수 있게 만들어진 일련의 심리적 행동 진단 도구를 활용한다. 이렇게 모인 정보들은 고객에 관한 내 평가를 검토하고 수정하는 데 많은 도움이 된다.

결론적으로 우리는 일대일 작업이 가진 장점과 한계, 왜곡 가능성에 대해 항상 염두에 두어야 한다. 그렇지만 고객 경험의 주관성을 수용해야 하며, 사람의 선택적 지각이 가진 불가피함을 수용해야 한다. 현실은 오직 하나의 버전만 있는 것은 아니라는 점이 중요하다. 이는 작업 효과성을 높이기 위해 넓은 조직적 맥락과 그 안에 있는 개인에게 초점을 맞추는 것이다.

여기서 좀 더 조명해보아야 할 일대일 코칭의 또 다른 측면은 우리가 함께 일하는 개인과 그가 속한 조직 둘 다에 책임이 있다는 점이다. 이런 이중적 상호 책임감은 임원코칭의 중요한 측면이며 상담이나 심리치료 같은 다른 분야와 구분 짓는 특징이다. 이 두 관계를 동시에 관리하는 것에서 오는 복잡성과 도전이 우리가 해야 할 책임에 추가된다. 우리는 코칭과정을 통해 고객 개인의 참여와 그들의 관심을 촉진하고 세션을 둘러싼 기밀보장의 경계를 존중하기 위해 최선을 다해야 한다. 동시에 코칭에 대한 조직의 이익interest과 필요needs를 염두에 두고 고객이 철저히 검토와 평가를 받고 있다는 사실을 확인해주어야 한다. 만약 개인과 조직 사이에 긴장이 있거나 나타난다면 코치는 자신을 두 방향에서 잡아당기고 있다는 사실을 유념해야 한다.

개인과 조직 사이에서 발생할 수 있는 일반적인 긴장의 일례를 들자면 먼저 코치를 고용한 HR 책임자가 코칭받는 개인에 대한 부정적인 정보를 코치에게 비밀리에 전달하는 것이다. 또 고객이 현재 조직을 떠나 경쟁회사로 이직하기로 한 결정을 코치에게 말하고 이를 코칭이 끝날 때까지 비밀로 간직하게 요청하는 경우이다. 또 승진 문제와 관련해서 코치에게 고객의 진척 상황을 피드백해주도록 요청하는 직속 상사, 그리고 조직이 고객에게 비윤리적으로 행동한다고 우려하는 코치와 조직의 갈등 등이 있을 수 있다. 이런 상황은 매우 숙련된 코치조차도 코칭 진행 중 고객 개인과 너무 친밀해져서 고객을 바라보는 조직적 관점을 잃어버릴 수 있다. 이때 위험은 코칭관계가 코칭 예산을 지원하는 조직과 거의 단절되고 편안한 자기들만의 2인 관계cosy twosome가 되어버리는 경우이다. 마찬가지로 코치들이 HR 책임자나 직속 상사와 긴밀하게 연계되어 고용주 관점으로 기울어져 고객(이 경우 코치이)을 바라보게 되는 경우이다. 여기서 문제는 코칭 진행이 윤리와 경계에 대한 부적절한 압력에 취약해vulnerable진다는 점이다. 이런 문제를 해결할 수 있는 정답은 없다. 코치들은 유연성flexibility과 자기 인식self-awareness을 갖고 코치 역할에 필요한 기술과 통합integrity만이 요구된다.

내 코칭 스타일

코칭 실천과 관련해 그동안 진행해온 내 작업 방식을 정리하고자 한다. 임원코칭 분야에 접근하는 길은 다양하다. 어떤 통일된 방식이 있는 것은 아니다. 많은 코치가 공감과 정확한 질문을 통해 고객의 진전을 촉진하는 것을 본질적인 임무로 알고 있다. 물론 코칭목표를 정하는 것은 고객의 특권이고 그의 책임이다. 고객들은 그들 자신의 문제에 이미 정답을 갖고 있으며 코치의 역할이란 고객이 이미 자신이 가진 생각 안에서 정답을 꺼내도록 돕는 것이다. 그렇지만 조금 다른 접근 경험을 제시하고자 한다.

나는 먼저 **두 차원**에서 작업한다. 구체적인 코칭목표를 개인이나 조직 차원으로 구분하고identified, 그것들을 재구성reframe하고 수정한다modify. 또 고객 개인의 기저에 깔린 자기 성장 목표에 대해 내 나름의 견해를 정리하고, 이 목표를 성취할 수 있도록 명시적으로 또는 묵시적으로 주목하여 이른바 슬그머니 작업에 삽입하기도 한다. 이를테면 정신역동 모델과 다른 개념적 프레임워크를 그려내며, 고객이 의식적이거나 자기인식 밖에 있어서 인식하지 못하는 생각, 느낌, 행동 패턴을 이해하도록 지원하는 식이다. 때로는 고객이 비생산적 패턴을 수정하고 더 성공적인 패턴을 수립할 수 있도록 적극적인 접근방식을 취하기도 한다.

이 같은 지향은 내 코칭 스타일을 매우 상호작용적interactive이게 하며, 때로는 조금 직접적directive으로 방향을 제시하게 만든다. 안전한 공간safe space과 효율적인 질문skillful question을 고객에게 제공하는 것 너머로 나아간다. 필요하다면 내가 중요하다고 믿는 고객이 가야 할 행동 변화와 통찰, 주제에 대해 주도권과 방향성을 갖고 과정을 안내하기도 한다. 이러한 내 태도는 고객에게 도움이 된다면 어떤 점이든 내 견해를 설명하고 조언을 제공하는 것으로 비칠 수 있다. 그렇지만 이런 접근은 어느 정도 성공을 보장하기도 하고 이를 통해 고객들은 상대적으로 짧은 시간에 더 큰 과제를 성취할 수 있으며, 자신이 속한 조직에 장기간 눈에 띄는 유익을 가져다준다. 아무튼 이런 태도는 상당한 책임감을 느끼게 하므로 실제 코칭 개입은 신중하고 조심스럽게 다듬는 편이다. 내 작업 속도와 내용은 개인의 필요와 요구에 **개별적으로 맞춤 설계**하고, 고객이 나에게 경험하게 만드는 내용이나 방식에 민감하게 맞춰서tailored 있다. 이는 코칭과정 내내 언제나 내가 가장 중요하게 마음으로 다짐하는 중심이다.

사실 '정신 관련-전문용어psycho-jargon'는 어떤 코치의 단어 사전에서도 찾기 어려운 낯선 용어이다. 이 점은 우리가 정신역동 개념을 도출해 활용할 때 특별히 중요하다. 이런 용어는 고객을 이해할 수 있는 강력한 길을 제시하지만 고객과 대화할 때는 생각한 그대로와 이를 말로 표현하는 것을 엄격히 구별해야 한다. 경험이 부족하거나 어설픈 코치들의 경우 매우 적절하지 않은 방법으로 여과되지 않은 정신역동 개념어들을 그대로 사용할 위험이 있다. 코치의 개입이 공격이나 침범으로 경험된다면 코칭프로세스뿐만 아니라 고객의 정신건강에 타격을 줄 수 있다. **방어 메커니즘**defence mechanisms 같은 전문용어의 경우 내 코칭 실천에서는 수퍼바이저나 전문직 동료와 토론, 오직 내 머릿속에서만 사용한다. 고객과의 대화에서는 이러한 단어들을 직접 사용하지 않는다. 나는 명확하고 **일상적인 언어**를 사용하여 세상에 대한 내 견해와 고객 과제 둘 사이를 잇는 오작교 역할로 활용한다.

● 작업가설 활용

내 작업 방식 가운데 특히 중요하다고 생각하는 방식에 대해 다시 정리하고자 한다. 정신역동 모델이 내 생각을 인도하는 개념을 제공하지만 고객의 내적, 외적 세계를 이해하는 데 그것을 어떻게 적용하는지 보자. 앞에서 보듯 나는 더 주도적이고 사전 대책적proactive 접근을 하고, 고객의 특징적인 심리적, 행동적 패턴을 확인하고자 나 자신의 판단judgement을 사용한다. 그렇지만 나는 고객에 대한 내 인식이 정확하지 않을 수 있다는 점을 인지하고 있다. 확실한 것이 아니라, 가능성이 있으며 개연성이 있다는 정도로만 인식한다. 말하자면 **작업가설**working hypothesis이라는 개념을 갖고, 이론의 적합성과 '개별적이고 독특한 개인'이며 '조직 안에 있는 개인'으로서의 고객을 위해 그들이 하고자 하는 바를 열린 마음을 유지한 채 균형 잡힌 태도로 접근하려고 노력한다.

내가 작업가설이라는 용어를 처음 접하며 과학적 맥락보다 발달적/성장적 맥락으로 이해하게 된 것은 1980년대 초기[3] 집단 관계group relations 분야의 작업 현장에 뛰어들었을 때였다. 그 무렵 작업할 때 빠르게 움직이는 집단역동을 판독하고decipher 설명하려고 시도하는 컨설턴트들은 특별한 시간에 그들에게 가장 분명하게 인식되는 현실 버전의 재연을 위해 작업가설을 사용했다. 이런 접근은 특히 중요한 두 가지 특징이 있는데 나는 이를 코칭 작업에 사용해왔다. 첫 번째로 작업가설은 이론적인 가정/전제의 결과가 그 자체로 순수하게 출현하지는 않는다. 고객의 언어적, 비언어적인 의사소통과 행동 그리고 어떤 때는 고객에 대한 나 자신의 응답에 따른 몇 가지 사례 안에서 제공되는 **'주의 깊게 관찰된 근거**carefully observed evidence**'**를 기반으로 해서 생겨난다. 두 번째로, 작업가설을 모든 점에 비춰볼 때, 그것 가운데 일부 요소는 물론 **그것 전체를 반드시 옳다고 가정하지 않는다**. 그 대신에 작업가설은 계속해서 시험을 거쳐야만 한다. 내가 고객과의 코칭을 통해 누군가에 대해 하나의 가설을 세우고자 한다면 지속해서 그 가설을 발전시키고 수정하여 불필요한 부분을 버려서 내가 확신할 수 있는 **더 나은 근거**를 지속해서 찾아야 한다. 이런 작업은 마치 어떤 개발을 위한 활동developmental activity 방법론으로 보일지 모르나, 사실은 정신역동적인 영향을 받고 임원코칭을 위해 특별히 그렇게 하는 것뿐이다. 그렇지 않으면 정신역동으로 접근하는 것은 거짓이거나 오만하거나 둘 다가 될 수 있다는 혐의에 대해 스스로 문을 열어 두는 것이다.

코칭 수퍼비전

서문에서 언급한 대로 나는 임원코치들이 코칭하는 동안 정신역동 모델을 활용하기 위해 반드시 심리치료 분야에서 훈련받을 필요가 있다고 보지 않는다. 중요한 것은 자기 인식self-awareness과 많은 치료적이고therapeutic 성장 발달과 관련된 훈련을 통해 습득한 성숙함maturity이다. 다른 이를 공감하고 대상을 수용하는 능력capacity과 인간 행동 표면 밑에 대해 호기심을 갖고 탐구하는 분석적 관점analytical perspective이 매우 중요하다. 이를 책임감 있게 수행하기 위해 훌륭한 코칭 수퍼비전은 필수적이다.

내가 보기에 수퍼비전은 경험이 많고 노련한 코치 동료들과 엄격한 비밀 준수가 보장된 조건에서 고객에 관해 토론할 수 있는 정기적 세션을 진행하는 전문적 계약이 되어야 한다. 이를 통해 코치는 구체적인 사례를 검토하고 탐구할 수 있는 성찰적 공간reflective space을 갖고, 코치로서 맹점blind spots을 자각하고, 코칭 기술과 이해력을 충분히 개발할 수 있다. 코칭 수퍼비전의 목적은 코치 작업 능력의 질적 향상과 고객을 위한 코칭의 질적 수준을 보증하는 것이다. 코치들이 굉장히 복잡하거나 도전해야 하는 상황에 부닥쳤을 때 그들을 보호하기 위해 안전망을 설치하는 것이다. 또 임원코칭 수준을 높이고자 함이다. 다른 코치들을 수퍼비전하거나, 나 자신이 수퍼비전 받아온 오랜 경험을 통해 볼 때 나는 수퍼비전이 유익하고 정신역동 코칭과정을 위해서는 필수적이라는 사실을 더욱 깨닫게 되었다.

리더의 감정적 압박과 임원코칭의 성장

지난 십여 년 동안 영국과 다른 선진국에서 임원코칭은 가파르게 성장해 왔다. 2009년에 공인 인력개발협회Chartered Institute of Personnel and Development(CIPD)는 조사를 통해서 거의 600개 기관의 모든 분야에서 90% 이상이 관리자들이나 내부 코치들에 의해 설계된 지도 방법을 사용한다는 사실과 반면에 60% 이상이 외부 임원코치를 고용한다는 사실을 발표했다. 심지어 2008년에서 2009년의 경기불황에도 고위 관리자에 대한 코칭 투자가 지속해서 이뤄졌고 좋은 결과로 이어졌다. 내가 볼 때 이러한 성장은 매우 효과적인 리더십 행동이 조직의 성장을 만든다는 임원코칭의 차별성에 대한 인식이 점차 증가한 데서 비롯된 것이다. 이 책의 주장에 빗대어 말한다면 **감정을 관리하고 이해하는 리더의 수용력**이 뒷받침되었다. 리더들이 이를 잘하지 못하면 그 부족한 영향력은 그들 자신뿐만 아니라 그들의 부하직원, 자신이 속한 조직에까지 미친다. 그러나 그들에게 주어진 임무가 막중하기에 리더들은 굉장한 **정서적인 압력**emotional perssures에 힘들어한다. 어떤 것이 있는지 살펴보자.

- **큰 시련과 높은 기대**

  리더들 대부분은 그들의 조직과 부하직원에게 큰 책임감을 느낀다. 그들은 큰 손실을 줄 수 있는 중요한 결정에 책임 있게 임해야 한다는 것을 정확히 알고 있다. 그들은 자신을 너무 과대평가하고 자신이 세운 기준에 도달하지 못했을 때 죄책감과 부끄러움으로 더욱 괴로워한다.

- **무대에서 절대 벗어나지 못한다.**

 리더들은 조직 안에서 높은 관심을 받고, 항상 이야깃거리가 되는 것을 피할 수 없다. 조직의 모든 사람은 리더들의 행동, 감정 상태, 신체 언어 그리고 일상 언어들을 속속들이 조사하고 추측한다. 또 리더들은 많은 선입견과 억측에 시달리며, 긍정적이든 부정적이든 영향을 잘 받는다. 그들은 언제나 전문적인 모습만을 보여줘야 한다. 가장 높은 직위에 있는 경영진들은 방송 매체가 그들 행동의 모든 면을 가까이서 관찰하고 있다는 사실을 인식하고 있어야 한다. 이는 어떠한 실수나 실패했을 때 이것이 빠르게 대중에게 알려질 것이라는 불안감으로 괴로워하게 만든다.

- **정제된 이미지만을 보여줘야 한다.**

 사람들은 리더들이 자기감정을 다루는 데 특히 능숙해야 한다고 기대한다. 직무와 관련해서 능률적이며, 신뢰할 만한 사람이 되려면 감정을 통제할 줄 알아야 하며 자기 나약함vulnerability을 숨길 수 있어야 한다. 그러나 사실 잘 알려지지 않았지만 리더십 교육 분야나 아니면 조직 내에서 '정서지능emotional intelligence'이란 용어가 어디에서나 사용됨에도, 다니엘 골먼Daniel Goleman에 의해 1990년도 중반이 되어서야 비즈니스 세계에서 사용되었다(Goleman, 1996).

- **격동기를 이끌어야 한다.**

 2008년에서 2009년 경제 침체기와 뒤를 이은 어려운 경제 상황은 리더들에게 중책을 맡겼다. 끊임없는 도전 과제들과 모든 조직의 표준이 되어버린 불확실성uncertainty이 리더들에게 가중되어 이 중책에서 벗어나지 못하게 한다(샌들러, 2009b).

감정적 압력은 특히 조직의 장들에게 강력하게 작용한다. 그렇지만 다른 사람을 이끌고 관리하는 책임감과 업무의 중요 부분을 책임져야 하는 구성원들도 압박감은 예외가 없다. 최근 주요 고객들이 비즈니스 리더들이고 고위 역할을 하는 주주들이었다. 지금까지 나는 다양한 수준의 고객들을 접했으나 모두 마찬가지였다. 모든 분야에서 모든 수준의 고객, 개인 기업, 공공 분야, 임기직 등을 망라해 다 포함된다.

이러한 내 경험이 이 책에 예시를 통해 반영되었다. 조직이나 고객이 어떤 그룹에 속하는지 상관없이, 앞으로 소개할 코칭 전략과 기술은 우리의 시야를 넓혀줄 것이다. 또 깊고 새로운 통찰과 안전하고 책임감 있는 공간에서 효과적으로 코칭할 수 있게 도울 것이다.

나는 여러분이 생각을 자극하고, 작업 능력을 강화할 수 있는 무언가를 이 책에서 찾기를 바란다.

---

1) 다면평가는 일반적으로 10명에서 20명의 상사와 동료 그리고 부하들로 이루어진 질문지를 선발된 응답군에 의해서, 고객의 리더십에 대해 익명으로 피드백하는 잘 설계된 평가 방법이다. 이로 인해 얻어진 정보는 보고서 형태로 정리되고, 이를 코치와 고객이 함께 검토한다.
2) 물론 코칭 성과 증진은 팀 차원에서 발생하는 것이지만 이 주제는 이 책의 주요 관심사가 아니다.
3) 이 학설은 윌프리드 비온Wilfrid Bion(1897-1979)과 타비스톡 협회와 연구소 분들의 연구에 의해서 만들어졌다.

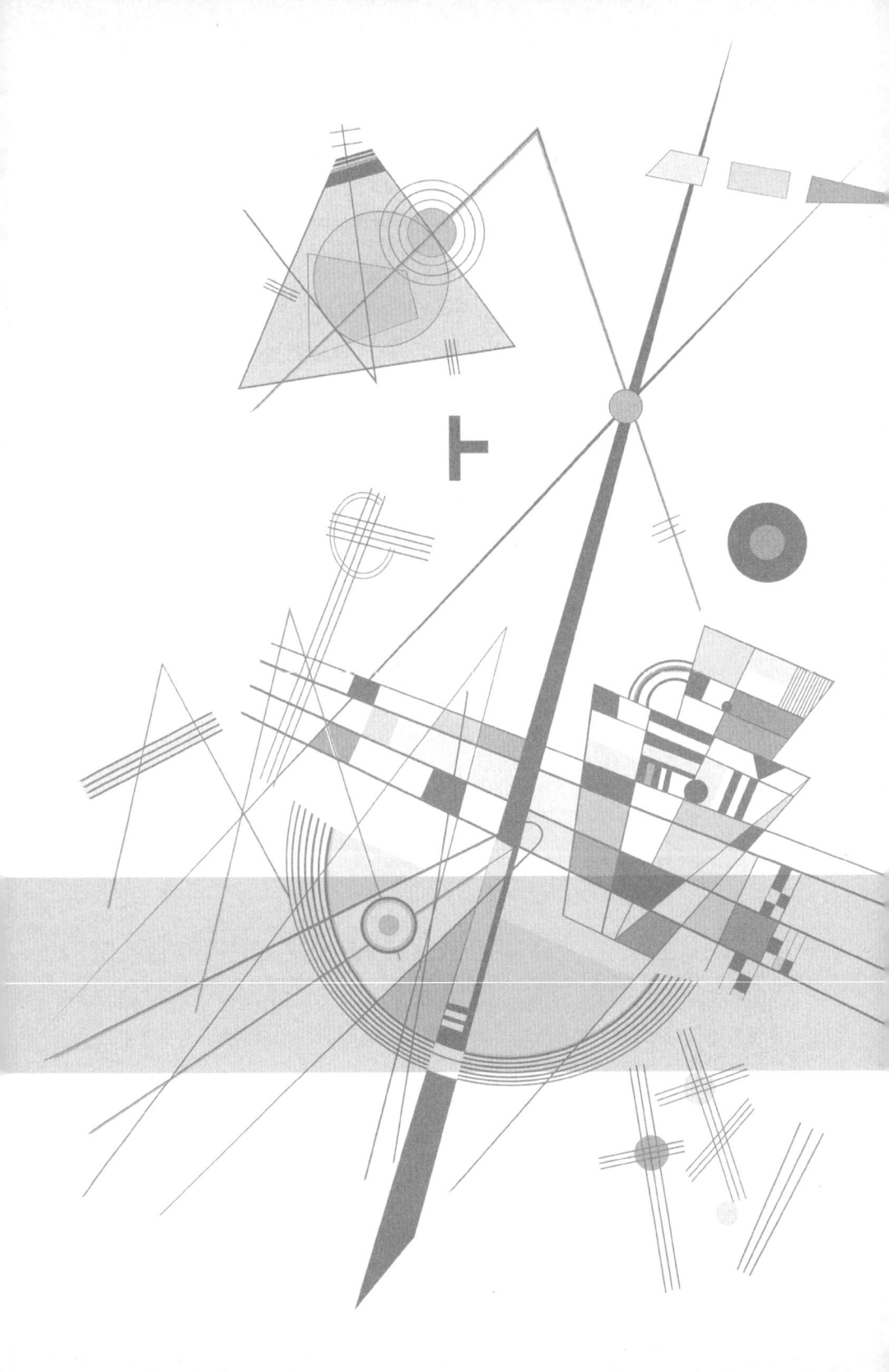

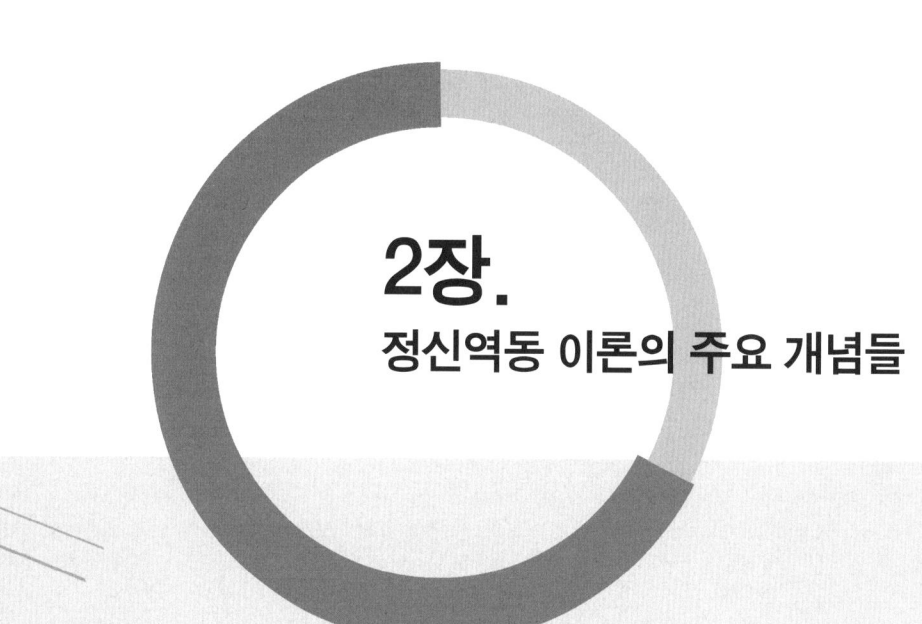

2장.
정신역동 이론의 주요 개념들

2장. 정신역동 이론의 주요 개념들

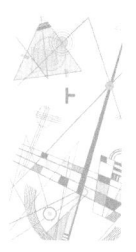

모든 정신역동 모델의 출발은 정신분석의 창시자로 불리는 지그문트 프로이트Sigmund Freud(1856~1936)의 인간 정신에 대한 혁신적인 이론에서 찾는다. 그의 독창적인 이론의 골자를 시작으로 다양한 학파들이 발전했고 확장됐다. 주요한 인물 가운데 몇 명만 이야기하자면 멜라니 클라인Melanie Klein, 도널드 위니캇Donald Winnicott, 프로이트의 막내딸인 안나 프로이트Anna Freud가 있다. 이런 발전 과정은 21세기에도 계속되고 있으며 선구자들이 연구와 경험을 통해 그 개념이 더욱 발전을 거듭하고 있다. 그렇지만 인간의 의식과 정서 기능에 대한 프로이트의 근본적인 생각은 변하지 않고 남아 정신역동 분석을 풍부하게 뒷받침하고 있다.

　　이 장에서는 프로이트 이론에 대한 깊이 있는 이야기를 나누거나, 지난 120년간 변화해온 정신역동 이론 발전의 발자취를 좇지는 않을 것이다.[4] 이 책의 목적은 **비 치료 맥락**non-therapeutic context 안에 **차용된**applied form 정신역동 관점perspective을 다시 언급하고, 이것을 올바르게 사용해서 어떻게 임원코칭 진행을 성공적으로 도울 수 있는지에 한정해 설명하는 데 있다. 이 목적을 위해 나는 내 관점에서 중요하다고 생각되는 정신역동 개념들 특히 오랜 세월이 흘렀음에도 건재하며 오늘날에 실행되는 코칭과 가장 관련성이 높다고 생각되는 내용만을 간결하게 설명하는 데 집중하고자 한다.

무의식

정신역동 이론은 인간 삶의 내면세계를 이해하는 데 관심이 있다. 이런 내면세계와 관련해 외부 세계에서 어떻게 행동하는지 그리고 다른 사람과 조직, 사회와 어떻게 연결되어 있는지 그 관계도 다룬다. 프로이트 이론의 주요 핵심 요소는 우리 모두 마음 안에 '의식'이라는 한 부분 외에 '무의식'이라는 다른 부분이 있다는 것이다. 그는 이 무의식 부분이 단순히 우리의 인식 밖에 멀리 떨어져 변하지 않고 무언가를 비축해놓은 장소로 여기지 않았다. 그보다 그는 우리가 모두 의식과 무의식, 감정과 소망, 욕망과 환상 사이에서 꾸준한 상호작용이 이루어지는 '역동적인 내면세계'를 가지고 있다고 주장했다. 이 내면세계에서 정서의 역할은 매우 중요하게 여겨진다. 마음의 의식적인 부분과 무의식적인 부분 사이에서 발생하는 상호작용을 이해하기 위한 중심축은 **인간이 자신이 하는 바를 의식하지 못한 채, 그 자신의 정서 경험을 조절하기 위한 수용력**capacity을 지니고 있다는 믿음이다. 이는 우리가 의식적인 마음으로 참기 어려워 불편하거나 껄끄러운, 아니면 두려운 감정들이 튀어나오지 않도록 통제하는 경향이 있다는 것을 의미한다.

우리의 방어적인 패턴들

프로이트가 '심리적 방어기제psychological defence mechanism'라고 이름 붙인 이 과정은 무의식적으로 발생한다. 그와 다른 심리학자들은 넓은 범위로 방어기제들을 공식화했다. **억압**repression, **부인**denial, **합리화**rationalization 같은 방어기제들은 일상생활에서 자주 만나볼 수 있는 표현들이다. 정신역동 이론은 이러한 방어기제를 일반적인 것이고, 생활에 도움이 되며 사실상 정신기능의 중요한 측면으로 여겼다. 우리가 의식적으로 우리 마음에서 감정적 경험 가운데 몇 가지를 배제할 능력이 없다면, 우리는 불안에 짓눌려 정신 기능이 멈춰버릴 것이다. 반대로 심리적 방어기제를 과도하게 사용하거나 미성숙하거나 융통성 없는 방식으로 활용한다면, 정서적인 행복well being은 비틀리거나 해를 입을 것이며, 정신적인 괴로움이나 역기능적 행동으로 그 대가를 치르게 될 것이다. 또 우리 자신뿐만 아니라 주위 사람들도 함께 괴로움을 겪게 된다. 심리적 방어기제에 대한 이해는 정신역동 접근 코칭을 위해 매우 중요하다. 나는 이 장 후반부 고객 사례를 통해 가장 일반적인 심리적 방어기제 사례를 소개하겠다.

정신역동 이론의 중요 내용 가운데 하나는 모든 사람이 자기 내면세계의 어려운 측면을 다룰 때 방어기제를 사용하지만, 각 개인은 이 방어기제를 무작위적이거나 통상적인 방식으로 사용하지는 않는다는 사실이다. 그 대신 각 개인의 내면 역동은 자신이 태어난 뒤에 겪은 개인적 경험에 대한 반응response으로 만들어진다. 특히 어렸을 때 타인과의 애착 관계나 가족 관계가 우리 마음의 의식적인 부분과 무의식적인 부분 사이에서 이뤄지는 상호작용을 주조하는 데 큰 역할을 한다. 그러므로 성장하면서 개인마다 다르게 내부세계를 만들어간다. 다시 말해 성장과 함께 개인의 정서와 사고, 방어기제의 특징적인 양식이 만들어진다는 것이다. 성인의 경우 패턴의 색깔이 곧 우리 자신이다.

인간 존재는 그들의 생애에 걸쳐 이러한 패턴을 유지하려는 강한 무의식적 경향을 보인다고 프로이트는 보았다. 인간의 무의식은 그들 내면세계의 특징적인 경험을 계속해서 재구성하며, 이 경험들이 긍정적이든 부정적이든 상관하지 않는다. 불편함discomfort이나 역기능dysfuncion에 상관없이 이런 경험은 인생의 초기 단계부터 안심하고 친숙해져 있다.

두드러진 예로는 학대받은 아이가 이 학대에 굉장히 상처받았음에도 어른이 돼서도 학대받는 관계를 다시 찾아 나선다. 일상에서 보는 친숙한 예로는 냉소적인 어머니 밑에서 자란 여성은 이로 인해 죄책감과 낮은 자존감self-esteem을 갖게 되고, 어른이 되어도 자기 어머니 같은 냉소적인 상사를 만났을 때 자기가 어머니에게 대응했던 태도와 유사한 방식으로 대응한다. 비슷한 경우로 많은 형제 가운데서 성장해 부모의 충분한 관심을 받지 못한 남자는, 직장에서 그의 동료들과 경쟁적인 관계를 맺게 되어 매우 빈약하고 부족한 동료 관계를 갖게 된다. 이러한 모든 사례는 행동 패턴이 얼마나 고통스럽고 불편한지 상관없이 반복된다는 공통점이 있다. 성장 과정에서 받은 관계 친밀성의 강력한 감각sense이 개인의 무의식적 충족도와 심리적 안정감을 결정한다. 더구나 **이러한 행동 패턴은 내부 갈등이나 의식적 수준에서 자기 문제에 직면해서 연상되는evoke 불안에서 개인을 보호하기 위해 작동한다.**

정신분석과 정신분석 심리치료의 이러한 통찰 내용은 임상적 진료로 개발되었다. 또 지금까지 개인이 자신들의 정서적, 심리적 건강을 해치는 방해물이 되는 무의식적 패턴을 수정하도록 돕기 위해 설계되었다.

무의식의 신경학적 근거

비록 무의식적 마음이라는 개념이 우리의 문화 안에서 피상적인 수준으로라도 널리 인식되어왔지만, 실제로 이 개념이 제대로 충분히 이해되는 것은 아니다. 무의식의 실제 주요한 의미real significance에 관해서는 심리학 세계 안에서도 상당한 회의론이 있다. 이 개념이 정신역동 접근의 중심에 자리 잡고 있으므로, 신경과학 분야에서 실시한 최근의 연구들이 무의식적 기능의 존재와 정서적 삶의 우선순위에 대한 증거를 보여주었다는 사실은 흥미롭다.

복잡한 인간 두뇌 체계 안에 '정서의 뇌emotional brain'라 불리는 발달 초기의 대뇌변연계 체계는 '편도체'라고 불리는 구조를 그 안에 갖고 있다. 이것은 아몬드 모양이고 감정을 해독decoding하는 데 중요한 역할을 하며, 특히 오르가슴을 가져오는 자극에 반응하는 민감한 두 개의 신경 그룹을 포함한다. 두뇌의 다른 부분에서 뻗어 나온 많은 감각신경 경로들은 편도체로 수렴되며, 잠재적 위험에 대비해 경계를 취한다. 다니엘 골먼Daniel Goleman의 감성지능에 대한 역사적인 업적에서 강조한 내용에 따르면, 편도체는 인간의 행위를 좌지우지하는 핵심적인 역할을 하고 있지만 이를 인지하지는 못한다(Goleman, 1996). 그 이유는 편도체가 위험 신호를 받아들이는 바로 그 순간에 아드레날린과 다른 화학 호르몬이 뿜어져 몸 전체로 흐르고 이는 즉각적인 불안을 유발한다. 그리고 우리가 무슨 일이 일어났는지 의식적으로 자각하기도 전에 즉각적으로 이와 싸우거나 아니면 달아나거나 얼어버리는 반응을 보인다.

최근에 '이성의 뇌rational brain'라고 불리는 신피질은 감정과 행동을 통제하는 능력 그리고 의문을 제기하는 능력인 언어를 주로 다룬다. 비록 대뇌변연계와 신피질 사이에 무수한 감각신경 경로들이 흐르고 있으나, 신피질은 환경 변화에 대한 메시지에 훨씬 더 느리게 반응하며, 정보를 다루는 데에 더 많은 시간이 걸린다. 섬세한 뇌 정밀검사 실험들은 개인이 신피질을 통해 자극을 인식하기 전에, 대뇌변연계를 통한 자극에 먼저 빠르게 인식한다는 사실을 밝혀냈다. 이는 무의식적 기능의 존재에 대한 신경학적 근거를 나타내는 것으로 보인다. 이성의 뇌가 놀라운 성장과 능력을 지녔음에도 인간 동물은 감정이 지속적이고 근본적이라는 중심성을 알려준다(Gladwell, 2006; LeDoux, 1999).

프로이트: 마음 구조 모델

앞서 언급한 마음의 원동력에 대한 이론을 잘 이해하기 위해서는 1921년에 발표된 프로이트의 구조 모델을 이해하는 것이 필요하다. 이 모델에서 그는 다른 사람과 소통할 수 있게 하고, 우리 마음의 의식적, 무의식적인 부분이 꾸준하게 쌍방향적 소통을 생성할 수 있게 하는, 세 가지 다른 요소들로 구성된 은유적인 정신 체계를 제시했다. 비록 후대의 학자들이 이 모델이 기능하는 방법과 조금 모호했던 내용을 몇 가지 수정했지만, 프로이트에 의해 제시된 이 체계의 중요성은 정신역동 이론에 매우 핵심적인 부분으로 남아 있다.

이드

이 모델의 첫 부분은 **이드**$_{id}$이다('it'의 라틴어). 프로이트는 이를 우리의 가장 근본적인 생물학적 충동의 원천으로 보았다. 특히 성$_{sexual}$과 공격성

aggressive이 그것이다. 그는 동물과 같은 종인 인간은 다른 이에 관한 관심보다도 자기 자신의 만족을 위해 선천적으로 프로그램된 뿌리 깊은 본능을 가지고 있다고 믿었다. 이 이드는 욕구나 필요, 감정에 따라 거의 모든 행동을 결정하는 아기들과 어린아이들의 행동에서 분명하게 볼 수 있다. 그들은 충동을 다스리는 법과, 자기만족을 미루는 법, 사회적인 표준에 따라 다른 사람들을 고려하도록 그들의 행동을 수정하는 방법 등을 점차 배운다.

이 이드의 강력한 충동이 우리가 자라면서 사라지는 것은 아니다. 그러나 노력을 통해 우리 마음의 무의식 부분에 가장 사회적으로 용납할 수 없는 요인으로 이런 충동을 묻어둠으로써 그것들을 통제한다. 그렇지만 변동이 심해 점점 더 눈에 보이지 않게 숨겨놓는다. 이드 안에 있는 생물학적으로 촉발된 충동urges 욕구desires 감정을 다루는 각 개인의 독특한 방식이 그들의 내면세계 형성에 중요한 역할을 한다.

프로이트로서는 환자의 근본적인 괴로움은 성적 충동과 공격성을 적절히 다루기 위한 투쟁이 주된 원인이라고 믿었기 때문에 이 같은 통찰이 중요했다. 반면에 뒤이은 정신역동 이론은 이런 원시적 욕동primal drives의 중요성을 덜 강조한다. 이드에는 아기가 생물학적 기본 욕구를 만족하고자 자기 보호자에게 **그 자체로 붙어 있고자 하는 충동이 있다.** 또 이런 충동은 그들의 부모와 아이 사이의 유대를 개발하는 중심 역할로 작용하고 정신 기능에서 여전히 중요한 역할을 하게 한다.

자아

프로이트 마음 구조 모델의 두 번째의 요소는 자아ego('I'의 라틴어)이다. 자아라는 용어는 구어체로는 '우리가 그의 자존심(ego)을 살려줄 필요가 있어', '그 방은 높은 자존심(ego)을 가진 사람들로 꽉 차 있다' 등과 같이 이 모델에서 강조하는 용어와는 조금 다른 의미로 약간은 비난 어조로 더 많이 쓰인다. 거의 무의식적인 경향이 큰 이드에 의한 본능instinct-추동driven 과는 달리 자아는 좀 더 의식적이며conscious 자기self의 합리적인 부분이다. 아이들이 점차 자라면서 외부 세계의 일상적인 요구와 자아는 맞물려 성장한다. 자아는 배우고 적응하고 타협하고 반응하고 기대하고 계획하는 능력이 위치하는 곳이다. 자아는 감정적인 자기들selves과 이성적인 자기들 각각에 존재하는 다른 부분들의 통합을 위해 열심히 노력한다. 또 자아는 우리 자신의 소망과 욕구, 다른 사람들의 그것 사이에서 지속적인 균형을 잡을 수 있도록 관리하여, 우리가 다른 존재들과 성공적인 관계를 맺게 하는 능력의 근원이다.

또 자아는 우리에게 중요한 타인들에게서 인정받고approval 칭찬praise받을 수 있도록 행동하게 한다. 이것은 아이든 어른이든 간에 우리가 모두 원하는 것이지만, 평생 외부에서 인정받기를 계속 요구하는 정도는 사람에 따라 다르다. 이는 그들이 객관적인 성공을 이뤘는지와도 전혀 관련이 없다. 개인이 타인에게서 이러한 종류의 인정을 받고 싶어 하는 욕구가 그의 개인적 성격individual's personality의 주를 이루거나, 그들이 자기 권력 확대self-aggrandizement를 추구하는 경향이 있을 때, 그들은 '자애적인narcissistic' 성향을 지녔다고 평가받는다. 역설적이게도 자기애적 성향이 있는 개인들은 의식적으로나 무의식적으로, 과도하게 그들 자신의 성취에 몰두함과 동시에 자기 자신에 대한 확신이 부족해 괴로워한다. 이것은 그들의 자아가 충분히 안전한 정도의 자존감을 가질 만큼 성장하지 못했다는 것을 의미한다. 자아가 완성되지 못한 개인들은 끊임없이 외부의 인정을 받고자 노력하며, 여기에 기대야만 마음의 안정을 얻을 수 있다.

그러므로 자아 성숙maturation은 매우 중요한 과제이다. 자아가 더 원숙해질수록 우리는 더 많은 것을 이해하고 수용할 수 있고, 우리 자신을 더욱 잘 관리할 수 있으며 내면에 깔린 충동을 더 잘 제어할 수 있다. 중요한 점은 건강한 자아는 우리가 고통스러운 감정들을 인정하고 참을 수 있게 해주며 이 감정들을 표출할 적절한 방법을 찾게 해준다는 점이다. 우리 무의식에 불편한 감정을 숨기는 것보다 의식적 수준에서 모든 범위의 인간 감정을 표현하고 경험하는 능력capacity은 다른 사람과 친숙한 애착관계를 형성하고, 다른 사람의 감정을 이해하고 보살피고 치료하는 우리 능력과 긴밀하게 연결되어 있다. 프로이트는 어린아이들이 어렸을 때 부모와 형성한 관계가 자아의 건강한 발달에 아주 중요한 역할을 할 것이라고 믿었다. 그리고 이러한 프로이트의 관점은 오늘날 정신역동으로 생각하기thinking에 중요한 교리로 남아 있다.

초자아

세 번째 요소는 **초자아**super ego('나를 넘어서'above I의 라틴어)이다. 프로이트는 우리 이드의 기저에 깔린 공격적이고 성적인 충동과는 역으로 균형을 회복해주는counter-balancing 의미가 있는 일종의 양심conscience과 같은 의미로 초자아의 기능을 설명했다. 자아처럼 초자아는 주로 아동기 시절에 우리가 다른 사람의 소망과 욕구, 의견 등을 존중해야 한다는 배움을 통해 발달한다. 어렸을 때 우리는 우리 부모나 자신을 돌봐주는 양육자가 우리에게 어떤 특정한 행동을 기대하고 있으며, 이에 어긋나는 다른 행동들은 꺼리고 있다는 사실을 배운다. 그리고 어렸을 때부터 우리는 인정받고 수용acceptance 받고 싶어 한다. 시간이 지나면서 우리는 무엇이 옳고 어떤 행동이 사회적으로 수용 가능하며 어떤 것이 그렇지 않은지에 대해 자기만의 버전을 내면화한다.

　　　사람들이 그들의 초자아를 얼마나 강력하고 과중하게 발달시킬 수 있는지, 그 범위는 사람에 따라 매우 다양하다. 약한 초자아는 개인이 사회적 규범에 어긋나지 않고 다른 사람이 손해를 통해 자기 필요를 충족시키지 못하도록 자기를 자제시킬 수 있는 내면의 도덕적 잣대를 똑바로 세우지 못하게 한다. 강력한 초자아는 매우 엄격하고 과중한 양심에 의해 개인의 행동을 규제하게 만든다. 이런 경우 쉽게 죄책감을 느끼고 자기 비판적self-critical인 성향이 된다. 그들은 자신과 다른 사람들을 매우 엄격하게 몰아세운다. 어떤 경우에 보면 그들은 자신의 분노나 다른 사람의 '받아들일 수 없는unacceptable' 생각이나 감정을 억제하기 위해, 또 자기 처벌적self-punishing이고 자기 파괴적self-destructive 행동에 따라 거듭되는 무의식적인 높은 죄책감에 괴로워한다. 다른 경우를 보면 그들은 자신의 엄격한 초자아가 너무 견디기 힘들어서 초자아에서 오는 메시지를 무시해버리고, 꾸준하게 자기 자신에게 했던 만큼 다른 사람을 탓하거나 공격하곤 한다. 사람들이 자신의 초자아를 의식적으로 인식하는 범위와 초자아의 목소리를 얼마나 효과적으로 다룰 수 있는지는 개인에 따라서 그 정도가 매우 다양하다. 자기 인식self-awareness과 자기 수용self-acceptance에 의해 발달한 건강한 자아를 가진 사람들은 초자아를 강력하지만 그들 자신을 통제할 수 있는 한 부분으로 인정할 수 있다. 그리고 이 양극단 사이에서 균형을 잘 잡아 좋은 성과를 낼 수 있도록 타협할 것이다.

내부 갈등

프로이트의 마음 구조 모델은 우리의 내부세계가 인간 정신human psyche이 서로 다른 부분이 지속해서 강력한 갈등에 의해 내몰리고 있다고 지적한다. 이드의 원시적인 충동urges(이를테면 증오하는 경쟁자를 때리고 싶은 충동), 자아에 의한 현실 직시reality-check(사람을 때리는 건 적절치 못한 일이지), 초자아의 자아 비판적 목소리(경쟁자를 때리고 싶어 하다니, 죄책감을 느껴라) 등이 상호작용하여 우리 의식과 무의식 사이에 존재하는 생각과 소망과 감정들의 역동을 밀물 썰물처럼 오고 가게 휘둘러 버린다. 이런 상호작용으로 만들어진 **내적 갈등**internal conflicts은 개인과 상황에 따라서는 매우 불편해서 몹시 견디기 어려운 경험이 될 수 있다. 의식적, 무의식적인 **분노의 방아쇠**trigger anxiety 같은 이러한 갈등을 프로이트는 자아ego에게서 보내는 알람으로 보았다. 이러한 위험에 직면하면 우리는 무의식적으로 심리적인 방어기제를 작동시켜 우리 감정적 딜레마를 해소하고 다시 안정감을 되찾고자 한다.

개인은 어떻게 심리적으로 성장하는가?

프로이트의 정신 모델은 마음의 세 가지 구성 요소들이 어떻게 상호작용하고 구조화되는지 설명할 뿐만 아니라, 인간 삶을 정신건강에 이르게 하는 **여러 가지 발달과제**에 직면하게 한다.

- 우리의 매우 원시적인 충동, 소망, 정서를 사회적으로 받아들일 수

있는 형태로 끌어내고 마음 구성 요소들과 접촉을 잃지 않는 방법. 이를 통해 우리가 에너지와 감정 그리고 창의력을 동원할 수 있는 수용력capacity을 유지할 수 있다면 이 마지막 포인트는 중요하다.
- 우리가 과도하게 회의적이거나 가혹한 방법으로 몰아세우지 않고도 바른 방향으로 나아갈 수 있도록 이끌어주는 도덕의식을 개발하는 것.
- 자기 자신과 다른 사람을 긍정적인 시선으로 바라보고, 모호함을 견딜 수 있으며, 친밀한 관계, 사회적인 관계, 직업적 관계를 성공적으로 유지할 수 있는 균형과 회복력 있는 사람으로 거듭날 수 있는evolve 방법.

개인의 성공과 목표 달성을 결정짓는 요인을 이해하기 위해 우리는 아동 발달에 대한 프로이트의 학설을 검토해보아야 한다. 그는 유아에서 어린아이로 나이에 따라 성장 과정을 거치며 정신건강을 성취하기 위해서는 자신의 심리적 장애를 만족스럽게 해결해야만 한다고 믿었다. 후대의 학자들이 프로이트 학설의 몇 가지 부분을 수정했지만, 정신역동 모델은 유아기와 아동기의 경험이 - 특히 부모나 다른 양육자와의 관계 - 오랜 기간 우리의 심리적 안정에 큰 영향을 미친다는 관점에 바탕을 두고 만들어졌다. 어린 시절 겪은 경험들은 아이가 어떤 성향의 어른으로 자라날지에 커다란 영향을 미친다.

아동 발달에 대한 정신역동 관점은 거대하고 매혹적인 주제 영역이다. 프로이트의 마음 구조 모델이 어린 시절 겪은 경험의 중요성을 설명하는 데 어떻게 도움이 될 수 있는지 이해해보자.

유아와 어린아이들은 거의 한두 살까지는 생물학적 욕구의 지배를 받고 이드의 본능을 강력하게 표현한다. 그들의 감정이 사랑이든 미움이든 두려움이나 즐거움이든, 이 나이 때에 겪는 그들의 감정을 이 순간 모든 것을 아우르는 것이며, 이 감정들은 양육자에 대한 그들의 태도 형성에 커다란 영향을 미친다. 예를 들어 아이들이 화났을 때 엄마에게 "난 엄마가 싫어."라고 말한다. 그것은 정말 싫어한다는 뜻을 의미한다. 그렇지만 몇 분이 지나면 화가 수그러들 것이고, 아이는 엄마를 껴안고 싶어 할 것이다. 이 사랑이라는 감정은 아이가 가지고 있는 화라는 감정과 동등하게 지닌 진심어린 감정이다. 마치 어린아이가 엄마라는 한 사람을 대하는 것이 아닌 나쁜 사람과 좋은 사람 두 명을 대하고 있다고 생각하는 것이다. 아이들은 점차 엄마가 나쁜 사람, 좋은 사람 두 명이 아닌 한 명이라는 것을 알게 된다.

매우 세심하게 애정을 주는 부모조차 가끔 아이의 나쁜 행동을 보는 일은 피할 수 없다. 그리고 아이가 짜증을 내거나 짜증을 나게 하는 어떤 실망을 잘 인내하는 법을 배우는 과정은 일반적인 발달 과정이고 또 중요한 이정표milestone이다. 즉각적인 만족을 얻기 위한 이드의 순간적인 욕구를 절제하고 이를 바꾸고자 하는 행동은 자아의 가장 초기 성장 단계에 속한다.

아이들은 점점 활동 범위가 넓어지고, 언어를 배우기 시작하면서 새로운 지평선이 열린다. 자기 주위 환경을 탐험하고 발견하는 즐거움을 경험하게 된다. 궁금증과 탐험하고자 하는 마음에 휩쓸려 아이들은 도전적이고 때로는 두려운 경험과 맞서야 한다. 이는 아이들의 양육자에게서 아이가 자신이 분리되는 것을 배우게 하고 아이도 자신이 자기 부모 세계의 중심에 있는 유일한 사람이 아니라는 사실을 받아들이게 한다. 엄마를 아빠나 다른 사람들과 형제자매나 다른 아이들과 나누는 방법을 배우는 것이나 모임의 일원이 되는 것을 배우는 것은 이러한 과정 가운데 하나이다. 아이들은 탄생과 질병 그리고 죽음의 현실을 발견하고, 있는 그대로 받아들이게 된다. 이러한 과제들을 다루고 순간적인 행동으로 얻을 수 있는 만족을 미루고, 타협하는 중요한 능력을 발달시키는 것은 아이들의 **자라나는 자아**growing ego이다. 이는 아이들 내면의 도덕적 잣대나 초자아의 형태로 존재하는 양심의 발달과 함께한다. 이런 식으로 출생 시 인간 유아human infant의 발달을 촉진하는 이드는 구조적 모델의 다른 두 가지 구성 요소인 자아, 초자아의 영향을 받아 점차 수정된다.

초기 애착관계의 중요성

이러한 발달 과정이 얼마나 성공적으로 이뤄지는지는 심리적으로 안정적인 성인으로 거듭나는 데에 큰 영향을 미친다. 또 이 발달 과정의 성공 여부에 아이의 유아기 환경이 크게 이바지한다고 알려져 왔다. 아이와 그들의 어머니나 아니면 어머니 역할 대행자와 형성되는 초기 애착관계는 특히 중요하다. 이런 믿음은 하나의 종으로서 인간의 생물학적 현실에 기인한다. 인간 유아들이 생존을 위해 그들의 부모나 양육자에 대한 의존성의 범위와 정도, 지속 기간은 다른 종에 비할 수 없을 만큼 유일무이하다. 그러므로 자신을 길러줄 중요한 성인과 강한 유대감을 형성하고 불러일으키는evoke 강력한 본능을 갖고 태어난다. 정신역동 관점에서 보면 정서적, 감정적 건강을 결정짓는 아이의 미래 능력은 아이들이 그들의 감정을 공감하고 필요에 따라 즉각적이고 진정으로 대응해 주는 양육자의 일관된 존재를 얼마나 많이 경험했는지에 달려 있다. 이를 통해 건강한 자아가 자랄 수 있게 하는 조건을 받는 것이다. 이런 종류의 양육 관계는 음식, 육체적 편안함, 따뜻함과 심지어 애정 등을 더 많이 제공하는 것도 포함한다. 아이의 필요needs가 즉각적으로 충족되지 않거나, 완전하게 충족되지 않았을 때 경험할 불안을 아기가 처리하고 제어할 수 있도록 정서적인 안정감을 주는 것 - '담아주기containment' - 을 의미한다(Bion, 1962). 정신분석가이자 아동 발달 전문가인 도널드 위니캇(1964)이 '충분히 좋은good enough' 돌봄이라고 이름 붙인 돌봄을 제공하지 못했을 때 아이는 어느 정도의 정신적이고 감정적인 붕괴disruption를 겪는다. 이는 아이 인생에서 중요한 인물과의 유대가 위태로워졌기 때문이다. 위니캇이 이야기한 충분히 좋은 돌봄이라는 것은 특히 어머니의 수용력capacity인데, 이 능력은 어머니가 아이의 분노와 궁핍neediness을 손상하거나 그것에 의해 압도되지 않게 완화하는 능력을 말한다.

비교적 짧고 미미한 일시적인 분리 같은 충분한 돌봄 제공이 그다지 **심각하지 않게 중단되는 경험**은 아이에게 스트레스와 불안감을 줄 것이다. 어쨌든 아이의 경험이 길어지거나 아이와 양육자와의 애착관계가 장기간 중단됐거나, 관계에 깊은 균열이 생겼을 때는 아이에게 지속적인 영향을 미친다. 관계의 균열은 부모님과 떨어져 살거나, 부모님을 잃었거나, 아니면 부모님이 아이에게 부적절한 행동을 했거나, 애증이 엇갈리는 태도로 대했거나, 무시하거나 학대하는 행동을 했을 때 생겨날 수 있다. 이러한 상황은 아이의 자아 발전을 심각하게 약화하고, 그들이 다른 사람들과 건강하고 친밀한 관계를 형성하게 하는 능력에 상당히 타격을 주거나 파괴할 것이다.

앞서 언급한 내용이 어째서 정신역동 이론이 유아기의 경험에 주목하는지에 대한 설명이 될 수 있다. 이 경험들은 우리에게 장기간의 심리적, 정서적 발달에 영향을 주기 때문에 이 기간에 엄마와 아이의 관계 역시 중요하다. 물론 다른 관계들, 특히 아버지와 아이와의 관계 또한 중요하다. 예를 들면, 부모님 중 한 명과 좋은 관계를 맺는 것은 다른 사람과 좋지 않은 관계 맺음을 통해 발생한 상처를 상쇄하는 데 아주 좋은 치료제가 된다. 이와 비슷하게 아이들이 그들의 형제자매와 어떤 관계를 맺는지 역시 아이가 성인이 되어 그들의 동료들과 어떤 관계를, 어떻게 맺게 하는지에 아주 강력한 영향을 미친다. 더욱이 어렸을 때 적절히 좋은 양육 조건에서 성장했다면 어른이 되어 정신적인 안정을 얻는 데 아주 큰 도움이 된다. 아동기와 청소년기에 개인이 겪는 경험들 또한 개인이 어떠한 성향을 지닌 어른이 되는지를 설명하는 아주 좋은 자료이다. 우리는 이 사실을 잊어서는 안 될 것이다.

● 신경과학과 애착 이론

한 번 더 언급하지만 현대 신경과학neurosciences은 개인의 심리적, 정서적 발달, 정신 기능에서 불안의 역할 등에 관해 유아기에 형성된 애착 관계 경험이 근본적으로 중요하다는 확신을 제공한다. 가장 흥미로운 사실 하나는 초기 경험early experience이 변연계의 원시적 두뇌에 각인되는 힘에 관한 것이다. 양육자와의 관계에서 양육자와 단절되거나, 양육자를 잃거나, 양육자로부터 냉대받는 환경에 처했을 때 발생하는 신호는 정서적 각성의 근원인 편도체를 활성화한다는 사실이 실험 결과로 나타났다. 편도체가 활성화되었을 때 나오는 화학 호르몬은 긍정적이든 부정적이든 아이들이 어렸을 적 감정 기억들emotional memories을 매우 **강력하게 활성화**하고 개인의 뇌로 들어가 그들의 일상생활에 작용하는 것으로 보인다. 이런 초기 감정적 경험의 많은 부분이 의식적인 자각과 기억과 관계없이 일어나는 것으로 드러나지만 성년기에 우리 행동에 큰 영향을 미친다(LeDoux,1999).

또 다른 인상적 발견은, 개인이 다른 사람들과 의미 있는 관계를 맺는 능력과 관련된 우리 뇌의 특정 부분은 오직 아이들이 한결같은 태도로 그들을 사랑해주는 양육자로부터 얻은 자극들, 양육자의 보살핌으로 인한 안전한 상태에서 느끼는 감각에서만 발전할 수 있다는 것이다. 예를 들면, 안 좋은 환경에서 자라난 고아들은 그들의 신체적인 건강이 충족되더라도 불행하게도 양육자와의 관계에서 얻은 감각들이 충분하지 못했기 때문에 잘 자라지 못할 뿐만 아니라 다른 사람을 사랑하는 능력이나 다른 사람과의 관계를 확장하는 능력을 기르는 데 실패하게 된다.

실례로 이해하기

앞서 언급한 이론적인 개념들과 과정을 좀 더 설명하기 위해 부모와 애착 관계가 잘 형성되지 못한 한 아이의 무의식적 역동에 관해 이야기해보자.

도미닉

도미닉Dominic은 자신에게 화를 잘 내며 냉소적인 감정을 자주 표출하는 아버지 손에서 자랐다. 이는 아이를 힘겨운 갈등으로 밀어 넣었다. 아이는 자기를 학대하는 아버지를 살해하고 싶은 충동을 느꼈지만, 한편으로는 아버지의 인정approval을 갈구했고, 아버지를 굉장히 사랑하며 존경했다. 이런 혼란한 감정mixed feeling들이 도미닉에게 매우 높은 수준의 불안을 가져다주었다. 그가 무슨 행동을 했는지 의식적인 부분을 차치하고 보면, 그는 흔한 세 가지 심리적 방어기제들을 사용했다. 분열splitting, 부인denial 그리고 이상화idealization이다. 도미닉은 아버지가 자신에게 보여주었던 부정적인 측면들을 아버지 모습에서 떼어냈다(분열). 자신을 향한 학대가 얼마나 아팠고, 자기를 화나게 했는지를 부인하고, 장밋빛 관점으로 아버지를 바라보고 좋은 점을 극도로 부각(이상화)했다. 그리고 자기 자신을 탓하며 자기가 부족해서 아버지의 분노를 샀고, 비난받는 것이 당연한 일이라고 생각했다. 의식적인 차원에서 보자면, 도미닉은 이런 행동을 했다.

- 도미닉이 진정으로 갖고 싶던 이상적인 아버지와 지금의 아버지가 다르다는 걸 인정하지 않고, 긍정적인 모습만을 기억하고 그를 대변하고자 한다.
- 자신을 외면하고, 너무 가혹한 아버지의 행동으로부터 얻는 고통과 비탄을 회피한다.
- 자기 마음속에 있는 아버지의 이미지에 대해 도미닉 자신의 격한 분노rage가 미칠 수 있는 영향력으로부터 아버지를 보호하려고 한다.
- 자신이 사랑하고 필요로 하는 아버지에 대해 화를 내는 죄책감을 줄이고, 싫어하고 두려워하는 만큼 기뻐하고 갈망해야 한다.

그러나 도미닉의 무의식적 방어를 위한 조심스러운 기술적 동작manoeuvre은 큰 고통으로 돌아왔다. 그의 억압된 감정들인 상처받은 느낌, 비탄과 분노, 죄책감 등은 소멸하지 않고 그저 수면 아래에 가라앉아 있을 뿐이었다. 이 감정들은 도미닉의 심리적, 감정적 발달을 다양한 방법으로 해칠 수 있는, 마치 감정적 독emotional toxin처럼 행동할 수 있게 그의 무의식 속에 자리 잡았다.

아버지의 학대 때문에 생겨난 고통을 부인하고, 아버지의 좋은 이미지만을 보존하기 위해 도미닉은 자기 자신을 깎아내리고 탓하면서 괴로워했다. 이러한 행동들은 도미닉이 눈에 띄게 낮은 자존감을 느끼게 했고, 자기 자신을 긍정적으로 생각하는 능력을 줄이는 **나약한 자아**weakened ego를 갖게 했다. 또 자기 분노로 생겨난 갈등 상황에 직면했을 때 쉽게 불안감을 느끼게 했다. 그는 적절하게 자기 의견을 주장해야 할 때 다른 사람의 분노가 두려워 움츠러들었다. 또 매우 강력한 초자아를 갖게 했는데, 그를 혼냈던 아버지 목소리가 내면화되어 융합되었다. 이 초자아는 아버지에게 분노하는 자신을 비난했을 뿐만 아니라, 분노할 수 있는 **예상 지점에서 자기 자신**을 비난하게 했다. 결과적으로 그는 자주 다른 사람과의 친밀한 감정적인 소통을 나누는 것에서 한 걸음 뒤로 물러났다.

  어른이 되자 도미닉은 직장에서 자기 잠재 능력을 충족하려고 애썼다. 그는 그가 경험해온 권위 있는 유형의 사람들 주위에 있을 때는 지나치게 긴장했다. 그는 자신을 비난하거나 자신을 인정하지 않는 사람들이 권위 있는 사람이라고 생각했다. 그는 또 이유를 알 수 없는 우울 에피소드에 시달렸다. 결혼하고도 아내에게 자기감정을 솔직하게 털어놓지 못했고, 자주 수동-공격적인 방법으로, 예를 들면 농담으로 아내의 옷차림을 혹평하거나 자기 안으로 철수하거나withdrawal, 샐쭉한 모습으로 자기 불만을 표현했다. 두 아들을 사랑했지만 그가 소망했던 만큼 아들들에게 친밀하게 다가서지 못했고, 그들과 감정적으로 잘 교감하지 못한다고 생각했다. 이렇듯 도미닉과 그를 아는 지인들은 도미닉이 자기 아버지에 대해 해결하지 못하고 인정받지 못한 감정들unacknowledge feelings의 **부정적인 여파**로 해를 입었다. 또 도미닉의 무의식적 방어기제들은 어른으로 사는 삶을 결정짓는 심리적 그리고 감정적 패턴들을 만들었고, 결코 도움이 되지 않는 그의 **성인 생활의 색깔**을 지속시켰다.

정신역동 치료

위에서 개략적으로 언급한 이론적 맥락으로 보면 프로이트는 심리치료 방법으로 정신분석을 고려했다. 그는 어렵고 불쾌한 기억과 감정과 생각을 용인할 수 없어서 발생한 모든 종류의 증상을 앓고 있는 환자들을 돕기 위한 기술로써 정신분석을 개발했다. 그는 이 무의식적인 부분들이 수면 위로 표면화되고 이해할 수 있게 된다면 이러한 현상들이 개인의 정신을 훼손하지 못할 것이라고 믿었다. 그래서 그는 **분석가의 역할은 무의식을 의식으로 올라오게 하는 것**으로 생각했다. 이를 위해 그는 환자가 마음에 떠오르는 것을 무엇이든 말하게 하고 무의식적 자료에 접근하는 방법으로 세션에 자기 꿈을 가져올 것을 권장했다.

프로이트는 특히 근본적이고 본능적인 충동을 문제의 핵심으로 보았기 때문에 환자의 이드에 접근하는 데 특별히 관심이 있었다. 나중에 학자들thinkers과 임상가clinicians들은 환자들의 자아와 초자아에 대한 작업에 더욱 중점을 두었다. 그 뒤에도 임상이론과 실천의 또 다른 중요한 발전으로, 견딜 수 없는 생각과 감정을 이해하고 경험하고 풀어내도록 도와줌으로써 부정적, 무의식적 패턴에서 개인을 해방하고자 하는 본질적 목표는 오늘날 정신역동 형태로 유효하게 남아 있다.

전이 그리고 역전이

특별히 조명받아야 할 정신역동 모델의 중요한 요소 가운데 하나는 분석가와 피분석가 또는 치료자와 고객 사이의 관계가 치료 과정에 매우 큰 영향을 미친다고 보는 관점이다. 프로이트가 임상연구 초기 시절 자기 환자들이 프로이트 자신과 함께 관계 맺는 방법보다 그들의 과거에 있었던 중요한 인물들과 함께했던 방법으로 자신과의 관계를 정의하는 경향이 있음을 알았다. 이 때문에 그는 분석적 상황의 특정 측면이 긍정적 또는 부정적인 어릴 적 초기 관계와 관련된 감정을 분석가와의 관계로 무의식적으로 옮겨 놓도록 자극한다고 믿었다. 이런 믿음은 사람들이 그들이 무엇을 하는지에 대한 의식적인 자각 없이 인생의 초기 경험을 평생 반복하는 강력한 경향을 보이게 한다는 프로이트의 관점에 반영되었다. 프로이트는 이를 전이轉移transference라고 이름 붙였고, 이 생각idea은 환자에 대한 분석가의 무의식적 응답을 뜻하는 역전이逆轉移counter-transference라는 생각에까지 미치게 되었다.

전이와 역전이의 개념은 시간이 지나면서 상당히 확장됐고 발전해왔다. 정신역동 심리치료사 대부분은 우리가 성인이 되어 겪은 관계들이나, 어렸을 때 부모나 형제자매, 다른 중요한 인물들과 맺은 관계들의 많은 정서적, 심리적 패턴들을 치료 현장 안이나 밖 모두로 가져온다고 믿고 있다. 이것을 무시하기보다는 이를 치료 작업을 위한 귀중한 정보로 다뤄야 한다고 생각하고 있다. 이와 비슷하게 역전이 역시 치료사가 자신이 고객에게 응답하는 의식적, 무의식적인 두 요소로 이루어졌다고 볼 수 있다. 역전이에는 치료사 자신의 내면세계와 그리고 환자의 내면세계가 **혼합되어 반영**될 것이다. 역전이는 고객이 자기 생활에서 다른 사람들과 어떻게 관계하는지 알 수 있는 귀중한 정보를 추가로 제공해 줄 수 있는 근거이다. 물론 치료사는 역전이 응답에 대한 자기 기여를 고객 반응에서 분리할 수 있을 만큼 충분히 자기를 인식self-awareness하고 있어야 하는 것은 필수적인 과정이다.

● 심리적 방어기제

다음으로 정신역동 이론 중심 코치들이 이 이론을 어떻게 그들의 작업을 발전시키는 데에 사용하는지를 탐구하기 전에, 먼저 정신역동 모델의 핵심 개념 하나를 깊이 설명하고자 한다. 이는 무의식적인 마음이 다양한

심리적 방어기제를 활용해 견디기 힘든 불안이나 고통에서 자기 자신을 보호하기 위해 사용하는 방법이다. 앞에서 언급한 것들과 달리 이런 기제들은 사람들의 정상적인 기능 가운데 한 부분이다. 반면에 개인의 초기 경험이 건강한 자아 성장에 도움이 되지 못했을 때 그것들은 쉽게 역기능적dysfunctional이 된다. 이런 것들이 문제의 한 부분이 될지, 해결의 한 부분이 될지는 이러한 방어기제들이 얼마나 과도하게 완고하고 융통성 없이 사용되었는지에 따라 달라진다.

일반적인 방어기제들은 억압repression, 부인denial, 분열splitting, 이상화, 바꿔치기/전치displacement, 합리화rationalization, 주지화intellectualization, 동일시identification, 투사projection, 투사적 동일시projective identification 등이 있다. 이 방어기제들이 언제, 어떻게 사용되는지를 이해하고 인식하는 것은 정신역동 접근의 핵심적인 부분이다. 이런 방어기제를 보여준 내 고객 사례를 통해 이 정의들을 설명하고자 한다. 그리고 이 책의 후반부에서 이 방어기제들을 더 자세하게 설명하도록 하겠다.

억압

이것은 심리적 방어기제 가운데 가장 단순하지만 매우 강력한 형태의 하나이다. 이는 한 사람의 경험이나 생각 또는 감정의 고통스럽고 수용 불가능한 측면들을 무의식 속으로 밀어 넣으며 그 **대부분을 무시**해버리는 것을 의미한다.

닉

방어기제로써 억압을 사용했던 고객 가운데 HR 담당자인 닉Nick이라는 사람이 있었다. 그는 어떤 강력한 도발이 일어나는 상황에서도 심지어 화낼 이유가 매우 분명했을 때도 동료들을 향해 화를 내거나 짜증 내는 걸 어려워했다. 그는 스스로 친절하고, 사려 깊은 사람이 되고 싶었고, 다른 사람을 나쁘게 생각하는 것만으로도 스스로 죄책감을 느꼈기 때문이다. 그 때문에 닉은 공격적인 감정들을 자기 마음속 무의식으로 밀어 넣었고, 의식적인 면에서 그는 그런 부정적 감정들이 없다고 자신을 설득했다.

부정적인 감정들을 무의식 건너편으로 넘겨버리는 닉의 행동은, 이러한 감정들이 그의 마음에 생겨났음을 인지했을 때, 이 감정들에 대해 닉이 불편하고, 불안한 마음을 갖지 않도록 보호해주었다. 그러나 이는 부메랑이 되어서 돌아왔다. 그는 직장에서 인기 있었지만, 동료들은 닉이 그들과 관련된 문제에 대해서 항상 모호한 태도를 보이는 모습에 좌절하고 점차 짜증이 났다. 예를 들어, 다른 부서가 협력 프로젝트를 하고 모든 공을 가지려 할 때, 그는 다른 부서의 심정에 너무 공감하는 태도를 보였고, 그가 속한 팀의 요청을 들어주는 데는 불확실한 태도로 응했다. 이러한 태도는 동료들과 닉 사이에 긴장을 불러일으켰고, 동료들은 그가 무능력하다고 생각하게 되었다. 흥미롭게도 직장 밖에서 닉은 동물 권리 압력 단체의 활동적인 단원이며, 그의 억압된 공격성 가운데 몇 가지는 동물들이 사회를 위한 과학의 한 부속물로 전락해 얼마나 비참하게 다뤄지는지에 대해 분노하는 형태로 간접적으로 표출되었다.

부인

이 사례의 방어기제는 앞서 언급한 억압과 비슷하지만, 여기서는 고통스럽거나 위협적인 생각이나 감정들을 모두 억압하는 것이 아니다. 그 대신 **현실의 한 측면을 자주 부인**하는 사람은 개인이 그것을 잘 인식하지 못하고, 자기 생각이나 감정을 **부분적으로만 인식**한다는 것이다. 결과적으로 어느 정도 불안을 경험하게 된다. 예를 들어, 알코올 의존자는 그들의 알코올 섭취가 문제라는 것을 인식하는 걸 강렬하게 부인할 때도, 다른 수준에서 어느 정도는 실제로 이것이 문제이며 걱정과 부끄러움을 느낀다. 코칭 고객이 360도 다면평가 결과를 강력하게 부인할 때도, 그들은 수면 아래에서 결과에 큰 감정적 동요를 일으킨다. 그래서 **부인은 자주 불안을 불러일으키거나, 불안으로부터 생겨난다.** 아니면 어떤 이슈에 대해 개인의 내적 갈등이 올라오거나, 자기도 모르게 불러일으켜지는provoke, 자기 자신이나 다른 사람들의 감정이나 생각, 행동의 어떤 부분과 관련이 있다.

베린다

판매부장인 베린다Belinda는 자신감을 세우고 동료와 부하직원들에게 더 큰 영향력을 미치는 자신으로 거듭나기 위해 코칭을 받게 됐다. 그녀는 자기 분노와 스트레스를 인지하는 데 애썼고, 닉이 했던 것처럼 이러한 감정들을 모두 억눌러온 것은 아니었다. 첫 코칭세션에서 회사 사장의 행동을 자세하게 설명했다. 만약 그녀가 말한 내용이 사실이라면 사장의 행동은 심각한 **갈굼/괴롭힘**bullying으로 보였다. 그렇지만 베린다는 그의 행동이 그녀를 화나게 하거나 분노하게 하지 않고, 그저 그에게 미안함을 느낀다고 말했다.

그러나 코치는 그녀가 어떤 일들이 일어났는지 설명할 때 그녀의 호흡이 얕아지고, 자세가 꼿꼿해지며 목소리가 꽉 조여지고, 목 아래까지 붉어진다는 사실을 발견했다. 이는 그녀가 언급했던 바대로 미안함을 느끼는 상황이 아니고 굉장히 불안감을 느끼며 동요하는 상황에 부닥쳐있다는 사실을 알려주었다. 그렇지만 이러한 감정들은 그저 수면 속에 침잠해 있었다. 이 감정들을 부인함으로써 베린다는 그녀의 현실을 진정으로 인정하며 겪게 될 고통에서 회피하려는 모습을 보였다. 그녀가 '권위 있는 인물'이라고 신뢰해온 사람이 자신을 공격하고 있다는 현실을 회피하고 싶었다.

또 그녀는 이 상황을 타파하기 위해서 취해야 할 어떤 행동에 대한 책임감에서 벗어나고 싶었다. 사장의 행동이 불러올 진정한 영향력을 부인한다면, 그녀는 이런 불편한 상황에서도 굽히지 않는 품위 있고 자기를 제어할 수 있는 합리적인 사람으로 자기 이미지를 만들 수 있었기 때문이다. 그러나 이 상황을 부인해온 베린다가 치러야 할 대가는 엄청났다. 불안에 대한 심리적인 영향력에 고통받을 뿐만 아니라, 그녀가 사장 앞에 서면 어떤 행동도 취하지 못하게 만들었고, 대안적인 해결책을 논의하거나 다른 사람에게 도움을 요청하는 행동도 불가능하게 했다.

분열 그리고 이상화

이 방어는 현실과 다르게 나타날지라도 일반적으로 자신과 다른 사람들을 **좋거나 나쁜 사람**으로, **모든 것을 흑백**으로 보는 것을 포함한다.

제임스

분열 방어기제를 드러낸 고객 제임스James의 사례를 살펴보자. 이직한 지 얼마 되지 않은 제임스는 새로 부임한 사장을 굉장히 긍정적이고 빛나는 용어로 설명했다. 그러나 그가 맡은 팀원들을 설명할 때는 부정적이고 비판적인 용어로 묘사했다. 사장은 팀원들에게 아마 지금껏 매우 잘해왔을 것이지만 팀원들은 여러 방법으로 사장을 방해해왔을 것이라고 말했다. 만난 지 얼마 되지 않은 사람들을 설명할 때, 사람들의 성향이 양극단을 달리는 모습으로 설명하는 것을 들으며 나는 어떠한 방어기제가 나타났을 거라고 짐작했다.

 이 무의식적인 분열은 제임스가 새로운 직무 때문에 생긴 어려움과 새롭고 복잡한 관계에서 비롯되는 불안과 불확실성으로 괴로워했기 때문에 그를 돕기 위해 작동한 것이다. 그는 자신감이 부족했기 때문에 진정으로 존중할 수 있고 의지할 수 있는 상사를 얻고자 했다. 그래서 자기 상사(사장)를 그가 진정으로 원했던 요소들의 집합체로 설명한 것이다. 게다가 그는 자신이 팀의 구조조정을 위해 고용되었다는 사실을 알았기 때문에 그의 팀원 가운데 몇 명을 부정적이고 평면적인 관점으로 바라보게 된 것이다. 이는 그가 어떤 사람을 해고한다는 죄책감으로부터 자기 자신을 보호하기 위해서였다. 이런 방어기제의 불리한 점은 그가 모든 동료의 강점과 약점의 특정한 조합만을 보고 선택적으로 인식함으로써 그가 오직 자기 자신에게 진정으로 효율적인 결론만을 택하게 된다는 것이다.

이상화는 분열 방어기제와 상당히 비슷하다. 다른 사람이나 그룹과 조직을 **과도하게 긍정적인 시각**으로 바라본다는 점에서 유사하다.

위에 언급한 제임스 사례에서 그는 상사의 결함이나 한계를 인식하는 것을 무의식적으로 거부한 채 상사를 이상화시키고 있다. 이는 그가 진정으로 의지할 수 있는 판단을 내려준 상사를 얻고자 하는 제임스 자신의 강력한 소망에서 탄생한 결과이다. 이 역동의 한 부분은 그가 가지고 있던 어린 시절의 경험 - 그가 매우 의지했고 사랑했지만 독재적인 아버지였던, 언제나 어느 상황에서나 해답을 알고 있었던 아버지와의 경험 - 에서 발생한 것이다. 이상화에서 비롯된 위험은 다른 사람이나 다른 그룹을 그들의 나쁜 점들까지 모두 현실적으로 바라보지 못하게 할 뿐만 아니라, 이상화한 사람들의 좋은 자질을 부각함으로써 그 개인은 전적으로 다른 사람 모두를 체계적으로 깎아내리는 것이 포함되어 있다.

전치

전치/바꿔치기displacement라는 방어기제는 개인이나 상황과 관련해 어려운 감정을 책임지게 하고 탓하기 쉬운 다른 대상으로 강력하게 떠넘길 때 사용된다.

자일즈

회계관리 책임자인 자일즈Giles의 사례를 통해서 회피라는 방어기제를 알아보자. 그는 임원 회의에서 숫자에 관련된 요청을 받았을 때 극도로 불안해하는 경향을 보였다. 이 회의 준비 기간에 그는 회사 IT시스템의 한계를 동료들에게 큰 소리로 떠들썩하게 불평했다. 회사의 IT시스템에 대한 그의 불평이 근거 없는 것은 아니었지만 그가 이렇게 폭발적으로 분노하는 시기와 감정적인 짐은 그가 무의식적으로 그의 어떤 것에서 기인한 복잡한 감정들을 다른 어떤 것으로 옮겨 놓고 있다는 좋은 지표로 읽혔다. 내성적이고 논리적인 사람인 자일즈는 자신이 사장 시야에 노출된 위치에 놓인 것 같은 느낌이 들 때 비합리적으로 불안하거나 분노를 느끼고 화가 난다는 사실을 그 자신조차 인정하고 싶어 하지 않았다. 이런 방어의 결과로 자일즈는 스트레스를 경험하는 진정한 원인에 대한 통찰력이 부족하여 스트레스를 줄이거나 관리하는 더 나은 방법을 모색하지 못하게 되었다.

합리화

이 흔한 평범한 방어기제는 힘겨운 감정적 상황에 대해 스스로 **자기 설명으로 해치워버리는 태도**를 보이는 것이다. 이는 개인이 불편한 감정이나 행위에 대해 책임지는 것을 회피하게 한다.

카렌

금융서비스 회사의 상무이사인 카렌Karen은 경영 스타일이 거칠고 때때로 위협적이라는 팀원들의 비판적인 의견을 받아들여 코칭을 받게 됐다. 이 받아들이기 힘든 의견에 대한 카렌의 초기 대응은 어째서 그녀의 동료들이 이러한 의견을 주었는지에 대해 자기 힘으로는 어찌할 도리가 없는 요소들을 이것저것 끌어내어 합리화하는 것이었다. 그녀가 주로 주장한 것은 불평하는 사람들은 대부분 행복하지 않은 사람들이라는 것이다. 왜냐하면 그들은 이 회사에 오랫동안 일한 사람들이기 때문에 회사를 현대화하려 노력하는 어떠한 상무이사에게라도 싫은 이유를 찾고 있을 것으로 생각했다. 또 회사의 현대화를 자기에게 맡겨 진행하게 한 것 자체가 적절하지 못했다고 그녀는 주장했다. 그녀는 본사에서 진행한 임금 동결 때문에 그녀의 팀원들이 그녀를 비판한다고 주장했다. 단순히 그들 자신의 불만족을 표현하는 방법으로 자기 관리 스타일을 탓했다고 말하는 것이다. 분명 그녀의 주장에 진실성이 있지만, 상황에 대한 그녀의 기여를 팀원들이 전반적으로 깎아내린 것과 그들로부터 부정적인 피드백을 끌어낸 것은 그녀 자신의 행동이었다.

주지화

주지화intelltualization라는 방어기제는 흔히 합리화와 혼동되기도 하는데 더욱 미묘하고 애매한 개념이다. 이 방어기제는 개인이 마치 어떤 주제와 맞물려 관련이 있는 것처럼 보이지만 사실상 이 관련은 **순전히 지성적이고 애매한 추상적 단계**에서 이뤄진 것이고, **어떠한 행위를 취하지 않기 위한 대안**으로 작용하는 것이다.

로렌스

로렌스Lawrence라는 코칭 고객은 프로젝트 관리 방식을 변화해야 하는 임무를 받았다. 우리는 그가 변화에 대한 불안과 부정적인 감정에 몸부림치는 직장 동료들을 돕는 데 어떤 행동을 취할 수 있는지에 대해서 의견을 나눴다. 우리가 대화에서 이 주제를 꺼내놓을 때마다 그는 이 주제의 중요성에 동의하는 것처럼 보였다. 그렇지만 어떤 실질적인 행동을 취해야 하는지를 논의하는 데에는 결코 집중하려 하지 않았다. 그 대신 그는 이 주제에 관한 이론적 분석을 활기차게 이야기했다. 또 코치에게 주제와 관련해 자신이 읽어온 여러 권의 책에 관해서 이야기하며 세 가지 다른 경영 변화 모델들을 비교하며 말하곤 했다. 로렌스가 직장 동료들의 불안에 관련된 질문을 받았을 때 느끼는 확인되지 않은 unacknowledged 정서적 불편함이 이 방어기제를 끌어냈을 가능성이 크다. 이 방어기제는 그가 이 감정에 거리를 두게 작용했다. 불행하게도 이는 그가 직장 동료들을 돕기 위해 적절하게 행동하는 것을 저지하기도 했다.

동일시

어린아이가 성장하려는 노력의 하나로 자연스럽게 부모처럼 특히 자신과 같은 성의 부모와 같이 되기를 바라게 된다. 그들은 아이들을 돌보고 배우고 성장하도록 돕는 중심적인 역할 모델일 뿐만 아니라 핵심적인 역할을 한다. 우리 자신이 자신과 같이 되려고 하는 아이들을 알아보는 것은 도움이 된다. 우리가 성인 부모의 힘과 역량과 비교하면 상대적으로 약함과 미성숙함이라는 감각에 대처하는 모습을 보게 되기 때문이다. 그러나 이런 동일시가 과도하거나 부적절한 방식으로 사용될 때 이는 **불편한 감정을 방어하는 역할**을 할 수도 있다.

피터

성공적인 사업가인 피터Peter는 사업에서는 성공했지만, 교육을 충분히 받지 못한 아버지의 손에서 자랐다. 그의 아버지는 대학 교육과 대학에 간 사람들에게 늘 부정적인 태도를 보였다. 피터는 어느 정도 시간이 흐르고 난 뒤 진단받은 난독증 때문에(이 난독증은 그의 아버지도 겪었던 것으로 보인다) 학교에서 힘든 시간을 보냈다. 이는 그의 낮은 자존감과 짜증, 그리고 부끄러움으로 이어졌다. 그가 이 고통스러운 감정에 대항하는 방법의 하나는 자기 경험과 아버지가 겪은 비슷한 경험을 동일시할 뿐만 아니라, 아버지처럼 극단적인 관점으로 이런 상황을 바라보는 것이었다. 이런 강력한 동일시는 한편으로는 그의 자존감을 높여주는 데 도움이 됐지만, 다른 한편으로는 학업에 대한 아버지의 부정적인 태도에서 얻은 해로운 결과를 피터가 바르게 인지하지 못하게 했고, 그가 균형적이고 건설적인 관점을 가지는 것을 방해했다.

투사

이 평범한 방어기제는 우리가 무의식중에 다른 사람이나 그룹에 대해 의식적으로 용인할 수 없는 우리 **자신의 어떤 측면을 다른 사람이나 다른 그룹에 떠넘기고, 잘못된 이유를 그들에게서 찾으며 비난하거나 비평**할 때 발생한다. 우리는 모두 일상에서 투사를 사용하는 경향이 있다. 그렇지만 자신에 대한 자각 인식self-awareness이 낮고, 편협한 내면의 목소리를 가졌거나, 초자아를 지닌 사람들은 심지어 다른 사람이 이 투사에 맞지 않는다는 근거에 직면하더라도 **자기 잘못을 그 사람에게 더 많이 투사**하곤 한다.

줄리아

유명한 출판사의 중역인 줄리아Julia는 투사라는 방어기제를 설명하기에 매우 좋은 사례일 것이다. 부모가 오랫동안 남자아이 갖기를 소망했기 때문에, 네 자매의 셋째로 태어난 줄리아는 부모의 관심에서 소외되고, 충분히 인정받지 못하면서 성장했다. 성인이 되어 그녀는 다른 사람을 비판하는 경쟁이 심한 사람이 되었다. 그러나 줄리아의 처벌적인punitive 초자아는 그녀 자신의 이런 부분에 죄책감을 느끼게 몰아붙였다. 결과적으로 그녀는 무의식적으로 자신이 죄책감을 느끼게 한 부분들을 자기 것이 아니라고 끊어내고disowned 이 부분을 자기 동료들에게 투사했다. 그 대신에 동료들을 언제나 변함없이 경쟁적인 사람으로 경험하고 있었다. 코칭세션에서 그녀는 상사의 행동을 그럴듯하게 설명했으며, 그녀의 동료들을 한탄스럽고 비열하며 그녀에게 공격적이라고 묘사했다. 시간이 지나고 나서도 이러한 패턴은 반복되었는데, 그때 코치는 투사가 확장되었음을 느꼈다. 코치는 줄리아가 자신을 비난하고 경쟁적인 부분을 관대하게 받아들이고 인정하도록 도와주었으며, 그녀가 다른 사람들을 더 현실적으로 바라보게 도와주었다.

투사적 동일시

마지막 방어기제는 투사적 동일시이다. 이는 원하지 않았거나 다루기 힘든 감정들을 다른 사람에게 떠넘긴다는 면에서는 투사와 같다. 그러나 예시를 통해서 설명할 아주 중요한 차이점이 있다.

찰리

내가 다른 코치를 수퍼비전하면서 이 방어기제와 관련한 아주 좋은 사례가 발생했다. 내 동료는 아주 노련한 코치로서 항상 자기 역할을 매우 확신하고 있었다. 그러나 최근에 공공 분야 관리자로 승진한 찰리Charlie라는 고객을 코칭하게 되었을 때, 그녀는 자기 기술이 능숙지 않고 코칭에 적절하지 않은 사람처럼 느껴졌다고 말했다. '마치 내가 도울 일이 아무것도 없는 것처럼 보여서, 그가 코칭을 받을 때 불만족을 표현하진 않았지만 - 사실 그는 굉장히 긍정적인 태도를 보인다 - 나는 탐탁잖은 감정이 느껴졌다. 어떻게 이 코칭을 발전시킬 수 있을지 모르겠어, 내가 쓸모없는 인간처럼 느껴지지 않으려면 여기서 이 코칭을 중단하는 게 좋겠어.'

우리가 찰리의 성향과 그가 직면한 화제들을 탐구하고 나서, 우리는 둘 다 찰리가 그의 새롭고 더 중대한 임원 역할에 매우 큰 불안감을 느끼는 것처럼 보인다는 점을 알게 되었다. 찰리는 이 자리를 권유받은 최초의 사람이 아니었고, 외부의 다른 후보가 그 자리를 거부한 뒤에 그에게 권유된 자리였다. 그의 새로운 상사는 찰리를 적극적으로 지지해주지 않았고, 그에게 긍정적인 의견을 그리 자주 주지 않았다. 이에 대한 단서가 코칭세션에서 드러났는데도, 찰리는 코치에게 이것을 명쾌하게 표현하지 않았다. 그 대신에 그는 계속해서 모든 것이 어쨌든 다 좋고 자신이 잘 대처해 괜찮다는 태도를 유지했다. 수퍼비전에서 성찰을 해보면서, 수퍼바이지 코치는 그의 이러한 주장들에 대해 확신이 들지 않는다고 느꼈다.

우리는 찰리가 아마도 직장에서 겪는 불안과 불안정에서 자신을 보호하기 위해 무의식적으로 투사적 동일시를 사용하고 있지 않았나 하는 가설을 세웠다. 단순하게 코치에게 그의 무능한 감각sence of inadequacy을 투사하면서, 코치를 비난하는 것보다 그는 그녀 안에서 **무능함의 감정들을 자아내게**evoking 만든 것이었다. 이는 그의 미묘한subtle 무의식적 행동을 통해서 성취될 수 있었다. 예를 들면, 코치의 제안이나 어떠한 코멘트도 가치를 제대로 인정하지 않는 태도를 보이는 방식이 그것이다. 그러므로 평소답지 않게 자신이 무능력하다useslessness는 코치의 쓸데없는 감정은 고객과의 무의식적 대화의 결과였고, 이것이 바로 투사적 동일시 메커니즘이다. 그가 실제로 자기 자신에 대해서 느끼는 감정을 코치에게 투사적 동일시한 것이다. 코치가 이것을 깨달았을 때, 그녀가 생각했던 자신이 미숙하다는 느낌은 사라졌고, 우리는 찰리의 불안을 앞으로 어떻게 다룰지 논의할 수 있었다.

● 정신역동 모델 적용하기

이 장에서 나는 정신역동 모델의 근본적인 뼈대를 소개했다. 목표는 이러한 핵심 개념들을 되도록 쉽게 이해하고 이용하도록 설명하는 것이다. 여러분 가운데에는 아마 이 이론들을 깊이 공부하고 싶어 할 수 있다. 그리고 다른 분들은 이런 아이디어들을 어떻게 코칭 맥락에 적용할지를 주로 고민할 수 있다. 다음 장에서 나는 이 개념과 실천 사이에 다리를 놓고자 한다.

---

4) 프로이트의 모든 아이디어는 지그문트 프로이트 전집The standard edition of the complete psychological works of Sigmund Freud by J. Strachey et al.(1953-74)과 이 주제에 대해서 좋은 설명을 제공한 훌륭한 책들을 참고해 작성했다. 참고문헌을 보기 바란다.

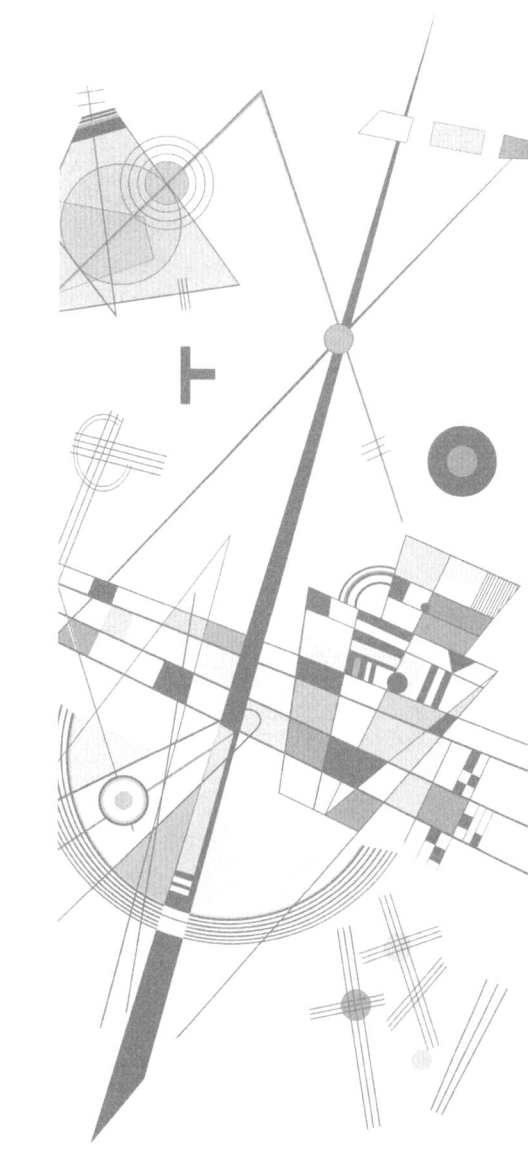

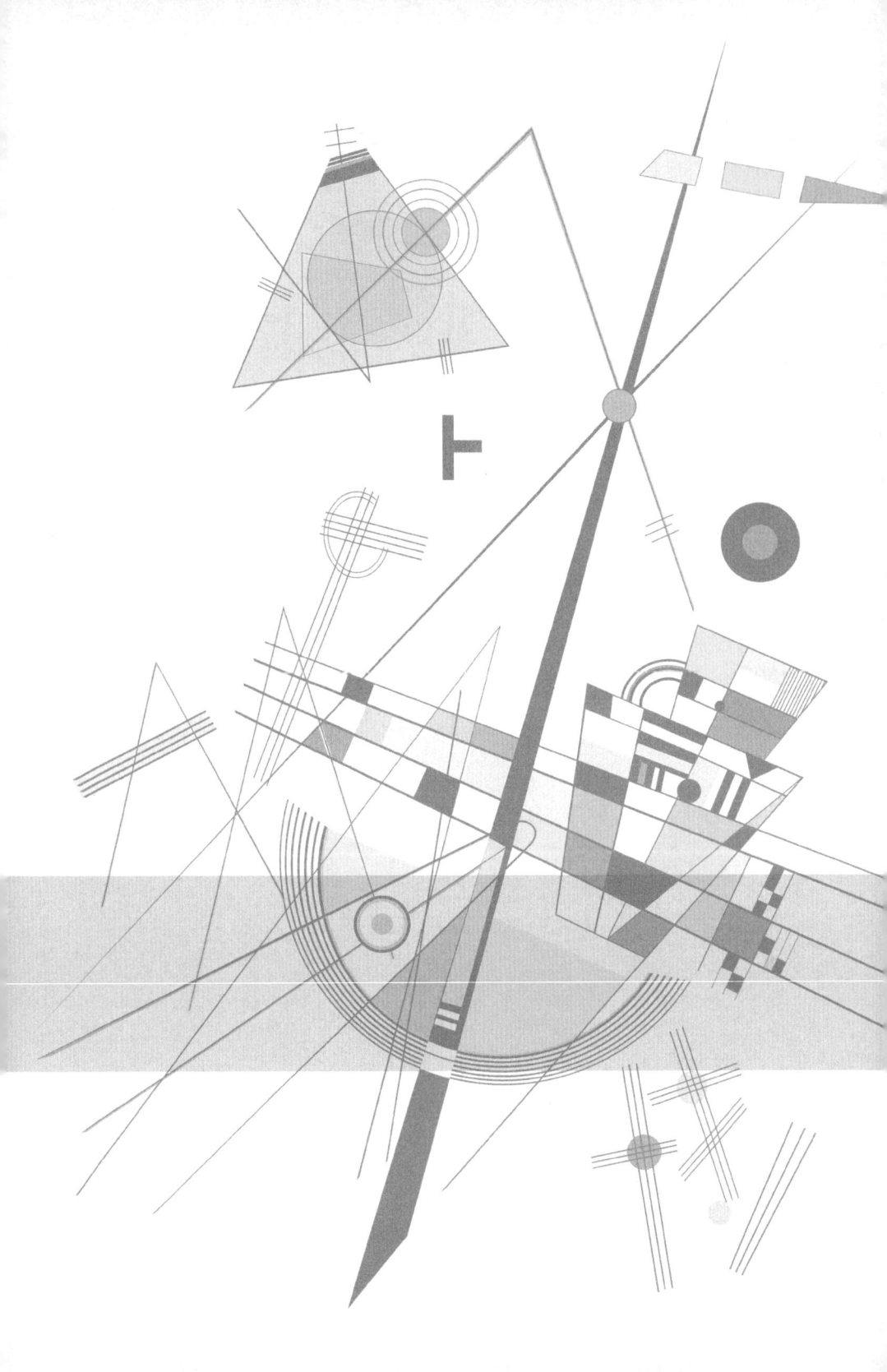

3장.
고객 이해하기

3장. 고객 이해하기

이제 정신역동 이론을 임원코칭에 적용하는 과정을 검토해보자. 먼저 고객의 생각과 감정, 행동을 이해하고자 **고객 이해하기**라는 주제를 다룬다. 코치들을 수퍼비전하면서 나는 코치들이 의외로 고객에 대한 이해라는 코칭의 평범한, 그러나 결정적으로 중요한 과정을 과소평가하거나, 고객을 도와야 한다는 즐거움이 앞서 무엇인가를 먼저 자기가 말하거나 실행하려고 서둘러 코칭과정을 진행하는 경우를 보았다. 이는 흔히 코칭계약 기간이 확정되어 있으므로 뭔가 서두르게 되는 압력을 받고 성과를 내야 한다고 자신을 재촉하기 때문으로 보인다. 그러나 코칭 인터벤션이 가장 적절하고 효과적으로 되기 위해서는 고객을 이해하는 시간이 필요하다는 점은 이론異論의 여지가 없다.

● 정신역동 모델에 근거한 7가지 핵심 전제

코칭 현장에서 정신역동 모델을 활용하는 데 필요한 핵심적인 전제 7가지를 먼저 소개하고자 한다. 이는 정신역동의 이론적 개념과 코칭을 위해 **고객 이해** 작업에 적용하기 위한 다리 역할을 해준다. 각 전제를 내 코칭 경험에 근거해 설명하기 위해 고객 예시를 활용한다.

전제 1: 고객은 누구나 무의식적 생각과 감정이 있다.

첫 번째 전제assumption는 다른 모든 전제의 근원이 되는 근본적인 전제이다. 사람들은 때로 생각, 욕구, 감정, 경험이 주는 느낌이 매우 강렬해 고통스럽고 두려울 수 있다. 또 이와 관련한 어떤 부분을 의식적으로 인정하기가 힘들어서 마음 한편 무의식 영역에 이를 밀어 넣어 둔다. 그렇지만 이는 양날의 검이다. 이렇게 넣어둔 감정과 생각, 욕구 등은 눈에 띄지 않고 계속해서 거품이나 불씨처럼 날아다니며 다양한 장난을 일으킬 수 있다. 또 묻어둔 것 자체가 개인에게 유용한 보호 전략이 될 수 있다. 반면에 특정한 상황에서는 이것이 도움이 되지 않는 여러 증상의 원인이 되기도 한다.

  이런 전제가 코치에게 주는 의미는 무엇일까? 우선 고객 정보를 모을 때 이런 전제는 코치 자세에 영향을 준다. 나는 고객에게 약간 거리를 두고 관찰하며 내 마음의 일부가 어떤지 살핀다. 또 고객과 따뜻한 관계를 유지하면서 고객을 파악하기assess 위한 다양한 정보를 모은다. 각 정보가 가진 차이에 집중하고, 이런 정보 가운데 고객들이 나누고 싶어 하는 것과 그리고 싶지 않은 것들에 주목한다. 고객이 어떻게, 어떤 언어로 표현하는지, 말하는 동안 그들의 어조와 목소리 크기는 어떠한지, 표정과 눈 맞춤, 호흡, 자세, 외양적 태도, 행동과 평소 모습 등도 두루 참고한다. 특히 고객이 궁극적으로 무엇을 말하는지, 말하면서 드러내는 비언어적 내용과 행동 사이에 드러나는 어떤 불일치나 모순에 주목하면 점차 무의식적 역동의 가능성을 인식할 수 있다. 말과 비언어적 소통, 행동에서 드러난 다양한 징후들signs은 표면 아래서 다른 어떤 것이 일어나고 있다는 것을 의미한다.

손쉬운 예로 코칭이 자기에게 좋은 기회라며 얼른 참여하고 싶다고 이야기한 고객이 계속해서 약속을 취소하거나 지각하는 것을 들 수 있다. 의식적으로는 이런 문제들이 모두 외부적인 상황 때문이라 여길지 모른다. 그렇지만 이를 축소 평가하는 것은 아니지만 정신역동 관점에서 보면 코칭에 대해 매우 양면적인ambivalent 감정을 지닌 것이고 내면의 한 부분이 말과는 달리 무의식적으로 표출된 것으로 보인다.

두 번째로 이 전제가 주는 영향은 코칭과정 초기부터 드러난다. 일단 내가 고객들이 현재 관심 있는 이슈가 무엇인지, 그들이 겪는 어려움이 무엇인지에 대해 매우 많이 열린 마음으로 임하게 한다. 그렇지만 나는 고객들의 이야기narrative에 귀 기울여 듣지만, 그들이 말에서 드러나는 **현실 모습의 액면가 그대로를 자동으로 받아들이지는 않는다**. 그들의 진실함을 믿으면서도, 나는 또한 내 생각과 내 안의 응답responses을 온전히 존중하며 듣는다. 이를 통해 나는 고객에 대한 내 인식이 대부분 고객이 자기를 바라보는 관점과 어느 정도 다를 수 있다는 것을 잘 알게 된다.

닉

무의식적 역동 관계에 관한 명확한 예시를 고객 닉Nick과의 작업에서 찾아보자. 내가 앞 장에서 언급했지만 HR 관리자인 닉은 자신의 공격성을 억누르는 경향이 있었다. 그는 자기에게 직접 보고하는 여성 직원과 어려운 관계를 설명하면서 그녀가 자기 성과에 대해 말했던 내용의 윤곽을 여러 차례 반복했다. 그녀와의 사건은 아주 들쑥날쑥하며 여러 차례 발생했다. 그녀는 닉에게 매우 방어적이고 비판적이었다. 사건은 연례 평가 회의에서 마침내 곪아 터졌다. 그녀는 자기 실패가 닉이 자기에게 누명을 씌운 탓이라고 공격하고는 이내 눈물을 흘렸다.

나는 이 상황을 더 자세하게 알고 싶어 질문했다. 그러자 시간에 맞춰 임무를 완수하지 못하거나 감정적으로 불안정하고 스트레스 때문에 자주 휴식을 취한 기록을 가진 팀원들을 지원하기 위해 닉이 마치 코치처럼 많은 지원 활동을 했다는 사실을 확인할 수 있었다. 그렇지만 이번 연례 업무 평가 회의에서 발생한 상황은 업무 능력이 떨어지고, 행동이 부적절하며inappropriate, 타인을 교묘하게 조정하는manipulative 젊은 여직원 때문에 일어난 것이었다. 그러나 문제는 닉이 자기 자신을 심하게 탓한다는 사실이다. 그녀에게 더 많은 도움을 줬어야 했으며, 그녀가 실패한 것과 스트레스로 힘겨워했던 지난 일들이 모두 자기의 관리 미숙에서 비롯된 것이라 자책했다.

내가 보기에 이 사건은 말이 되지 않는다. 닉이 그녀에게 더 마음을 써야 했으며 더 잘 지도하려고 노력해야 했더라도 이것이 그녀의 행위를 정당화하지 못한다. 나는 먼저 닉이 이전부터 자주 자기 능력을 지나치게 겸손하게 표현해 왔다는 점에 주목했다. 갈등 상황에 직면했을 때 그는 분명히 불편하게 느끼는 듯했고, 다른 사람을 긍정적인 관점으로 바라보고 싶어 하는 염원도 쉽게 표현했다. 나는 닉이 팀원들과 자기 행동 모두에 대해 내리는 평가가 무의식적으로 왜곡됐을지 모른다는 의문이 생겼다. 그는 자기 **동료들의 약점과 자신에 대한 젊은 여직원의 수동공격적 행동의 규모를 인정하지 않고** 외면하려고 자기 행동을 비판하는 데에 관심의 초점을 맞췄다.

닉이 이러한 전략을 통해 얻고자 하는 유익은 명확했다. 만약에 그가 직속 여직원의 진실한 행위가 무엇이었는지 볼 수 있었다면 어떻게 되었을까? 그는 불안에 휩싸일지도 모른다는 두려움에 직면해야 했다. 닉은 자신을 지나친 불안에 휘둘리지 않게 보호했어야 했다. 이런 상황은 자신을 불편하게 할 뿐만 아니라 상황을 더 명확하게 다뤄야 할 필요성을 제기했을 것이고 자신은 이를 인정해야 했다. 그러나 이렇게 되면 닉의 전략이 불리해진다. 닉의 자존심이 땅에 떨어지고, 다른 팀원들의 눈에 자신에 대한 신뢰가 바닥을 칠 것이다. 저조한 평가를 받는 개인을 관리하는 데에 자기가 실패했음이 드러난다.

에드워드
무의식적 행동에 관한 또 다른 사례로 에드워드Edward라는 고객의 경우를 살펴보자. 그는 성공적인 관리자이지만 사람들 앞에서 이야기하는 데에 어려움을 겪고 있다. 그는 중요한 발표를 며칠 앞두고 만나면서 이번 발표와 관련해 특별한 감정적 동요는 없고 아주 좋은 상태라고 말했다. 그러나 나는 그가 이야기하는 동안 꼭 성난 것처럼 목이 점차 붉어지는 것을 볼 수 있었다. 또 지난 며칠 동안 잠을 잘 자지 못했다는 사실을 지나가는 말로 했다. 이유를 물어보니 부인이 감기 기운이 있어서 제대로 휴식을 취하지 못했기 때문이라고 했다. 그러면서도 그는 자신이 평소 발표를 앞두고 느꼈던 강렬한 긴장감을 이번에는 전혀 느끼지 않는다는 태도를 고수했다. 그렇지만 발표를 바로 앞두고 강렬한 긴장감이 몰려왔고 그는 이 감정에 압도되었다. 운 좋게도 가까운 동료가 그에게 긴급 조치를 해줄 수 있어서 발표는 잘 끝났다. 내가 보기에 그는 무의식적으로 자기 불안을 **부인**했고, 계속해서 자신에게 괜찮다고 암시를 걸었으며, 발표를 앞두고 보통 느끼는 긴장감을 **회피**하고자 했다. 결국 이 방법은 그에게 도움이 되지 못했다. 마지막 몇 분간 그를 덮친 긴장이 그가 자기 자신을 보호하기 위해 세워둔 보호막을 뚫고 그를 심각한 경련으로 내몰았다. 그는 무대에 오르기 전 자신이 느끼는 불안을 마주 보고, 이를 느끼며 잠재울 충분한 시간을 가지지 못했다.

마지막으로 이런 전제가 주는 코칭의 세 번째 영향이 중요하다. 코칭세션이 진행되는 동안 그리고 세션이 끝난 뒤에 나는 고객과 관련한 정신적, 정서적, 신체적으로 여과되지 않은 나 자신의 응답response에 채널을 맞추고 이를 고객 정보에 대한 추가적이고 유용한 잠재적 근거source로 사용한다.

에드워드의 경우 그가 나에게 자신이 괜찮은 상태라고 세션에서 말하지만 나는 가벼운 복통과 내 목과 가슴이 막힌 것 같은 느낌으로 내가 육체적인 불안을 느낀다는 것을 알았다. 이것이 부분적으로는 고객 상황에 대한 내 공감적 응답empathic response일지 모르지만, 비슷한 상황에 대한 내 경험과 특이한 강도 때문에 에드워드가 억압하는 높은 수준의 불안을 내가 느낀다고 생각하게 되었다. 이것은 그가 괜찮다고 주장하면서도 부인하고 있다는 내 가설에 의미를 좀 더 추가해줬다. 불행하게도 이것을 이 세션에서 그를 표면적으로나마 도울 어떤 기회로 활용하지는 못했다.

전제 2: 고객의 정서적 경험은 중심적 의미를 지닌다.

정신역동 모델은 인간 경험에서 감정이 핵심적인 역할을 한다는 점을 특별히 강조한다. 감정 반응은 모두 신경학적으로 우리 뇌의 가장 근본적인 부분과 연결되어 있다. 아기에서 어린이까지 우리가 어린 시절 겪은 감정 경험은 전체 성장 과정에서 매우 중요한 역할을 한다. 성인에게 감정은 자기가 알든 모르든 자신이 제시하는 의견, 태도, 행동, 내면세계를 움직이는 역할을 한다. 코칭 고객이 살며 일하며 겪는 삶의 모든 고군분투와 우여곡절은 언제나 강렬한 감정을 일으키기 쉽고 이는 지극히 정상적이다. 특히 조직이라는 특수한 배경은 이러한 강렬한 감정들을 평소보다 훨씬 쉽게 유발하는 토양이 된다. 이는 조직에서 책임감이 제일 막중한 위치에 있기에 가장 합리적이고 이성적이어야 할 사람들에게도 마찬가지다. 또 그들이 조직이나 타인에게 끼치는 영향력은 절대적이다.

내 코칭 경험을 살펴봐도 감정은 우리 모든 것의 중심에 있고 각 개인이 드러내는 감정 반응은 나름대로 특징적인characteristic 형태를 보임을 알 수 있다. 이러한 패턴은 우리가 살아가며 겪는 경험과 우리 내면의 타고난 기질이 혼합되어 만들어진 결과이다. 결국 고객 감정 패턴의 특징을 알아보는 것은 내 코칭의 핵심 작업이다. 이는 내가 고객이 변화를 원하는 어떤 부분으로 빠르게 다가갈 수 있도록 포장도로를 깔아 준다.

그렇지만 고객의 감정생활을 이해하고, 그들의 감정 패턴을 파악하는 것이 그리 쉬운 일은 아니다. 우리는 흔히 비합리적인 감정들, 예를 들면 불안anxiety, 두려움fear, 분노anger, 억울함resentment, 질투envy, 수치심shame, 죄책감guilty 같은 감정들을 분명히 인정하는acknowledge 일에 불편하고 당황스러워하며 때로 고통을 느끼기도 한다. 특히 우리 문화에서는 긍정적인 감정들, 이를테면 성취로 인한 자랑스러움pride, 기쁨pleasure 등의 감정을 인정하고 즐기는 것도 때로는 앞서 언급한 비합리적 감정처럼 불편하게 느끼기도 한다. 이렇듯 자기 느낌을 솔직하고 분명하게 드러내거나 감정을 인정하는 행위에도 많은 사람이 취약함vulnerability을 갖고 있다. 고객들은 가끔 그들의 감정을 부분적으로만 불명확하게 인식하고 있거나, 아니라고 하면서도 계속해서 자기감정을 다른 사람들에게 숨기고 있을 수 있다. 이 점은 코치도 예외가 아니며 어떤 때에는 이러한 감정들이 오로지 그들의 무의식에만 존재하기도 한다. 이런저런 이유로 우리 고객들의 감정은 자주 눈에 보이지 않는 운전자와도 같다. 코치들은 고객이 말하는 내용과 행동에 대해 또 그것이 드러난 결과를 알 수 있지만, 그것이 왜곡되거나 가장된 형태일 수 있다는 점을 알아야 한다.

고객의 감정 이해가 매우 중요하기에 이것이 어려움이 있기는 하지만 나는 내가 다른 코치들을 수퍼비전할 때 언제나 그들에게 고객의

감정을 찾아보라고 제안한다. 이런 시도는 고객들이 세션에 가져오는 커다란 이야기topic와 흘러넘치는plethora 주제로 꽉 차버린다 해도 코치가 침몰하지 않고 첫걸음을 어디로 향해야 할지를 해결해준다. 내 경험에 따르면 고객의 가장 **뜨거운 이슈**hot issue는 그들이 그것을 의식적으로 인식aware하든 아니든 그들이 현재 가장 강렬한 감정strong feeling을 느끼고 있는 것 주변에 있다. 만약 이것이 해결되지 않으면 코칭대화는 순전히 인식의 껍질이나 표면에서 겉핥기식으로 진행될 위험이 있다. 반면에 의식적이든 무의식적이든 표면 아래에서 몰래 고객을 움직이는 중요한 질문은 해결되지 않을 것이다.

나는 다음과 같은 질문으로 고객의 정서적 경험들을 경청하고 과정을 보기 위해 활용한다.

- 고객의 감정 범위range가 얼마나 넓게 드러나는가?
- 고객이 자기감정을 코치나 다른 사람에게 얼마나 분명하게 표현하고 나누는가?
- 고객이 가장 부담 없이 표현하는 긍정적 감정은 무엇인가? 흥분excitement, 자부심pride, 승리감triumph, 감사gratitude, 감동이나 애정affection?
- 고객이 가장 자주 표현하는 부정적 감정은 무엇인가? 다른 사람에 대한 분노anger인가, 그들 자신에 대한 분노인가, 불안인가, 죄책감인가, 슬픔sadness인가, 아니면 수치심인가?
- 자기 감정이 태도나 행동에 끼치는 영향을 고객이 얼마나 자각하는가?
- 고객이 조직에서 자기감정을 얼마나 능숙하게 제어하고 있는가? 일반적인 상황에서 특별히 압박을 느꼈을 때 어떠한가?

- 조직 내 여러 가지 다양한 업무 관계working relationships들을 얼마나 잘 다루는가?
- 고객이 코치인 나와 코칭과정에 대해 어떤 감정을 느끼는가?

에바

코칭과정에 비판적이었지만 자기감정을 잘 숨겼던 고객 예시를 들어보자. 에바Eva는 투자은행에서 정리해고 당한 뒤 자기를 위해 코칭에 투자하기로 한 여성 임원이다. 그녀는 내 동료에게 자기에게는 선택 가능한 방향이 서너 가지가 되고 무엇을 선택할까 결정하기 위해 코칭을 받고 싶다고 말했다. 세션에서 그녀는 자신이 원래 일해 왔던 금융 분야에 계속 남을 것인지, 자기 사업을 시작하거나, MBA 과정을 밟을 것인지, 20대 초반에 약 18개월 동안 근무했던 아버지가 운영하는 사업에 참여할 것인지 중 어떤 선택이 가장 나을지 장단점을 검토해 보고 싶다고 했다. 나 자신을 공명판sounding board처럼 반응 테스트로 활용해 고객 제안을 살펴보자 이는 매우 합리적인 제안reasonable proposition이라는 생각이 들었다.

    그러나 곧 이상한 일들이 일어났다. 코칭세션에서 적절하고 생동감 있는 논의들이 이뤄졌음에도 그녀는 코치와 상호 동의한 마땅히 해야 할 실행과제를 하면서도 이상하게 작업이 겉도는 듯했다. 이를테면 관련 정보를 모으는 활동이나 네트워크를 활용해 지인들을 만나는 일 등에 미묘한 주저함이 보였다. 코치 역시 세션이 거듭될수록 그녀와의 대화가 점차 단순해지고 같은 주제가 조금씩 반복되고, 논의가 겉돌고 있음을 깨달았다. 그렇다고 고객이 결론에 다가서는 것처럼 보이지도 않았다. 수퍼비전 세션에서 코치는 고객이 진정으로 코칭주제에 임할 때는 오직 자기 가족의 사업이나 실제 코칭 이슈로 등장한 아버지를 위해 일하기와 관련한 결정을 논의할 때뿐이었고, 이런 주제에만 더 깊고 풍부하게 자기감정에 집중한다는 사실을 알았다.

    그리고 이 주제와 관련한 그녀의 감정은 많은 고통과 분노, 슬픔, 두려움, 죄책감, 수치심 같은 모순된 감정들을 지니고 있다는 사실도 드러났다. 사실 이는 성공적인 사업가의 자녀들에게서 자주 볼 수 있는 현상이다. 그녀는 아버지가 자기를 통제해왔으며 자신에게 언제나 군림하는 식으로 대해온 것에 매우 분개하고 있었다는 사실을 발견했다. 그녀는 한편으로 아버지와 마음의 거리를 지금과 같이 유지하고 싶어 했지만, 다른 한편으로는 아버지를 존경하고 사랑했으며 아버지의 자부심이 되고 싶어 했다. 그녀는 거친 투자금융 분야에서 성공한 모습을 아버지에게 보여주고 싶었다. 그렇지만 직장을 잃고 실패한 자기 모습을 부끄럽고 수치스럽게 느끼고 있었다. 게다가 아버지는 그녀가 자기 회사로 돌아와 사업에 참여하기를 원하고 있었지만, 본인 자신은 아버지가 지난날 자기가 회사를 떠난 것을 괘씸하게 생각할 것이라고 짐작했다. 과거에 아버지는 그녀가 CEO를 승계할 수 있는 높은 자리를 제공했고, 이 자리는 그녀가 CEO로 올라갈 수 있는 첫 계단이나 마찬가지였다. 그때 그녀가 이를 뿌리치고 아버지 회사를 떠난 것은 그녀가 태어나서부터 이미 갖고 있던 권리를 스스로 포기한 것이나 다름없었다.

코치는 에바의 이러한 모든 감정을 되도록 조금씩 연결하고, 이를 가감 없이 표출하게 그녀를 도와주었다. 그 덕분에 그녀는 점차 코칭과정에 진정성을 갖고 참여했고, 자기감정을 개방적으로 토로하고 명확하게 설명하게 되었다. 이를 통해 정말로 자신이 할 일이 무엇인지 탐색하기 시작했다. 그러고 나서야 자기 경력 관리와 관련한 궁극적 논의를 진행할 수 있었다.

로저

고객의 감정적 경험의 미묘한 차이에 주의를 기울여야 하고 이것이 갖는 중요성을 알려줄 또 다른 예시로 로저Roger라는 고객이 있다. 그는 대기업에서 재무관리 업무를 맡고 있다. 최근에 상사가 은퇴했는데, 그는 그 전부터 여러 해 동안 유력한 후계자로 지목돼 왔다. 그렇지만 자기가 아니라 외부에서 채용된 사람이 승계한다는 사실을 알고 내게 코칭을 의뢰하였다. 물론 회사도 승진에 탈락한 로저를 위해 코칭받을 것을 제안했기 때문이다. 회사로서는 그가 조직 안에서 고려할 수 있는 업무 선택들을 고심해보고, 좀 더 발전할 수 있는 분야에서 일할 수 있게 돕기 위한 결정이었다. 특히 그에게는 타인에게 영향력을 높이는 기술influencing skills과 관련 있는 역량이 필요했다.

로저는 다른 재무 전문가들처럼 논리적이고 과업 지향적인 사람이다. 코칭 초기에 그는 예상하던 진급을 하지 못했다는 사실이 자신에게 그다지 영향력을 미치지 않은 듯 행동했다. 이 결정을 내린 이사회의 구성원에게 분노를 느끼는 것도 부인했다. 그는 이 일과 관련해 느꼈던 어떤 다른 감정들도 다른 사람들과 나누고 싶어 하지 않았다. 로저의 목소리와 몸짓 언어를 세심하게 관찰하고, 그의 이야기narrative에 대한 내 반응response에 주목한 결과, 나는 이 고객이 나에게 말하고자 하는 내용을 자제하고 아무 문제가 없는 듯 살균하여sterile, 거른 후에 차분하게restrained 말하고 있다는 느낌이 올라왔다. 나는 이번에 일어난 일에 대해 느끼는 그의 감정이, 그가 인식할 수 있거나 인식하길 바라는 감정의 무게보다 훨씬 더 강력하다는 것을 확실히 느낄 수 있었다.

로저와 이 주제에 대해 주의 깊게 탐구했다. 로저는 은퇴한 그의 상사와 이 결정을 내린 이사회 임원들에게 사실상 분노를 느끼고 있었고, 그들이 자신을 배신했다고 생각한다는 점이 드러났다. 그는 직위 승계에 대해 그들이 자신에게 했던 구두 약속을 믿은 자신의 어리석음에 대해서도 몹시 화furious가 나 있었다. 그러나 그를 괴롭히는 가장 인정하기 힘든 강렬한 감정은 분노가 아니라 **수치**였다. 그는 그가 예견된 진급에 실패했다는 사실을 아는 재무팀과 다른 동료들의 시선에 노출된 기분과 굴욕감humiliate을 느끼고 있었다.

코칭과정에서 로저는 마침내 그가 겪은 일에 대해 어떤 감정을 느끼고 있는지 진정으로 느껴볼 수 있었고, 그러고 나서야 이를 수용할 수 있었다. 이런 감정 작업 과정을 거듭하면서 자기 미래를 위한 희망과 비전을 잃은 것에 대해서도 애도mourn할 수 있었다. 그런 뒤에야 그는 직장에서 다음 직무 단계로 올라서기로 할 수 있었으며, 자기 자신을 되돌아보며 어떤 식으로 자기를 개발해야 할지 고민하고, 에너지를 투자하려고 마음먹을 수 있었다.

전제 3: 불안을 이해하는 것은 특히 중요하다.

나는 일반적으로 감정 가운데 특히 **불안**anxiety이 우리 삶에서 대체로 이해하고 인정하는 것보다 훨씬 더 큰 역할을 한다고 믿는다. 이론적으로 프로이트는 불안을 잠재적 위협에 대비하기 위해 자아ego에게 보내는 신호라고 보았다. 이러한 신호들은 우리 뇌 영역 가운데 원시 뇌 영역에 자리 잡고 있고, 아드레날린이나 다른 화학 호르몬의 즉각적인 분출에 응답하는 편도체에 의해 생리적으로 받아들여진다. 이러한 불안 반응은 우리가 위험이나 위협에 반응하도록 가장 핵심적이고 적절한 역할을 계속하고 있지만, 다른 면에서 우리가 많은 불안과 긴장을 잘 관리하는 매우 진화된, 더욱 이성적인 동물로 남을 수 있게 해준다. 내 경험을 봐도 이것은 우리 모두에게 어느 정도 진실에 가깝다. 이는 어렸을 때 양육자와 감정적으로 충분히 교류해 애착관계가 상당히 훼손되지 않고 잘 이뤄진 사람이나 발달적 영향이 굉장히 긍정적이었던 사람들에게도 해당한다. 심리적 안정이라는 개념은 이를 이해하는 데 도움이 된다. 2장에서 설명한 바대로 이는 사람의 근본적인 욕구이다. 우리는 태어났을 때부터 신체적, 심리적, 정서적 안정에 대한 기초적인 감각을 유지하고, 이 감각을 찾으려는 노력이 우리 기저에 잠재된 기본 욕구이다.

불안에 대한 이 같은 전제는 우리가 자기 일과 관련된 상황에서 매우 폭넓은 범위에서 직면하는 불안을 얼마나 빠르고 깊게 느끼는지에 대해 민감하게 자각하게 해준다. 특히 **이는 변화와 관련된 상황의 진실, 불확실성, 실제 상황 또는 현실적인 손실 위협, 비판, 거절, 실패할 위험** 등 21세기 직장생활을 특징짓는 것들이다. 특히 책임이 막중한 자리에 있는 사람들은 더욱 자주 마주하는 것들이다.

불안의 역할은 코칭과정 초기에 특히 분명하게 나타난다. 코칭과정 중에 어떤 고객이 무의식적으로 그들의 일반적인 방어기제들을 과도한 형태로 드러낸다면 이를 끌어내는 요인에는 불안의 역할이 크게 작용하고 있을 것이다.

제프

제프Geoff라는 이름을 가진 새로운 고객 사례를 들어보자. 그는 대기업 보험회사의 사업개발 담당자이다. 코치와 첫 만남에서 그는 매우 자기 비판적인 모습을 보였으며, 강점을 깎아내리고, 자기 단점을 과장해서 말했다. 또 반복해서 그의 지출에 대해 농담을 하곤 했다. 그는 과도하게 자기 비하적인self-deprecation 방식으로 행동하는 경향이 있음을 드러냈다. 이는 내 비판에 대한 그의 두려움에 대항하기 위한 무의식적 방어 형태이고 불안에 의해 분명히 악화한 것이다.

루이사

또 다른 예시로 젊은 브라질 출신의 사업가이며, 성공적인 중견 기업 공동 사장인 루이자Luisa에 대해서 이야기해보자. 그녀는 한마디로, 첫 세션부터 말하는 것을 멈추지 않았다. 잠시 틈을 비집고 말하려 해도 그녀가 계속해서 말을 끊고 들어와 나는 거의 한두 마디 이상 말을 이어가지 못했다. 그녀가 평소 말이 많은 편talkative이란 사실은 차치하고, 수많은 말을 폭포처럼 쏟아내며 나와의 대화에서 우위를 유지하는 것은 나를 무력화시키려는 무의식적 의도로 보였다. 이런 사실은 코치에 의해 자신이 면밀하게 조사될 수 있다는 느낌에서 오는 그녀의 불안을 감추기 위한 노력이다.

맥스

또 다른 비슷한 고객 상황이다. 작지만 매우 성공적인 국제 자선단체를 운영하는 맥스Max라는 고객이다. 그는 첫 코칭세션부터 자기가 이룬 성과와 수상 사실,

자신이 알고 있는 유명 인사들의 이름을 거론하는 데 코칭 시간 대부분을 썼다. 이는 그가 낮은 자기 자존감을 끌어올리고자 자주 사용했던 특징적인 전략이었는데, 첫 세션부터 그가 느끼는 불안에 의한 압박감 때문에 더욱 과장해서 사용한 것이다.

앞에서 사례를 언급했지만 코칭에서 불안의 역할이 매우 쉽게 간과되는 이유는 고객들이 이것을 부분적이든 전체적이든 의식적으로 인식하지 못한 채 감춰 버리기 때문이다. 그래서 **불안이 표면적으로 전혀 영향을 미치지 않는 것처럼 그것을 다른 행동으로 밖으로 드러낸다.** 불안이 어떤 역할을 하는지를 묻는 것은, 아마 고객들의 사고와 감정과 행동 아래 숨겨진 것이 무엇인지 처리하는 과정을 검토할 수 있는 매우 빈도 높고 중요한 질문 가운데 하나이다.

마지막으로 조직 업무를 수행하면서 불안이 일부 고객들에게 어떤 영향을 미치는지 설명해보자.

루스

루스Ruth는 거대한 지역 회사의 고위 회계사이다. 부서장으로 진급하고 나서 그녀에게 주어진 더 많은 업무량과 막중해진 직원 관리를 효과적으로 수행하기 위해 코칭에 참여하도록 제안받았다. 그녀는 열심히 일하고 헌신적이며 조직에서 중요한 가치를 지닌 몇 사람 가운데 한 명이다. 첫 코칭세션부터 그녀는 피곤하고 잔뜩 지친 모습이었다. 또 자기가 진급한 것을 기뻐하기보다는 버거워하는 것 같았다. 그녀는 자기 업무의 우선순위를 정하는 것과 뒤를 이을 후임 동료에게 자기 일을 성공적으로 위임하는 것, 또 그녀가 이전에 작업했던 업무 가운데 몇 가지는 새로운 지위에 더는 맞지 않는다는 사실을 받아들이지 못한다는 점이 대화를 통해 드러났다. 그녀는 모든 것에 책임감을 느끼고 자기 건강을 해치면서까지 아주 많은 시간을 업무에 쏟고 있었다.

문제의 원인이 그녀가 위임 기술이 부족하거나, 시간 관리 능력이 떨어진다는 데 있다는 식의 진단과는 거리가 멀다는 점이 점차 드러났다. 그녀는 무엇을 해야 하는지 알고 있었고, 이 분야에 대해 필요한 교육을 받기도 했다. 적어도 이론적으로 그랬다. 그녀는 피곤하고 압력을 느낄수록 모든 것을 통제하려고 애를 썼다. 또 어떤 것도 놓지 않으려 고집을 부리는 경우가 많아졌다. 그녀가 실현 불가능한 업무 리스트를 해치우며 짜증이 쌓이자 평소에 동료들에게 대했던 정중하고 합리적인 처신도 흔들리기 시작했다.

루스의 근본적인 정서적 경험을 깊이 있게 탐구하는 것만으로도 지금 정확히 어떤 일이 일어나고 있는지 더 명확하게 파악할 수 있었다. 그녀는 새로운 역할 수행에 실패할까봐 강렬한 불안을 느꼈으며, 자신이 부서장으로 진급하는 데 원동력이 되어주었고, 매우 존경해온 그녀의 상사를 실망하게 할까봐 특히 두려워했다. 결국 이런 감정은 언제나 약속 이행의 중요성을 강조해 왔던 그녀의 부모에게서 받은, 가족 안에서의 경험과 연관된 것이었다.

이런 인식을 통해 마침내 그녀는 산처럼 쌓인 업무량과 직면했을 때 자신이 얼마나 불안해하는지, 모든 것을 통제하고 그녀 스스로 처리하려 했던 그녀의 전략이 자신과 직장에 그다지 도움이 되지 않는다는 사실을 이해할 수 있었다. 그녀를 이끌었던 역동 관계들을 탐구하면서, 그녀는 마침내 불안이라는 감정을 인정할 수 있었고, 이 감정을 그녀의 행동에서 분리해낼 수 있었다. 이런 통찰은 그녀가 자기 업무를 더 현실적으로, 그리고 더 효과적인 방법으로 다루게 해주었다.

전제 4: 고객은 언제나 내적 갈등을 경험한다.

고객의 숨겨진 불안을 이해하기 위한 첫 순서로 중요한 것은 **내적 갈등** internal conflict이라는 개념을 잊지 않는 것이다. 정신역동 개념에서는 인간 존재가 의식적, 무의식적 수준에서 소망wishes과 생각thoughts, 감정feelings 사이에 서로 모순되는 심리적, 정서적 충돌을 주기적으로 경험한다고 본다. 또 이런 내적 갈등 경험을 매우 불편한uncomfortable것으로 여기게 된다.

  갈등은 주로 무의식적 불안을 느끼게 하여 심리적 안정을 위한 감각을 유지하기 위해 개인마다 하나 이상의 심리적인 방어기제를 발동하도록 유도한다. 더 나아가 이 이론은 우리 양심conscience과 사회적 요구가 갈등할 수밖에 없고 그 원인을 기본적인 생물학적 본능, 즉 성적 욕망이나 공격성, (자기)영역을 지키고자 하는 충동에서 찾는다.

  이를테면 경영을 책임지는 간부가 경쟁적 업무 상황에서 지배적이고 우위를 확보하려는 지속적 충동이 있으면서도, 표면적으로는 다른 사람들에게 적절하게 행동하고 그들이 자신을 좋아했으면 하는 소원을 가질 수 있다. 그렇지만 이것이 언제든 내적 갈등으로 그를 진동하게 하고 이는 특정한 시점에서 타인은 이해할 수 없는 또 다른 행동으로 드러날 수 있다.

에릭

에릭Erik은 내가 몇 년 전에 함께 일했던 네덜란드 고객으로, 이 주제를 다루는 데 적절한 예시가 된다. 회사에서 전형적인 알파 남성a classic alpha male으로 꼽히는 그는 회사의 주요한 유럽 지사 하나를 책임지고 있다. 그는 재능, 개성, 투지 등 여러 면에서 의심할 수 없는 많은 강점이 있었으나 동료와 상사들에게 가끔 강렬한 경쟁심을 드러내는 성향을 단점으로 갖고 있다. 그들은 그가 원기 왕성한 투지 면에서는 최고지만 권위적이고 공격적인 면은 최악이라고 생각했다. 이 점에 대해 몇 차례 조언했으나 그에게서 많은 변화를 끌어내지는 못했다. 동료들은 에릭이 너무 지나치다고 생각했을 때가 언제인지 잘 인지하고 있으며 그가 특히 공격적이었던 개인들에게는 언제든 사과해야 한다는 사실을 잊지 않고 있다.

에릭도 사십이 되자 자기 업무 영역에서 공격적 접근이 가져왔던 문제의 심각성을 느꼈다. 또 이를 해결하려고 HR에 코칭을 신청했다. 코칭대화에서 확인한 점은 에릭이 상대방의 마음에 공감하고 타인이 그를 대할 때 적절하게 대응할 수 있는 마음과 역량을 가지고 있다는 사실이다. 그는 동료들에게 화내거나 공격적으로 대하는 걸 적극적으로 먼저 시작하지 않았다는 걸 강조했다. 사람들이 가끔 자신을 남을 괴롭히는 사람으로 여기는 것에 정말 분노하고 있었다. 자신은 남을 괴롭히는 것을 싫어할 뿐만 아니라, 앞으로도 절대 그러지 않을 것이며, 단지 자신에게 주어진 업무에 필요한 행동을 하는 데서 그저 즐거움을 느낄 뿐이라고 주장했다.

결론적으로 에릭은 두 가지 사이에서 진정한 내적 갈등을 겪고 있다는 점이 내게 분명했다. 그는 자기가 바라는 것을 얻기 위해 지배적인 남성dominate male이 되고자 하는 근본적인 충동과 다른 사람들에게 더 사려 깊고 적합한 방식으로 행동하고 싶어 하며, 타인에게 영향력 있는 사람으로 인정받으려는 그 자신의 또 다른 부분이 서로 갈등하는 것이다. 그 전까지만 해도 에릭은 이런 갈등에 대해 그의 행동이 부서를 위해 옳은 일을 하는 것이며 이 경쟁 사회에서 필수적인 행위라며 합리화하는 방법으로 해결해 왔다.

코칭과정에서 에릭은 그의 내적 갈등을 어느 정도 깊이 있게 탐색했다. 이 과정은 그가 어떻게 행동해야 하는지에 대해 더욱 의식적이고 반성하게 해줬다. 또 그가 열정을 잃지 않고, 매우 건설적으로 업무를 수행할 수 있게 업무 스타일을 완화해주었다.

내부 갈등이 항상 우리의 양심과 겨루는 생물학적 충동과 관련 있는 것은 아니다. 특정한 이슈나 상황과 관련하여 개인이 지닌 사고방식이나 감정이 상반됐을 때 생기는 긴장 형태로 존재할 수 있다. 이러한 갈등들은 일상생활에서 주기적으로 발생한다. 결국 모든 변화는 어쨌든 긍정적이지만 조금은 어떤 상실감을 느끼게 한다. 또 모든 결정이나 선택들은 어느 정도 변화 과정에서 위험과 불확실성과 함께 일어난다. 무엇이든 언제나 대조적인 감정contrasting feeling에 접촉하게 되는 것을 피하기 어렵다. 우리가 '복합감정mixed feelings'이라고 부르는 것이다. 이것은 너무 불편해서 견디기 어려운 불안이 만들어내는 내부 갈등을 의미한다. 결과적으로 이런 심리적인 방어기제들은 무의식적으로 이를 해결하기 위해 사용하는 방편이다.

루스

내적 갈등의 실례로 숨겨진 불안을 가진 루스Ruth라는 고객에게 일어났던 일을 다시 살펴보자(2장, 전제 3). 그녀가 느꼈던 갈등은 자기 업무 우선순위와 위임 필요성을 이성적으로 인식한 것과 자기 업무에서 어떤 것도 놓고 싶지 않은 감정 사이에서 발생한 긴장에서 일어났다. 머리로는 승진 때문에 주어진 새로운 자리에 적합한 업무를 맡아야 하는 이유도 잘 이해하고 있다. 만약 자기가 그렇게 하지 않을 때 동료들에게 끼칠 부정적인 결과 역시 잘 알고 있다. 그녀는 자신도 잘 의식하지 못한 자신의 어떤 부분이 아주 강력하게 자신이 해왔던 업무를 포기하게 할지 모른다는 생각에 몹시 불안해졌다. 그녀는 모든 분야의 일을 잘 해내지 못하고 이로 인해 사람들을 실망하게 할지도 모른다는 위험을 용인하는 것이 정서적으로 매우 어렵다는 점을 발견했다.

코칭과정에서 이런 갈등을 수면으로 끌어올리고 표현하는 과정을 통해 그녀는 점차 이 눈에 보이지 않는 이성적인 사고에 따라 행동하는 것을 방해하는 장애물을 인식하게 됐다.

코칭할 때 나는 고객들이 겪는 특정한 내적 갈등을 끌어내는 이슈가 무엇인지를 알아내기 위해 관심을 집중한다. 이 갈등이 무엇에서 오는지, 고객들이 복잡한 자기감정을 어떻게 알아차리게 할 수 있는지, 그리고 그들이 이런 자기감정에 어떻게 반응하고 다루는지 등을 인식하는 데 최선을 다한다. 이것은 그들이 조직에서 더욱 효과적으로 일하기 위해 어떤 영역의 무엇을 더 개발해야 하는지 서로가 파악하는 데 매우 가치 있는 정보를 제공해준다.

전제 5: 고객은 자신의 힘든 감정과 내적 갈등을 위해 내장된 특징적인 방어 패턴을 개발할 것이다.

의식적 사고thought와 감정feeling뿐만 아니라 무의식의 현존presence, 특히 정서와 불안의 중심, 내적 갈등에 의한 긴장과 심리적 안정감을 위한 탐색은 위에 설명한 역동dynamics이 정상적인 정신 기능의 일부라는 점을 명확하게 이해했기를 희망한다. 나는 그것을 모든 고객에게서 관찰할 수 있다고 가정한다. 그러나 인간은 이런 역동을 무작위적이거나 끊임없이 형태를 변형changing fashion하면서 경험하는 것은 아니다. 타고난 인격personalities에 따라 각자 자기식으로 전형적이고 지속해서 정서적-심리적-행동적 패턴을 개발한다. 이런 패턴들이 우리 성격characters을 조각하면서mould 다시 반영하며 reflect, 우리가 누구인지who we are를 만들어간다. 그렇지만 이런 전략과 패턴들은 많은 사람이 원하는 만큼 그렇게 성공하지 못한다.

그런데도 인간 삶은 이런 패턴을 변화하기가 매우 어려우며, 우리 자신에게 잘 맞지 않아도 반복하게 된다.

고객의 특징적 패턴과 그 기저에 무엇이 깔렸는지 이해하기 위해서는 어떤 **심리적 방어기제**(2장)를 보이는지에 특히 집중해야 한다. 정신역동 모델은 모든 인간이 이런 방어기제를 정상적인 정신 기능이고 일상적으로 사용한다고 본다. 그러지 않으면 불안과 다른 고통스러운 감정들에 압도되기 때문이다. 이런 방어기제는 우리가 안전함을 느끼고 일상의 힘겨운 경험을 조정하는 데 도움을 주기도 하지만 다른 면에서는 우리가 가진 잠재력을 깨우치는 것을 방해하는 장애물이 되기도 한다. 중요한 점은 강력하고 엄격하게 이런 방어기제를 사용하다 보면 결과적으로 다양한 감정적, 정신적, 때로는 신체적 고통을 겪게 된다는 사실이다. 그러므로 정신역동 지향 코치는 고객들이 괴롭고 두려운 생각과 감정에서 그들 자신을 보호하기 위해 심리적 방어기제를 사용하는 것은 정상적이고 피할 수 없는 것으로 간주한다. 그래서 고객들이 자기 목표를 이루도록 돕기 위해 가장 자주 사용하는 방어기제를 알아내려 노력한다.

제럴드

고객이 방어기제를 어떻게 사용하는지 설명하기 위해 고객 제럴드Gerald에 대해 이야기해보자. 그는 자기 실수나 판단 착오에 책임감을 느낄 때마다 일어나는 emerged 감정을 막기 위해 설계된 무의식적인 전략과 습관적 패턴의 실례를 코칭 세션에서 보여주었다.

당시 제럴드는 불안한 상태에서 내 사무실에 왔다. 자리에 궁둥이가 거의 붙기도 전에 그는 사장의 불합리한 행동에 대해 길고, 분노 섞인 격렬한 어투로 설명을 늘어놓았다. 유심히 들어보니 사장의 '비행'이라는 것이, 그의 동료들이라도 그다지 어려운 일이 아니었다. 이전에 한두 번 탐색했기에 특별히 새로운 주제가 아니라는 것도 알았다. 전체 맥락에서 보면 제럴드의 감정 강도는 그 원인에 비해서 너무 컸으므로 균형에 맞지 않아 나를 조금 강하게 자극했다. 혹시 그가 자기감정을 전치displacement한 것은 아닌가 하는 질문을 나 자신에게 해보았다. 자기 흥분과 화라는 감정을 마치 자기 사장의 행동 때문이라는 쉬운 표적으로 향하게 하는 것은 아닌가? 그렇다면 그가 가진 감정의 진정한 기원이 적어도 부분적으로는 다른 곳에 있을 수 있다.

내가 제럴드를 위해 되도록 정서적으로 중요한 다른 영역으로 이야기 방향을 틀었을 때, 그를 진정으로 분노하게 만든 진원이 따로 있다는 점이 빠르게 드러났다. 최근 중요한 미팅에서 그가 책임을 맡은 새로 온 재무 담당이 별 볼일 없는 성과를 보여줬다. 처음 제럴드는 이 사건을 그저 별것 아닌 문제로 치부하고 넘기려 했지만, 새로 채용한 재무 전문가의 업무 능력이 그에게 얼마나 중요한지 알고 있는 내게는 그가 이 사건에 대한 자기 분노를 **부인**denial하는 것처럼 보였다. 내가 부드러운 어투로 새로 온 재무 전문가가 일을 잘 못 한다는 사실이 당신을 실망하게 했을 수도 있겠다고 언급하자, 제럴드는 그렇다고 인정했다. 그는 업무를 열심히 준비하지 않았고 그 때문에 자신을 실망하게 한 새로 온 전문가에게 분노와 실망을 동시에 느낀다는 것도 인정했다.

그러나 제럴드는 그가 느낀 이러한 감정이 분명해지자 점차 불편함discomfort을 느꼈고, 이 감정을 밀어내기 위해 **합리화**rationalization라는 도구를 사용한 것이다. 그는 자기 분노가 자기 것이 아니라고 부인하면서disowned, 많은 사람이 긴장해서 처음 중요한 회의에서는 제대로 성과를 내지 못하는데도 그에게 무모하게 발표하게 했다고 주장했다. 그리고 출근하기 전 새로 집을 이사하고, 아마도 피곤해서 준비할 시간이 충분하지 못했다고 덧붙였다. 이런 사실은 맞는 말이다. 그러나 나는 제럴드의 설명이 합리화처럼 느껴졌다. 이 시점에서 볼 때 그는 자기 화를 짧게 인정하고는 곧바로 실망했다. 그 목적은 이런 불편한 감정에서 자신을 멀리함으로써 자신을 위로하기 위한 것이었다.

제럴드가 이 세션에서 취했던 다른 방어기제는 무엇이 더 있었을까? 처음에 그는 자신이 화를 내고 있다는 점을 인식하고 있었지만, 그것은 오직 자기 사장에게만 한정했고, 새로 온 재무 책임자에 대한 분노는 부인했다. 무의식적으로 그는 새로 채용한 재무 전문가가 적절하게 준비했는지를 강조하지 않으며 이를 통해 자기 분노를 회피하고자 했다. 아마도 자신이 준비를 돕지 못했다는 죄책감을 느꼈으며, 그 담당자가 사장과 다른 동료들 앞에서 제대로 수행하지 못하자 수치심을 느꼈다. 그는 이 재무 책임자를 채용하는 결정이 잘못된 결정은 아닐까 하는 생각에 불안을 느꼈다.

또 제럴드는 저성과자를 직면하자confronting, 이를 사장의 약점으로 비판하며 그에게 **투사**projection하는 방어기제를 사용했다. 이 같은 알아차림은 그 모든 것을 용인하기 위해 그 스스로 힘겹게 싸우는 영역이긴 하지만 그에게는 아직 너무 힘겨운 고통이 될 것이다. 새로 온 재무 책임자의 상황을 강조하며 무의식적으로 이런 잘못을 사장에게 내보내고 그 점을 공격하는 길을 택했다. 이런 방식으로 그는 자신이 수행한 새로운 채용과 관련된 자기 실패에 직면하는 고통을 회피했다.

제럴드와 시간을 들여 함께 작업하면서 전치, 합리화, 부정과 투사 등의 결합은 제럴드가 잘못된 결정이나 실수를 했을 때 보이는 특징이라는 점을 알게 되었다. 자신이 경험하는 낮은 자존감과 수치심에 대항해, 자기 자신을 보호하기 위해 설계한 무의식적 행동 패턴이 가진 특징의 한 부분이라는 사실이 분명했다.

전제 6: 고객의 초기 가족 관계와 생활 경험은 그들 개개인의 성격 패턴을 만들어내는 데 중요한 역할을 한다.

개인의 **성격 패턴**characteristic pattern은 어떻게 만들어지는 것일까? 어째서 사람들은 자신에게 도움이 되지 않는 패턴을 고치지 못하고 계속해서 반복하는 것일까? 2장에서 간략하게 서술한 바와 같이 정신역동 모델은 인간이 어렸을 때 경험한 인생 경험들이 우리의 정서적, 행동적 패턴들을 만들어내는 데 특히 중요한 역할을 한다고 주장한다. 나는 코칭 고객을 만날 때마다 그들이 가족 배경과 유아 발달에 큰 영향을 받아왔고, 받을 것이라고 가정한다. 그들은 또 교육적, 사회적, 문화적, 경력과 관련된 경험뿐만 아니라 타고난 인격 유형personality type과 기질temperament도 강하게 영향을 받는다.

임원코치로서 내가 주로 주목하는 것은 고객의 패턴이 그들의 현재 직장생활working life에 어떻게 영향을 미치는가이다. 사실 그들의 어렸을 때 생활이나 아동기 경험을 깊이 있게 탐구하는 것이 적절하다고 느껴지지는 않는다. 그렇지만 코칭 기간 동안 대부분 고객에게 내가 그들의 성장 배경을 묻는 순간이 온다. 이 순간이 가끔 코칭 기간 초기일 수도 있고, 훨씬 나중일 때도 있고, 전혀 없을 때도 있다. 이런 자료를 코칭에 가져오는 것이 좋은지 여부는 개인과 그들의 의지에 달려 있고 그들의 구체적인 이슈에 따라 다르다.

필수적인 것은 아니지만 고객의 부모 역할 모델과 그들의 형제자매와의 관계, 청소년기에 그들의 사회적 패턴들, 아동기와 청소년기 발달에 중요하게 영향을 미쳤던 순간들을 알아내는 것은 유용하다. 이러한 정보는 고객들이 압력pressure이나 불안을 느꼈을 때 이 감정을 어떻게 처리하는지, 그들이 직장에서 상사와 동료 그리고 후배들과 어떤 관계를 맺는지를 이해하는 중요한 단서가 되기도 한다.

데어드레이

자신의 관리 방식을 변화하고 싶어서 코칭을 의뢰한 데어드레이Deirdre라는 고객 사례를 들어보자. 그녀는 자신이 더 포용적이고, 덜 권위적인 태도를 보여야 한다는 것을 알고 있었다. 그녀는 자신이 일하는 방식이 부하 직원들에 의해 도전받고 있다고 느끼면 쉽게 짜증 낸다는 사실을 인정했다. 어째서 그녀의 분노가 유발되었는지 탐구하면서 그녀가 권위적인 어머니와 수동적인 아버지를 가졌다는 사실이 드러났다. 그녀의 어머니는 자주 화내고 무관심한intolerant 여성이었고, 아버지는 자기 부인에게 의문을 제기하면 폭발해버리는 것을 보고 아예 논쟁하지 않는 것이 좋다면서 이를 포기한 남성이었다.

그녀 가족의 역동 관계가 성장에 큰 영향을 미쳤다는 사실은 놀라울 것이 없었다. 어떤 면에서 그녀는 강하고 강력하게 보인 어머니의 행동을 분명히 동일시했다. 그녀 자신의 행동이 도전받으면 그녀는 방어적이 되고 자신이 우두머리처럼bossiness 보일 필요가 있기에 다른 사람을 괴롭히는 경향이 있었다. 또 다른 한편으로 그녀는 어머니 손에 의한 아버지의 굴욕감humiliation에 공감하고 더 적극적으로 아버지를 지지하지 않은 것에 죄책감을 느꼈다. 이 점은 그녀가 이런 자기 행동을 불편해하면서 다른 사람들을 화나게 하고, 직장에서 더욱 존경받고 두려워하지 않게 되기를 원하도록 만들었다. 또 이 점이 자기 경력의 한계라는 점을 인정했다.

데어드레이의 경우 그녀 부모가 양육하는 방식을 탐구한 것이 코칭과정에 큰 도움을 주었다. 이는 그녀가 자기 행동과 부모의 행동 모델을 연관 짓게 해줬고, 그 덕분에 그녀의 시야를 넓혀줬으며 동료와 맺어온 관계에 변화를 주고 싶어 한 자기 소원을 강화하도록 만들었다.

물론 다른 고객들을 코칭할 때는 그들의 성장 배경이나 가족 관계가 거의 드러나지 않기도 한다. 이점을 다루는 데 불편함을 느끼는 고객이나 내가 **조직이나 코칭세션 중 '지금-여기'에서 어떻게 기능하는지만을 전적으로 다뤄도 잘 진행될 가능성이 있는 고객**과의 코칭에서는 위와 같은 이슈를 다루지 않는다.

결론적으로 보면 고객의 가족 환경이나 그들의 개인 삶의 측면들이, 치료 환경과 반대로, 코칭과정에서 탐구되어야 할 때는 그 목적이 항상 코치들이 **고객의 일과 관련된 목표**work-related objectives **성취에 도움**을 주고자 하는 데에 있다. 그래서 이를테면 내가 고객과 그녀의 흉포한 경쟁자인 여동생에 대해 유용하게 토론했다고 하자. 이를 통해 우리가 얻고자 하는 통찰은 언제나 코칭 이슈와 관련해 적용이 필요하기 때문이다. 이 경우 그녀의 여동생에 관해 토론하는 이유는 그녀가 어떻게 특정한 동료, 말하자면 어떤 특정한 여성 동료와의 관계를 더 효과적으로 처리할 수 있는가를 검토하는 데 활용하기 위해서이다.

전제 7: 코치-고객 관계는 통찰력의 중요한 근원이며 변화 요인이다.

이 전제는 전이transference와 역전이counter-transference의 정신역동 개념에서 온 것이다. 인간은 무의식적으로 가족이나 부모 형제 등 과거 관계를 현재 중요한 사실로 관계 맺고 있는 다른 이들과의 관계로 재생산하거나 옮기는 경향이 있다는 믿음에서 비롯된다. 전문적 실천가professional practitioner와 고객과의 관계는 결과적으로 매우 중요하게 여겨진다. 이는 정신 치료적 상황에 적용되지만 임원코칭에도 밀접하게 관련이 있다. 나아가 나는 코치-고객 관계 그 자체가 고객이 변화하고 성장하는 데 도움을 주는 핵심적인 요소라고 믿는다(이와 관련해서는 4장에서 탐구한다).

고객들의 심리적, 정서적인 특징적 패턴을 이해하는 실마리가 되는 전이와 역전이를 이해하는 데는 여러 가지 방법이 있다. 이는 특히 고객의 전이가 가장 눈에 띄게 나타나는 코칭 진행 단계에서 큰 도움이 된다.

데이비드

데이비드David는 우리가 처음 만나는 날 정확하게 제시간에 도착했다. 그는 내게 감사하다는 인사를 건네며 첫 대화 물꼬를 텄다. 그는 자기에게 시간을 내줘서 감사하며 내 자서전을 읽고 얼마나 감동하였는지, 나를 코치로 추천해준 상사가 얼마나 나를 높이 평가하는지를 말했다. 그의 직무 역할과 코칭 이슈 몇 가지를 다루기 시작하자, 나는 내 말에 대해 거의 매번 데이비드로부터 즉각적인 동의를 얻고 있다는 사실을 깨달았다. 그는 '그거 정말 정확한 말이네요' '정말 통찰력이 깊네요!' 같은 긍정적인 반응으로 내 말에 응답했다. 나는 이러한 데이비드의 행동이 나보다는 그에 대해서 어떤 중요한 것을 반영하고 있다는 것을 잘 인지할 수 있었다. 좀 더 분명히 표현하자면 그는 나에 대한 분노나 실망에 대비한 방어기제로 **이상화**idealization를 사용하고 있던 것이다. 그렇지만 그의 행위가 너무 눈에 띄었으므로 다른 무엇이 더 있을 거라는 생각이 들었다. 나는 그가 내게 과거 관계의 어떤 것을 내게 전이하려 하는지 궁금했다. 마치 내가 꼭 아부하거나 칭찬해야만 하는, 잠재적으로 위협적이거나 비판적인 권위자라고 가정했는지 모르겠다.

데이비드와 좀 더 이야기를 나누자 나는 그의 어머니는 좋은 기분을 유지하기 위해 찬사와 칭찬을 계속 받아야만 하는 매우 힘든 자기애적 여성이었다는 점을 알게 되었다. 그리고 이런 점이 그가 나와 함께 하면서 특별히 나이 많은 여성 동료들에게 같은 접근방식을 선택하는 경향과 매우 유사하다는 점이 분명해졌다(필자인 코치 역시 나이 많은 여성이다). 그가 나타낸 전이는 오히려 우리가 다차원적due course으로 검토할 수 있는 유익한 주제를 던져주었다. 이는 데이비드가 이 패턴을 수정하는 데 도움을 주는 관점을 제공했다.

맥스

나는 또한 고객을 향한 내 역전이가 내가 첫인상을 받았던 코칭과정의 초기에 특히 효과적이라는 사실을 깨달았다. 이 이야기의 좋은 예시로 맥스Max라는 고객이 있다. 그는 첫 코칭세션에서 저명인사의 이름을 들먹이며 거들먹거렸다고 이미 앞에서 언급했다(전제 3의 예시). 그의 행동이 대부분 두려움 때문에 빚어졌다는 사실을 인식하고 있었지만, 그의 행동에 내가 짜증이 나는 건 어쩔 수 없었다. 어떤 한순간에 내 마음속에서 나를 너무 과시했다는 것을 알고 있던 과거 내 동료와 이 때문에 내가 나를 얼마나 성가시게 했는지 알고 있던 내 동료가 걱정되었다. 그러고 나자 나는 같은 짓을 해왔던 내 오래된 친척이 떠올랐고recalled, 한때 그 친척의 이런 특성을 비판했었는데 이를 본 내 부모가 얼마나 힘들었을지도 상기되었다.

나중에 내 안의 반응response을 성찰하면서 나는 이것이 내게 아주 민감한 이슈였다는 점을 인정했다. 아마도 나는 내 성공을 어떻게 나눌 수 있는지 적절한 시간을 고심하고 있었기 때문에 그때 그 같은 행동을 했을 것이다. 이것은 맥스의 행동으로 내가 짜증이 나도록 내가 자극된 것이 아니라는 것, 내 역전이라는 것을 확실하게 하는 것이 중요하다는 점을 나에게 환기해주었다.

내 역전이의 이러한 측면을 점차 인식하게 되자 내가 맥스의 행동을 차분하게 객관적으로 고려할 수 있게 되었다. 나는 그것이 그의 동료들 가운데 적어도 몇 명에 의해 나쁘게 반응하게 했다고 느꼈다. 그 때문에 맥스의 작업 관계 측면에서 부정적 결과를 낳았을 것으로 생각했다. 이런 이유로 나는 이 이슈를 맥스의 불안이 잦아들게 될 코칭과정 후반에 탐색하기로 했다.

이 같은 고객 사례에서 읽을 수 있는 코치의 자기 인식은 확실히 중요하다. 내가 가진 성향들과 내 심리를 아는 것만이 내가 역전이를 가져올 수 있는 것들을 인식할 수 있게 하고, 역전이를 막을 수 있게 해준다. 이를 알고 나서 나는 고객의 역동 관계를 이해하고 이를 격려하며 거리를 두고 생각할 수 있게 되었다.

이 장은 내가 고객을 관찰하고 그들을 경험한 자료에 근거해 작업가설을 세우는 데 도움을 준 정신역동 개념에 영향을 받아 내 코칭에서 실행했던 방법들을 소개한 것이다. 다음 장에서 나는 이 접근법이 내 코칭을 통한 조정이나 중재를 어떻게 이끄는지 설명하겠다.

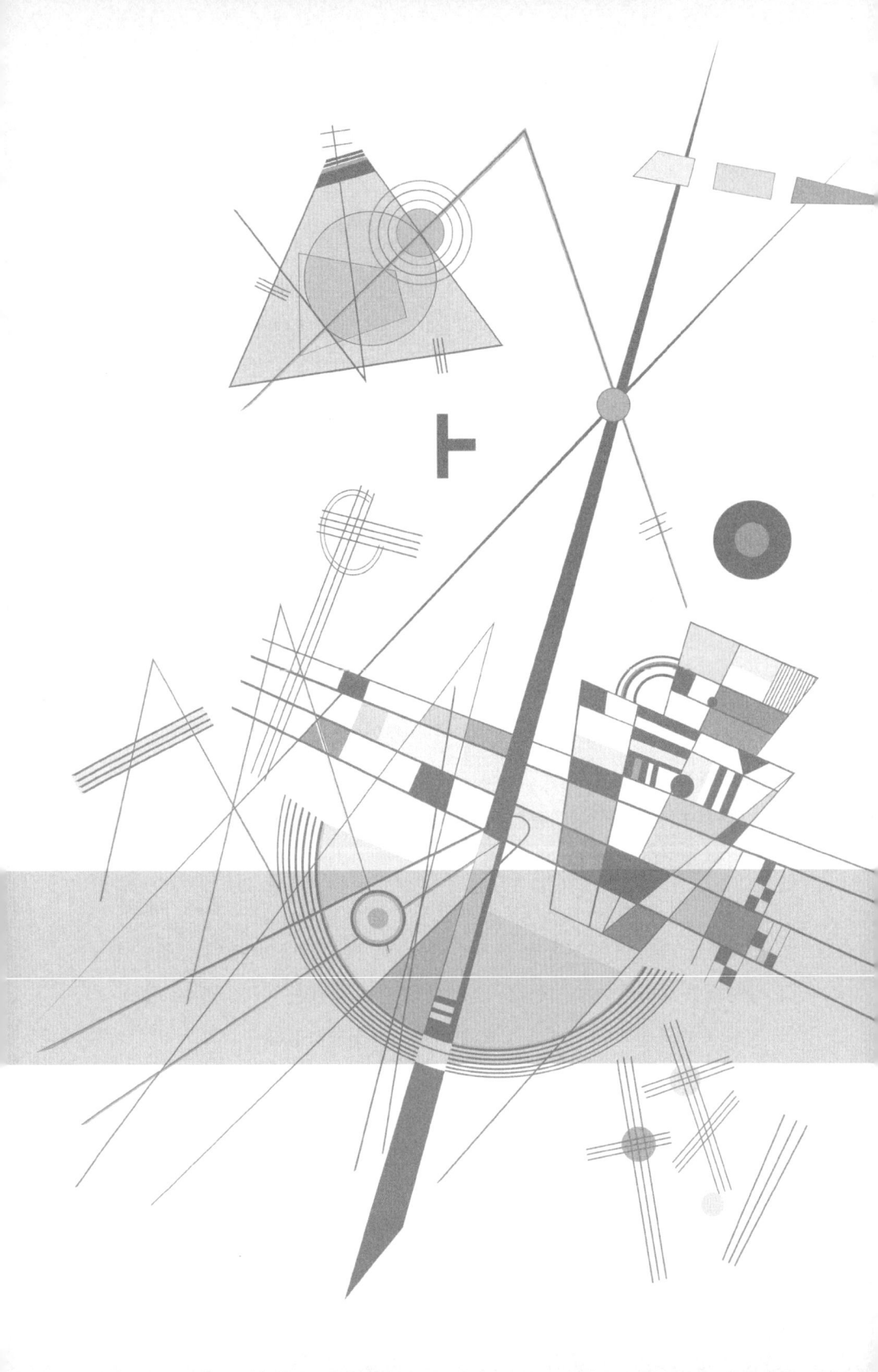

4장.
고객과 나란히 함께하기

4장. 고객과 나란히 함께하기

코칭할 때 내 목적은 고객이 더 나은 리더나 매니저가 되어 그들 자신이나 조직에 이익을 가져올 수 있게 지원하는 것이다. 여기에는 학습learning과 변화change가 포함된다. 이 장에서는 어떻게 고객을 이 과정에 참여시키는지에 대한 핵심적인 쟁점을 검토할 것이다. 비록 코치가 개인 역동을 확실히 이해하고 고객들이 조직에서 더 능률적으로 일할 수 있는지에 대해 선명한 그림을 갖고 있더라도, 이런 통찰insight을 개방적으로 검토하지 않으면 그 가치는 그다지 크지 못할 것이다.

정신역동 모델은 지적으로 높은 고객이 자기 리더십을 실행하는 데 저항하지 않고, 그 능력을 탐구하고 개선하기 위해 기꺼이 코칭을 시작하는 이유를 설명하는 데 매우 유용하다. 불안의 강력한 힘과 무의식에 의한 방어기제들을 사용하고 있다는 점을 밝혀냄으로써 이런 관점이 코치가 고객 내러티브의 표면 아래에 있는 두려움과 감정을 볼 수 있게 한다. 우리가 민감성과 기술을 가지고 **고객과 함께할 수 있다면**, 고객은 변화와 관련된 위험을 감수하고 새로운 생각과 아이디어를 안전하게 활용할 수 있을 것이다.

심리적인 안정감을 바라는 고객 요구need를 염두에 두고, 여기에 맞춰 내 인터벤션을 그에게 맞추는tailoring 것이 내 코칭의 핵심 전략이다. 정신역동 이론과 신경과학 연구는 모두 우리가 외부 세계에 어떻게 응답respond할지 결정하는 데 감정이 핵심적인 역할을 한다는 점을 잘 보여주고 있다. 이런 연구는 비합리적 위험을 인식하는 우리의 생리적 반응physiological response 속도와 안전감, 차분함, 통제력을 회복하려는 시도로 우리가 사용하는 메커니즘의 범위를 강조해왔다. 코치가 자신의 말이 감정적인 면에서 어떻게 작용할지 깊이 생각하지 않고 고객에게 이를 전한다면, 고객은 위험을 느끼고 방어적으로 반응할 것이다. 비록 코치가 조성한 이 순간이 완전히 합리적이고 올바르며 도움이 될 만한 의도일지라도 고객이 이로 말미암아 공격받았다고 느끼거나, 위협이라고 느끼거나 죄책감이나 수치스러움을 느낀다면 **이는 절대로 도움이 되는 일이 아니다**. 고객은 너무 성급하거나 잘못된 표현, 과도하고 애매한 메시지 등 다양한 방법으로 반응할 수 있다. 또 그저 이를 무시하거나 주제를 바꾸거나 정중하게 일축하기도 하고, 자신의 진짜 감정을 감추고 코치의 말에 응해주거나, 물러나서 이야기를 중단하거나, 속상해하거나 화anger를 내기도 하고 심지어 격분rage할 수도 있다. 나는 이 모든 반응을 내 코칭 고객들에게서 경험해보았지만 이는 미숙한clumsy 내 인터벤션에서 비롯된 것들이었다. 내 내면의 응답이 어떻든 이런 서투름은 최소한 잠시만이라도 더 깊이 탐색할 가능성을 중단하게 만든다.

물론 우리는 고객에게 도움이 된다면 고객의 지각perceptions, 생각thinking, 행동에 도전해야만 한다. 그렇지만 이것은 반드시 그들이 안정감을 느끼는 상태에서 이루어져야 한다. 정면 대립은 단순히 방어를 강화하게 하고, 코치의 부주의한 코멘트에 의해 촉발된 고통스러운 사고나 감정에서 자신을 보호하도록 만들기 때문에 코칭관계나 코칭과정을 위협할 수 있다. 코칭에서 고객의 이 같은 감정적 경험의 중요성은 그것을 따라가는 코치의 전략과 기술로 구체화한다.

작업동맹 만들기

우리가 고객과 맺는 관계 유형은 코칭과정에서 매우 중요하다. 이것이 코칭 작업이 잘 진행되도록 하는 동력을 형성한다. 고객의 유익은 언제나 코치와의 관계에 대한 경험과 밀접한 관련이 있으므로 코칭관계는 코칭과정의 한 부분이다. 어떤 고객은 코치와 점차 친밀해지고 코치를 신뢰하는 과정이 자신을 정서적으로 취약하게 vulnerable 만들었던 다른 사람들과 친밀해질 수 있게 하는 능력을 키우게 된다는 사실을 발견하기도 한다(6장 마틴 Martine의 사례). 고객이 코칭을 긍정적으로 경험하게 되면 코치의 존재와 목소리는 그들의 내면세계에 영속적인 부분으로 내면화된다. 또 우리 코치들은 고객의 말을 반영하고 공감하며, 우리의 감정과 경계를 성공적으로 관리함으로써 고객이 경험으로 알게 되는 역할 모델을 제공하기도 한다.

　그러나 코치와 고객 관계가 더 효과적으로 되기 위해서는 서로 긍정적 존중과 신뢰, 좋은 라포 rapport 형성 수준을 넘어서야 한다. 우리가 반드시 만들어내야 하는 것은 강력한 **작업동맹** working alliance이다. 이는 **코치와 코칭을 통해 배우는 과정 둘 다에 초점을 맞추는 고객과, 고객과 코칭 과제 둘 다에 헌신하는 코치** 둘 사이의 파트너십을 말한다(Horvath and Greenberg, 1994). 이는 고객과 긴밀한 관계를 맺을 수 있는 능력과 고객의 일에 관련된 목표와 과제를 책임지는 코치의 역할이라는 둘 사이의 균형을 유지하는 능력을 의미한다.

이런 둘 사이의 균형을 유지하는 일은 그리 쉬운 일이 아니다. 고객은 코치가 자신과 나란히 위치를 잡고, 이른바 자기 편에 있다고 느껴야 하고 **반면에** 코치들은 이것이 불편함을 일으킨다evoke 할지라도 변화 과정에 집중할 수 있도록 충분히 객관성을 유지해야만 한다. 이런 상황 속에서도 코치는 또한 고객의 조직이나 이해관계자들의 요구도 충분하게 반영해야 한다. 코칭에 투자하고 고객이 코칭을 받고 긍정적으로 변화하기를 기대하는 사람들은 바로 조직의 이해당사자들이기 때문이다.

작업동맹이 없고 단지 친밀하고 서로를 신뢰하는 관계인 경우에는 코칭관계 안에서 진정으로 해야 할 일에 서로 적극적이지 않고 함께 회피하는 다양한 공모共謀collude가 가능할 수 있다. 결국 두 사람 작업이 수박 겉핥기식으로 진행되고 이로 말미암아 불신이 생겨나 고객은 코치에게 마음을 열거나 진실해지기를 꺼리게 된다. 심지어 코치-고객 사이에 유대가 매우 잘 형성되었다 할지라도 코칭 기간에 겪는 어려움이나 도전적인 순간을 직면하면 다양한 공모가 발생할 위험이 있다.

코치-고객 관계와 작업동맹은 되도록 빠르게 형성하는 것이 좋다. 첫 만남부터 시작된다면 더할 나위 없다. 그리고 이는 코칭과정의 최정점이나 최저점을 지날 때도 유지되어야 한다. 고객과 깊고 진실한 관계를 맺고 이를 유지하는 것은 쉬운 일이 아니다. 두 사람이 함께 코칭할지 여부를 결정하는 탐색적 미팅exploratory meeting인 첫 세션은 특히 중요한 순간이다. 이 순간 고객의 불안과 방어기제들은 가장 강력한 힘을 가지고 드러날 수 있으며 코치 또한 상당히 긴장할 것이다. 코치가 이 순간을 어떻게 다루는가에 따라 대체로 코칭 진행 여부가 결정되곤 한다.

이제 코치-고객 관계를 정립하고, 강력한 작업동맹을 세우고, 고객의 감정적 패턴과 심리적 방어 패턴을 인식하며, 그들이 정서적으로 안전하다고 느끼게 해 코치에게 열린 태도로 응할 수 있게 만드는 내 전략을 다루고자 한다. 모든 과정이 다 중요하지만 코칭과정을 시작하는 초기가 특히 더 중요하다고 생각한다. 또 이때 정신역동 모델에 의한 영향이 가장 직접적으로 드러난다. 이 작업과 관련된 기술을 설명하기 위해 고객 크리스티나의 사례를 살펴보자.

불안해하는 새로운 고객

크리스티나

크리스티나Christina는 거대 금융서비스 기관의 상무이사다. 최근 승진하자 그녀의 상사와 HR 책임자는 코칭받기를 권했다. 좀 지나 전화 통화를 해보니 스트레스 관리에 관한 언급이 애매했을 뿐만 아니라 코칭 주제나 특별히 개발하고 싶은 요구에 대해 어떤 감도 잡기가 어려웠다. 나는 크리스티나가 자신이 코칭받는 것에 쉽게 동의했다고 들었다. 그러나 첫 미팅 날짜를 잡기까지 여러 차례 일정을 조절하느라 몇 주가 걸렸다.

크리스티나는 나와 첫 미팅에도 약 20분 정도 늦었다. 도착했을 때, 그녀는 당황하고 약간 짜증 난 것처럼 보였다. 그녀는 나와 눈을 맞추려 하지 않았고 악수할 때는 손끝을 잡았다. 코칭룸으로 향하면서 그녀는 내게 택시를 타고 왔는데, 차가 많이 막혔고 사무실에서 빠져나오기가 몹시 어려웠다는 사정을 말했다. 내가 그녀가 이곳에 힘겹게 왔다는 이야기에 동의하고 음료수와 다과를 제공하자 약간 진정하는 듯 보였지만 얼마 안 돼 곧 내 사무실로 오는 게 얼마나 불편한 일인지 불평했다. 이유는 자신이 굉장히 바쁘기 때문이며, 어째서 코칭

이 자기 사무실이 아닌 내 사무실에서 이뤄지는지를 물었다. 나는 그녀의 질문에 직접 대답하기보다 코칭이 그녀에게 제공할 수 있는 것을 이해할 수 있도록 설명하는 시간을 가진 다음 코칭세션 끝에 이 이야기를 다시 다루자고 제안했다.

  어째서 나는 그녀의 사무실에서 코칭하는 것보다 내 사무실에서 코칭하는 것이 더 나은 이유를 즉시 설명하지 않고 이같이 대처했을까? 나는 코칭 실행과 시간 부족에 대한 그녀의 불평 뒷면에는 나와 거리를 두고 간접적인 공격으로 그녀 자신과 약점을 처음 보는 내가 알게 되는 것에 커다란 불안이 자리 잡고 있을 거라 가정했다. 그녀의 말에는 나와의 코칭이 과연 자기가 시간을 쓸 만큼 뭔가를 줄 수 있겠는가 하는 의문을 담고 있었다. 그녀는 또 무의식적으로 내 사무실과 그녀의 사무실 중 어디에서 할까 하는 논쟁으로 나를 끌어들이려 시도하고 있었다. 이는 그녀가 코칭세션에서 실제 작업을 피하고 싶어 했기 때문이다. 이런 연유로 나는 코칭을 위한 가장 좋은 장소가 내 사무실이라는 의견에 대한 합리적인 근거를 이야기하는 것은 도움이 될 것 같지 않다고 판단했다.

불안 알아채기

크리스티나의 행동에 대한 내 해석은 특히 코칭과정 초반에 **고객이 경험하는 불안을 인식하고**recognizing, **이해하고**understanding, **담아주기**containing 하는 것이 중요하다는 것을 말해준다. 고객과 함께 작업을 시작하면 나는 고객이 코치, 코칭과정, 코칭 상황에 대한 최소한 몇 가지, 때로는 많은 불안을 느끼고 만나러 올 가능성을 항상 염두에 둔다. 정신역동 접근에서 내가 얻은 매우 중요한 통찰 두 가지는 다음과 같다.

- 인간은 일반적으로 알고 있는 것보다 훨씬 더 쉽게 불안해한다.
- 불안은 숨겨져 있고 간접적인 방식으로 매우 광범위하게 그 자신을 드러낸다.

만약 당신이 이 책에서 어떤 것도 얻지 못하더라도 위에 두 문장만은 기억하는 것이 좋을 것이다. 이는 **부정적이거나 저항적 행동은 불안** 역동 때문에 형성된 것이며, 어떤 상황에서 **불안이 분명하게 드러나지 않을지라도 불안이 움직이고 있다**는 점을 내가 깨달을 수 있게 해준다. 코치가 잠재적 고객과의 첫 만남에서 '불안'이라는 개념을 언제나 염두에 두는 것이 특히 중요하다. 불안은 여러 가지 다른 겉모습으로 자신을 가장하고 나타난다. 크리스티나의 경우처럼 고객은 가끔 명백한 이유 없이 코치와의 만남을 여러 차례 미루거나, 코칭을 위해 오는 길에 설명할 수 없는 이유로 헤매기도 한다. 또 다른 신호를 든다면 코치와 눈을 마주치지 못한다거나 회피성 신체 언어를 사용한다. 과도하게 미안해한다거나 지나친 자기 비하self-deprecating나 자기를 비판self-critical한다. 또 말을 멈추지 않는다거나 으스대기도 한다. 다른 사람을 원망하거나 비판함으로써 자기를 정당화self-justification하기도 하고, 코치의 능력을 간접적으로 공격한다. 아니면 코칭을 애매하게 거부하는 태도를 보이면서 코칭 자체를 받을 필요가 없다고 표현하는 등 다양한 모습을 보인다.

> 크리스티나의 경우 택시나 내 사무실로 오는 것, 과도한 업무량과 동료들에게 거칠게 짜증을 내고, 코칭에 진지하게 임하기를 피하는 방법으로 그녀의 불안을 다룬 것으로 보인다. 자기 괴로움이나 상처를 인정하는 행동을 하지 않았다. 이러한 가설은 내게 그녀의 공격적인 태도에 맞서 집중력이 흩어지거나, 사기가

꺾이거나 분노하는 등의 방식으로 대항할 필요가 없다는 걸 알려주었다. 그 대신에 내가 크리스티나 편이라는 것을 열심히 알려줌으로써 그녀에게 심리적 안정감을 주는 편이 더 적절하다고 판단하게 해주었다.

● 양가감정 예상하기

고객이 코치와의 첫 만남에서 느끼는 불안과 밀접하게 관련된 또 다른 것이 있다면 이는 **양가감정**ambivalence이다. 고객은 코칭과정 전반에 걸쳐 어느 정도 이런 감정을 갖는다. 고객이 첫 회기에 자주 드러내는 두려움fearful, 거리 두기distancing, 부정적인 행동들 이면에는 마음 안에 이런 감정이 있다. 크리스티나의 경우에 그녀의 불안만큼이나 그녀가 가진 양가감정이 그녀의 잇따른 첫 코칭 미팅 취소와 지각, 내 사무실에 와서 코칭받아야 한다는 사실에 대한 불평 등으로 나타났다.

   어째서 코칭과정에서 이런 양가감정과 불안이 흔하게 나타나는 것일까? 먼저 코칭받는다는 것은 곧 변화해야 한다는 것을 의미한다. 개인이 반길 만한 변화를 포함해 어떤 형태의 변화든 어느 정도 불편한 감정을 일으킨다. 우리는 변화를 위해 자신이 해온 익숙한 방법을 포기할 때 공포와 불신, 상실감을 경험한다. 또 우리는 항상 실패할 위험 앞에 서 있게 된다. 성찰하고, 배우고, 성장을 포함한 모든 과정은 우리에게 언제나 새로운 도전 과제를 제시한다. 임원코칭도 예외는 아니다. 이 과정은 우리가 알지 못하거나 아마 좋아하지 않았던 의식적, 무의식적인 접촉을 만들어낼 것이다. 이런 과정에서 우리는 불가피하게 수치심을 느끼고 부적절한 자기 노출과 취약성을 드러내야 할 수도 있다.

많은 고객이 성공적인 전문가, 직업인들이지만 이것이 바로 그들의 양가감정을 고조시킬 수 있다. 그들은 아마도 무엇이든 자신이 선택해왔던, 또는 현재 취하고 있는 방법이 자신을 성공하게 한 열쇠라고 생각할 수 있다. 왜 성공해온 자기만의 방법에 쓸데없이 간섭하려고 하는지 의문을 가질 수 있다. 그렇지만 그들이 가진 이런 분명한 자기 확신self-confidence이 오히려 상당한 불안과 낮은 자존감self-esteem을 감추기 위한 가면일 가능성도 있다. 이러한 이유로 나는 코칭을 하려는 생각이나, 받고 싶어 하는 마음, 없던 일로 하고 싶은 변덕, 주저하고 흔들리는 태도 등 복잡한 반응에는 복잡한 감정이 있다고 가정한다. 물론 그 정도는 개인에 따라 다르며, 코칭이 수치의 배지보다 명예 훈장이라 느낀다면 그 정도가 덜할 것이다. 그러나 내 경험에서 볼 때 어느 정도의 양가감정은 언제나 존재한다.

특히 코칭관계 시작 무렵 고객들이 불안과 양가감정을 제기하는 것은 코치로서는 피하기 어려운 일이다. 많은 고객은 의식적이든 무의식적이든 코치가 잠재적으로 굉장히 권위 있는 인물이라 여긴다. 그들은 코치가 자신들을 세심히 살피고, 평가하며, 자기 조직에서 자신의 전문성과 개인 가치를 판단할 것을 두려워할 수 있다. 이런 두려움은 코치가 고객이 속한 조직의 고위 이해관계자 - 코칭에 의뢰하고 투자한 - 와 관계를 맺고 있다는 사실을 인지하면 할수록 더욱 강화된다. 고객이 인지적 수준에서 코치가 자신을 돕기 위해 옆에 있다는 점, 코칭룸에서 나누는 그 어떤 것도 기밀이 보장된다는 사실만으로는 불안해하는 고객의 감정을 누그러뜨리기에 대체로 충분하진 않다.

● 구조 제공하기

고객이 불안과 양가감정을 느낀다는 분명한 신호를 알았을 때, 나는 먼저 최우선으로 그들의 불안이 완화되도록 돕는다. 이는 그들의 불안이 코칭에 대한 적극적 개입, 코칭 내용에 대한 성찰과 배움 등에 필요한 그들의 능력을 막아 버리기 때문이다. 그러나 크리스티나의 사례에서 보듯 나는 **그들의 불안을 직접 언급하지는 않는다**. 그 행위가 고객들에게 마치 훈계하는 것처럼 받아들여져 고객들이 더욱 방어적으로 나올 위험이 있으며 이는 상황을 악화시킬 수 있다. 그 대신에 나는 이 **불안을 감소시키기 위해 설계한 방법을 활용**한다. 시간이 지남에 따라 나는 고객이 자기 불안에 대해 의식적으로 인식하고 그것을 더 효과적으로 관리할 수 있게 돕기를 희망한다. 그러나 이것을 초기 단계에서는 시도하지 않는다.

크리스티나의 경우 나는 그녀에게 우리의 논의에 대한 어떤 구조structure를 제공하면 그녀가 좀 더 빠르게 진정할 것이라는 점을 느꼈다. 그래서 코칭이 이뤄져야 하는 장소에 대한 이슈를 다루는 논쟁에서 벗어나려고, 그녀에게 직무 역할과 책임role & responsibilities, 상사나 동료, 팀 구성원이나 다른 중요한 직원들을 설명하기 위해 간단한 다이어그램을 사용한 플립차트를 만들도록 권유했다. 이것은 일종의 상승효과grounding effect가 있었다. 이어서 나는 그녀에게 업무에서 느끼는 중압감과 우선순위를 말해보도록 권했다.

● 공감 드러내 표현하기

크리스티나가 자기 업무 환경을 이야기한 대로, 그녀는 진급에 따른 새롭고 확장된 업무를 맡아야 했고 많은 업무량을 해치우기 위해 아주 열심히 일해야 했다. 또 사장이 그녀에게 내린 세간의 이목을 받는 업무를 위한 상호 협업 프로젝트에 임하는 팀원들을 이끄는 일에서 특별히 더 어려움을 겪고 있었다.

십 분 정도 크리스티나의 이야기를 듣고 나서, 나는 내가 느끼는 불편함의 정도가 점차 증가하는 것을 알아챌 수 있었다. 그녀의 이야기를 듣는 동안 나는 내 턱과 목 그리고 어깨가 긴장으로 단단해지는 걸 느꼈고, 내 호흡이 점차 얕아지는 것도 알 수 있었다. 나는 그녀가 잠깐 휴식을 취할 때까지 기다렸고, 다음과 같이 이야기했다.

"당신 이야기를 듣고 있어요. 나는 당신이 자기 업무를 위해 하루 24시간을 어떻게 사용해야 하는지 고민한다는 사실에 놀라지 않을 수 없군요. 당신이 현재 맡은 업무량에 관한 이야기는 당신이 얼마나 감정적으로 힘들었을지 가늠됩니다. 당신에게는 정말 풍부한 회복탄력성$_{resilience}$이 있군요."

크리스티나는 한숨을 내뱉으며 의자에 기대앉는 것으로 내 말에 응답했고, 이는 그녀가 긴장을 풀었다는 걸 의미하는 것으로 보였다. 나는 깊게 숨을 쉬며 함께 긴장을 풀었다. 이것은 그녀의 업무량을 내가 인정했다$_{acknowledgement}$는 것으로 보였고, 나는 일부러 '얼마나 잡아끌고 부담이 되나요?'라는 질문보다 '얼마나 잡아끌고 부담되게 느끼나요?'라고 질문했다. 그리고 간단하고 공감적이고 긍정적인 피드백이 도움이 됐다.

크리스티나가 자신이 처한 상황을 효과적으로 극복할 방법을 모색하기 위해 정면으로 탐구하려 들지 않고, 그 대신에 이 부분에서 위와 같은 인터벤션을 선택하게 된 이유는 무엇일까? 올바른 방법으로 적시에 공감을 표현하는 것은 '고객과 나란히 함께하기' 위해 중요하다. 이것은 고객의 불안과 양가감정을 완화하는 데 핵심적인 역할을 하고 고객과 코치 사이에 강력한 라포를 형성하는 토대가 된다. 새로운 고객들은 대부분 의식적, 무의식적으로 코치가 자기들이 자기 관점에서 세상을 어떻게 바라보고 느끼는지 진심으로 이해하지 못할 것이라고 두려워한다. 그 때문에 나는 고객이 그들의 내적 현실과 외부 현실에 관해 서술하는 것을 유심히 경청하고 그들의 **주관적인 경험에 공감한다**. 공감하고 표현하는 것이 내가 고객의 관점과 인식perceptions을 필수적으로 공유한다거나 그들의 행위를 용납한다는 것을 의미하는 것은 **아니다**. 이것은 나 스스로, 이 순간에 **그들과 같이 충분히 확인하고**identify, 그들의 생각과 감정을 이해하는 것만큼 이것들을 충분히 **경험하게 허락한다**는 것을 의미한다. 전문가답게 전달되는 이런 시도는 고객들이 코치가 자신을 이해했고 받아들였다고 느끼게 해서 그들의 불안을 누그러뜨릴 뿐만 아니라 고객과 코치 사이에 강력한 유대관계를 형성하고 초기의 작업동맹을 단단하게 한다. 크리스티나가 안정을 되찾고 나를 신뢰하기 시작하면 그녀가 어떤 감정을 느끼는지에 대한 내 이해를 표현하는 것이 매우 중요해진다. 그녀가 현재 맡은 업무량의 과부하에 대해 내가 공감해준 것이 이 코칭세션에서 가장 중요한 순간이었다. 이는 그녀를 달래주었고soothed 그녀가 코칭에 적극적으로 참여하게 도움을 주었다.

● 확언하여 제공하기

공감과 함께 진실성의 확인, 이른바 '언어에 의한 지지를 표현하는' 확언 確言affirmation은 고객이 자신이 이해받고 있으며, 진가를 인정받고 있다는 느낌이 들게 하는 데 필수적이다. 이는 크리스티나를 향한 내 말이 작지만 매우 중요한 역할을 했다. 정신역동 모델은 어느 정도의 **건강한 자기애** healthy narcissism는 자아ego의 일반적 성장의 한 부분이라고 설명한다. 코치의 확언은 코칭 상황이 불러일으킬 수 있는 고객의 취약함vulnerability과 코치가 잠재적인 권위자로 드러나게 되는 중요성을 고려할 때 특히 중요하다. 코치가 고객을 있는 그대로 수용할 뿐만 아니라 고객의 자질을 존중하고 인정한다는 점을 알게 되는 데서 큰 힘을 얻는다.

찬사와 진부한 칭찬들을 과도하게 마구 쏟아내고 아랫사람에게 포상을 내리는 것 같은 태도를 보인다면 물론 역효과를 가져올 것이다. 그렇지만 우리가 적절한 시점에 정확한 단어로 고객들에게 긍정적인 점을 확인해 준다면 이는 굉장히 효과적일 것이다. 이러한 개입은 작업동맹을 견고하게 하고 고객의 자존감을 끌어올려 줄 것이며 그들이 코칭과정에서 경험할 수 있는 위험을 기꺼이 감수할 용기를 가질 수 있게 그들의 마음을 움직일 것이다.

불안 담아주기

공감과 확언을 통해 그녀의 방어적인 태도를 조금 누그러뜨린 뒤에 나는 그녀에게 더 무거운 이야기 - 그녀가 코칭에서 얻기를 원하는 것이 무엇인지에 관해서 묻는 것 - 를 해야 하는지 아니면 그녀의 현재 업무 환경에 대한 내 의견을 제시해야 하는지 결정해야 했다. 이런 점들을 숙고하다보니 내가 크리스티나의 조직 관련 생활working life을 담아주지 못하는 것uncontained 같아 나 자신을 성찰했다. 그녀는 어느 한 회의가 끝나자마자 다른 회의로 달려가야 했고 오늘 그랬던 것처럼 언제나 늦게 도착하는 것으로 보였다. 그는 오전 7시에 출근해서 곁에 둔 끝이 없는 과업 리스트로 남보다 일찍 일을 시작하고 집에서는 밤늦게까지 메일에 붙잡혀 일하고 있었다. 그녀의 일과 삶의 균형, 건강에 대한 우려는 별도로 하더라도 될 수 있으면 빨리 많이 일하기 위해 머리부터 곤두박질치듯 돌진하는 것 같았다. 그녀는 우선순위를 생각하고 효과적으로 위임하거나 직장 관계에 투자할 시간이 거의 없었다. 나는 코칭세션에서 그녀의 처신demeanour과 행동을 코칭에 대한 그녀의 불안과 양가감정 두 가지로 커뮤니케이션 했고, 그녀에게는 직장과 개인 삶에 경계가 없으며 모든 장소가 일터라고 느꼈다고 말했다.

코칭을 어떻게 진행해야 할지 결정하기 위해 나는 크리스티나의 첫인상에서 얻은 그녀의 성격 특성과 대인관계 스타일을 검토해 보았다. HR 담당자의 정보와 잠깐의 통화로 얻은 간략한 의견에 근거하면, 그녀는 인내심이 부족하고 과업 지향적이며 빠른 판단을 내리는 실용적인 사람이라 생각됐다. 그렇지만 그녀가 내 의견을 수용할 만하다고 느꼈기에 의견을 직접 제시하기로 했다. 그녀가 맡은 업무량이 상당히 버거워 보이며 본인이 업무를 처리하는 게 아니라 반대로 끝없는 업무 리스트가 그녀를 끌고 다니는 것처럼 보인다고 말했다. 은유를 사용해서 나는 그녀를 내달리는 말bolting horse에서 떨어지지 않기 위해 안장에서 고쳐 앉을 생각도 못 하고, 말을 제어하거나 속도를 늦출 방법이 뭔지 생각할 시간도 없이, 오로지 말의 목에 온 힘을 다해 매달려 있는 사람으로 묘사했다.

나는 그녀가 많은 양의 과제를 잘 진행하는 능력이 매우 탁월하며 이런 능력이 그녀를 승진으로 이끌었다는 사실을 확인해주었다. 그렇지만 그녀에게는 새로 주어진 자리가 더 중요하다. 내가 보았을 때 그녀는 이제 새로운 업무에 좀 다른 접근법을 적용할 필요가 있다는 설명을 덧붙였다. 또 그녀가 뒤로 한발 물러서서 업무를 잠깐 놓아두고 우선순위를 확인할 필요가 있다고 강조했다. 그래야 그녀의 CEO가 기대하는 만큼 정말로 리더십 능력을 효과적으로 키울 수 있다. 또 그녀가 중요하게 여기는 동료들과 관계를 정립하는 데 시간을 쏟을 수 있고, 그녀의 일과 삶의 주도권을 되찾을 수 있는 유일한 방법이었다.

이런 인터벤션과 함께 나는 크리스티나의 불안을 잠재우기 위해 내가 선택한 공감과 확언을 넘어 더욱 전략적인 접근법으로 나아갔다. 나는 그녀의 불안감을 **담아내기**contain 위해 용어와 언어 스타일을 고심해서 골랐다. 담아주기containment라는 개념은 갓난아기의 심리적 요구needs를 연구하는 데서 나온 것이다(Bion, 1962; Winnicott, 1964). 담아주기는 아이의 고통을 알아채고 여기에 관심을 쏟고 아이를 진정시킬 수 있는 어머니나 다른 양육자가 제공하는 것이다. 이는 아이가 정서적으로 안정된 상태를 유지하게 하고 불안에 잠식되지 않도록 하기 위해서이다. 이 단어는 주로 심리치료사들이 쓰지만 이는 어떤 사람이 타인의 불안이나 동요에 맞설 수 있도록 돕는 모든 상황이나 심리적인 안정감을 되찾게 지원하는 상황을 설명하는 용어이다. 이 개념은 내가 2008년 경제 불황으로 어려워졌을 때 조직 리더들이 되도록 감정을 잘 억제하고 관리할 수 있으려면 어떻게 해야 하는가를 검토하면서 정립한 다이아몬드 모델의 핵심이 되었다(Sandler, 2009b).

      코치는 다양한 방법으로 고객의 불안을 담아냄으로써 고객을 지원해야 한다. 이것을 위한 단순한 공식이 있는 것은 아니지만 코치는 고객 개인이 드러내는 어떤 느낌/정서를 담아내면서 자기 내면에서 떠오르는 직관을 자신에게 허용해야 한다. 그렇다면 크리스티나에게 개입하도록 코치에게 영향을 미친 것은 무엇일까?

      크리스티나와 함께 나는 여러 가지 복합적인 압박과 요구에 직면하면서 그녀 자신을 붙들고 추스르고자 고심하는 강한 인상을 받고 - 육체적, 감정적, 인지적 - 이 방향으로 같이 움직였다. 나는 크리스티나가 논리적인 만큼 감정적으로 정신을 움켜잡기 힘들어하는 **압도될 듯한 지친 상태**라고 느꼈다. 비록 크리스티나가 어느 정도 마음의 안정을 되찾았고 긴장을 풀긴 했지만 먼저 그녀에게 심리적인 안정을 제공하는 데에 우선순위를 두었다.

      이 순간 나는 고객에게 방향과 구조, 명료함을 제공할 수 있는 노련한 seasoned 가이드로서 적극적 역할을 할 필요가 있다고 느꼈다. 어째서인가? 부분적으로는 크리스티나의 행동 지향적인 태도action-oriented style를 인정할 필요가 있고, 또 **내가** 그녀의 말이나 감정에 압도되어 휩쓸리지 않는다는 것이 그녀를 안심시킬 수 있기 때문이다. 크리스티나가 어마어마한 업무량을 해결하려고 현재 필사적으로 노력하고 있다고 말하면서, 업무에 한계를 설정하고 더 전략적으로 접근해야 한다는 사실을 제안함으로써 그녀가 현실을 다시 한번 직시하고 점검할 수 있도록 했다. 나는 이런 방식으로 **감정적인 담아내기**containing를 제공했다. 그녀의 고통 제거는 그녀가 이미 알고 있는 것이 진실이라는 것, 그러나 너무 오랜 시간 일하는 것으로 막아왔다는 것을 들어줌으로써 가능했다. 이것이 곧 담아내기의 효과이다. 크리스티나는 또 그녀의 어려움이 의미 있는 방식으로 재구성되고, 그녀가 그것을 해결할 수 있다는 희망을 보여줬다는 내 말에 격려받았다. 마침내 크리스티나는 직접적인 내 코칭 스타일direct style에 긍정적으로 응답했다. 이는 그녀에게 자신감을 느끼게 했고, 내게는 실용적이고 시간 대비 효율적인 접근법time-efficient approach으로 그녀의 문제를 다룬다는 확신을 하게 했다.

내가 달리는 말bolting horse이라고 표현한 것과 업무 처리방식을 바꾸라는 조언에 크리스티나는 중격과 안도가 뒤섞인 반응을 했다. 그렇지만 크리스티나는 내가 한 말이 옳다고 인정했다. 또 자기가 직무에 끌려다니는 것이 아니라 그 반대를 위해 통제권을 되찾기를 간절하게 원하지만 그러기 위해서 어떻게 행동해야 할지 모르겠다고 말했다. 크리스티나는 그녀가 얻을 수 있으리라 말했던 목표들을 성취하기 위해서 내가 도울 수 있는지를 물었다. 만약 목표를 달성하는 데 필요한 충분한 시간과 노력을 우리의 코칭 시간과 코칭 밖의 생활에 쏟는다면 충분히 할 수 있다고 나는 자신 있게 대답했다. 또 그동안 코칭세션에서 보여준 크리스티나의 열정과 강렬함, 정직함과 솔직함을 내가 좋아하는 만큼 나 역시 그녀를 코칭하는 일을 즐기게 될 것이라 말했다. 그러자 크리스티나는 언제부터 우리가 이 일을 시작할 수 있을지를 물었다.

세션이 거의 끝날 무렵, 나는 고객이 일하는 사무실을 떠나 좀 더 생산적으로 생각하고 성찰할 수 있는 코칭 전용 공간으로 올 때의 이점을 간단하게 설명했다. 특히 그녀처럼 바쁜 사람은 자신이 일하는 곳에서 나와 코칭 장소로 오고 가는 시간을 가질 필요가 있으며, 이 시간 동안 코칭을 받아들일 준비를 하고 코칭 후 코칭 내용을 소화할 시간을 가질 수 있다고 설명했다. 그녀는 바로 동의했고 코칭 장소는 이제 더는 문제가 되지 않았다.

불안을 담아내야 할 필요성은 코칭과정 내내 드러난다, 이는 심지어 코치와 고객 사이에 단단한 작업동맹이 이루어졌을 때도 나타나고, 고객이 코칭에 적극적으로 참여하고, 코칭이 잘 진행될 때에도 드러난다. 어떤 특별한 압박을 느꼈을 때 긴장감을 다루는 데에 어려움을 느끼는 고객은 더욱 불안을 담아내야 한다.

키란

앞서 언급한 내용의 적절한 사례로 키란Kiran이라는 고객을 이야기해보자. 키란은 다국적 소매 기업의 임원이다. 어느 날 그는 몹시 화가 나서 코칭 사무실에 왔고, 상사가 회사를 떠나기로 했다고 내게 말했다. 이 때문에 그의 부서에 구조조정이 이뤄지고 틀림없이 정리해고가 뒤따를 것이라고 말했다. 어쩌면 키란도 대상이 될 수 있다는 말과 함께 그가 숨을 고르려고 잠깐 이야기를 멈추었을 때, 상사에게 느닷없이 그런 말을 듣는 순간 그가 느꼈을 충격과 실망을 충분히 이해한다고 나는 말했다. 또 미래에 대한 불확실성에서 온 그의 불안도 이해한다고 말했다. 나는 키란을 돕기 위한 첫 단계로 공감empathy을 사용했고 그의 불안을 담아냈다. 그러고 난 다음에야 나는 현실 점검과 구조를 제공하는 단계로 나아갔다.

키란이 회사에 끼친 기여도와 그 자신의 가치를 과소평가하는 성향을 감안하면서 나는 침착하고 단호하게 한 발 뒤로 물러서서 그가 앞으로 미래에 어떤 상황을 마주할지에 대해 사실관계를 따져봐야 한다고 말했다. 사람이 분노하면 균형적인 관점을 유지하는 것이 얼마나 어려운 일인지도 언급했다. 또 그가 이제껏 회사에서 이룬 성취와 최근에 부서 관리자로부터 받은 긍정적인 피드백과 높은 평가들을 되짚어보도록 권했다. 미래를 확신하지 못하거나 통제 불능이었을 때 키란의 내면에 자리 잡은 비판적인 목소리critical inner voice가 얼마나 강해졌는지도 떠올려보라고 말했다. 이러한 인터벤션은 키란의 불안을 잠재우는 데 효과적이었다. 키란이 생각한 부정적인 가정을 조정하고 현실에서 확실히 어떤 일이 일어날지 생각할 수 있도록 도왔다.

키란은 그가 가진 고민을 위해 내가 보여 준 걱정과 이해, 다른 상대방에 대한 사실을 평가할 때 내 침착함과 객관적 접근방식이 결합되자 그의 불안이 담기게 되었다. 이것은 정서적, 신체적으로 키란을 안정시켜 주었고 그가 현실을 반영하는 능력capacity을 되찾도록 도와주었다.

마음속으로 경계 관리/유지하기

고객과 함께하고 존재 그대로를 담아주기containing[이른바 코칭 프레즌스]를 제공하는 작업에는 경계를 **관리/유지**holding boundaries하는 수용력capacity이 필요하다. 경계관리/유지라는 용어는 심리치료와 코칭 현장에서 자주 사용된다. 우리가 코칭과정 중 어느 한 부분을 관리할 필요가 있으면, 중요한 구분선을 긋는다. 상징적 의미로 마음속 공간을 나누고 그 경계선을 염두에 두는 것이 도움이 된다. 이를 경계관리/유지라는 용어로 표현한다. 이를테면 코치와 고객이 일대일 대화를 나누는 내용에도 반드시 넘지 말아야 할 경계선으로 은유적으로 자주 비유하기도 하고 기밀보장에도 적용한다. 또 코칭 기간의 첫 시작과 종결을 구분하는 데도 언급될 수 있다. 코칭 환경setting의 물리적인 완전성physical integrity을 언급하는 데 쓰이기도 한다. 경계는 또 역할과 과제, 관계와 관련된 용어로 활용되기도 한다.

고객과 함께하고 현재 그대로의 존재를 담아내는 것은 코치가 일하는 작업동맹의 경계 내에 [흔들림 없이] 머무르는 코치의 수용 역량에 따라 다르고, 공감과 침착한 객관성calm objectivity 모두를 실례로 보여줄 수 있는 능력에 달려있다. 또 고객의 직속 상사와 HR 담당자와의 역할 역시 경계 관리 주제와 관련해 검토할 수 있다. 예를 들면, 당신이 고객에 대한 기밀, 360도 다면평가 피드백, 설문조사 결과를 확인하도록 요청할 HR 인사 담당자는 반드시 존중받아야 할 경계를 넘고 있다고 말할 수 있다.

경계라는 개념은 많은 고객이 언제나 불안에서 벗어나고자, 때로는 이것이 심리적 행동 패턴의 한 특징이기 때문에 무의식적으로 경계를 테스트하려고 하는 코칭 초기에 특별히 도움이 될 수 있다.

레지나

수퍼바이지 코치의 잠재적인 새 고객인 레지나Regina는 코치와 처음 만났다. 그녀는 간단한 답변과 짧은 설명, 세 번씩이나 사과하면서 잇따라 코칭을 취소했다. 그녀의 행동에 대해 수퍼바이지 코치가 세운 작업가설working hypothesis은 그녀가 아마도 상사가 제안한 코칭에 대해 좋기도 하고 싫기도 한 양가감정을 느끼고 있다는 것이다. 수퍼바이지는 코치가 그녀를 얼마만큼 보고 싶어 하는지, 아니면 코치가 그녀의 행동을 어느 정도까지 참아줄 수 있는지를 파악하기 위해 '선'을 정하고자 고객이 무의식적으로 코치를 시험하는 것은 아닌가 생각했다. 마침내 두 사람이 만나고 나서 레지나가 직장을 포함한 삶의 모든 부분에서 경계를 허무는 경향이 있는 사람이라는 게 밝혀졌고, 이런 역동은 코칭 이슈와 관련해서도 마찬가지였다.

여기서 요점은 경계 개념을 염두에 두는 것이 코치에게 도움이 된다는 점이다. 그는 고객의 행동이 무의식적으로 전달한 메시지의 가능성에 대해 유익하게 생각할 수 있었다. 이를 바탕으로 자연스럽게 조금 짜증이 나는 자신의 역전이 감정을 관리하고, 그녀가 코치에게 한 **행동**과 타인에게 보여주었던 **행동 패턴** 사이를 빠르게 연결할 수 있었다. 그는 그녀의 도전적인 행위에 화가 나거나 휩쓸리지 않고, 코칭 중 적절한 때에 이 행동에 주목해 얻어낸 정보를 바탕으로 고객과 효율적인 작업 관계를 수립할 수 있었다. 이처럼 초반에 경계라는 개념에 대해서 고려하지 않았다면 성공적인 작업동맹을 맺을 기회가 줄어들 수 있었다.

고객의 전이를 사용하라

크리스티나의 사례는 불안과 양가감정이 코치에 대한 고객들의 태도, 특히 코칭과정을 둘러싼 환경에서 어떤 방식으로 영향을 끼치는지를 설명한다. 정신역동 모델은 고객이 코치를 대하는 방법이 그들의 삶에서 과거에 맺었던 중요한 관계의 측면을 코치에게 무의식적으로 옮겨 놓는다는, 이른바 전이轉移transference를 이 새로운 관계에 반영한다고 본다.

전이는 고객이 코치에 대한 정보가 거의 없고, 고객이 어떻게 행동할지에 대해서 잘 알지 못할 때인 코칭 초기에 가장 분명하게 볼 수 있다. 여기에는 고객이 **불안을 표현하는 방법**이 포함되어 있고 **고객의 태도와 접근방식**이 표현된다. 이때 예상되는 특성 가운데 한 가지, 이를테면 다른 중요한 권위자들의 경험을 토대로 고객이 발견하고 싶은 희망이나 두려움을 코치에게 투사한다. 특히 관계 형성formative relationships이 고통스럽고 어렵거나 충족되지 않은 고객은 코치의 부정적 행동이나 의도를 예상하고 이를 고려해서 그에 따라 행동한다. 어떤 고객은 코치와 가까워지는 친밀감을 위협으로 느끼고 코칭관계에서 나타날 수 있는 친밀감을 용납하기 어려워한다. 또 새로운 관계를 의심으로 대하거나 경쟁적인 태도를 보이는 사람들은 코치에게 이를 다시 재연re-enact할 것이다. 이와 비슷하게 다른 사람을 이상화하는 방어기제를 가진 고객들은 코치를 이상화할 수 있고, 다른 사람들이 코치에게 매료되게 또는 그들이 코치를 찬탄하도록 애를 쓰기도 한다.

때때로 이런 전이 역동은 코치가 고객의 의식적, 무의식적 기대에 어긋나게 행동하면 수정된다. 또 고객들이 이 같은 지각perception을 계속 전이하기도 하며, 코칭과정 내내 여기에 맞춰 행동하기도 한다. 어떤 상황이든 나는 코칭과정에서 고객이 나에게 나타내는 태도나 행동은 고객의 내면 풍경과 직장 동료들을 포함한 타인과 관련된 그들의 독특한 패턴에 대한 귀중한 정보를 얻을 수 있는 원천으로 여긴다.

모린

모린Maureen은 내게 긍정적인 전이를 한 고객으로 내가 그녀의 역동을 이해하는 데 도움이 되었던 좋은 사례이다. 코칭을 시작했을 때 내가 무엇보다 빠르게 알아차린 것은 그녀의 태도가 **매우 긍정적**이라는 것이다. 이는 내 경력과 경험에 근거한 현실적인 판단이다. 내가 무엇을 말하든 그녀는 날 존경하는 태도로 이야기를 들었고, 밖에서도 나를 그녀의 코치로 얻은 것에 대해 매우 운이 좋았고 자신에게 얼마나 큰 기쁨인지를 적극 표현했다. 모린과 나는 누가 보아도 알 수 있을 만큼 너무 친밀해졌다. 이로 인해 생길 수 있는 문제는 내가 그녀의 전이에 공모하고, 그녀의 긍정적인 피드백을 액면 그대로 곧이곧대로 믿을 수 있다는 점이었다.

그 대신에 나는 모린이 내게 보여준 반응을 그녀의 다른 직장 동료와의 관계에서 찾는 데 활용했다. 아동복지 관리자인 모린은 선배들이나 그녀에게 중요한 다른 인물들에게도 주저 없이 긍정적인 견해를 나타냄으로써 자신이 가진 불안과 실망 그리고 버려짐abandonment에 대한 두려움에서 자신을 보호하려 했다. 이러한 **이상화**와 연결되어 사람들을 흑백 논리로 **분리하는**split 경향이 드러났다. 모린은 조직에 같이 근무하는 같은 직급 동료들 몇 명을 가차 없이 비판했다. 그들의 게으름과 조잡한 일처리, 조직에 헌신이 부족하다는 점을 비난했다. 이들은 그녀가 아마 무의식적으로 경쟁심을 가졌을 사람들이었고, 그들에게 느낀 감정은 아마도 그녀와 관계가 소원해진 그녀의 자매들에 대한 실제 감정들을 전가했을 것이다. 모린의 예찬과 비난 두 가지 모두 그 강도가 심했고 극단적이고 양극화되어 있었다. 모린과의 코칭 작업은 그녀의 이러한 방어기제를 완화하고, 그녀가 속한 조직의 모든 직급 동료들과 나에게 더 현실적인 방법realistic way으로 대할 수 있게 아주 천천히 돕는 것이었다.

나는 전이가 고객이 코치에게 나타내는 피할 수 없고, 자연스러운 반응의 한 부분으로 여겨야 한다고 믿으며 피하거나 두려워하기보다 유효한 통찰력의 원천이라고 믿는다. 그렇지만 전이라는 것이 고객이 우리에게 과도하게 의지하게 되어 자동으로 일어난다고 의미하는 것은 **아니다**. 또 어떤 코치들이 믿는 바대로 우리가 고객에게 하지 말도록 말리고자 하는, 원하지 않는 어떤 것도 아니다. 전이는 단순하게simply **일어나는**occurs 것이며, 우리가 고객을 이해하는 루트를 비춰주고illuminating route 그들과 어떻게 일하면 가장 좋을지를 안내하는 가이드로 사용할 수 있다.

● 무엇을 하지 말아야 하는가?

고객과 나란히 함께 서서 작업동맹을 만들어내는 전략 가운데 몇 가지를 설명했다. 이는 코치들이 부주의해서 고객을 화나게 하거나, 분노하고 수치심을 느끼지 않게 대처하는 방안을 이해하는 데 도움이 된다. 그러나 코치가 고객의 내면세계에 대한 자기 이론과 세션에서의 개입 사이에 충분히 **사려 깊은 여과 장치**를 적용하지 못하면 고객에게서 특별히 폭발적인 반응explosive reaction을 받게 될 것이다.

  3장에서 나는 코치들이 고객 이야기에 귀 기울여 경청하고, 관찰한 내용에 근거해 고객의 행동을 설명하기 위해 먼저 작업가설을 세워야 하며, 이를 수정, 확인하거나 뒤집기 위한 근거를 지속해서 찾아야 한다고 제안했다. 그렇지만 표현할 수 있는 가장 강력한 표현을 빌려 강조하고 싶은 점이 있다. 그것은 자신이 고객을 정말 정확하게 이해했다고 느꼈을 때라도 이것이 **우리의 통찰을 고객에게 직접 반드시 전해야 한다는 것을 의미하지는 않는다**는 것이다. 물론 이런 이야기는 매우 뻔한 이야기로 들릴 것이다. 그러나 나는 이 점을 언제나 꼭 강조하고자 한다. 코칭 수퍼바이저로서 오랜 경험에 비춰볼 때 이 점이 코치들이 매우 잘 저지르는 실수이기 때문이다. 이런 실수는 되도록 빨리 고객을 **이해**하는 단계에서 그들을 위해서 어떤 **행동을 취하는** 단계로 - 활발한 인터벤션을 하는 형태로 - 넘어가고 싶은 코치의 욕구 때문에 자주 일어난다. 물론 이 점을 이해 못 하는 바는 아니다. 그렇지만 이것이 눈에 보이는 결과만을 주목했기 때문이라는 점은 반드시 성찰해야 한다. 이를 점검하지 않으면 이런 열정은 부적절한 타이밍과 말에 대한 부주의한 관리로 이어질 수 있고, 고객에게 피할 수 없는 방어적인 대응을 촉발하게 된다. 이런 이유로 나는 수퍼바이지에게 **작업가설의 역할**은 코치가 고객을 이해하도록 안내하기 위한 것이고, 코치의 말과 실행에 영향을 미친다는 사실을 반복해서 상기시킨다. 코치가 생각하는 작업가설은 명시적으로 고객에게 표현되어서는 안 된다. 코치들은 자신의 모든 생각을 통틀어 나누려는 충동을 담아낼 수 있고, 그 대신에 능숙한 인터벤션을 위한 **정확한 단어와 올바른 순간**을 찾을 수 있는 수용력capacity을 개발해야만 한다.

  자기 생각을 매우 투명하게 소통하려는 코치들은 고객이 강력한 관점을 갖고 있어 이를 인식하지 못하고 있다는 생각에 불편한 감정이 일어날 수 있다. 그들은 어쩌면 이것을 너무 판단하는 태도로 느끼며, 이를 이야기하지 않는 것은 코칭대화의 특징인 정직honesty과 상호 존중의 원칙에 어긋나는 것으로 느낄 수 있다. 그러나 이 점과 관련한 내 관점은 다르다. 나는 능숙하고 경험을 지닌 코치라면 고객이 **스스로 보지 못하는 점**을 코치가 명쾌하게 설명해도 절대 동의하지 않을 것이라는 사실을 반드시 알고 있다고 믿는다. 시간이 지남에 따라 고객이 건설적인 변화와 목표 달성을 위해 **코치가 도울 수 있게 허용하게 하는 것**은 코치가 작업가설을 갖고 알게 된 이런 인식과 고객에 대한 이해 때문이다. 그러나 이것은 오로지 코치가 자기 전문지식을 프로세스에 적용할 책임이 있다는 점을 확신하고, **파트너십**뿐만 아니라 **리더십** 요소도 담당해야 한다는 사실을 코치 자신이 수용하게 되어야만 일어날 수 있다.

데니스

최근 엔지니어링 회사 매니저인 데니스Denise라는 고객과 코칭관계를 유지해 온 동료 코치와 세 번째 코칭세션을 수퍼비전하면서 좋은 사례가 생겼다. 이 세션에서 데니스는 권위적이고 그녀를 낮게 평가하는 상사와 껄끄럽고 어려운 관계로 많은 감정이 있다고 말했다. 첫 코칭세션에서 잠깐 그녀의 가족 환경에 대해 간단하게 논의하여 코치는 데니스가 소원한 관계였던 아버지와 어려운 관계를 겪었다는 사실을 알고 있었다. 코치는 그녀가 아버지와 경험했던 그의 태도와 행동 가운데 몇 가지를 자기 상사에게 투사하고 있을 거라는 그럴듯한 작업가설을 세웠다. 만약 그렇다면 데니스는 상사와 더 적극적으로 더 나은 관계를 만들기보다는, 그녀가 아버지의 행동과 태도에 반응했던 것과 비슷한 태도로 뒤로 물러서서 분노와 상처를 느끼는 방법으로 대응할 위험성이 있을 수도 있다고 느꼈다. 그러나 코치가 데니스에게 그의 생각을 설명했을 때 이 접근은 성공적이지 못했다. 코치는 정확하게 이렇게 말했다. '나는 당신이 무의식적으로 아버지에 대한 감정을 당신의 상사에게 전이하고 있다고 생각합니다.'

예상대로 고객은 이 말에 긍정적으로 반응하지 않았다. 그녀는 당연히 상황과 자신을 심리학적으로 생각하는 사람이 아니었다. 코칭 초기에 코칭과정과 관련한 불안을 내비치면서 자신은 실용적이고 행동 기반적인 접근방식을 좋아한다는 점을 강조했었다. 코치의 언급은 매우 일리 있었지만 표현은 그다지 좋지 않았다. 데니스는 비판을 받은 것 같았고 창피함을 느꼈기 때문에 방어적으로 반응했다. 모든 가능성을 검토해보았을 때 아마도 코치의 말이 그녀 내면의 비판적 목소리를 듣게 했을 것이다. 예를 들면 "얼마나 멍청하면 상사와 아버지를 헷갈리지?" 이와 동시에 그녀는 아마 그녀 자신에게 이렇게 물었을지도 모른다. "도대체 코치는 자기가 뭐라고 생각하는 거야? 이 프로이트주의자가 내게 쓰레기를 던지는구먼!" 데니스의 무의식 수준에서 코치의 발언은 자기 상사가 그녀를 두렵게 만들었던 아버지와 같을 것이라는 생각으로 그녀를 더 불안하게 만들었고 그만큼 상당히 위협적이었을 것이다. 의식적 차원에서 그녀는 단순히 코치에게 부정적인 느낌을 받았으며 다음 세션을 취소했다.

아버지와 상사 사이의 분명한 연결을 만들어 설명하는 코치에게 개방적인 다른 고객일지라도 조금은 임시적인 표현이나 재치 있는 방식으로, 더 부드럽게 설명하는 게 필요했을 것이다. 아마도 "저는 당신의 상사가 당신을 정말로 화나게 했다는 사실을 이해해요. 그리고 그 이야기는 마치 당신이 그에게 분노했고 상처 입었다는 것처럼 들리는군요?"와 같은 이야기가 그것이다. 이런 논평 겸 질문이 유효하고 고객이 동의하고 이해했다고 느낀다면 코치는 코칭관계를 강화할 수 있었을 것이다. 그는 데니스의 감정을 더 많이 접촉할 수 있도록 도왔을 것이며, 그녀의 상사가 왜 그런 자신에게 강력한 반응을 불러일으켰는지 성찰할 수 있는 **공간**을 열어 줄 수 있었을 것이다.

만약 코치가 데니스가 상사와 효율적으로 일하기 위해 자기 아버지와 연결된 지점을 인식하는 것이 그녀에게 중요한 것이라는 것을 알았다면 어떻게 해야 할까. 코치는 우리 삶의 다른 모든 곳에서 중요한 관계를 맺었던 모든 경험을 직장 관계 검토를 위해 가져올 수 있다고 언급했을 것이다. 그랬다면 이런 언급이 그녀에게 그녀 아버지의 관계와 연관성을 이야기하기보다는 그녀에게 질문할 수 있는 문을 열어주는 것이 되었을지도 모른다.

● 역전이 다루기

마지막으로 역전이counter-transference를 다루고 이에 대한 몇 가지 생각을 거론하려 한다. 고객들은 그들 삶의 어느 한 부분에 자리 잡은 경험을 우리에게 전이하려 한다면, 코치인 우리도 정서적이고 심리적인 패턴과 역사를 고객과 우리의 관계 안으로 가져오게 된다. 우리는 고객 개인에게 다층적multi-layered 응답을 할 수밖에 없다. 첫 만남에서 갖게 된 내용뿐만 아니라 그들의 외모, 목소리, 태도나 스타일, 행동 등. 물론 이런 것들은 우리 자신의 내면 풍경의 일부분이 반영된 것이다.

고객에 대해 강하게 반응strong reactions하지 않거나 어떤 판단도 내리지 않는 것은 **가능하지도 바람직하지도 않다**. 잘못된 것이다. 전이와 마찬가지로 역전이도 단순히 그저 존재한다. 우리가 고객과의 관계에서 느끼는 감정과 생각을 관리하고 인식할 수 있다는 것, 즉 고객과 관련된 것과 우리와 관련 있는 것을 분리할 수 있다는 것이 매우 중요하다. 이 점은 우리가 작업동맹에 적극적으로 참여하고 우리 역할을 유지하는 데 도움을 준다. 더 엄밀하게 본다면 우리는 풍부한 고객 자료를 근거source로 우리의 역전이를 사용하는 것 - 때로는 이를 이해하는 데 매우 도움이 되는 방법이다 - 과 무의식적으로 그것이 우리 자신을 부적절한 태도로 내몰도록 작동하는 것을 허용하는 것과의 차이를 분명히 이해해야 할 것이다.

고객을 향한 우리의 역전이 응답이 가장 분명하게 나타날 때는 새로운 고객과의 첫 만남이다. 이때는 우리가 가장 긴장하는 시간이기도 하다. 우리는 앞으로 무엇이 일어날지 정확하게 알 수 없고, 심지어 굉장히 자신감 있는 코치도 그들 자신에게 몇 가지 질문을 던지기도 한다. 이 사람이 나와 일하기를 원할까? 그렇지 않다면, 어째서 그런가? 내가 그들을 도울 수 있을까? 나는 그들과 일하기를 원하는가? 여기서 코치들이 해야 할 도전은 불안을 억제하는 것이 아니라 이를 인지하고 관리하는 것이며, 이것이 어떻게 자신을 드러내는지 앞질러서 스스로 인식하는 것이다.

우리가 자기 역전이를 잘 다루지 못했을 때 일어날 수 있는 몇 가지 흔한 문제들이 있다. 고객을 과도하게 자기와 동일시하여 그들의 불안감이나 분노 또는 다른 감정들을 매우 많이 떠맡는 것이 그 하나이다. 이는 코치가 고객들의 맹점에 담합하게 되고, 그들이 현실과 직면하여 건설적인 변화를 이룰 수 있도록 돕기 위한 필수적 요소인 객관성을 잃게 만든다(6장에 나오는 사례 참조).

또 다른 위험은 **고객보다 더 힘들게 열심히 일하는 것**이다. 이는 코치가 코칭에 너무 많은 책임감을 짊어지고 있다는 확실한 신호이다. 이럴 때 코칭에 다시 초점을 맞추고refocus 고객의 진짜 감정real feeling을 탐구하고 다시 정의할 필요가 있다. 만약에 코칭 작업을 지속하면 **고객들**이 자기 약속과 진척에 책임지도록 해야 한다.

세 번째 어려움은 코치가 스스로 자신감을 상실하고 때에 따라 이것이 사실이라는 증거가 없을 때, 또 고객에게 비난받거나 공격당한다고 느낄 때 발생한다.

알렉산드라

내 수퍼바이지 가운데 한 명인 알렉산드라Alexandra는 어느 투자은행 경영진을 코칭할 때 그의 먹잇감이 된 적이 있었다. 자립적이고 감정을 잘 드러내지 않는 이 고객은 그가 일하는 부서 책임자로 승진을 앞두고 코칭을 권유받았다. 그는 예일대 박사 학위를 받은 수학 분야의 뛰어난 전문가였다. 수퍼바이지 코치는 그가 코칭에 냉소적인 모습을 보인다는 걸 보고했고, 자신이 그에게 어떤 도움도 제공하지 못한다고 느끼도록 그에게 설득당했다. 우리가 수퍼비전 세션에서 이를 다루며 고객이 알렉산드라를 비난한다는 명확한 근거를 대지 못했는데도 그녀는 불안감을 느꼈다. 또 자신의 코칭 능력에 대해 평소 갖고 있던 자신감을 잃어버렸다는 사실도 드러났다.

우리는 그 고객이 투사적 동일시projective identification라는 방어기제를 사용했을 가능성과 무의식적으로 그녀에게 그의 불안이나 낮은 자존감을 옮겼을 가능성에 대해 따져보았다. 그러나 이 가설을 지지할 근거가 미약했다. 그 대신에 이 특정한 고객이 코치에게 불러일으켰을 만한 것이 무엇인지에 대해서 고민해보기로 했다. 코치가 청소년기에 겪었던 몇 가지 어려움을 검토하며, 그녀가 학업에서 A 레벨을 이수하지 못했고 결국 대학에 가지 못했다는 사실이 수면으로 올라왔다. 비록 알렉산드리아는 그 뒤 방송대학에서 학위를 딸 수 있었고, 전문가로 일하고 있지만 이런 사실이 학위와 관련해 자신감을 잃게 했다. 그녀는 매우 지적이고 능력 좋은 고객을 만나자 그녀가 학위로 인해 느꼈던 열등감이 다시 되 살아난 것이다. 성찰을 해보면 코치는 자기 비판적 감정을 고객에게 **투사**projecting한 뒤에 그것에 의해서 공격받았고 거절당했다고 결론을 내린 것이다. 일단 의식적 수준에서 이를 알아차린 뒤에 이 문제는 스스로 해결됐고 코칭 또한 잘 이루어졌다.

도움이 되지 않은 마지막 역전이 사례는 우리가 고객에게 과도하게 비판적이고, 그들을 인내하지 못하고 화를 내는 우리 자신을 발견했을 때 일어날 수 있다. 이는 코칭관계와 코칭 작업 자체에도 불리한 영향을 미칠 수 있다.

산드라

나는 산드라Sandra라는 고객과 코칭을 시작하고 나서야 내가 고객에게 매우 부정적인 반응을 보인다는 것을 발견했다. 산드라는 상사의 제안으로 내게 코칭을 받으러 왔다. 국민건강보험의 고위 임상의인 산드라는 스트레스와 중압감을 다루는 법을 배우고 싶어 했다. 그녀는 자신이 승진에서 제외됐을 때 느꼈던 감정을 이야기하면서 이런 일이 다시는 일어나지 않았으면 좋겠다고 말했다. 그녀의 머리는 탄력적인 고무 밴드로 뒤로 단단히 넘겨져 있었고, 블라우스는 몸에 맞지 않았으며, 신발은 더럽고 흠집이 많았다. 그녀의 첫인상은 자기 방치/무시self-neglect였다. 이런 첫인상은 산드라가 직장 환경에 관해 이야기할 때에도 지속되었다. 그녀의 이야기narrative는 마치 불평이 적힌 목록처럼 구성되었고, 나는 갑자기 내 머릿속에서 '피해자victim'라는 단어가 떠오르는 걸 알았다. 또 내 역할이 단순하게 공감하고, 지지해주는 청중이 된 것 같다는 느낌도 들었다.

세션 중 산드라의 이야기에 대한 내 감정적 응답이 강력하게 내 마음속에서 이를 성찰하게 했다. 사실 이 고객은 쉽게 코칭에 참여할 수 있어 보이지 않았다. 그렇지만 첫 미팅 때 저항적인 행동으로 불안이나 양가감정을 드러냈던 다른 사람들보다 더 어려운 고객은 아니었다. 어째서 산드라가 내 짜증의 강도를 이 정도까지 유발했을까? 나는 나 자신의 내면 풍경에서 무력함powerless을 느낄까봐 두려워한다는 점을 상기했다. 문제나 불안을 다루는 내 나름의 방법은 이것에 대해 어떤 것을 **하는**to do 사전 대책을 생각하는 것이다. 고객의 수동 공격적인 스타일이 내가 산드라의 두려움을 다루는 데에 불편함을 느끼게 했고, 이에 대한 내 즉각적인 반응이 그녀를 비판하는 형태로 나타난 것이다. 이는 무의식적으로 산드라의 고통이 진짜로 그렇게 심각한 것이 아니라고 나 자신을 안심시켰고, 만약 그녀가 진정으로 원한다면 그녀의 고통을 덜어내기 위해 어떤 행동을 취할 수 있으리라 생각하게 했다. 이러한 생각은 내가 산드라를 대할 때 부정적인 감정을 덜 느끼게 했고, 더 열린 마음으로 그녀의 상황에 대해서 듣고 이해할 수 있게 해주었다.

코칭과정이 전개되면서 고객은 자신이 느끼는 분노에 불편함을 느꼈고, 이 감정을 부정하고 이를 다른 사람에게 투사한다는 사실이 드러났다. 그렇기에 그녀는 자신을 피해자로 경험하고 수동적 공격과 자기 파괴적self-damaging 행동이 혼합된 형태로 반응한 것이다. 내 역전이는 산드라 내면세계와 전형적인 패턴에 대한 중요한 단서들을 담아주고 있었다. 그러나 오직 나 자신의 패턴이 반영된 반응reaction 요소를 깨닫는 것만으로 나는 **고객**과 고객의 주요한 이슈를 해결할 수 있도록 충분히 객관적인 **관계** 모두를 유지하면서 그녀를 도울 수 있었다.

이런 이유로 코치들은 높은 수준의 자기 인식 능력과 코칭 작업 중 고객에게 **응답하며 얻은 알아차림**awareness을 올바르게 적용하는 수용력은 필수적이다. 우리는 반드시 우리의 역전이 반응을 억누르지 않고 이를 관찰하는 능력을 길러야 한다. 우리는 그것에 조종당하기보다는 능숙하게 다뤄야만 한다. 세션 중 지금-여기에서 이것이 언제나 가능한 것은 아니다. 이것은 어째서 높은 수준의 정기적인 코칭 수퍼비전이 중요한지를 알려주는 매우 중요한 근거이다. 그것은 고객에게 우리의 필요한 응답을 필연적으로 조정하고 반영할 수 있는 필수적인 공간을 제공한다. 이 같은 방법으로 코치는 고객과 형성한 작업동맹 - 그들의 행복과 코칭 과제와 조직의 이익을 위해 힘쓸 수 있는 - 에 전적으로 의지할 수 있게 한다. 이 모든 것을 염두에 두고 우리는 고객과 나란히 함께 서서 그들이 배움과 변화를 해야 하는 심리적인 안정을 제공함으로써 그들의 불안을 줄이는 조치를 할 수 있다.

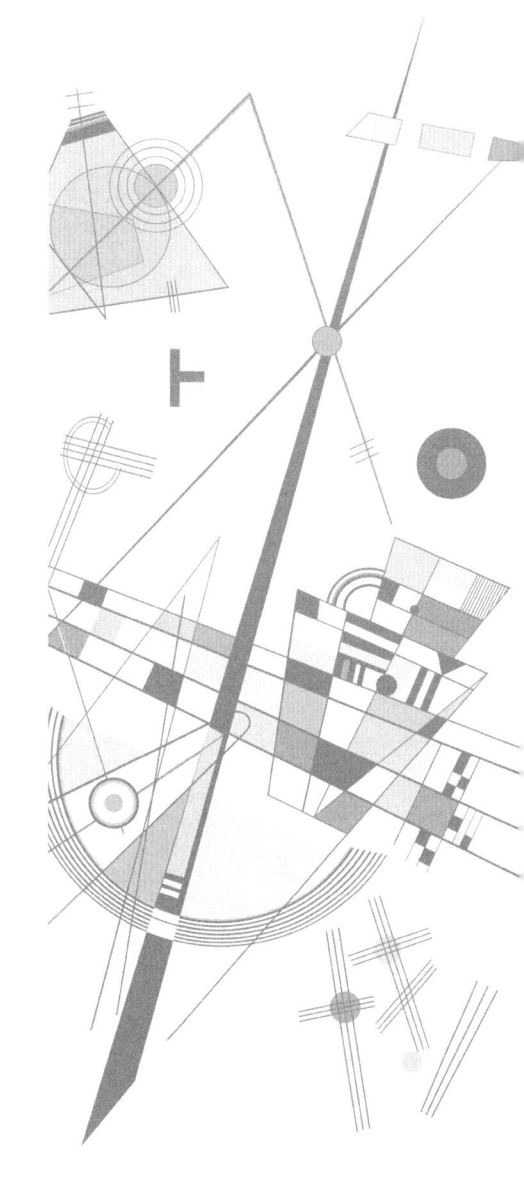

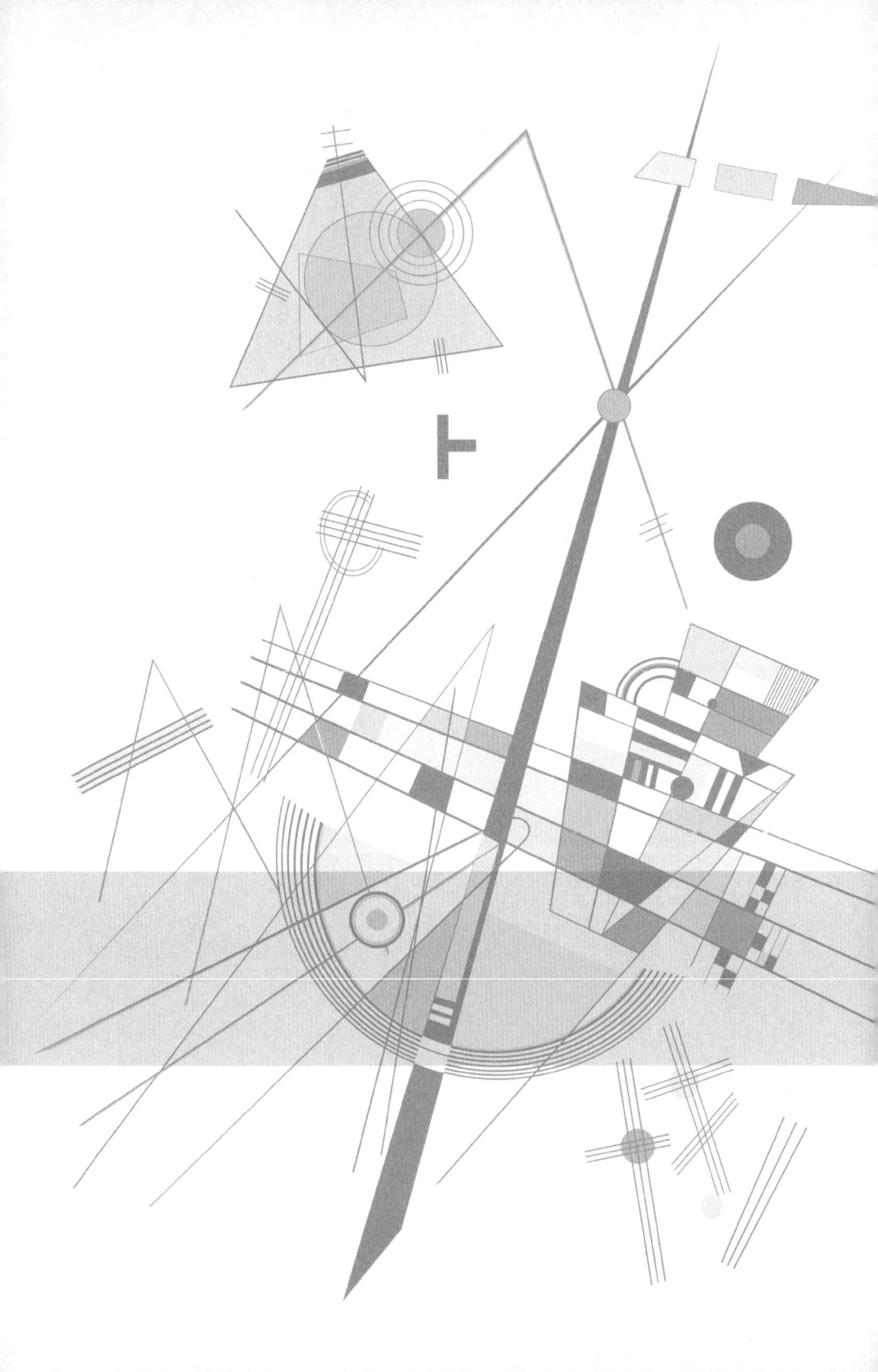

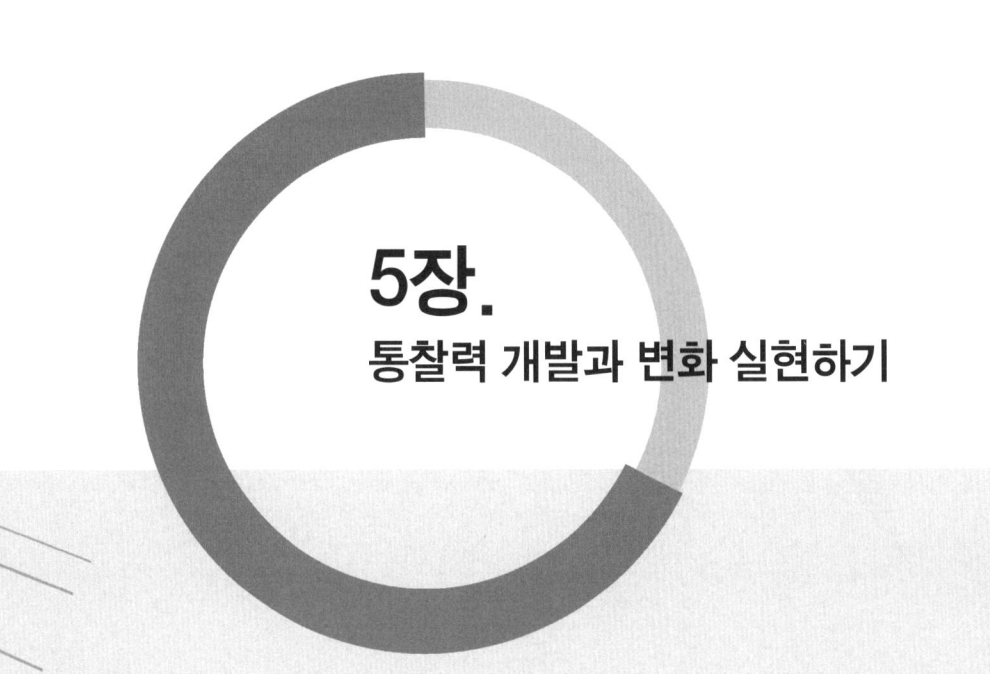

5장.
통찰력 개발과 변화 실현하기

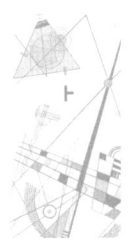

5장. 통찰력 개발과 변화 실현하기

내가 활용하는 정신역동 접근에 영향받은 전략과 기술을 열거하기 전에 고객 조Zoe와의 코칭 경험을 먼저 검토하고자 한다. 이는 내가 고객들과 어떻게 **두 차원**에서 작업하는지를 설명해준다. 먼저 현재 알고 있는 자료를 참조하여 고객의 구체적인 필요needs를 확인한다. 이어서 고객의 인식 여부와 관계없이 더 확대된 성장 이슈developmental issues를 정리해 둔다. 또 다른 차원으로는 세션에서 어떻게 통찰insight이 변화change를 고취할 수 있는지도 주목한다. 고객이 자기 인식self-awareness을 개발하는 것과 다른 사람들에 대한 통찰을 얻도록 돕는 것 그리고 더 건설적인 행동 변화를 가능하게 하는 것 사이에는 분명한 연결이 있다는 점을 알게 한다.

조

조Zoe는 빠르게 변화는 소비재 부문 임원으로 특별한 역할을 수행하다가 최근 대규모 생산팀의 책임을 맡아 일반관리 임무를 수행하게 되었다. 그녀는 자신의 이런 리더십 이동변화transition를 잘 헤쳐 나갈 수 있도록 관리 능력management skills을 기를 수 있게 코칭을 요청했다. 조는 첫 만남부터 새로운 부팀장인 다른 부서에서 옮겨 온 마리안느라는 부하에 대한 실망과 짜증 이야기로 테이프를 끊었다. 그녀는 마리안느가 팀에 합류하게 된 것을 기뻐했다. 그 이유는 마리안느의 업무가 부서의 상하 질서에 독성적인 기운toxic atmosphere을 풍기는 특별히 골치 아픈 사람들을 다루기 때문이다. 조가 새롭게 옮겨와 일을 시작하자마자 발견한 과제는 오래된 경력 직원들의 행동, 태도, 성과 관련 문제였다. 이전의 어떤 관리자들도 이 이슈를 다루지 않고 넘어갔고, 저성과자가 지닌 거친toughness 이슈를 잘 다룬다는 평판 때문에 마리안느를 특별히 선발했다.

나는 어떤 일이 있었는지 말하는 조의 이야기를 조심스럽게 귀 기울여 경청했다. 마리안느는 확실히 조가 원했던 저성과자 문제에 대해 매우 직접적인 접근을 취하고 있는 것 같았다. 그런 결과로 이제 비협조적이고 골치 아픈 사람들이 마리안느에 반대해 불만을 조에게 직접 가져올 우려가 있었다. HR 담당자가 무슨 일이 일어났는지 조사해보니 마리안느가 불만과 비판을 제기한 공식 미팅을 처리하는 방식에서 몇 가지 실수가 있었다는 점을 발견했다. 그는 조에게 직원들이 정식으로 불만을 제기하면 아마 이를 법대로 처리해야 할 것이라고 말했다.

나는 조가 이런 어려운 상황에서 느끼는 감정에 공감하면서, 이 피해의 한계를 설정하고, 공식적인 불만 접수를 회피하고, 마리안느의 권위를 회복할 수 있는 긴급 조치를 위한 몇 가지 세부사항을 탐색해야 했다. 이는 중요하고 유익한 주제였다. 그렇지만 나는 조가 자신이 처한 이 상황을 어떻게 자초했는지 살필 수 있는 적절한 지점으로 내화의 초점을 돌리고 싶었다.

특히 나는 마리안느가 새로운 부서에 성공적으로 안착하고, 주어진 역할을 잘 수행해 내고 싶은 마음을 지지하고 감독해야 하는 과제를 조가 과소평가한 것은 아닌가 우려했다. 조는 마리안느를 자기가 해야 할 많은 업무를 줄일 수 있고, 시급한 저성과자 문제를 해결할 수 있는 하나의 해결책으로만 바라보았다. 그가 이렇게 생각한 데에는 조가 마리안느의 지나치게 자신감 있는 태도를 곧이곧대로 받아들였고, 그녀가 새로 온 상사에게 특별한 조언을 요청하지 않거나 실제로도 원하지 않았다는 점을 근거로 그런 결론을 내렸기 때문이다. 이 결론에 조도 어느 정도 책임이 있다. 나는 조가 아마도 마리안느의 외향적인 성향

outward persona 밑에 자리 잡고 있을, 새롭게 부서를 이동한 사실에 대한 본능적인 불안감과 긴장감을 눈치 채는 데 실패했다고 느꼈다. 마리안느는 이런 감정 때문에 새로 온 상사인 조에게 자신이 능력 있는 직원임을 증명하고 싶었고, 특히 저성과자를 잘 다룰 수 있다는 것을 보여주고 싶어 했다.

나는 조가 마리안느에 대한 자신의 반응reaction과 행동을 분석하고, 아주 천천히 살펴볼 수 있게 도와주었고, 그녀는 여러 수준에서 경험을 통해 배울 수 있었다. 그녀는 구체적으로 마리안느가 복잡하고 오래 묵었던 성과에 관련된 상황을 다루는 데 도움이 필요했다는 것을 예상했어야 한다고 생각했다. 그리고 그녀는 이런 이슈와 관련해 지지를 받고, 그 방법의 하나로 코칭을 받아야 한다고 결론지었다.

정신역동의 차이점

나는 이 순간을 객관적으로 바라보기 위해 뒤로 물러서서 그때 내 코칭이 어떻게 이뤄졌는지 재검토해보고 싶다. 이 시점에 이르기까지 내 코칭은 유연하고, 실용적이고 결과 중심적results-focused 코칭으로 묘사할 수 있다. 나는 조가 지닌 특정한 문제를 깊이 있게 탐구했다. 조가 새로운 팀원을 다루는 방법과 그녀 자신에 대해 재평가를 내릴 수 있게 했다. 또 향후 이 문제를 어떻게 하면 더욱 효율적으로 다룰 수 있는지에 대해 조가 해결책을 찾을 수 있도록 도왔다. 그렇지만 이런 설명은 임원코칭에 대한 많은 다른 접근들에도 해당할 수 있는 내용이다.

정신역동 접근이 내 코칭실천을 어떻게 다르게 했는가? 이 질문에 대답하기 위해 우리는 조와의 코칭세션으로 돌아가 다시 살펴보아야 한다.

비록 조가 미래에 마리안느와 같은 직원을 대한다면 지금과 다르게 접근할 것이라 마음먹겠지만, 나는 그녀가 **왜** 이 상황을 잘못 읽어냈는지 이해하기 위해 더 깊이 들어갔다. 이 상황과 관련해 어떤 일이 있었는지 좀 더 성찰하도록 그녀를 격려했다. 그러자 조는 마리안느가 자기가 예상한 만큼 그녀 자신에 대해 확신을 갖지 못했던 징후들을 알고 있었다는 사실을 상기해냈다. 그러나 조는 자신의 새로운 대리인인 마리안느가 역량 있고 자기가 스스로 알아서 하는self-sufficient 직원으로 보고 싶은 소원wish이 앞서서 이런 징후들을 무시했다.

이런 깨달음realization은 마리안느가 고군분투하고 있다는 조짐을 조에게 보여주었지만 이를 보지 못하게 조를 방해한 것이 무엇인지 몇 가지 깊이 있는 탐색을 하게 했다. 나는 그녀가 지난주나 또 그 전에 어떻게 느끼고 있었는지에 집중하도록 다시 격려했다. 이는 실제로 마리안느가 어떠했는지 알아채지 못한 자신의 실수와 자신이 직면한 업무가 지닌 어려운 이슈와 관련한 자기 불안을 조가 스스로 연결하자 곧 일점 돌파의 순간breakthrough moment을 가져왔다. 그녀는 행동 모드로 이동해 오직 작업 목록에만 집중함으로써 불안을 해결해 왔다. 또 마리안느를 관심이 필요한 새로운 팀원이기보다는 그녀가 팀에 변화를 만들고 방향을 제시해야 하는, 마치 문제해결 담당이라는 평면적 방식two-dimensional way으로 바라보고 별다른 관심 없이 냉정하게 다루었다. 그러고는 마리안느가 자기가 계획한 대로 성과를 내지 못하자 조는 분노한 것이다.

조는 이러한 숭요한 통찰을 사신이 인정하지 못했던 불안unacknowledged anxiety의 도미노 효과 안으로 사려 깊게 따라갔다. 조는 만약 자신이 '압박감을 느낄 때, 자기 행동과 감정을 더욱 효과적으로 다루는 법을 배우지 않는다면, 똑같은 상황은 다시 쉽게 일어날 수 있다'라고 말했다. 나는 그 말에 동의했고 우리는 조가 무엇을 해야 하는지 살펴보는 시간을 가졌다. 조는 회사 내부에서 그녀의 직속 상사나 멘토에게 도움을 얻기로 했다. 그녀의 일상에서 매주 '잠시 멈춰서 생각하는stop and think' 시간을 갖는 것이다. 조는 이런 시도들이 자기 역할이 주는 도전으로 인해 너무 걱정하거나worried 압도되지 않고 일을 시작할 수 있도록 도움이 될 것이라고 믿었다.

조는 불안이 잘 관리되지 않으면 무슨 일이 일어났는지 이해했고, '걱정 된다feeling worried'와 '짜증 난다feeling irritated'라는 두 반응 사이의 관계를 좀 더 깊이 연결하며 또 다른 수준의 배움을 경험했다. 조는 마리안느와의 관계에서 일어난 일들이 다른 사람과의 관계에도 같은 이슈로 표현된다는 사실을 깨달았다. 이런 일은 천천히 느리게 행동하고 잘 살펴봄으로써 '짜증이 높아진다는 감각'을 근본적인 불안으로 알아차리고, 살펴볼 수 있는 조기 경보 신호로 활용해 해결할 수 있었다.

또 조는 새로운 동료와 일대일 만남에 더 많은 시간을 쏟고, 비정규직으로 채용하여 검증된 사람을 채용하는 내부 모집internal hire을 포함해 그들이 비록 모든 것이 다 잘되고 있다고 주장하더라도 어려움을 겪을 수 있기에 모호한 신호를 포착하고자 더 신경 쓰기로 했다. 팀원들이 자기들 걱정을 기꺼이 서로 나눌 수 있는 분위기를 조성하는 데 집중하고, 눈에 보이지 않는 곳에서 어떤 일이 일어나는지를 더 세심하게 챙기기로 마음먹었다. 그녀는 이런 방식을 더 강화하기 위해 일반적인 비즈니스 코칭 리스트보다는 개발 이슈developmental issues를 다룰 수 있게 코칭세션을 활용하기로 했다.

몇 달 동안에 조 자신의 정서 상태emotional state를 조절하는 능력이 향상했다는 것을 알아볼 수 있었다. 조는 무엇이 자신을 불안하게 만드는지 더 잘 인식하게 됐고, 자신의 불안을 더 민감하게 인정하게 되었다. 그래서 그녀는 불안을 느꼈을 때 자기를 성찰하기 위해 멈추었고 즉시 행동하는 일을 피할 수 있었다. 그녀는 필요할 때 상사에게 지원을 요청했고 정기적으로 그녀의 멘토와 어려운 이슈에 관해 이야기를 나눴다. 압박감에 스스로 어떻게 반응response하는지 점차 잘 알게 되자 조는 동료들의 감정과 행동을 읽는 데도 능숙해졌다. 그녀는 그들의 감정과 행동에 공감하는 동시에 객관성을 잃지 않았다. 조의 자기 인식self-awareness과 새로운 행동 전략들은 위에서 언급했던 코칭세션에서 얻어진 것이다. 그리고 마리안느와 관련된 사건을 시작으로 리더십을 개발할 큰 기회를 얻게 되었다.

나는 이런 설명이 정신역동 접근이 만들어낼 수 있는 차이를 해명할 수 있기를 바란다. 정신역동 개념과 기술에 의지해 나는 역기능적 정서 행동 패턴을 바꾸지 못하는 고객들이 변화에 접근할 수 있게 했다. 변화를 위해 온갖 애를 쓰지만 이를 방해하는 눈에 **보이지 않는 장애물**invisible obstacles 들을 다루는 데 더 깊이 작업할 수 있다는 점을 알았다. 조의 경우 동료를 다른 방식으로 대해야 한다는 인식을 **넘어서**, 한 걸음 더 발전을 이뤘다는 것이 코칭세션에서 특별히 중요하다. 이 코칭은 조가 인정하지 못했던 불안과 그녀의 과도한 업무 집중, 동료의 필요와 요구에 무분별함blindness, 그리고 매우 중요한 배움을 제공한 조의 화와 짜증 사이의 연관 관계를 발굴해냈다. 오직 조의 무의식적 방어 패턴에 도전하고 수면에 올리는 것만으로도 차후에 조가 불안감이나 압박감을 느꼈을 때 그 전과 같은 실수를 범하지 않을 거라는 자신감을 느끼게 해주었다.

정신역동 접근은 고객들이 이전부터 지키려 했던 점을 스스로 인식할 수 있게 할 뿐만 아니라 자신이 **실망스럽거나 수치스러운 경험을 더 관대하게 받아들일 수 있도록** 돕는 것이 중요하다는 사실을 이해할 수 있게 도와주었다. 자기 안에 스스로 탐탁하지 않은 것들이라도 - 이런 부분이 자기 행동을 지배할지로, 이를 허용해서는 안 된다는 생각을 내려놓고 - 이것도 평범한 자신의 일부분으로 받아들이는 것이 중요하다. 이런 자세는 다른 사람의 필요needs에 적절하게 더 잘 응답할 수 있고 자기 자신의 필요를 더 잘 다룰 수 있게 되어 스스로 자신감을 높일 수 있게 한다. 나는 이런 식으로 코칭을 진행하면서 **고객 스스로 고객의 관계 안에서** 지속해서, **세밀하지만 의미 있는 변화**significant shift가 증가하도록 육성한다.

물론 고객들이 내면의 자기 변화internal shift를 성취하는 능력은 다양하다. 어떤 사람은 기회를 포착해 자신의 리더십 수용력을 매우 놀라운 속도로 변화시킨다. 또 다른 사람들은 보람을 느끼며 이 같은 영감을 더 얻으려고 계속 시도한다. 반면에 일부는 사실상 이 과정에 거의 영향을 받지 않는다. 내 경험에 따르면 대부분 임원코칭 고객은 근본적인 심리 역동을 이해하고 다루는 접근방식이 갖는 이점을 누릴 수 있다. 실제로 나는 정신역동 접근이 작업장에서 이전과 다르게 진정성 있고 지속 가능한 방식으로 생각하고 느끼고 행동할 수 있는 충분한 자유를 줄 것이라 믿는다.

정신역동 관점에서 이런 과제를 다루는 것은 고객의 **자아**ego를 단단하게 강화해준다. 이것은 성숙하고 스스로 조정하며 현실에 바탕을 둔reality-based 자기self의 한 부분이다. 개인의 필요needs와 타인의 필요 사이에서 균형을 잡는 능력이고 경험으로부터 배우는 능력이다. 이 작업은 또 죄책감과 수치심을 불러오고 자기를 비난self-blame하게 하고, 다른 사람을 책망하게 만드는 내면의 비판적인 목소리인 **초자아**superego가 움켜쥔 고삐를 늦추는 데에도 그 목적이 있다.

내가 4장에서 강조했듯 정신역동 접근은 고객을 더 깊이 이해할 수 있게 기회를 줄 뿐만 아니라, 그들과 내가 어떻게 소통하는지에도 역점을 두게 한다. 또 심리적 안정을 위해 고객에게 필요한 것이 무엇인지 파악하는 것이야말로 내가 계속 염두에 두는 실천의 핵심이다. 심지어 작업동맹이 잘 이루어지고 고객이 코칭에 적극적으로 참여하고 있어도, 나는 고객의 방어적인 행동이 작동하는 것을 피하려고 애쓴다. **방어와 저항을 피해 돌아 들어가기 위해서는** 가장 좋은 순간을 선택해 적절한 단어와 알맞은 목소리 톤 그리고 몸짓 언어와 함께 소통하는 것이 더 결정적이다. 이어서 나는 다른 방식으로 시도하게 하여 그들을 동기부여하고, 알아차림awareness이 지속해서 확대되도록 초점을 맞춘다. 물론 고객의 자기감sence of self을 보호하는 것도 놓치지 않는다.

코칭 고객들이 그동안 자기가 갖고 있던 몇 가지 패턴이 도움이 되지 않는다는 점을 인식하는 순간이 핵심이다. 만약 우리가 그들이 어려운 생각이나 감정을 다루는 데 오랫동안 고수해왔던 방식을 수정하게끔 격려하겠다면, 반드시 먼저 이 과정이 불러일으키는evoke 고객의 불안을 담아내어contain 도움을 주어야만 한다. 예를 들면 불안 역동으로 미성숙한 행동premature action을 하는 과업 지향적인 야심가가 자기 행동을 통찰하게 되면 이익과 손실 모두를 경험하게 된다. 긍정적 측면에서는 자신과 사업에 분명한 이익이 되는 리더십 역할이 더 성찰적이고 신중해지는 법을 배울 수 있다. 그러나 부정적인 면에서는 예전 행동에서 보였던 역기능적인 행동이 초래한 자기 '약점'은 물론 과거에 이로 인해 있을 수 있었던 (주관적) 이익에 대한 포기를 반드시 인정해야만 한다. 엇비슷하지만 자신이 친절하고 합리적인 사람이라는 자부심을 지닌 관계 지향적인 관리자가 숨겨둔 자기 분노를 더 잘 인지하게 되면 그는 이것을 더 적절하게 제어할 수 있게 된다. 그렇지만 그는 반드시 자신이 가지고 있는 '나쁜' 부분에 대해서도 배우고 받아들이려 애써야만 한다.

이런 연유로 내가 여기서 나누고자 하는 코칭 기술은 코치가 늘 고객의 심리적 행복wellbeing을 마음의 중심에 두고, 책임감을 느끼고 신중한 자세로 면밀한in-depth 작업을 보장하도록 설계했다.

● 내 코칭 실천

정신역동 접근에 영향을 받은 몇 가지 코칭 기술에 대해 좀 더 충분한 설명이 필요하다. 이를 위해 내가 고객의 통찰력을 개발하고 그들의 행동 변화를 촉진하는 데 매우 유용했다고 느꼈던 사례를 이야기해보자. 그는 내 고객 가운데 한 명인 정보기술 서비스 대기업의 부서관리 책임자이며 마흔다섯 살이다.

아담

아담Adam은 자기 부서가 매우 경쟁적인 시장에서 살아남기 위해 구조조정 책임을 맡으면서 그룹 HR 총괄 임원의 제안으로 코칭을 받게 되었다. 이번 구조조정은 새로운 CEO가 지휘하는 회사 전체의 조직문화를 혁신하기 위해 이루어졌다. 아담은 대체로 합리적 업무 능력을 지닌 임원으로 생각되었다. 그렇지만 저성과 이슈에 더욱 효율적으로 대처할 필요가 있어 보였고, 더 열성적이고 영감을 주는 리더십 스타일을 개발할 필요가 있어 보였다.

  초기 코칭세션에서 아담은 그가 6개월 전에 상무이사로 승진했을 때 이어받은 고위 팀원 가운데 두 명과 그가 겪고 있는 문제에 대해 많은 말을 쏟아냈다. 그 가운데 한 가지는 아담과 직접 관계된 성공적이지 못했던 일이었다. 아담은 그들이 자기 리더십과 새로운 업무 실행, 조직의 구조조정이 요구하는 문화 등 모든 것에 저항한다고 느꼈다. 이들과 반복적인 대화는 그 어떤 작은 긍정적인 변화도 가져오지 못했다. 말하는 동안 아담의 몸짓 언어와 목소리 톤이 그가 이 문제에 대해서 얼마나 강렬한 감정을 느끼는지를 내게 알려주었다. 자신이 이 문제에 들이는 시간과 에너지의 양을 언급할 때 그의 얼굴은 상기되어 있었고, 몸이 앞으로 기울어져 있었으며 목소리는 컸고 손을 깍지 낀 상태였다.

  나는 그 상황에 그가 얼마나 좌절되었는지, 그것이 얼마나 그를 화나게 했는지 이해한다며 그의 이야기에 공감으로 응답했다. 내 이야기에 아담도 즉각적인 응답으로 의자에서 일어나 머리를 힘차게 흔들며 자신이 화가 나지 않았다는 것을 보여주었다. 단순히 이 문제로 인해 많은 시간이 허비된다는 점이 조금 걱정되는 것뿐이라고 했다. 또 아담은 어떤 사람도 비난하지 않으며, 이것은 그저 자신이 헤쳐 나가야 할 업무 가운데 하나일 뿐이라고 말했다. 나는 내가 했던 설명이 머뭇거리고tentative 동정적인 톤이었는데도 무심코 아담의 방어 반응을 건드렸다고 느꼈다. 나는 아담의 감정적 경험과 그의 의식적 자각 사이에 드러나는 차이를 성찰했다. 그의 방어적인 반응을 고려할 때 나는 그 차이를 계속 추구하기보다는 나중에 이 주제로 돌아오는 것이 좋겠다고 결정했다.

세션 후반부에 아담은 자신이 거리를 두고 별로 지지하지 않는 CEO 그룹 내 자기 상사에 대해 내게 말했다. 이번에도 다시 분노하는 듯 비언어적non-verbal 신호를 보여주었지만 뭔가 미리 방지하듯pre-empted 그저 화 난 것은 아니라고 내게 말했다. 아담에게 조직 내 직속 상사에게 말만이 아니라 직접 뭔가를 시도하기를 기대하는 것은 무모한 일이다. 그렇지만 이번 사례는 어쨌든 코치에게 털어놓으니 그리 나쁘지 않았다고 덧붙였다. 그것은 마치 자신이 너무 부정적이고 화가 났다는 비난에 대해 자신을 방어하는 것처럼 보였다.

나는 아담이 매우 화가 났고 어려운 조직 내 관계 때문에 불편하지만 자기 감정에 접촉하지 않거나 이를 두려워하는 것처럼 보였고, 이런 사실을 인정하기 어려워한다는 인상을 받았다. 그는 감정이 곧 폭발할 것 같은 위협을 느꼈을 때나, 타인에게 비난받을 것 같을 때 **합리화**rationalization와 **부인**denial이라는 방어기제를 사용했다.

나는 그가 자기 동료에게 사납게 날뛰며 화를 냈던 자기 모습 일부와 나를 끌어들여 그늘을 비판하고 싶은 모습, 그리고 평정심을 잃거나 화를 내는 것에 대한 수치스러움이나 두려움을 느끼는 또 다른 자기 모습 사이에서 매우 광범위하고 무의식적인 **내적 갈등**inner conflict을 겪고 있다는 작업가설을 세웠다.

🔹 어려운 감정 인식하기 - 복잡한 감정 다루기

코칭 고객들의 경우 진정한 자기 생각과 감정을 기꺼이 인정하려는 의지

willingness와 이를 확인하는identify 능력은 매우 다르다. 처음부터 나는 고객의 자기 인식 수준과 개방성openness의 근거를 찾고, 개인의 방어 반응이 얼마나 쉽게 발동하는지 또 어떤 형태로 나타나는지 검토하려고 노력한다. 일부 고객들은 과도하고 까칠하게 반응하거나, 내가 이야기하는 거의 모든 관찰 내용을 빠르게 부인한다. 이런 고객들에게는 많은 **관심과 인내심**이 필요하다. 또 다른 고객들은 좀 더 개방적이고 덜 방어적이기에 훨씬 빠르게 코칭이 진행될 수 있다. 어쨌든 핵심은 고객들이 항상 의식적, 무의식적으로 인지하고 싶어 하지 않는 감정과 생각을 인식하도록 고객에게 **심리적 안정을 충분히 제공**할 수 있게 해주는 방법을 먼저 찾는 것이다.

아담의 경우 코칭세션에서 내가 그의 비언어적 행동을 관찰한 내용을 공유하고 자신이 분노한 상태라는 것을 스스로 인지하는 능력을 키워주려 노력할 수 있었다. 그렇지만 내가 조금 더 예민하게 굴었다면 그는 수치심을 느낄 수 있었고, 이것이 당황과 부인을 일으켰을 수 있다. 그 대신에 나는 그의 방어기제를 불러일으키는 방아쇠를 피할 수 있을지 모른다는 기대를 하고 기술technique을 활용했다. 이것은 내적 갈등이라는 정신역동 개념을 활용하여 더욱 섬세하게 다루는 것이다. 고객이 이전에 거부당했던 생각과 감정을 간직하도록 그들을 돕는 것은 언제나 성공적이다. 고객이 어떤 이슈나 관계에 대해 자연스럽게 복잡한 감정mixed feelings을 가질 수 있다고 제안하며 접근한다. 그러고 나서 감정의 양쪽 면을 구별할 수 있게 그것을 되도록 쉽게 이해하도록, **동감하는 용어**sympathetic terms로 느낌을 저마다 기술하도록 시도한다. 또 이같이 모든 일에 대해 관점과 정서가 상충하는 것은 정상적이며 이런 정서와 관점의 충돌을 인식하고 탐구하는 것이 문제를 해결하는 데 도움이 될 수 있다는 점을 고객에게 소개한다.

다음 세션에서 아담과 나는 이 기술을 사용할 기회를 잡았다. 이번에 아담은 두 직속 부하의 보고에 대해 더 불평했고, 그룹 본사 동료 한 명이 정책 서류에 오류가 있어서 몇 시간 추가 근무를 해야 했다. 이에 대해 나는 다음과 같이 설명했다.

> 당신이 내게 말한 이런 어려운 상황을 검토해 보니 당신 입장에 충분히 공감이 갑니다. 이해할 만한 부분이 있군요. 당신 정말 좌절했겠네요. 자기 책임을 다 못하는 부하를 관리해야 하는 게 정말 싫증 나겠어요. 그렇지만 또 달리 보면 높은 전문가 기준에서 볼 때 자제력을 발휘해야 하고, 언제나 이 같은 상황에 차분하고 합리적으로 접근하는 게 매우 중요하다는 생각도 하고 있겠네요. 어떤가요?

아담은 이런 내 인터벤션에 긍정적으로 응답했다. 그는 긴장이 풀린 것처럼 보였고, 점차 생각에 잠기는 듯했다. 그는 내가 말한 내용에 동의했고, 처음으로 그가 이 문제에 '짜증이 났었다는 것'을 인정했다. 그는 때때로 '십자가를 시세 되었다'라고 느꼈지만 즉시 분노가 뭔가를 해결할 거라고는 생각되지 않았기 때문에 이 느낌을 옆으로 밀어 두었다고 말했다. 그가 접근한 방식은 오직 그가 할 수 있는 최선을 다해 '일에 착수하고 그것을 다루는 것'이었다.

이렇게 제한석으로 수용limited admission했음에도 아담이 자신을 더욱 성찰하고 자기 인식할 수 있는 방향으로 나아가는 중대한 전진이 (세션 안에서) 재현되었다repersented. 나는 이런 진전이 얼마나 더 나아갈지 보고 싶었다. 내 가설에 따르면 자기 분노에 대한 두려움이 아담이 저성과자 팀원과 함께 해서 직접 지시하고 권위 있게 끌고 가는 사람이 되지 못하도록 막고 있었다는 것이다. 나는 또 부정적인 자기감정을 부인하는denying 것은 스스로 자기 지도력이 대체로 열정과 영향력이 부족하다는 점을 지각하게 된 책임감 때문이라고 미심쩍지만 의심했다.

비합리적 신념 이해하기

정신역동 관점은 내가 비합리적이거나 마술적 신념이 아동기에 뿌리내려 심지어는 교양 있는 성인기에도 작용할 수 있다는 사실을 이해하게 해준다. 이는 이따금 고객들이 어떤 것에 대한 감정, 생각, 행동의 차이에 대해 자신감 있는 느낌이 들기 위한 분투를 의미한다. 나는 이것이 아담에게 적용됐는지 궁금했다.

> 내가 **아담**에게 왜 자신에게는 오로지 '현명한sensible' 생각과 감정만을 허용하는 것이 그렇게 중요하게 느껴졌는지 정중하게 묻자, 아담에게 그것이 분명하게 나타났다. 아담은 '물론 저는 반드시 합리적으로 행동해야 합니다. 상무이사가 전문적이지 못하게 고함이나 지르고, 욕설을 내뱉는다는 건 정말 끔찍한 일일 테지요. 그저 상황이 짜증 나게 만드는 것이죠!'라고 말했다. 그의 말은 자기 분노를 인정하는 것만으로도 동료들에게 받아들일 수 없을 정도로 공격적인 행동을 이끌 수 있다는 두려움과 추측assumption을 드러냈다. 나는 아담의 통제 불가능한 행동에 대한 생각과 감정들을 마음속에 녹여온 시간만큼이나, 그가 자신과 동료들을 더욱 효율적으로 다루는 자기 능력을 계속 검열해왔으며, 이것들이 융합된 결과로 나온 것임을 깨달았다.

문제 재구성하기

고객의 자기 인식 수준이 어느 정도인지와 코치의 설명에 방어적인 반응 없이 성찰할 수 있는 수용력에 따라서, 변화를 위해 코치에게 필요한 것이 무엇이고, 무엇이 일어나고 있는지에 대한 자기 이해를 되돌아보는 것이 도움이 될 수 있다는 점을 알았다. 고객이 스스로 지각한 것과 생각을 앞으로 전진시키는 방법의 하나가 고객의 문제를 재구성reframing하는 기능이다. 그렇지만 4장에서 이미 설명한 바와 같이 이것이 잘 이뤄지기 위해서는 공감과 진실성을 확인하는 확언affirmation이 동시에 제공되어야 한다.

나는 아담이 그의 정서적 에너지를 지속해서 억제했던 과거를 스스로 조명하도록 시도했다. 여전히 반항적인 팀원들과 관련된 최신 이야기를 듣고 나서 나는 다음과 같이 말했다.

당신의 진정한 강점 가운데 하나는 그들이나 행동에 당신이 어떤 감정을 느끼는지에 상관없이 차분하고 이성적인 태도를 유지하는 능력이라고 느껴집니다. 우리 모두 분별을 잃고 뭔가 큰일을 저지를 것처럼 행동하는 관리자들을 알고 있지 않나요? 그들은 정말 큰 손해를 끼치죠. 지속해서 자기를 제어하려는 당신의 바람wish과 다른 사람들을 다루는 데 전문적인 모습을 보니 다른 사람에게 정말 신뢰할 수 있다는 느낌을 줄 것 같네요.

나는 팀원들과 실적 문제를 논의할 때, 당신이 차분하고 전문적인 모습을 유지해야 한다는 점에 완벽하게 동의합니다. 그렇지만 그들에게 분노나 불만을 느낀다는 점을 전혀 보여주지 않으려는 모습이 당신의 의사 전달력을 낮추고, 메시지의 영향력을 줄어들게 만든 원인일 것 같다는 생각이 드는군요. 당신은 그들에게 여러 번 말했지만, 그들은 전혀 당신 이야기를 듣는 것처럼 보이지 않은 것 같은데. [조금 침묵] 내 감정을 말해보라면, 회사를 위해 옳은 일을 하는 것이니 당신이 그들에게 말할 때 당신의 열정을 좀 섞여들도록 해야 할 것 같습니다. 그래야 당신이 이 상황을 얼마나 심각하게 여기는지 더욱 분명하게 의미를 전달할 것 같아요. 그렇다고 이것이 당신이 분별을 잃었다는 것을 의미하지 않습니다. [침묵] 이것은 조금 더 감정이 드러나도록 자신에게 스스로 허락해준다는 의미입니다. 나는 이것이 전문성에 대한 당신의 노력을 양보하지 않고도 당신의 영향력과 효율성을 상당히 증가시킬 수 있을 거로 생각합니다.

코칭과정 중 이 지점에서 아담은 자신을 더욱 많이 인식self-awareness할 수 있게 됐으며, 내가 말했던 사실을 되돌아본reflected 뒤에 이를 이해했다고 내 말에 동의했다. 그러나 이것이 그가 내가 제시한 방법대로 그의 행동을 바꿀 준비가 됐고 기꺼이 시도하려 한다는 것을 의미하는 것은 아니다.

이런 상황은 코칭에서 드문 일은 아니다. 고객은 더 큰 효과를 위해 스스로 다르게 해야 할 필요가 있다는 사실을 이해하는 지점까지 자기 힘으로 도달할 수 있다. 그 가운데 일부는 다른 사람들이 성취하려고 시도하는 동안 새롭게 시도하는 것을 주저하거나 불안해한다. 그러나 '변화된 행동'을 통해 열심히 분투해야만 한다.

● 스펙트럼의 양 끝 시각화하기

고객의 행동을 통찰하는 데에 도움이 되는 확실히 보증할 만한 단 하나의 기술이란 없다. 그것은 인내심을 갖고 지속해서 작업을 계속하는 것, 그들을 방해하는 것이 무엇인지 탐구하고, 새로운 전략과 실천을 기획하고, 실험을 해보며 한 번에 한 걸음씩 나아가도록 격려하는 것이 전부다. 나는 두려움 때문에 새로운 방향으로 조금씩 작은 발걸음으로 나가지 못하는 고객들이 행동 범위의 다른 쪽 끝으로 멈출 수 없게 미끄러져 나가 결과를 내는 모습을 자주 보아 왔다[두려움과 함께 나아가기].

나는 감정과 생각은 행동과 같다는 마술적인 믿음을 가진 아담이 이런 불안과 씨름하고 있을 수 있다고 가정했다. 그리고 그가 정말 그렇다는 게 밝혀졌다. 한편으로 아담은 내 설명에 동의하며 자기 리더십과 관리 유형에 더욱 감정을 싣고자 한다고 했다. 그러나 다른 한편으로 그가 경멸하곤 했던 고함을 지르고 상대를 협박하는 유형의 상사로 변하게 될까 봐 몹시 우려했다. 혹시 하나의 변화가 파멸로 이끄는 미끄러운 비탈a slippery slope이 될까 봐 두려워하고 있었다.

어째서 이러한 불안이 고객들의 목을 죄어오는 것일까? 결국 이성적 수준에서 큰 변화보다 작게 시도하는 것은 복잡하지 않고 간단해 보인다는 생각 때문이다. 바로 이 점에서 정신역동 모델은 아주 유익하다. 아담과 같은 고객이 특정한 방식으로 행동한다는 생각에 대해 **어떤** 공포horror를 표현한다면, 이렇게 행동하는 사람은 그의 어떤 무의식적인 부분이 이를 강력하게 암시하는 것이라 할 수 있다. 그는 자기감정을 부인하고, 복잡한 대인관계와 관련된 상황에 과도하게 합리적으로 접근함으로써 이 받아들일 수 없는 부분에 대해 무의식적으로 방어적인 태도를 보인 것이다. [이때 코치가 조급하게] 조금 더 가까이 다가가도록 격려하더라도 이것이 불안과 저항을 일으킬 수 있다.

그렇지만 아담의 경우, 그가 이 억제inhibition를 이용한다는 이유로 치러야 할 대가는 몇 배가 된다. 먼저 나는 아담의 화anger와 불만frustration이 비언어적인 방법으로 어떻게든 쓸모없게 흘러나온다는 것을 경험했다. 또 그는 자주 자기감정을 부인하고 제어하느라 노력하기 때문에 지치곤 했다. 마지막으로는 우리가 보았던 것처럼 이런 역동은 비효율적이고 의사소통 효과가 매우 떨어진다는 점이 드러났고, 이는 결코 좋은 결과를 만들어내지 못했다.

이 같은 상황이면 나는 고객에게 내가 세운 가설을 공유하지 **않았다**. 이것들 대부분은 고객의 분노 섞인 부인denial과 맞닥뜨리고, 좋은 방향으로 흘러가기보다는 나쁜 쪽으로 가기 때문이다. 그 대신에 [내게] 투척하고 있는being catapulted 고객의 두려움을 인정했다acknowledge. 이어서 [천천히] 행동 관련 스펙트럼의 다른 끝을 향해 작은 발걸음을 내딛게 한다. [동시에] 고객의 스타일을 바꾸는 것이 안전하고 체계적인 프로세스가 될 것이라는 믿음을 갖도록 그의 요구need에 공감했다. 그런 다음 나는 간단하고 강력하게 고객의 불안을 줄이는 것을 돕고 담아주기 효과containing effect를 지닌 단순하지만 강력한 시각화 기술을 사용한다. 나는 화이트보드에 긴 지평선을 그리고, 양 끝에 토론 중이었던 정반대의 행동 유형을 적은 라벨을 붙인다.

내가 이 기술을 아담에게 사용했을 때, 나는 '과도하게 감정을 억제하고 감정을 잘 드러내지 않음'을 선의 한쪽 끝에 써넣고, 다른 쪽 끝에는 '과도하게 화를 내고 감정적인'을 써넣은 뒤에 선의 중간 점을 표시했다. 그리고 나는 양 끝에 각자의 접근법을 반영한 표정을 짓고 있는 얼굴을 그렸다. 아담에게 지금 그의 유형이 여기에 어디쯤 있다고 생각하는지 표시해보기를 권유했다. 그가 '과도하게 감정을 억제하고 감정을 잘 드러내지 않음' 쪽 10% 이내를 선택했을 때 나는 그의 생각이 맞는 것 같다고 동의했고, 그 자리를 십자가로 표시했다. 그에게 이 지점에서부터 얼마만큼 옆으로 움직이기를 고려하냐고 물었고, 그는 '감정을 억제하는' 쪽의 중간 점 정도에 머무르기를 원한다고 말했다. 나는 그에게 만약 그가 중앙으로 오직 15%에서 20%만 움직인다면 아주 적당할 것 같다고 말했다. 나는 라인에 그 지점을 표시했다. 내 의견으로는 [고객이 지적한 지점보다 적지만] 이 변화shift가 고객이 더욱 효율적이고 균형 잡힌 접근법을 취할 수 있는 중간 절충 영역으로 충분히 도달할 수 있게 해줄 것이라고 설명했다.

내 코칭 경험에서 볼 때 이런 방식이 고객 욕구desired에 직면한, 그러나 행동 변화의 두려움에서 오는 불안을 담아내고 차분히 가라앉히는 데 도움이 될 수 있다. 시각적 특성으로 우뇌가 활성화되고 작은 변화와 큰 변화는 같은 것이 아니라는 사실, 즉 불안을 줄일 수 있는 구체적인 표상representation과 보증을 제공한다. 스펙트럼의 양 측면과 십자 표시 사이의 경계, 즉 코치가 표시한 새로운 위치를 나타내는 십자 표시가 여전히 이전과 같은 면에 있고, 처음보다는 중심으로 조금 더 가깝게 이동한 지점이기에 고객이 쉽고 안심할 수 있다. 언제나 그렇듯, 고객은 미끄러운 비탈길slippery slope에서 넘어질 것 같은 또는 갑자기 투석기에 실려 내던져지는 catapult effect식의 변화에 대한 두려움을 코치가 들을 수 있고 충분히 이해하고 있다는 사실을 알고 있을 때 가장 최선의 작업이 된다.

행동 스펙트럼을 시각화하는 것은 아담과 같은 고객들에게 그가 그의 팀원들에게 다른 의사소통 형태를 시험해보고 싶게 하는 촉매제로서 잘 작용한다. 나는 그의 세심한 준비를 도왔고 그 의사소통이 잘 이뤄졌을 때마다 충분히 격려했다. 그럴수록 그는 좀 더 성공을 위한 계획과 준비를 시도했다. 그의 정서적 범위가 조심스럽게 증가하면 그의 리더십 스타일의 영향력과 권위, 믿음이 눈에 띄게 높아졌다. 이런 결과에 대해 그와 그의 상사는 매우 기뻐했다.

어려운 감정 인내하기 - 정상화 기술

고객이 자기감정을 더 잘 인식할 수 있게 돕는 것만큼이나, 나는 그들이 비이성적이고, 비합리적이라고 생각하거나 멍청하다고 생각하는 자기 생각이나 감정에 **더 관대해지는**more tolerant 수용력을 높이는 것을 목표로 한다. 이를 인지하는 데 고객들은 방어적으로 행동하거나, 심지어 이를 인지하고 있을 때도 코치들이 알아채지 못하게 잘 숨기기도 한다. 고객의 불편함을 줄이기 위한 기술로는 그들이 당혹스러울 수 있는 느낌이 들 때 이를 앞질러 **예상되는** 이런 감정이 지극히 정상적이라고 설명하는 것, 즉 '**정상화**normalize'를 해주는 것이다. 나는 고객들에게 불안감을 일으킬 만한 생각이나 감정이 얼마나 흔한 것들인지 설명하고자 이 감정들을 더 광범위한 맥락 안에 집어넣으려 노력한다.

클라이브

예를 들면, 정부의 한 부서에서 일하는 매우 능력 있는 연구원인 클라이브Clive를 코칭 했을 때 일이다. 우리는 클라이브의 낮은 자신감을 그의 직업 전망과 연관지어 다루고자 했다. 빛나는 수상 경력과 상사로부터 그가 이 부서에서 떠오르는 신예라는 참된 이야기를 듣지만, 자신이 앞으로 승진할 수 없을 것이며 최근 맺은 5년간의 업무 계약이 끝나면 아마 쫓겨날 것이라며 두려움에 시달렸다. 또 클라이브는 동기들이 자신보다 더 높은 업무 능력을 갖추고 있다고 확신했다. 그러면서도 이는 사실이 아니라는 것을 알고 있는 자신의 또 다른 면을 이야기하며 어리석게도 자기 자신을 질책했다.

    클라이브는 이 이슈에 대한 자기 인식 수준은 타당한 근거가 있고, 자신의 두려움은 매우 비이성적이라는 점을 알고 있었다. 그러나 이에 대한 걱정이 멈추지 않았다. 나는 불안에 덜 몰두하도록 돕기 위해 그가 가진 경력 불안career anxieties을 **정상화**하려고 노력했다. 그런데도 그가 다시 이 이슈를 제기했다. 나는 그의 두려움이 사람들이 자기가 실제보다 훨씬 더 똑똑한 사람이라고 생각하도록 어떻게든 속일 수 있었기에, 실제로는 스스로 조금은 사기였다고 느끼는 비밀스러운 자기감정에서 부분적으로 유래한 것은 아닌지 의문을 제기했다. 어쩌면 그는 좀 별난 우연한 행운같이 그동안 너무 잘 지내왔지만, 언젠가 동료들이 그를 정말로 알아볼 수 있을지도 모른다는 두려움 속에서 살아왔을 것이다.

내가 이런 이야기를 하자마자 클라이브는 안도와 함께 웃으면서 이렇게 말했다. '정말로 맞는 말입니다. 저는 제가 이곳에 있을 만한 자격이 없다는 생각에 고민해 왔지만, 지금은 제가 그렇게 생각했다는 사실이 좀 바보 같은 생각이라고 느낍니다.' 나는 그의 이런 감정이 성공을 크게 이룬 사람들이 대체로 겪는 현상이라는 점을 알고 있느냐고 물었다. 그는 놀란 듯 '아니요'라고 대답했다. 그래서 나는 특정한 분야에서 매우 두각을 드러낸 사람들이 자주 불안을 예민하게 느끼곤 하는데 이것은 마치 자기 성공이 너무 쉽게 온 것이 아닌가 하는 생각에서 비롯된 것이라고 그에게 설명했다[가면imposter 증후군]. 나는 과거 고객 가운데 한 명인 수상 경력을 가진 과학자를 사례로 들며, 그 역시 클라이브가 느꼈던 감정처럼 자신이 마치 사기꾼이 된 듯한 느낌을 똑같이 느꼈다고 말했다. 그는 외부 세계가 그의 실제 모습보다 더 큰 선견지명을 가진 매우 유식한 사람으로 볼까 봐 염려했고, 어느 날 자신의 무지가 드러낼 '결정적 질문killer question'을 받을까 두려워하면서 살았다.

클라이브는 내가 이렇게 개입한 것이 자신에게 도움이 된다고 느꼈다. 그가 자신의 어리석은 염려를 덜 부끄럽게 느끼도록 도움이 되었고, 동시에 그의 불안도 잠재워주었다. 이것은 그의 자신감을 끌어올려 주었고, 그가 직장생활하는 동안 다른 부분에 더욱 효율적으로 임할 수 있게 자신의 감정적 에너지를 할애하게끔 도와주었다.

이 기술의 핵심은 고객의 비밀스러운 두려움을 완전히 정상적이고 평범한 것으로 만드는 방식으로 고객이 의문이 드는 점을 분명하게 밝혀 '정상적이고 일반적인 것'으로 되돌려 주는 것이다. 나는 지금 내 앞에 있는 고객과 같은 생각과 감정을 가졌던 '인상적인 인물'의 이야기를 사례로 들어 이 기술을 강화하기도 한다. 또 내가 전달하는 메시지는 사실에 근거한 것matter-of-fact이고, 또 동조적인sympathetic 방식을 통해 관대하고 수용적인 태도를 **모델화**하는 것이 중요하다. 코치의 행동만이 아니라 단어words가 고객에게 큰 영향을 끼친다. 나는 클라이브에게 내가 눈치챈 그의 생각에 대해서 그에게 말하지 않으려 세심하게 노력했다. 나는 그에게 '당신은 사기꾼이 된 것 같은 느낌이 드는군요'라고 **말하지 않고** 그의 두려움이 부분적으로 이런 느낌에서 비롯된 게 맞는지 아닌지 궁금하다는 식으로 이야기했다. 이런 완곡한/간접적 접근법oblique approach이 고객들이 이 문제를 훨씬 가벼운 마음으로 다루게끔 해줬다. 만약 고객이 수용하거나 거절할 수 있을 가능성이 있는 [가벼운] 통찰로 제공한다면 그들은 방어적으로 반응할 가능성이 그만큼 작아진다.

● '핫스팟'에 집중하기

코치에게 도전이 되는 또 다른 경우는 고객이 세션에 너무 많은 주제와 여러 가지 토론해야 할 주제 꾸러미를 잔뜩 갖고 오는 경우다. 주제들이 모두 연관성이 있어 보일 때 우리는 어떻게 첫눈에 코칭에서 다뤄야 할 주제를 결정할 수 있을까? 나는 일반적으로 코칭을 통해 얻고 싶어 하는 것이 무엇인가를 질문한다. 그러면서도 고객의 감정 상태에서 가장 중요하다고 생각하는 내 믿음belief이 이끄는 대로, 무엇에 초점을 맞추는가에 대한 나 자신의 판단을 활용한다. 내 전략은 세션 중 지금-여기에서 가장 정서적으로 자극되는 이슈 즉 고객의 **핫스팟**hot spot을 확인한다.

이유는 두 가지이다. 먼저 이 이슈는 처음에는 인정하거나 인식하지 못하더라도 고객에게는 중요한 문제이기 때문이다. 이를 탐색함으로써 고객의 정서적 패턴에 대한 가치 있는 통찰을 얻을 수 있다. 다음으로 고객들이 불안, 분노, 흥분, 슬픔에 대한 감정을 인정하지 않거나 탐색하지 않고 남겨두면 그것은 장벽으로 기능하게 된다. 이는 고객의 다른 주제에 대해 경청과 토론을 통해 배우거나 성찰하는 능력을 떨어뜨린다. 이런 이유로 나는 이따금 세션 초기에 주도권을 쥐고 코칭대화를 특별한 경로로 안내하기도 한다. 또 다른 경우에 잠깐 고객이 이끄는 대로 경로를 따라 시작하지만 우리가(코치-코치이) **핫스팟**을 놓치고 있다는 느낌이 들면 정확한 핫스팟으로 다시 돌아온다.

랄프

위에 언급한 것 가운데 후자의 경우를 보자. 에너지 분야 다국적 기업 고위 임원으로 있는 고객 랄프Ralph의 사례다. 그는 연말 은퇴를 앞둔 상사의 뒤를 이어 이사회의 일원으로 승진할 준비를 위해 코칭을 받았다. 특기할 점은 랄프가 고위 이해관계자들과 관계를 돈독히 하려고 매우 애써 왔고, 팀원들을 대할 때면 언제나 더 동기를 고취하고자 행동하는 스타일이라는 점이다.

  몇 달 동안 함께 작업을 진행한 뒤 랄프는 자신이 이사회에 제출해야 할 프레젠테이션을 준비하고, 자신이 팀을 위해 계획하는 워크숍을 이끌 최고의 방안을 생각하는 데 초점을 맞추고 싶다고 말하면서 세션을 시작했다. 그는 지나가는 말로 그와 복잡하고 껄끄러운 관계에 놓인 동료 가운데 한 명인 브라이언과 '강렬한 폭발massive blow-up'이 있었다고 말했다. 그렇지만 '나는 이 폭발에 말려들고 싶지 않아요, 그건 너무 어리석은 짓이에요!'라고 덧붙였다. 우리가 과거에 브라이언에 대해서 많은 시간 반복해서 이야기했기 때문에 또 그가 세션에서 다루려는 과제와 연관이 있고 시간도 없었으므로, 나는 브라이언과의 문제를 액면 그대로face value 받아들였다. 그리고 우리는 그가 이사회에서 발표해야 할 프레젠테이션에 관해서 이야기를 나눴다.

  시간이 조금 지나자 나는 랄프가 우리 논의에 최선을 다해 참여하지 않고 있다는 생각이 들었다. 그는 대체로 활기차고 개방적이긴 했지만 조금 거리를 두고 약간 한가한 태도를 보였다. 또 내게 조금 짜증이 난 듯 보였고, 프레젠테이션에 대한 몇 가지 질문을 무시하기도 했다. 순간 나는 내가 도울 수 있는 일이 몇 가지 안 된다는 생각과 약간 쓸모없는 사람이 된 것 같은 느낌이 들었다. 나는 먼저 랄프의 행동이 그동안 자신을 인정해주지 않은 이사회에서 프레젠테이션하는 것에 대한 불안을 반영하고 있으리라는 가설을 세웠다. 또 그가 **투사적 동일시**projective identification를 사용해, 무의식적으로 내게 이 과업과 관련한 무능감inadequacy을 나 또한 똑같이 느끼게끔 하려고 교묘하게 나를 조종하는 것은 아닌가 하는 의문이 들기도 했다. 그렇지만 내가 이런 가설을 염두에 두고 랄프를 관찰하며 그의 이야기를 들었을 때, 이것들이 모두 맞지 않는 것 같았다.

나는 뭐지? 스스로 조금 의아해하면서 랄프가 세션에 도착하자마자 나눴던 것을 검토했다. 나는 브라이언에 대해서 그가 툭 내뱉던 말을 기억해냈고, 그와 랄프가 지난 몇 개월 전에 겪었던 마찰로 그가 얼마나 뒤집혔는가에 대해 떠올렸다. 그러자 이 문제가 지금 랄프에게 진정한 **핫스팟**인 것 같다는 의심이 들었다. 랄프에게 직접 물어보는 것보다 - 그랬다면 그가 이를 부인하고, 결과적으로 이 화제에 관해 이야기한 것과 관련해 마음을 닫아버렸을 수도 있다 - 나는 그가 이사회의 발표 준비를 이미 충분히 한 것 같다고 긍정적인 이야기를 꺼냈다. 또 그가 이런 중요한 일과 관련해 차분한 태도를 보이는 점이 인상적이라는 말과 함께, 브라이언과의 문제가 짜증 나게 만들어 성가시게 한 것은 아닌가 하는 생각이 든다고 덧붙였다. 여기서 이 지점이 진정한 그의 핫스팟이라는 사실이 드러났다.

랄프는 내 말에 즉각적으로 응답했다. 그가 브라이언과 최근 겪은 안 좋은 일들에 분노했으며, 이 사실이 그에게 어느 정도 영향을 미치고 있다는 점에도 매우 분노를 느낀다고 말했다. '왜 나는 그와의 불화보다 더 중요한 문제에 좀 더 시간을 쏟지 못하고, 이 문제를 이야기하는 데 시간을 낭비해야 하지? 정말 짜증 나는군!' 랄프는 지금 바로 분명히 이 방 안에 함께 있었다. 진정 지금-여기에 함께 한 것이다. 브라이언 관련 이야기를 탐색하면서 우리는 왜 랄프가 브라이언에 의해 감정적으로 영향을 받는지 그가 문제를 진정으로 바라볼 수 있으려면 무엇을 어떻게 해야 하는지 관점을 갖고 볼 수 있었다.

나는 또 랄프가 자기 마음을 정말로 빼앗아버린 주제를 나누는 것을 스스로 허용하지 못했을 때, 어떤 일이 일어나는지를 확인하기 위해 세션에서 나 자신의 경험을 활용했다. 이것은 랄프가 그의 감정에 더 관심을 기울일 필요가 있다는 사실을 성찰하게 했고, 단순하게는 그가 이 문제에 어떤 중요성도 부여하고 싶지 않다고 생각해서 이를 무시하거나 잊으려고 노력하기보다는, 이러한 자기감정을 **일으킨 것이 무엇인가**에 대해서 집중할 필요가 있다는 사실도 알려주었다.

의도와 행동

고객이 통찰을 얻기 원하는 주요 영역은 다른 사람에게 영향을 주는 자기 행동 부분이다. 이런 과제 해결을 위해 도움이 될 만한 기술로 두 가지가 있다. 먼저 부적절한 행동이라도 그것이 무엇이든 **고객의 의도**intention가 **대체로 좋다**는 사실을 실제 포인트로 인정해주는 것이다. 내 경험에서 보아도 이것은 대체로 진실이다. 기본적으로 좋지 못했던 행동은 과업에 대한 지나친 집중, 업무 수행 불안, 비현실적인 높은 기준, 적절하지 못한 경계 설정, 사람 관리 기술의 취약, 또 자기 행동이 타인에게 불러일으킬 수 있는 분노와 당황함에 대한 민감성 부족 등이 혼합해서 나타난다. 사람들이 타인을 괴롭히려고 의도적으로 행동하는 경우는 매우 드물다.[5] 무엇이든 일단 좋은 의도를 가지고 행동했을 거라고 믿어주는 것은 고객들의 죄책감과 수치, 화를 줄여주며, 자기 행동이 변화될 필요가 있다는 사실을 받아들일 가능성을 높여준다(8장 세바스찬Sebastian 사례). 이런 방식으로 고객의 편에 **함께 나란히 선 다음**에 그다음 단계는 의도와 행위 사이에 존재하는 **차이점에 공감**하면서 다가가는 것이다.

수잔

수잔Suzanne은 투자금융 분야 지점의 고객지원부서 매니저였다. 그녀는 인간관계에서 권위적이고 무뚝뚝한 태도를 점검하고자 코칭을 받게 됐다. 그녀의 직속 상사와 다면평가를 통해 쉽게 피드백을 받았는데도, 그녀는 거기에 분개했고 상처를 받았으며 왜 자신이 그런 평가를 받았는지 이해하지 못했다. 그녀는 자신을 다른 사람과 달리 열심히 일하며 자기 부서관리에 엄청난 노력을 하는 성실한 임원이라며 확신에 차 있었다. 그녀는 자기는 물론 팀원 모두에게 높은 기준을 요구하지만, 공평한 관리자라고 스스로 평가했다. 또 자기 목적이 항상 팀에게 좋은 결과를 가져 왔다고 주장했다.

그녀의 긍정적인 동기와 회사에 대한 애사심을 인정하고 그녀의 감정에 공감한 뒤 나는 간단한 관찰을 시작했다. 나는 **우리가 자신을 평가할 때는 자기 의도를 중심으로 평가하지만, 다른 사람이 우리를 평가할 때는 우리의 행동으로 평가한다**고 설명했다. 이어 수잔에게 그녀의 부하 직원 가운데 한 명(그녀가 소소한 실수를 한다며 가차 없이 비난해왔던 직원)의 입장이 되어 생각해볼 것을 권했다. 그녀의 행동이 어떻게 보이는지, 어떻게 느껴지는지를 느껴보라고 했다. 나는 수잔의 의도가 부하 동료들의 연례 평가를 위해 제시간에 일을 마무리할 수 있도록 도우려고 한다는 점을 이해한다고 강조했다. 그렇지만 이 점이 팀원 개인들에게는 분명하게 드러나는 것 같지 않다고 지적했다. 이렇게 접근한 다음에야 그녀의 관리 스타일이 불러온 결과에 집중할 수 있게 했다. 처음으로 그녀는 생각해보기 위해 잠시 멈추었다.

도가 지나쳐 흘러넘치는 강점

그러나 수잔은 의도하지는 않았더라도 자신이 동료들을 **화나게 했을 수 있다**는 새로운 인식을 용인하기가 어렵다는 점을 코칭을 통해 알 수 있었다. 나는 간단하지만 또 다른 강력한 기술을 사용하여 이 문제를 타파하고자 했다. 이것은 고객의 편에 서서 작업동맹을 강화할 수 있는 굉장히 탁월한 방법이다. 특히 고객이 예민하거나 비난받는다고 느낄 때 유용하다. 이 기술은 **강점이 지나쳐 흘러넘치면 약점이 된다**는 개념을 알려주고 실전에서 이것이 무엇을 뜻하는지를 뒤이어 설명해주는 것이다.

  나는 수잔의 추진력, 힘, 성실함conscientiousness이 그녀의 분명한 강점이라는 사실을 강조했다. 그러나 이것이 도가 지나치면 업무를 끝내는 것만을 강조하여, 관계를 망칠 수 있다고 말했다. 비슷하게 그녀의 높은 기준과 업무를 제시간에 끝내기 위해 노력했던 헌신 또한 강점이지만, 이것들도 도가 지나치면 동료들이 억압받는다고 느낄 수 있다고 덧붙였다. 코칭은 수잔이 그녀의 강점을 소중하게 여길 수 있게 돕고, 그와 동시에 이것들이 너무 도가 지나쳤을 때 드러나는 좋지 않은 효과들을 어떻게 완화할 수 있는지 그 방법을 알려줄 것이라고 했다.

여기서 코치의 목적은 고객의 자존감을 보호하고, 그들이 변화할 필요성을 이해하게 하려고 고객들이 방어적인 태도를 보이지 않도록 유의하는 것이다. 강점과 약점 사이에 연관성을 제시하여, 나는 고객의 높은 수준을 강조했으며 그와 동시에 분명하지만 호의적인 관점에서 고객에게 그녀의 문제 있는 행동들을 알려주었다. 내가 이 기술을 사용할 때 주로 다른 강점과 그에 수반되는 약점을 가지고 있는 타인의 예시를 들어 이야기의 주제를 강조한다. 나는 자주 내 고객 가운데 한 명이나 두 명의 예시를 드는데, 이것은 **우리가 모두** 어느 정도 분투해야 할 필요가 있고, 더 능숙해져야 할 부분들을 가지고 있다는 이야기를 고객이 알아듣기 쉽게 해준다.

  수잔은 이런 개념화formulation가 자신에게 도움이 된다고 생각했고, 이와 관련해 매우 열정적으로 임했다. 이는 그녀가 동료들에게 취했던 자기 행동에 대해 그녀 안에서 커지는 죄책감과 수치심을 줄여주었고, 그녀가 피드백 결과를 분노와 함께 거부했던 이전의 모습으로 되돌아가지 않게 해주었다. 이는 코칭과정에서 전환점turning point이 되었다.

고객 자신의 경험 활용하기

나는 이미 우리가 코칭과정에서 고객이 자신과 코치를 연관 짓는 방법 가운데 하나인 고객의 **전이**transference를 통해 고객 정보를 모을 수 있다고 말했다. 이는 일반적으로 내가 고객의 이야기보다 더 주목하는 '고객을 이해하는 유용한 통찰력'을 제공한다. 그렇지만 나는 세션 중이나 세션과 세션 사이든 상관없이 고객이 말했거나 수행한 것에 대한 내 경험을 피드백할 만한 것을 선택해 제공한다. 이는 고객의 관심을 높이고, 타인에 대한 고객 자신의 영향력에 대한 인식을 넓히는 탁월한 방법이다. 이때 코치가 고객이 당황하거나, 분노, 죄책감이 유발되지 않게 코치의 경험을 전달하고, 비판이나 비난받는 느낌이 없도록 코치가 민감해야 하는 게 중요하다.

이런 기회가 수잔과 코칭하며 드러났는데 이는 그녀가 자기 인식을 넓히는 데 도움을 주었다. 코칭세션 일정 중에 수잔의 사무실에서 문제가 생겼다. 그녀의 비서가 사실은 자신이 하지 않았는데 코칭 약속이 있다고 말했고, 수잔은 코칭을 위해 우리 사무실을 방문했다. 그렇지만 내 비서인 재닛은 이를 전혀 예상하지 못했다. 수잔은 재닛에게 큰 소리로 날카롭게 소리쳤다. 그녀는 많든 적든 자기 시간을 낭비하게 했기 때문에 재닛에게도 책임이 있다며 비난했다.

수잔이 그녀의 비서 잘못인 것을 알고, 그 날 오후에 재닛에게 사과 메일을 보내긴 했지만, 재닛은 나중에 이 일이 그녀 사무실에서 일어난 혼란이었다는 것을 알고 수잔의 무례한 행동에 화가 나서 이 사건을 코치에게 말했다. 코치는 수잔과 다음 코칭 만남에서 이 사건을 언급했고 이 사건을 그녀의 관점에서 접근했다. 시간을 낭비해서 그녀가 스트레스를 받고 불쾌했을 것이고, 나중에 사과할 필요를 느끼긴 했지만 재닛에게 짜증을 낸 것일 뿐 어찌 보면 있을 수 있는 일이라고 말했다. 코치는 조심스럽게 수잔이 했던 반응react이 자기 내면에서 어떤 일이 일어나게 했는지 탐색해보는 것이 유용하다고 말했다.

코치는 이 문제를 재치 있게 그리고 책망하는 것보다는 **분명한 목적을 가진 탐색**으로 접근하여, 수잔이 자신이 분노를 일으켰던 구체적인 일들에 대해서 충분한 통찰을 얻을 수 있게 도와주었다. 재닛보다는 수잔의 경험에 집중함으로써, 코치는 고객의 방어적 반응defensive reaction을 피하면서 수잔에게 그녀가 얼마나 빠르게 타인을 몰아세울 수 있는지를 인정acknowledge할 수 있는 **공간**을 남겨주었다.

마가렛

나는 이 기술을 마가렛Magaret이라 불리는 고객에게도 활용했는데, 그녀는 자기감정을 억누르는 성향의 고객이었다. 그녀는 어려운 문제를 다루는 것을 피하다가 결국에는 감정의 압박이 너무 많이 커졌을 때 과도하게 분노하곤 했다. 우리는 마가렛의 동료들이 그녀를 어떻게 생각하는지 360도 다면평가를 실시하기로 했다. 그러나 실행할 시간이 다가오자 그녀는 하루하루 변명을 늘어놓으며, 동료들에게 평가지를 분배하는 것을 계속 미뤘다. 내가 이 문제에 대해 마가렛과 이야기하려 하자, 그녀는 메일이나 전화를 이용한 소통도 멈추고 심지어는 코칭세션을 취소하기도 했다.

마침내 마가렛과 서로 얼굴을 맞대고 앉아, 매우 지연된 다면평가와 이를 회피하려는 그녀의 태도에 관해 이야기를 꺼내자, 그녀는 화를 내며 속상해했다. 마가렛은 이 코칭과정에 대해 걱정하며 내가 그녀를 압박하고 있는 것처럼 느껴졌다고 말했다. 코칭세션 중 지금-여기here and now에서 마가렛의 폭발에 대해 내가 느끼는 경험과 이전 전략인 '무선침묵radio silence[인터넷 등 모든 소통단절]'의 경험은 우리가 함께 작업하는 데 매우 큰 도움을 주었다. 이것은 마가렛이 잠재적인 갈등을 피하고 나서 분노했을 때 취하는 그녀 행동의 감정적, 행동적 패턴의 특징을 파악하는 데 강력한 근거를 제공했다. 마가렛은 나와 이야기하는 대신에 피했다. 이 문제를 다루는 것은 우리에게 완전히 새로운 수준의 통찰력을 제공했고, 마가렛이 이 상황들을 더 효과적으로 다룰 수 있도록 하려면 어떤 변화가 있어야 하는지 탐구하게끔 했다.

● 다른 사람을 통해서 통찰을 얻도록 고객을 돕기

나는 고객이 자기감정과 행동을 통찰하게 도울 뿐만 아니라, 정신역동 모델을 활용하여 그들이 자기 동료들에 대한 통찰력을 갖도록 돕는다. 이는 매우 유용하다. 많은 고객이 다른 사람들의 말이나 행동을 표면적으로만 받아들이는 경향이 있다. 고객들이 그들의 상사나 동료들에게 어떤 일이 일어나는가를 분석하고 세상을 그들의 감정적 관점에서 바라보도록 격려하는 것은 고객들이 문제를 덜 주관적으로 바라보게 도와주고, 그들이 더욱 숙련된 접근을 적용하도록 도와준다. 이것은 어려운 관계를 변형transform시킬 수 있다.

말콤

대기업 소속 중견기업 이사회의 이사직으로 승진한 지 두 달 뒤에 코칭을 받은 고객 말콤Malcolm과의 코칭에서 경험한 사례다. 최근에 말콤은 그의 상사인 톰 사이에 불거진 문제를 해결하는 데 집중하고 싶다고 말했다. 상사의 행동이 그를 혼란스럽고 좌절감을 느끼게 한다고 했다. 특이한 점은 톰이 말콤과 그의 동료들에 대해 매우 세부적인 사항까지 통제하고micro-managing 있다는 것과 충동적으로 전략 방향을 바꾸거나, 그러면서도 어려운 인사 결정personnel decision은 피하고 있다는 점이다.

지금까지 말콤의 대응은 그의 상사가 분명하고 더 일관적인 의사결정을 내릴 수 있도록 간접적이고 가벼운 시도를 사용해 상사의 요구를 맞추는 데 최선을 다하는 것이었다. 결정적으로 그는 톰의 행동을 많은 부분 사적으로 해석했고, 그 행동이 그가 말콤의 능력에 의문이 들 때마다 취하는 신호일 것이라고 받아들였다. 나는 말콤이 톰의 최근 약속, 그의 인간성, 환경, 그를 향한 압력에 대한 사실 정보를 모으고 연구하도록 도움을 주자 이 상황은 이전과 다른 그림으로 펼쳐졌다.

톰은 기술직 전문가에서 상무로 승진했다. 그는 천성적으로 큰 그림을 보는 관리자가 아닌 세세히 살펴보는 유형의 관리자였다. 그리고 그는 일반적인 리더십과 관련된 경험이 거의 없었다. 그룹의 CEO는 어려운 시장 상황에서 부진한 말콤의 부서가 급격한 실적 상승을 그리게끔 톰을 압박했다. 내가 이러한 사실에 식면한 상사가 과연 **어떤 감성을 느꼈을지** 상상해보라고 말콤에게 권유하자, 그는 자신이 상사라면 엄청난 불안에 고통받았을 것이며, 새로 맡은 직무의 어려운 요구를 받아들이기 위해 무척 애를 쓰며 괴로워했을 것 같다고 말했다.

이런 통찰은 말콤이 톰에게 비난받는다는 생각에서 벗어나게 해주었고, 그가 느끼던 혼란스러운 감정과 좌절감을 덜어주었다. 그 대신에 우리는 말콤이 상사의 불안을 덜어주기 위해 어떤 일을 할 수 있을까를 고민했다. 톰이 진짜로 필요로 하는 것보다 더 많은 정보를 주간 업데이트를 통해 제공해 그가 장악하고 있다고 느끼는 방법으로 먼저 제공하는 것이다. 이런 대응은 톰이 세부적 통제 경영 방식을 신속하게 완화하도록 만들었다. 말콤 역시 톰이 적절치 않게 업무 방향을 바꾸려 시도할 때 더 적극적인 태도를 보였다. 다양한 성과를 내야 하는 어려운 이슈를 다루는 톰을 위해 필요했던 확고한 입장에 같이 서 있게 되었다. 말콤이 톰에게 더욱 분명한 자세가 되자, 그[톰]를 위해 담아주기containing 가 된 것이 입증되었고, 그의 모든 요청을 충족시키려고 애쓰기보다 확고한 경계를 유지하고, 비효율적인 행동에 도전하지 않게 되었다. 결과적으로 말콤은 톰의 행동이 상당히 좋아진 것을 발견할 수 있었다.

● 독백을 대화로

나는 내부internal 변화와 행동 변화를 강화하는 데 사용하는 기술을 소개하고 이 장을 마무리하고자 한다. 이 기술은 **고객 스스로가 그들 자신을 위한 코치가 되는** 중요한 과정에 도움을 준다. 이 기술은 특히 고객이 장기간에 걸쳐 만들어진 정서적, 행동적 패턴에 대한 통찰을 얻었을 때, 이것들을 바꿔야modified 할 필요성을 이해했을 때, 그렇지만 그것이 힘들다는 걸 발견했을 때 특히 유용하게 사용될 수 있다.

변화를 위한 이런 장애물은 언제나 내면의 목소리inner voice 형태를 취한다. 이는 가장 큰 두려움으로 계속 드러나서 고객을 통제한다.

- 아담은 자기감정과 행동에 대한 통제권을 잃을까 봐 느꼈던 두려움이 열정과 권위 부족으로 그를 이끌었다. 그의 내부 목소리는 항상 경고했다. '결코, 통제권을 잃지 마라!'
- 클라이브는 자신이 사기꾼임이 드러날까 느꼈던 두려움이 불안을 일으켰고, 그가 업무에 집중하지 못하게 그를 좀먹었다. 그의 내부 목소리는 속삭였다. '너는 그럴만한 충분한 자격이 없어!'
- 수잔은 업무를 제시간에 맞춰 완성도 있게 끝맺지 못할까 봐 느꼈던 두려움이 그녀가 거친 태도로 그녀의 부하 직원들을 압박하게 했다. 그녀의 내부 목소리는 지속해서 그녀에게 말했다. '일을 계속

해야 해 – 실패하면 안 돼!'

내 목적은 이런 목소리의 통제권을 **약화하고 제한하는 것**이다. 우리는 고객에게 이러한 목소리들이 완벽하게 조용해지게 만드는 데 시간을 낭비할 필요가 없다고 말하며 이야기의 첫 테이프를 끊는다. 나는 이런 식으로 말한다. '이 목소리는 당신의 오래된 부분에서 기인한 것이고 앞으로도 당신 삶의 한 부분으로 남아 있을 겁니다. 그렇지만 **우리는 반격할 수 있습니다.**' 나는 고객들이 한쪽에는 오래된 부정적인 목소리, 다른 한쪽은 새롭고 더 자신감 있는 새로운 목소리로 **내적인 대화**internal dialogue를 하여 스스로 자신을 시각화visualize해보기를 권유한다. 고객들이 예전의 패턴에서 벗어나서 사물을 다르게 보길 원하는 결정적 순간crucial moment에 이 새로운 목소리를 활성화한다. 이는 예전과는 다르게 행동할 수 있도록 하는 방법을 배울 수 있다. 그리고 나는 똑바로 앉아 자신감 있는 어조를 사용해 이 새로운 목소리의 본보기를 제시한다. 예를 들어, 아담의 경우 이 새로운 목소리는 이런 식으로 이야기했을 것이다. '그래 맞아 그 "통제력을 잃지 마."라는 낡은 메시지가 또 왔군……. 글쎄 물론 통제력을 잃지 말아야 하지만, 내 업무상 관계에서 조금 감정을 섞거나 힘을 쏟는 걸 멈추고 싶진 않은걸. 그렇게 해도 나는 침착하고 평온하게 전문적인 모습을 유지할 수 있어.'

　　오래된 목소리를 무시하고 이를 용인하며 살아야 하는 불편한 감정을 초래할 수 있다는 사실을 강조하며 이같이 한다. 그렇지만 점차 시간이 지남에 따라 새로운 사고와 행동 방식이 몸에 익는다면, 오래된 목소리는 잠잠해지고 마침내 통제권을 잃게 될 것이다. 그래서 무서운 적이기보다는 그저 오래되어 친숙한 좀 짜증 나는 존재로 남게 될 것이다.

나는 주로 고객들에게 **내부 독백**inner monologue에서 **내부 대화**dialogue로 바뀌는 **이런 변화**shift가 고객이 셀프 코칭을 시작하는 중요한 과정이라고 설명한다. 내가 예시를 들어 보여준 새로운 목소리를 내부화internalizing하고 강화해서reinforcing, 고객은 자기감정과 행동을 관리하는 능력을 빠르게 향상할 수 있다.

이러한 방법으로 나는 고객들의 자아ego - 이성적이고 균형적인 사고를 가능케 하는 마음의 한 부분 - 가 그들의 냉소적인 초자아superego에 대응하는 것을 돕고, 어떨 때는 그들의 공격적인 충동에 대항하게 돕는다. 목소리를 통해 실례로 보여주는 것demonstrate과 대화를 행동으로 드러내는acting out 두 과정 모두 중요하다. 나는 부정적인 목소리가 가진 투덜거리거나 분노하는 본성을 과장하고, 권위 있고 적극적인 어조로 긍정적인 목소리를 보여준다. 이것은 고객들이 두 번째 목소리를 알아보는 데 도움을 주고, 이 목소리를 더 강하게 내부화할 수 있게 도와준다.

● 코칭과정

나는 이 장과 이전 장에서 그렸던 코칭과정에 대해 간단하게 검토하고 이 장을 끝내려 한다. 모든 코치가 아는 바와 같이 이는 결코 간단하고 쉬운 작업이 아니다. 우선 고객들과 코칭을 시작할 때 반드시 신뢰trust와 라포를 형성하는 데 집중해야 한다. 이것 없이는 코칭 관계는 순조롭게 출발할 수 없을 것이다. 그리고 만약 이 관계가 유지되지 않는다면 코칭은 흔들리고 실패할 것이다. 그렇지만 고객과 정말로 강력한 관계를 맺기 위해서 우리는 반드시 좀 더 따뜻하게 함께하기warm presence와 안전한 장소safe space를 제공해야 한다. 두말할 필요 없이 거의 코칭 초반부터 고객의 세계를 통찰력 있게 이해하고, 공감하는 모습을 실제로 보여줘야 한다. 그렇지만 진정한 이해는 통찰력 하나로는 충분하지 않다. 가장 초기에 관찰과 코멘트를 통해 우리는 고객들이 그들의 코칭 목적을 이룰 수 있도록 새로운 행동 전략을 세우는 데 도움을 줄 수 있다는 사실을 입증해야 한다. 그리고 조직에 이 결과가 빠르게 눈에 보이는 형태로 나타날 수 있다는 사실 또한 입증해야 한다. 이런 과제를 동시에 수행하면서 코칭이 복잡하고 보람 있는 활동이 되게 만드는 것은 코치에게 큰 도전이 아닐 수 없다.

---

5) 이것에 대한 예외는 바비악과 헤어Babiak and Hare(2007) 『당신 옆에 사이코패스가 있다』(이경식 역, 알에이치코리아, 2017)에 의해서 설명된 정신병 스펙트럼에 속해 있는 개인들을 들 수 있다.

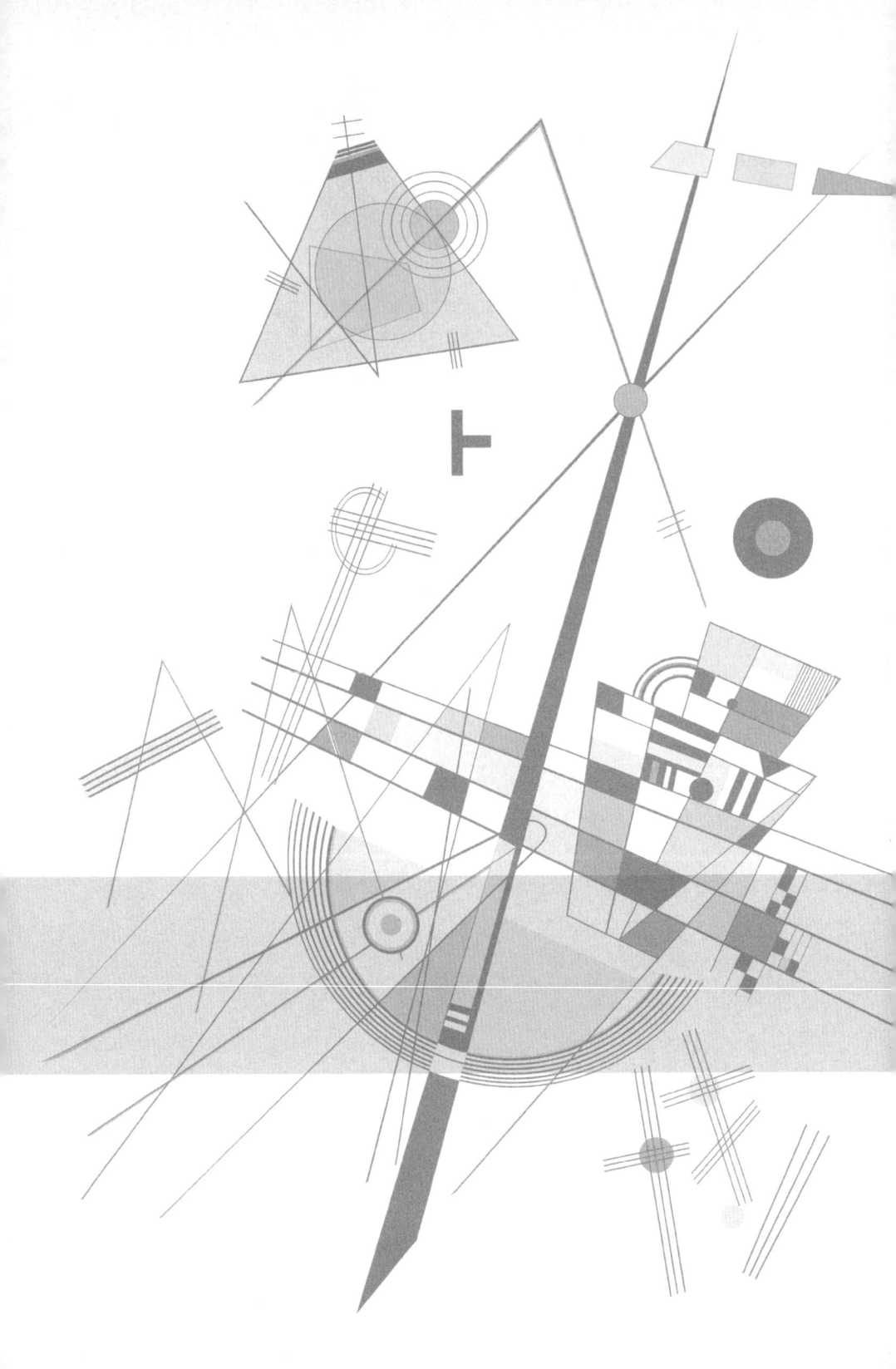

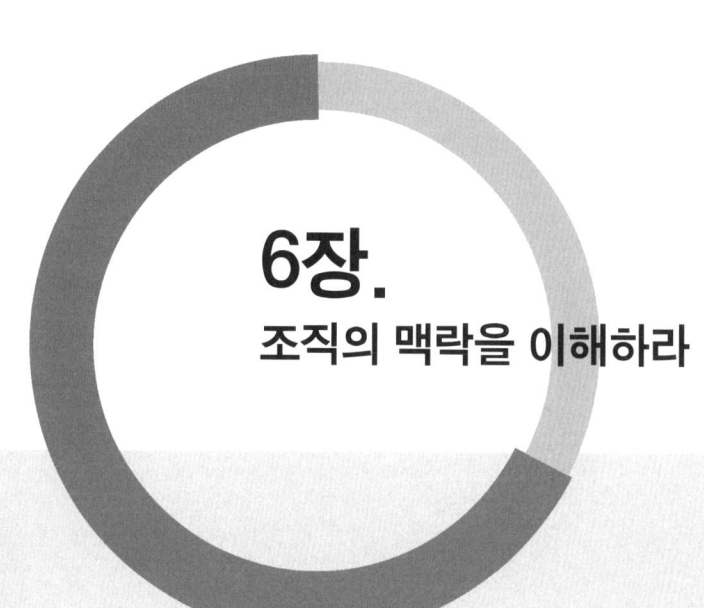

6장.
조직의 맥락을 이해하라

6장. 조직의 맥락을 이해하라

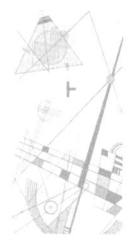

앞에서는 일대일 코칭과 관련한 경험을 정리했다. 이제 코치와 고객, 조직 사이의 삼각관계의 중요성을 좀 더 깊이 검토해 정리하려 한다. 이 관계는 임원코칭의 기본 프레임이다.

코칭과정 초기에 코치는 고객이 속한 조직과 역동에 대해 되도록 충분히 알아낼 수 있는 매우 좋은 기회를 얻는다. 내 경험에는 코칭을 위임하고 코칭 진행에 동의하는 과정에서 코치와 파트너인 코치이coachee, 두 사람과 관련된 조직의 이해당사자가 모두 참여하면 할수록 좋은 결과를 얻을 수 있다.

첫 계약

임원코칭은 대부분 잠재 고객 본인보다 그들의 이해관계자들과 통화하거나, 이메일을 주고받으며 시작된다. 조직 HRD 담당자를 통한 첫 연결도 이와 같다. 이따금 요청자가 코치이의 직속 상사일 때도 있고, 최고위 경영진 가운데 한 명이라면 본인이 직접 연락하기도 한다. 내 경우 코칭 의뢰 방식은 전화가 일반적이며 이때 고객이 속한 조직과 최근 중요하게 제기되는 이슈, 고객의 배경과 역할, 그들의 코칭에 대한 요구 등을 간략하게 전해 듣는다.

대체로 코치이와 코치들은 누군가를 거치기보다는 직접 접촉해 약속을 잡는데 이는 이른바 '간보기chemistry check'와 같다. 때로 코치가 코치이에게 연락하여 만남을 조직하거나 코치이가 코치에게 연락하기도 한다. 가끔은 조직 연락 담당자나 비서가 코치이를 대신해 약속을 잡는다.

첫 만남은 코치이가 특정한 코치와 작업할지를 결정하거나 아니면 필요한 점검을 통해 거절하기 위한 시범적 만남이 되기도 한다. 최근에는 고객/코치이들이 최소한 두세 명의 코치를 만나보고 난 뒤 더 많은 정보를 갖고 결정한다. 결과적으로 첫 접촉과 고객이 결정하기 전까지 기간은 몇 주에서 심지어 몇 달까지 늘어날 수 있다. 내 경우 코치이와의 첫 만남은 일반적으로 코칭비를 받지 않는다. 첫 만남이 진행되는 시간의 길이와 내용의 깊이는 코치의 접근법에 따라서 매우 다양하다. 물론 고객/코치이도 즉각적으로 대답할 수도 있고 그렇지 않을 수도 있다. 만약 코칭 합의에 성공하지 못할 경우 코치가 받는 피드백 역시 매우 다양하다.

● 조직과 상호작용

이런 사전 코칭과정이 너무 늘어지거나 복잡하면 코치에게는 짜증 나는 경험이 될 수 있다. 코치가 새로운 일거리를 찾고 있다면 이 시간은 그에게 불안한 기간일 것이다. 반면에 코치가 바쁘고 확정된 계획을 갖고 있다면 이런 무보수 기간은 중요하고 무엇인가를 가늠하여 투자할 가치가 있는 기간으로 여겨질 수 있다. 고객/코치이에게도 여러 코치와 만날 때 이런 경쟁적 요소는 그 자체가 압력을 주는 시간이 될 수 있다. 그렇지만 정신역동 관점에 따르면 고객-조직과 이런 첫 상호작용은 코칭과정에서 중요한 부분이 된다. 첫 상호작용은 코칭이 어느 정도 흘러갔을 때 수면 위로 올라오게 될 주제에 대한 **가치 있는 단서들**을 제공하기 때문이다. 내가 경험했던 두 개의 다른 조직들과의 상반된 경험을 통해 이를 설명하고자 한다.

제조업의 경우

첫 번째 조직은 수직적인 계층 구조와 경영자 개발에 보수적으로 접근하는 전통적인 프랑스 제조 회사이다.

마틴

코칭 경력을 조직에 알리고 잠재 고객에 관한 정보를 얻기 위한 긴 전화 통화를 하고 나서 나는 다른 두 명의 코치들과 함께 이 조직에서 내가 고객/코치이와 코칭을 시작한다면 어떻게 코칭할 것인지 자세한 제안서를 보내달라고 요청받았다. 나와 다른 두 명의 제안서는 일차적으로 승인을 얻었고, 고위 임원들이 읽을 수 있도록 파리로 보내졌다. 또 제안서 외에 더 자세하게 추가 정보를 요청하는 질문 리스트가 돌아왔다. 내가 이 질문 리스트에 응답한 뒤에도 다른 두 명의 코치들이 낸 제안서를 검토하는 데 6주가 더 걸렸다. 마침내 프랑스에 있는 고위 임원에게서 최종 승인을 받았다. 조직과 첫 번째 통화한 날부터 4개월이 지나고 나서 코칭에 청신호가 켜졌고 인사 담당자는 나를 포함한 다른 코치들과 고객 만남을 주선했다. 나는 영국 사업 담당자인 마틴Martine이라는 고객이었고, 그와 난 기꺼이 같이 작업하고자 했다.

    HR 담당자와 고위 임원은 마틴의 코칭 목적이 동료를 대하는 그녀의 의사소통 능력을 개발해야 한다고 말했다. 그녀는 갑자기 불안해하거나 가끔 화를 내며 스트레스를 받는 경향이 있기 때문이다. 부하를 대하는 태도가 지금보다 더 신중해야 하며 그들 앞에서 권위가 있어야 한다는 이유였다. 코칭과정 초반에 마틴은 이런 부분을 인정했지만 동시에 프랑스 고위층 임원들의 엄격한 위계질서를 극복하는 데 자신이 얼마나 많은 좌절감을 느끼고 있는지를 설명했다. 마틴은 그들이 영국 사업을 완전히 이해하지 못하면서 언제나 자기가 결정할 많은 부분을 통제하려는 것 같다고 했다. 이 때문에 얼마나 많은 일이 지연되고, 초과 근무를 해야 했는지 다양한 사례를 내게 보여주었다. 그 때문에 핵심 고위 간부들이 그녀에게 더 많은 자율권을 부여하게 할 수 있도록, 그들을 대하는 법에 더 능숙해지도록 코칭과정을 활용하고 싶다고 털어놓았다. 또 스트레스를 덜 받는 방식으로 회사 문화에 대처할 수 있게 코칭이 진행되기를 원했다.

마틴이 행동 지향적이며 다소 성급한 경향이 있다는 것을 생각하며 아마도 그녀가 느리고 관료적인 조직문화 특성을 과장하고 있는 게 아닐까 생각했다. 나는 잠재적인 새로운 공급 업체 입장에서 조직의 이런 점들을 살펴보았다. 이런 시도는 나에게 조직을 객관적으로 바라보는 데 도움을 주었다. 또 마틴의 견해가 객관적이라는 확신을 하게 했다. 물론 내가 이렇게 이해함으로써 마틴이 고위 임원들의 매우 조심스러운ultra-cautious 접근에 대해 더 많이 이해하고 효과적으로 일할 수 있게 새로운 방법을 찾을 수 있도록 집중하게 해줬다.

전문 서비스 회사

이 예시는 조직 특성을 보여주는 매우 광범위한 역동이라는 맥락 안에서 가치와 고객 이슈 탐색의 관련성을 볼 수 있다.[6]

테레사

그녀는 내가 여러 해 동안 함께 일했던 전문 서비스 회사의 임원이다. 리더십 개발 관리자가 내게 전화를 걸어 긴급한 문제로 코칭을 의뢰한다고 했다. 고위 임원 가운데 한 명인 테레사Theresa에게 새로 맡은 까다로운 중책과 과중한 업무량을 감당할 수 있게 지원이 필요하다고 했다. 그들은 테레사의 코칭에 적합한 코치는 나라고 생각했고, 그녀 역시 내가 얼마나 빨리 시작할 수 있는지 알고 싶어 했다. 내가 듣기에 그녀는 왠지 소진된 듯 걱정스러웠다. 과부하에 눌려 극도로 피로한 듯한데 이는 아마 소속 부서의 책임자로서 갖는 불안 때문이라 생각되었다.

나는 코칭을 의뢰한 조직의 우려가 어디서 비롯된 것인지 명확한 진상을 파악하기 어려웠다. 테레사가 정말로 신경쇠약breakdown에 걸린 것인지, 만약 그렇다면 코칭보다 실질적인 임상 지원clinical support이 필요할 것이다. 내가 이런 생각을 통화에서 언급하자 리더십 개발 담당자는 코칭이 테레사가 받아들일 수 있는 유일한 지원이라고 주장했다. 또 이것이 그녀를 위한 가장 정확한 결정이라고 확신했다. 나는 다이어리를 펼쳐 일정을 확인하며 그녀를 만날 약속을 잡을 수 있는 가장 빠른 날을 찾았다.

첫 만남에서 나는 통화를 통해 전해 들은 그녀의 모습이나 환경이 내가 생각했던 것과는 다르다는 사실을 알았다. 테레사는 두 아이를 키우고 있으므로 적절한 시간에 반드시 사무실을 나와야 했고, 조금 버겁지만 새로 주어진 까다롭고 늘어난 업무량을 파악하며 적응해 가는 중이었다. 나는 그녀가 업무를 전체적으로 잘 헤쳐 나가고 있다고 생각했으며, 우리 둘 다 의학적medical 처치나 심리치료therapeutic는 필요가 없다고 느꼈다. 그 대신에 조직과 관련된 두 가지의 새로운 사실이 수면 위로 올라왔다.

하나는 테레사가 회사 내 다른 부서의 여성 동료가 회사를 상대로 성 차별sex discrimination을 당했다고 법원에 고소한 바로 다음 해에 임명된, 아이를 가진 첫 여성 고위 임원이라는 사실이다. 이 사건은 겉보기에는 법원의 판결에 따라 문제가 해결되었지만, 조직의 모든 관계자가 이와 관련해 예민하고 스트레스를 받고 있었다. 또 하나는 좋은 의미well-meaning에서 부서 책임자라는 것이 개인적으로는 스트레스를 받는 일이지만 책임자로서 주요 관심사는 오로지 목표 달성이어야 한다는 생각이었다. 테레사는 자기 역할이 관리적 차원에서는 간섭하지 않는hands-off 것이라고 설명했다. 테레사는 부하 직원들에게 거칠고 적절치 못한 태도를 보이는 다른 파트너를 저지하고 문제를 해결하기 위해 나서서 직면하기를 꺼렸다. 반면에 부서를 총괄하고 경영 담당 파트너인 사장을 엄격하고 까다로운 사람이며, 말만 하기보다는 직접 나서서 챙기는hands-on 과단성 있는 리더라고 테레사는 묘사했다. 서로 다른 차이가 보였다.

나는 다시 한번 정신역동 접근이 이 고객을 위해 도움이 된다고 느꼈다. 이 경우 회사가 어떻게 [조직의] 불안을 다뤘는지 정확하게 볼 수 있게 했다. 하나는 어려움을 지닌 사람들이 문제가 심각해지기 전까지는 무시당했다는 점이고, 다른 하나는 나에게 테레사의 코칭을 위임한 것처럼, 해결하는 방식이 조금 성급하고 약간 겁먹은 듯한 과잉반응처럼 보인다는 점이다. 코칭세션에서 이런 관찰 결과에 대해 의견을 나누면서 테레사와 나는 현재 조직이 가진 높은 수준의 '불안'과 '개인의 과제와 사람'이라는 두 차원에서 문제를 탐구할 수 있었다. 우리는 이 불안을 처리하고 극복하는 방법과 관련해 검토하면서, 특히 이 불안이라는 것이 한 사람이 다른 사람에게 무의식적으로 역할 담당role-holder을 전달한 것처럼 보인다는 점에 주목했다.

예를 들면, 경영 파트너 사장(조직에 또 다른 법적 소송이 걸릴까 불안해하는)에서부터 부서 책임자인 테레사(잠재적으로 골치 아픈 대인관계 상황을 회피하는)에게로, 다음 단계로 리더십 개발 담당자(고위 '워킹 맘'을 지원하기 위해 걱정하는)에게, 그리고 코치인 나까지 이어지는 연결고리가 그것이다. 공식적인 내 역할은 테레사와 함께 일하면서 불거진 마지막 고리의 문제를 다루는 것이다. 다른 수준에서 나는 내 역할이 사실상 회사 경영 시스템 안에서 인정받지 못한 두려움 일부를 담아주기contain 하는 것이라는 생각이 들었다. 이러한 통찰 덕분에 테레사는 회사의 무의식적 역동 관계를 더 잘 인식할 수 있게 되었다. 결과적으로 이는 그녀가 차례차례로 불안을 만들고 있는 상황을 해결하기 위해, '누군가 불안을 들고 있다가 다른 사람에게 전달해서 불필요한 공포에 빠지지 않도록 피하게 하는' 사려 깊은 행동을 취하게 하는 데 도움이 되었다.

첫 만남 약속하기

코칭하는 데 필요한 코치이의 정보를 얻기 위해 조직의 이해관계자와 연락을 취할 때마다 나는 항상 코치이 또는 그들의 개인 비서가 내게 연락을 취해 약속을 잡도록 한다. 이렇게 직접 코치이(또는 개인비서)에게 전화를 걸어 달라고 하거나, 이메일을 보내 달라고 요청하는 것에는 두 가지 이유가 있다.

먼저 이것이 코칭에 대한 감정을 알아보는 리트머스litmus 시험지 같은 역할을 해준다. 만약에 조직 관계자로부터 나에게 연락을 취하라는 지속적인 언급을 들었음에도 코치이의 연락이 늦어진다면 이것은 적절한 한 가지 정보로 보아야 한다. 이는 높은 수준의 불안이나 양가감정ambivalence에 대한 알람이다. 결과적으로 만남이 성사되면 이 사실을 유념하는 게 도움이 된다. 때로 만남이 계속 지연된다면 이는 잠재적인 코치이와 코칭이 적절한 개입이 될 거로 생각하는 조직 사이에 합의가 불충분하다는 점을 나타낸다. 이 점은 코치와 만남 전에 회사 차원에서 내부적으로 의견 충돌 없이 잘 정리되어야 할 사항이다.

두 번째로 코치와의 첫 만남을 요청하면서 코치이에게 더 높은 책임감owership과 통제control를 준비 과정에서 먼저 넘겨주는 것이다. 이는 코치이가 코치와 그가 속한 조직 사이에 비밀 유지가 제대로 이뤄질지를 의식적, 무의식적으로 두려움을 느끼고 있을 때 특히 중요하다. 만약 코치와 조직 이해관계자가 두 사람의 첫 만남을 코치이를 통하지 않고 잡는다면, 이는 코치와 조직 사이가 더 친밀하다는 인상을 주게 되고, 코치이는 이 모든 게 시사하는 바가 있다고 느끼게 된다.

삼자 관계 관리

첫 만남이 잘 성사되고 코치와 코치이가 함께하기로 한다면, 코칭 시작 전 반드시 중요하게 검토해야 할 사항이 몇 가지 있다. 코칭 성공 결과에 대한 합의와 이를 측정하는 방법에 대한 합의, 잠정적일지라도 코칭목표 coaching objectives 역시 분명히 설정해야 한다. 물론 코칭하는 동안 상호 합의에 따라 변경할 수 있다. 조직과 계약이 아닌 자유계약일 경우에는 코칭 비용이나 횟수 등도 포함된다.

나는 언제나 코칭 초반에 코치와 코치이, 조직의 직속 상사와의 3자 만남을 제안한다. 이 만남은 코치이의 직속 상사가 그의 성장 과정에 되도록 많이 참여할 수 있게 해주고, 강점과 약점에 대한 두 사람의 인식이나 차이를 알 수 있는 매우 가치 있는 기회를 제공한다. 내 생각에 이는 코칭 의제를 둘러싼 일치나 정렬 alignment 을 강화하는 핵심적인 단계이다. 또 어떤 경우에는 코칭이 본격적으로 진행되기 전에 내부적인 불일치와 정렬 부족을 알 수 있게 한다.

3자 만남과 HR 담당자와의 연락은 조직의 핵심 이해관계자들에게 코칭에 그들의 의사가 충분히 고려됐다고 확인하게 해준다. 코칭이 진행되는 동안에도 나는 조직과 연락하면서 몇 가지 주요한 요점에 대해 의견을 나눈다. 코치이에 대한 정보나 지식, 합의에 따른 피드백 수집, 진행 상황과 코칭 주제를 공유하기 위해 몇 가지 핵심을 조직과 교류한다. 또 코치이가 자기 상사와 HR 파트너에게 정기적으로 업데이트하게 해 조직과 상호책임 accountability 을 고객이 인정하도록 격려한다. 종결이 다가오면 검토와 평가 프로세스를 위해 사장과 다른 이해관계자들과도 긴밀한 연락이 필요하게 된다.

정신역동 측면에서 임원코치들은 코치이 개인에 대한 책임감과 조직 - 코칭을 의뢰하고 코칭 비용을 내는 - 에 대한 책임감, 즉 이중적 상호책임dual accountability을 지지만, 이는 그리 간단한 일이 아니다. 내가 코치이와 효율적으로 일하려면, 기꺼이 그들의 경험을 **확인하여야 하고**identify, 그들의 이익interest을 위해 나 스스로 그들과 동맹ally을 맺어야 한다. 그렇지만 그와 동시에 나는 반드시 코치이의 조직과 직속 상사나 인사 담당자 같은 **핵심 이해관계자**들과도 동맹을 맺어야 한다. 코치와 조직 이해당사자 사이에서 견고한substantial 정렬이 이뤄진다면, 이들과 신중한 경계를 유지하는 것이 필수적이다. 이를 이뤄내는 것 역시 그리 쉬운 일은 아니다. 예를 들면, HR 담당자와 좋은 관계를 유지하려면 그들과 지속해서 연락하고 코칭 진척 상황을 알려주지만, 반드시 코치이의 동의하에 투명하게 이뤄져야 한다. 코치이의 이익과 요구와 조직 사이에 갈등과 긴장이 존재한다면, 나는 그 사이에서 아슬아슬하게 줄타기 곡예를 하게 될 것이며 언제든지 떨어질 수 있다.

폴

투자은행에서 일하는 젊은 은행원 폴Paul과 일했던 코칭 경력 초기의 일이다. 나는 그때 이중적 상호책임을 관리하는 데 어려움을 느꼈다. 리더십 개발 담당자와의 짧은 전화 통화에서 나는 폴이 자신감을 끌어 올리고, 사업 개발business development과 이해관계자 관리 역량management skills을 향상할 필요가 있다는 이야기를 들었다. 사전 만남chemistry check 중에 폴은 업무에 지독한 부담을 느끼고 있으며, 기본 업무 시간을 넘기면서 지나치게 오랜 시간 열심히 일하지만 언제나 업무에 어려움이 있다는 점을 알았다. 특히 직속 관리자와의 관계에서 오는 어려움이다. 그는 폴에게 계속 더 많은 업무를 요구했고 자주 날카로운 말로 폴을 비난했을 뿐 긍정적 피드백은 아주 드물었다. 그의 말에 따르면 상사는 인내심이 부족하고, 성급한 성격을 지닌 사람으로 보였다. 폴이 내게 준 자세하고, 구체적인 예시는 정말 진실처럼 들렸고, 나는 그가 과장해서 말한다고 생각하지 않았다.

직속 관리자의 부적절하고 나쁜 행동이 투자금융 세계의 일만은 아니다. 그렇지만 나는 호감이 가고 신뢰를 주는 폴이 정신적, 육체적 건강을 최악으로 위협받으며, 자기에게 별 도움이 안 되는 부당한 괴롭힘을 받고 있다고 느껴졌다. 우리 둘은 함께 어떻게 하면 상사에게 좀 더 대담하에 대할 수 있는지, 또 조직 내에 그가 도움을 요청할 만한 사람이 누가 있는지 찾아보려 했다. 그러나 상황은 결코 낙관적이지 못했고, 나는 그가 처한 상황에 분노와 염려를 하게 되었다.

코칭 경력이 짧았던 나는 도움이 필요했다. 폴에게 허락을 받고 오래전부터 알았던 퇴직한 은행 HR 담당자와 코칭과 관련한 문제를 상의했다. 그와 이야기하는 동안 나는 폴의 상사가 한 행동에 분노하고 있으며, 그의 상황을 해결해 주지 못하는 조직에 비판적인 마음을 가진 자신을 발견할 수 있었다. 또 직원을 힘들게 하는 사장에서 일을 더 잘하도록 자기 직원을 도와달라는 코칭을 요청받았다는 것과 이처럼 코칭을 제공하는 행동을 통해 사장이 효과적으로 스스로 용서받는 상황이 되도록 내가 [사장과] 결탁하는 것은 아닌지 우려가 되었다. 그러나 상황을 더 파헤쳐보니 생각했던 것보다 더 복잡했다.

폴의 직속 관리자는 자기도 대하기 어려운 사장에게 엄청난 압박을 받고 있었다. 성과가 낮은 부서의 실적 호전을 책임지고 자기가 해야 할 긴 점검표를 갖고 언제나 쫓기는 기분으로 일하고 있었다. 그 와중에 폴이 속한 저조한 팀을 물려받았다. 반면에 사장은 감성 지능이 낮아 보이는 사람이지만 구체적으로 누구를 괴롭힌 적은 별로 없었다. 반면에 폴의 행동은 노골적이진 않지만 부서의 실적에 애타게 매달리는 상사의 지속적인 요구에 저항하는 것처럼 보였다. 폴은 자신에게 익숙한 업무 방식만을 고집하고, 잘하는 일만 하는 경향이 있었다. 부서가 변화해야 할 때마다 수동적인 태도를 보이곤 했다. 상사가 폴을 압박할수록 그는 더욱 적게 반응했다. 조직 전체에서 이런 식의 악순환은 계속되었다. 나는 사장의 관리 방식이 도마 위에 올랐다는 것을 알게 됐고, 사장도 얼마전 자기감정과 행동 방식을 더 효율적으로 다루기 위해 코칭을 시작했다는 것도 알게 되었다.

이 코칭 경험을 통해서 내가 얻은 배움은 코칭 기간 중 폴에 대한 내 행동은 도움이 되는 수준을 넘어 너무 과도한 것이었다는 점이다. 나는 폴이 처한 상황을 다루면서 내가 마치 그의 구조자rescuer인 것처럼 행동했다. HR 담당자와 코칭의 전체적인 그림을 이야기하는 것이 코칭에 도움이 됐으며 전반적으로 그와의 대화는 잘 흘러갔다. 한동안 나는 폴의 가엾은 처지에 너무 감정 이입을 한 것 같았다. 은행 HR 담당자의 관점에서는 이 코칭의 목적은 폴이 그의 업무 능력을 한 단계 끌어올리는 것이고, 그가 이 과제를 해내지 못할 때는 해고될 수도 있다는 점을 명확히 알려주는 것에 있다고 했다.

내가 폴을 만나기 전에 조직을 통해 폴이 처해 있는 상황에 대해 전체적인 이야기를 들은 것이 코칭에 도움이 됐을지도 모른다. 그렇지만 폴이 처한 현실과 조직의 다른 직원이나, 조직 상황 사이에서 균형을 잡아 객관적인 태도를 유지하는 것은 내 책임이다. 폴과 직속 관리자와 3자가 만나고 나서 나는 그들 사이에 불거졌던 몇 가지 문제에 대해서 솔직하고, 공적으로 대화할 수 있게 하는 데 도움이 되었다. 폴의 행복을 비는 마음은 그것대로 이해하지만, 나는 그의 상사가 그에게 바라는 것이 무엇인지를 폴이 이해했는지, 이를 위해 자신이 어떻게 변화해야 하는지 확인했다. 그리고 이러한 문제를 해결하기 위해 코칭을 사용하는 데 폴이 여기에 최선을 다하고 있는지도 확인했다. 이는 폴이 업무에 대한 두려움과 자기에게 도움이 되지 않는 수동적 태도로 철수하는 패턴을 직면하고, 점차 사업 개발자로서 더욱 자신 있게, 그의 상사들과 좋은 관계를 유지할 수 있도록 토대를 마련하게 하는 것이다.

이 코칭 사례에서 볼 수 있듯이 코치이와 나란히 함께 서는 것getting alongside과 상황을 바라보는 코치이/고객의 관점에 너무 영향을 받지 않는 것 사이에 균형을 유지하는 것은 쉬운 일이 아니다. 코칭 초기에 코치이가 속한 조직과 접촉하고, 핵심 이해관계자들과 지속해서 관계를 유지하며, 마지막에 공동평가를 하는 것만이 결국 큰 도움이 된다. 임원코칭의 이런 요소를 신중하게 고려하는 것은 우리가 개인의 역동을 탐색하면서, 고객의 작업 환경을 지속해서 염두에 두는 것을 기본적인 과제로 관리할 수 있도록 하는 데 도움이 된다.

---

6) 비록 시스템적 관점systemic perspective이 이 책의 주제는 아니지만, 나는 이것을 가치 있는 또 하나의 관점이며, 정신역동 개념에 근거한 관점 가운데 하나라고 본다(Obholzer and Zagier Roberts, 1994; Brunning, 2006, 『임원코칭: 시스템-정신역동 관점』(2020 예정)).

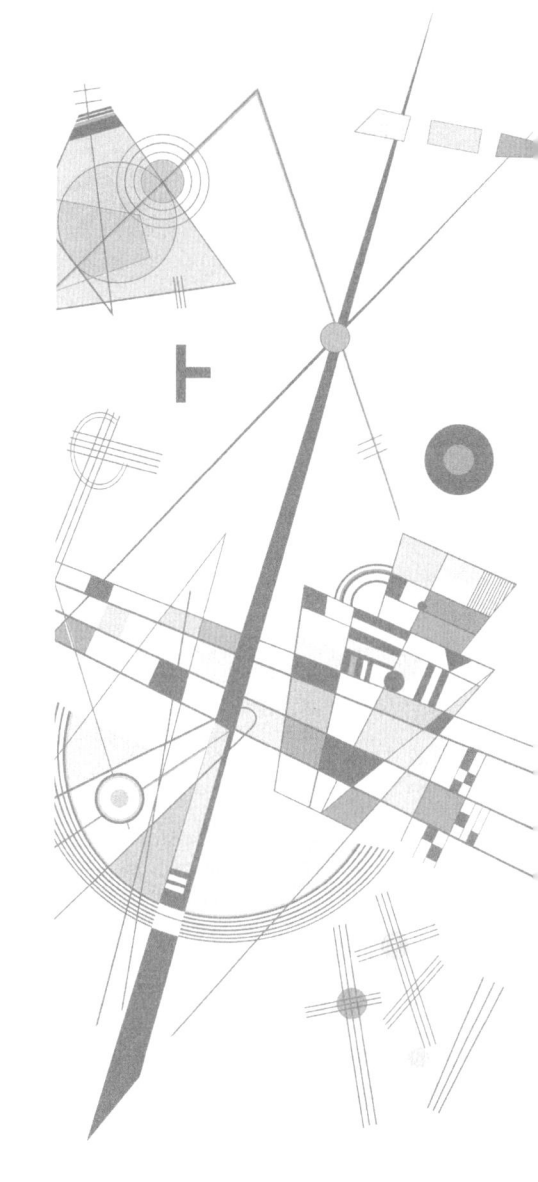

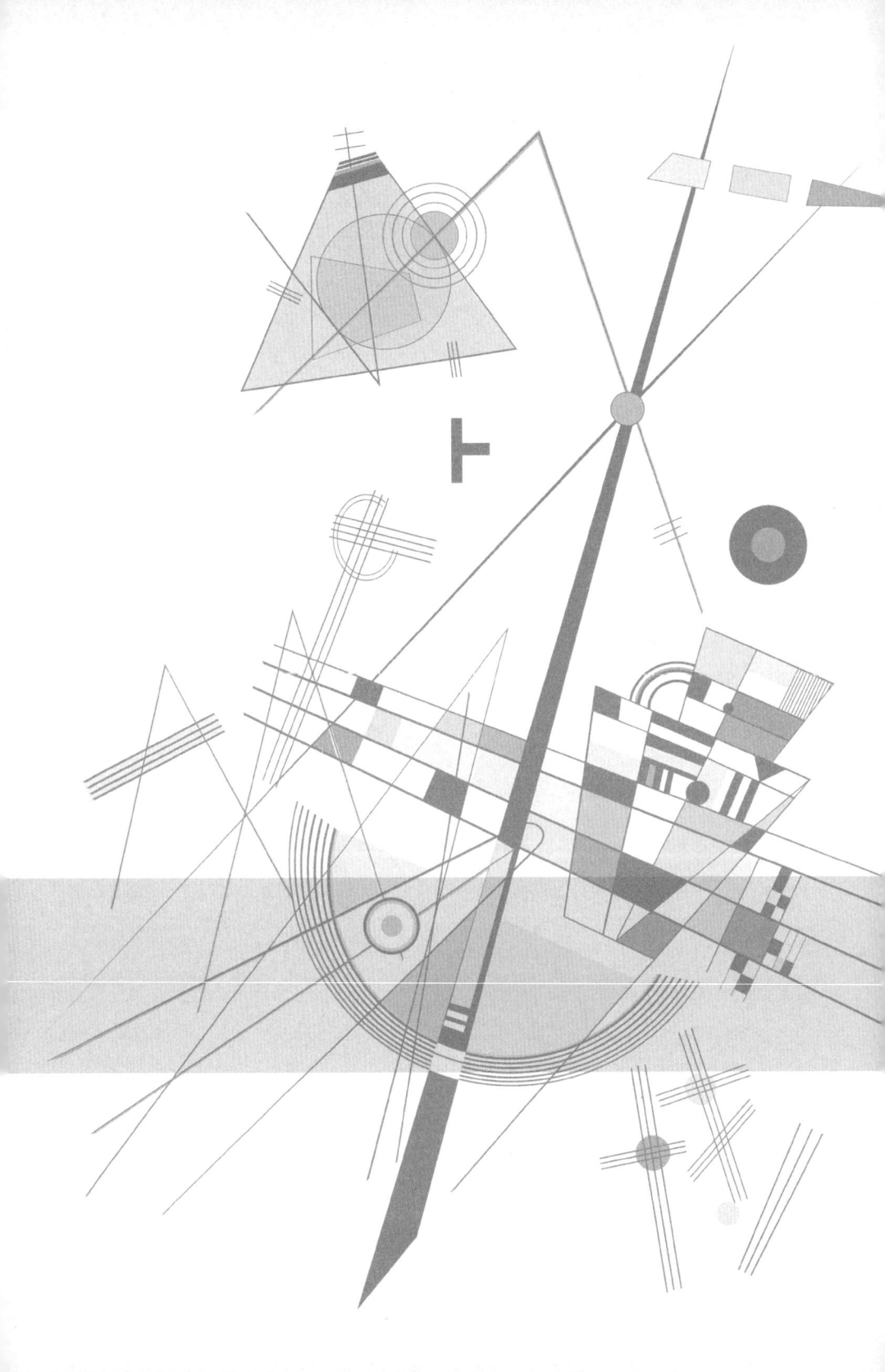

7장.
정서 프로파일 삼각형
The Emotional Profiles Triangle

7장. 정서 프로파일 삼각형

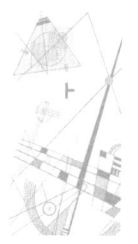

이 책을 통해 나는 어떻게 감정들이 우리의 내면세계inner landscape를 형성하고 반영하는지 보여주었다. 우리가 안정감을 느끼고 불안이나 다른 견디기 어려운 감정에 압도되어 휩싸이지 않도록 우리를 도와주는 무의식적인 심리적 방어기제를 어떻게 발전시키는지 보여주고자 했다. 코칭에서 사용하는 내 접근법의 핵심은 무엇이 고객을 불안하게 만드는지, 어떻게 그들이 이런 불안에 반응하는지를 구별해내는 능력이다. 이는 심리적인 변화를 통해 그들이 얻고자 하는 유익한 부분을 조명하기 위해서다.

　　　이 장에서는 새로운 모델을 소개하려고 한다. 이 모델은 2010년에 케이트 란츠Kate Lanz의 도움을 받아 만든 것으로 정서 프로파일 삼각형Emotional Profiles Triangle(EPT)이라고 불린다. 우리는 이 모델을 팀이나 워크숍, 코칭 고객에게 폭넓게 활용해 왔다. 이 모델은 정신역동 개념과 신경과학에 뿌리를 두고, 고객의 자각 인식을 높이며 변화를 유도하는 동기부여에 매우 유용한 수단임을 입증했다.

　　　이는 불경기로 인한 압박에서 경영 리더들이 자기 자신을 이해하고 관리하는 것을 돕기 위해 만들어졌지만, **다른 사람들에 대해 어느 정**

도 책임이 있는 지위에 있는 개인에게도 적용할 수 있다. 나는 이 모델이 정신역동에 관심 있는 코치에게도 도움이 되리라 믿는다. 특히 정신역동 이론을 훈련하지 못한 코치들도 이 모델을 매우 쉽게 활용할 수 있다. 이것은 세 가지 기본 정서와 행동 패턴을 단순화하고 명확하게 하는 기본 틀을 제공하여 이를 가능하도록 안내한다.

고객 사례연구를 자세히 다룬 8장, 9장, 10장에서 이 삼각형을 적용해 여러 가지 방법과 기술을 활용하는 사례를 볼 수 있을 것이다.

정서 프로파일 삼각형의 기원

EPT는 20여 년 동안의 코칭 경험과 관찰을 통해 만들어졌다. 다양한 조직과 직업을 가진 경영진들과 함께 일하면서, 고객들이 심리적 압박을 느낄 때 정서와 행동을 효과적으로 다루기 위해 세 가지 특정한 방법 가운데 하나를 고심한다는 것을 알게 되었다. 그들의 정서적 어려움은 주로 다음의 형태 가운데 하나를 취하게 한다.

- 그들은 자기 분노를 통제하는 데 실패한다.
- 그들은 갈등을 피한다.
- 그들은 감정적으로 철수한다.

1장에서 간단히 언급했던 세 명의 고객 사례가 이 연구에 깊게 연관되어 있다. 사례연구는 다음에 이어지는 장에서 다룬다. 이들은 세 주제를 다루는 데 좋은 예시가 될 것이다.

- **세바스찬**Sebastian의 코칭 이슈는 자신의 공격성aggression을 통제하는 법을 배우는 것이다. 자기가 압박감에 빠졌을 때는 성취해야 할 목표와 통제[를 못하게 자기 손에서 벗어나는 것]에 대해 불안해지고, 다른 사람에게 자기의 무능함inadequacy을 투사하고 그들을 공격한다. 이것은 그의 전도유망한 [자기] 경력을 탈선derail시키겠다고 협박해 괴롭히는 행위에 해당한다.

- **다니엘**Daniel의 코칭 이슈는 갈등을 다루는 법을 배우는 것이었다. 압박감을 느낄 때, 그는 다른 사람이 불쾌해지는 것에 불안해한다. 자기와 다른 사람의 공격성을 부인하고 문제에 직면하지 않고 회피하며, 이런 모든 행동을 합리화한다. 이는 그의 효과성effectiveness을 떨어뜨리고 희생자가 되어 자기가 상처받기vulnerable를 자초하며, 자기 리더십 권위가 발전하는 것을 방해한다.

- **니콜라**Nicola의 코칭 이슈는 동료들과 더 확실하게 소통하고, 다른 사람들에게 영감을 주는inspired 리더가 될 수 있도록 자기감정을 접촉하고 나누는 것을 배우는 것이다. 압박감에 빠졌을 때 그녀는 자기감정을 억누르고, 자기 영향력을 희생하면서 통제할 수 있도록 엄격한 경계를 유지한다.

나는 세 종류의 어려움이 저마다 세 가지 다른 형태의 무의식적인 불안anxieties, 갈등, 방어와 연관되어 있다고 결론 내렸다. 내가 **정서파일**emotional profiles이라 이름 붙인 그대로이다. 나는 각 프로파일마다 개인이 리더십을 발휘할 경우 예측할 수 있는 강점과 약점을 드러낸다는 사실을 알게 되었다. 그들은 특정한 방식으로 다른 사람들을 잘 리드하기도 하고 실패하기도 한다.

● 정서 프로파일 삼각형

기능적, 역기능적 리더십 또는 대인관계 행동과 밀접하게 연관된 구체적인 형태set**로 이루어진 세 가지 프로파일**이 바로 이 모델이다. 모든 개인의 리더십은 기능적, 역기능적 스펙트럼 안에서 앞뒤로 움직인다. 리더십의 효과성과 비효과성 정도는 그들의 심리적, 감정적 건강과 회복 탄력성 resilience에 따라 좌우된다. 그리고 우발적인 외부 압력에도 부분적으로 영향을 받을 수 있다.

EPT 모델의 목적은 정신역동에 근거해 '생각하기thinking'와 임원코칭에서 '대화하기' 사이에 다리를 놓는 것이다. 이는 개념적이면서도 실질적인 코칭 도구이다. 세 가지 프로파일을 이해하고 유념하면 코치는 고객들의 근본적인 심리적 패턴을 빠르게 이해할 수 있을 것이다. 고객들도 이 모델을 활용하여 통찰력을 얻고, 자기감정과 행동을 더 효과적으로 관리할 방법을 배우고, 리더십 스타일을 매우 숙련되고 효과적으로 개발하여 통합할 수 있다.

● EPT는 누구를 위한 것인가?

우리가 만나는 고객은 자기 시간의 대부분을 가장 합리적으로 사용하는 성공적인 전문가로 알려진 사람들이다. 그들은 보통 강점을 강화하거나 자기가 성과를 내지 못하는 특정한 영역을 다루기 위해 코칭에 참여한다. 많은 사례를 보면 누구나 압박감을 느끼면 자기도 모르게 자기 정서 프로파일이 제대로 작용하지 않는 상황으로 미끄러져 들어간다. 이는 그들 자신은 물론 동료들과 조직에도 나쁜 결과를 가져온다. 이런 경우 고객들이 고위급 경영진이든 아니면 중간 관리자나 관리자로서 잠재력을 가진 직원이든 EPT가 그들에게 도움을 줄 수 있을 것이다. 특히 고객들이 변화와 도전을 경험하는 시점이라면 더욱 그렇다.

　　　　코칭에 오는 고객 개인은 누구든 많든 적든 자기 정서 프로파일의 미숙하고 파괴적인 극단에 자주 걸려 있다는 사실을 유념해야 한다. 이런 개인들은 엄격한 방어기제에 과도하게 갇혀 있는 수감자이다. 또는 삶의 초기에 이런 성향이 개발되었거나, 다른 특별한 심리적 조건과 과제를 가진 사람일 가능성이 크다. 그들은 아마 코칭을 흔쾌히 받아들이지 않을 것이다. 그렇지만 EPT를 통해 코치는 이것에 대한 결론에 부드럽게 도달하게끔 도움을 줄 수 있다.

세 가지 정서 프로파일

[그림 7.1]은 각 정서 프로파일의 특징인 유능한 리더십 스타일에 관해 설명한다.

삼각형의 꼭대기에 선 리더들

[그림 7.1]처럼 이 삼각형의 꼭대기에 선 가장 유능한 리더들은 그들의 리더십 역할에 강력한 정서적, 정신적, 심리적인 에너지를 지니고 있다. 그들은 높은 수준의 열정, 추진력, 결단력을 갖고 있으며 이것들을 **과업**task을 성취하는 데 최우선으로 사용한다. 그들은 언제나 강력하고 카리스마

가 있으며 자신을 추종하는 사람들에게 지지와 존경을 받는다. 그들은 군대의 맨 앞에 서서 깃발을 높이 든 채 병사들을 이끌며 전투에 임한다. **세바스찬**Sebastian의 리더십 스타일을 이 예시로 들 수 있을 것이다.

리더들 대부분은 다음 중 하나를 그들의 주된(이것만 사용하는 것이 아닌) 정서적 스타일로 사용하는 경향이 있다:

높은 수준의 열정적이고 추진력 있는 에너지.
그들은 과업에 초점을 맞추고 방향을 설정한다.

따뜻하고, 포용적이며 관계 지향적임. 그들은 팀을 구성하는 것을 즐기고 다른 사람을 성장하게 하는 것을 즐긴다.

매우 침착하고 냉정하며 객관적이고 논리적이며, 자료를 근거로 접근하고 과제를 분석한다.

성숙해짐에 따라서 이들은 근본적인 자기감정 패턴들을 유지하더라도, 이 세 가지 리더십 스타일을 모두 사용할 수 있게 된다.

[그림 7.1] 정서 프로파일 삼각형: 세 가지의 유능한 리더십/대인관계 스타일

삼각형의 왼쪽 끝에 있는 리더들

이 유형의 리더들은 매우 효과적인 리더십으로 사려 깊고 정서적 에너지를 리더십을 통해 보여준다. 어쨌든 그들의 정서적 에너지는 **관계**를 형성

하고 유지하는 데에 집중되며 언제나 따뜻하고 포용적인 태도를 보인다. 팀 구성, 인재 육성, 잠재력 개발 등 다른 사람들과 협력하여 조직이 필요로 하는 것을 제공하는 데 중점을 둔다. 이들은 자기를 따르는 사람들이 사랑하고 신뢰할 수 있는, 그들에게 영감을 주는 역할 모델이 될 수 있다. 이들은 병사들 안에서among 이들을 이끌고 한쪽 눈은 언제나 현지에서 뛰는 보병들의 복지에 두고 있다. **다니엘**Daniel이 최선을 다한다면 그는 이 유형의 리더십 스타일에 속할 것이다.

삼각형의 오른쪽 끝에 있는 리더들

이 리더들은 **일할 때 격한 감정을 끌고 오지 않는다**. 그들은 언제나 '시원하고cool, 차분하고calm, 침착하게collected' 업무에 임하며, 과업에 명확하고 논리적으로 초점을 맞춘 자립적인self-contained 개인으로 일한다. 꾸준하고, 합리적이며 객관적이다. 자주 위기에 처하지 않으며, 다른 사람들이 존중하고 의지할 수 있다. 이들은 자기 지지자들과 같이 전투에 뛰어들고, 관련 자료를 바탕으로 절제된 마음가짐으로 방향을 제시한다. **니콜라**Nicola가 최선을 다한다면, 이러한 유형의 리더에 속할 수 있다.

　　　　위에 서술한 세 유형의 리더들이 뛰어난 리더십을 가졌고, 자기들 조직에 어마어마하게 가치 있는 이바지를 할 수 있다는 사실은 분명하다. 그들이 경험을 쌓고 더욱 노련해질수록, 특히 발전할 기회에 많이 노출된다면, 대부분 리더들은 이 세 가지 리더십 유형을 모두 골고루 발전시켜 매우 경쟁력 있는 리더로 거듭날 것이다. 그렇지만 개인들은 자신에게 가장 알맞고 아주 자연스러운 정서를 반영한 한 가지 유형이 두드러지는 주된 스타일을 유지한다. 임원코치들은 기본 정서 스타일을 제외한 나머지 두 프로파일의 특징적 역량을 지니기 위해 자기가 지닌 레퍼토리를 개발하는 것을 돕는 것과 동시에 고객 자신의 기본적 정서 스타일을 이해하고, 연마하도록hone 돕는 것을 목표로 설정해야만 한다.

불안이 엄습할 때 세 가지의 역기능적 리더십 유형

내 경험에 따르면, 일관성과 역량skill 면에서 개인마다 큰 차이가 있긴 하지만 리더들은 오랜 기간 세 가지 리더십 스타일 가운데 효과적인 어느 하나를 활용해 왔다. 그러나 리더들에게 불안이 유발되어, 정서 프로파일의 역기능 버전으로 급변하는 경우는 특정한 사건에 자극impetus되어 압박이 높아질 때 발생한다. 신경과학은 우리의 무의식적 감정 반응의 생리학적 근거를 밝혀 우리가 이런 현상을 이해할 수 있도록 돕는다(Goleman, 1996; Damasio, 2006, Gladwell, 2006). 작은 아몬드 모양의 편도체는 원시적인 변연계의 깊은 곳에 자리 잡고, 우리 몸에 아드레날린과 다른 화학 물질을 흐르게 해 위험이나 위협 신호에 반응하게 만든다. 감정과 몸을 완전한 경계 태세로 전환하게 만든다. 이는 현대 뇌의 이성적인 부분이 문제를 의식적으로 인식하기도 전에 엄청나게 빠르게 일어난다. 이때는 인간도 다른 동물들처럼 **싸우거나**fight, **도피하거나**flight 아니면 **얼어버리는**freeze 세 가지 방법의 하나로 반응한다.

이 세 가지 방어기제는 각 개인의 정서 프로파일이 가장 효율적인 상태에서 가장 최소의 상태로 자기도 모르게 원치 않은 변화involuntary shift로 내장된다. 일정 수준의 불안이 촉발되면 운전석에 앉아 [그림 7.2]에 설명된 세 가지 유형의 파괴적이고 미숙한unskillful 행동을 하게 만든다. 물론 서로 다른 시기와 상황에서도 모든 리더가 싸우거나 도망가거나, 얼어버리는 방어기제를 보일 수 있다. 그렇지만 EPT 모델은 개인이 위험에 처하거나 심각한 압박을 받을 때 이 같은 전형적인 반응, 또는 대표적인 반응을 보인다고 가정한다. [그림 7.2]에 그려진 삼각형으로 이를 설명해보자.

상당한 압력을 받을 때, 리더들은 주로(항상 그런 것은 아니지만) 이 세 가지 형태 가운데 한 가지 방어기제로써 대응하는 경향이 있다.

싸움fight
공격성이 활성화되고 분노를 다루는 데 실패한다. 강력한 수동 공격적 행동이나 비판의 분출, 과민 반응이 결과로 나타난다.

도피flight
두려움이 활성화되고 분노를 다루는 데 실패한다. 갈등을 회피하고, 수동적이거나 교묘하게 조종하는 행동이 결과로 나타난다.

얼어붙기freeze
감정이 정지되고 타인과 감정적인 관계 맺기에 실패한다. 연결감이 부족하고 멀리 떨어져 있는 것처럼 보인다.

[그림 7.2] 정서 프로파일 삼각형: 압박에 반응하는 세 가지 역기능적 반응

싸우는 리더십 - 공격성aggression

삼각형의 꼭대기에 있는 과제 지향적이며 매우 감정적인 리더들은 위험에 대한 기본 반응으로 또는 공격에 대한 위협으로 싸움fight을 선택하는

경향을 보인다. 그러나 이 공격성은 더는 건설적으로 과제를 추진하는 방향으로 전환되지 않는다. 그들의 몸에 아드레날린이 퍼지면서, 감정을 제어하는 능력이 눈에 띌 만큼 감소한다. 불안이 만들어내는 주된 모습은 통제하지 못하는 데서 오는 두려움이다. 분노 폭발, 직간접적인 공격, 과도한 비판, 짜증irritability이나 조바심을 포함한 여러 가지 행태로 드러날 수 있다.

싸움으로 드러나는 리더의 공격적인 행동은 강력하고 파괴적인 결과를 갖는다. 이는 작원들 사이에 불신과 억울함resentment, 두려움, 비난 문화, 위험 감수 회피, 독성적 분위기toxic atmosphere를 조성한다.

도피하는 리더십 - 회피avoidance

삼각형의 왼쪽 끝에 자리 잡은 관계 지향적이며 굉장히 감성적인 리더들은 위험이나 위협 신호에 대한 주된 방어기제로 **도피**flight를 선택하는데 이런 경향은 두려움 때문이다. 그들은 다른 사람에 대해 불안으로 가득 차게 된다. 이런 걱정은 더는 자기 과제 성공을 위해 사람들을 돕는 등 건설적으로 채널을 맞추지 못하게 만든다. 몸에 아드레날린이 퍼지면서 감정을 제어하는 능력이 위태로워진다. 불안이 가져오는 주된 형태는 다른 사람에게 칭찬/인정approval을 잃어버리거나 수용 받지 못할 것이라는 두려움이다. 이는 갈등이나 힘든 결정을 내려야 하는 상황을 다루는 능력을 막아 버린다. 그들이 상황을 회피하거나 달래거나 요구를 들어주는 식의 유화적이고, 자기 혼란self-distracting 행위를 하게 이끈다. 예를 들면, 힘든 결정을 할 때 제시간에 내리는 걸 포기하게 하거나, 중요한 이슈를 다룰 때 기본을 고수하는 데 실패하게 만든다.

도피를 방어기제로 하는 리더들의 행동은 불안과 불안정한 분위기와 조직에 좌절감을 조성한다. 직원들은 상처받기 쉬운vulnerable 리더를 보호해야 할 필요성을 느끼고 부적절한 역할-전환role-reversal을 일으킬 수 있다. 결국 언제나 이 같은 힘의 진공을 채우기 위한 정치적인 내분이 언제든지 일어날 수 있다.

얼어버리는 리더십 - 정서적 철수emotional withdrawal

삼각형의 오른쪽 끝에 자리 잡은 과제 지향적이며 감정적이지 못한 리더들은 **얼어붙는**freeze경향이 있다. 그들이 위협에 반응하는 방식은 감정을 차단해버리는 것이다. 그러나 이는 더는 임무를 완성하기 위한 건설적이고 사려 깊은 접근방식이라고 보기 어렵다. 아드레날린이 그들의 몸에 퍼지면서, 감정을 일으키는 그들의 능력 - 심지어 아주 작은 감정도 - 은 감소한다. 그들의 불안이 드러나는 주된 형태는 감정에 휩쓸려 압도되는 것에서 오는 두려움이다. 이는 그들 스스로 자기감정에 연결되거나 다른 사람에 대한 공감 능력을 차단한다. 이런 태도는 조직 구성원들과 연락하거나 연결감을 갖지 못하고, 소통이 어렵고, 감정적으로 철수하고 동떨어지게 한다.

얼어버리는freeze 태도를 방어기제로 사용하는 리더들의 행동은 조직에 불확실성을 조성한다. 왜냐하면 누구도 그들의 생각을 알지 못하기 때문이다. 조직 구성원들은 버림받은 느낌으로 분노와 좌절감이 일어나고 동기와 사기는 땅에 떨어진다.

이 세 가지 정서 프로파일로 보는 유명 인사

이 삼각형의 꼭대기에 그려진 정서 프로파일의 예가 되는 유명 인사 가운데 좋은 예시로 고든 브라운Gordon Brown이 있다. 그의 지지자들은 재무장관을 거쳐 총리로서 고든 브라운이 업무에 쏟은 열정, 에너지, 신념을 자주 언급했다. 그의 추진력과 헌신은 분명했다. 그렇지만 시간이 지나면서 공격적인 폭발이나 관계 형성의 어려움, 대인관계·스타일에서 그의 권위적인 태도가 리더십을 좀먹게 됐다. 그의 비서관이 최선을 다해 노력했지만, 압박을 느낄 때 자기감정을 잘 다루지 못하는 그의 모습은 상당히 큰 실패 요인이 되었다.

고든 브라운과 달리 토니 블레어Tony Blair는 삼각형의 왼쪽 아래에 자리 잡은 리더십으로 설명된다. 블레어는 관계를 형성하는 수준급의 기술을 가지고 있고, 따뜻한 마음으로 타인에게 공감할 줄 아는 마음 또한 널리 알려져 있다. 그렇지만 2007년 퇴임 뒤 출판된 회고록과 주변의 기록을 보면, 고든 브라운의 어느 한쪽에 서 있든, 또 독일 수상이나 반역적이고 파괴적인 조지 부시와 만났을 때도 언제나 중요한 순간에 반복적인 실패를 했다는 점이 자세히 열거되어 있다. 많은 사람이 그의 회피적이고 회유적인placatory 행동에서 초래된 결과들은 오늘날까지도 여전히 논란의 대상이 되고 있다.

삼각형의 오른쪽 아래는 최근의 좋은 사례로 영국 석유British Petroleum의 전 CEO인 토니 헤이워드Tony Hayward를 들 수 있다. 엔지니어였던 토니는 조금 급진적이었던 CEO 로드 브라운Lord Brown이 2007년 사임하자 후임으로 CEO를 맡았다. 그는 업무와 관련해 침착하고 낮은 목소리로 이성적인 접근을 했다. 그러나 2010년 멕시코 만에서 심해 석유 폭발 사고로 11명이 죽는 사고가 일어나자 헤이워드의 리더십은 무너졌다. 그는 결정적으로 이미 일어난 일에도 공개적으로 적절한 관심을 전달하지 못했고, 피해를 본 사람들에게 충분한 공감을 보여주지 못했다. 오히려 사고 석 달 뒤까지 바다에 여전히 기름이 흘러 다니고 있는데도 '자기 생활로 돌아가길 원한다'라는 충격적인 발언을 했다. 헤이워드의 역기능적 리더십이 드러난 것은 재난 그 자체가 아니라 감정을 이해하고 표현하지 못했기 때문이고 결국 그의 사임을 피할 수 없게 되었다.

효율성 되찾기: 세 가지 프로파일을 가진 리더들이 직면한 도전

리더들의 세 가지 역기능적 스타일은 그들 자신은 물론 조직 구성원과 소속 조직에 미치는 영향이 엄청나게 파괴적이라는 점은 자명하다. 코칭을 통해 리더들이 어떻게 더 기능적이고 숙달된 자기들selves로 돌아갈 수 있는가를 설명하기 전에 삼각형의 최종 버전을 통해 각 정서 프로파일이 직면한 **도전 과제**를 정리해보자([그림 7.3]).

흥미롭게도 각 프로파일에 속한 리더들이 직면한 도전은 다른 두 유형이 최선의 모습일 때, 이 유형들이 지닌 특성 기술 가운데 몇 가지 요소들을 가져와 강화하는 것이다. 그래서 삼각형 꼭대기에 있는 사람들은 감정 표출을 자제하고 차분하게 행동하며(삼각형 오른쪽 리더) 다른 사람들과 소통하고 더 많은 공감을 나타낼(삼각형 왼쪽 리더) 필요가 있다. 삼각형 왼쪽 아래에 있는 사람들은 더 주도적이고 과업 지향적이며(삼각형 맨 위 리더) 더욱 객관적이고 덜 감정적일(삼각형 오른쪽 아래), 필요가 있다. 마지막으로 삼각형의 오른쪽 아래에 있는 사람들은 더 많은 감정적 에너지를 사용하고, 과업에 열정을 가져야 하며(삼각형 맨 위 리더) 더 관계 지향적이고 다른 사람들과 연결하려는 노력이(삼각형 왼쪽 아래) 필요하다.

가장 효율적인 자신으로 되돌아가기 위해서,
리더들은 이러한 변화를 이룰 필요가 있다.

싸움을 방어기제로 삼는 사람들은 반드시 차분함을 유지하고,
관점의 균형을 다시 얻어야 하며 다른 사람들과 다시 연결하고,
타인에게 공감하고, 감정이입appreciation하는 모습을 더 보여줘야 한다.

도피를 방어기제로 삼는 사람들은 반드시 과업과 다시 연결해야 하며, 그들의 두려움을 극복하는 용기를 되찾아야 한다. 또 그들 자신과 타인을 더 정직하게 대해야 한다.

얼어붙기를 방어기제로 삼는 사람들은 반드시 자기감정을 동원해야 하며, 다른 사람들과 다시 과업에 신경을 쏟아야 하고re-engage 그들 스스로 더 위험을 나눠 짊어져야 한다.

[그림 7.3] 정서 프로파일: 세 가지 도전 과제들

● EPT 사용하기

EPT는 고객이 불안할 때라도 효과적이고 숙련된 상태를 유지할 수 있는 능력 향상을 도울 때 임원코치들에게 이해하기 쉬운 구조를 제공한다. 나

는 동료들과 워크숍과 세미나를 통해 고위직 개인이나 팀들과 이를 잘 활용할 수 있게 많은 테스트를 해보았다. 거의 모든 경우 고객들은 자기 정서 프로파일을 확인하는 데 아무런 어려움을 느끼지 않았다.

사람들은 세 가지 효과적 리더십 스타일을 서술한 삼각형의 첫 번째 버전을 보았을 때 평소 모든 영역에서 좋은 역량을 발휘했기 때문이겠지만 대체로 확신하지 못했다. 그러나 역기능적 스타일을 언급한 삼각형의 두 번째 버전을 설명하자 이들은 거의 변하지 않고 감춰져 있던 자기 프로파일 모습을 더욱 분명하게 이해했다. 또 고객들은 사장이나 동료, 직속 관리자, 기타 직장생활에서 본 중요한 인물의 프로파일을 신속하게 파악했다.

우리는 HR 커뮤니티 멤버와 리더들과 같이 일하는 조직원들에게 지속적 피드백을 약속했고, 이 모델을 활용한 뒤 발표와 워크숍을 해왔다. 특히 누군가가 어떤 사람을 탐색할 기회가 있어 이를 적용할 때 유용하다는 점을 발견했다. 이 점은 코치에게 고객과 개인적으로 깊이 있게 작업할 경우 EPT의 활용 가치를 말해준다. **개념과 행동** 두 차원을 결합해서 활용하면, 코치는 고객이 통찰력을 얻고, 자기감정과 행동을 더 효과적으로 관리하는 법을 배우고, 자기 리더십 스타일의 가장 숙련된 버전을 더 일관성 있게 가능하도록 도와줄 수 있다.

세바스찬, 다니엘 그리고 니콜라와의 EPT 사용

뒤에 이어질 3개의 장은 1장에서 간단하게 소개했던 세바스찬과 다니엘, 니콜라의 사례연구이다. 이를 통해 정신역동으로 **생각하기**와 **실천**에 대해 심도 있게 설명하려 한다. 이를 통해 내가 고객들에게 사용했던 개념과 전략, 기술을 생생하게 그려낼 것이다.

세 명은 EPT 세 가지 프로파일을 보여주는 좋은 사례이다. 그들의 이야기는 세 가지가 지닌 특징에 대해 전형적인 의식적, 무의식적인 역동 관계를 보여준다. 그렇지만 이는 내가 세 사람에게 사용한 기술과 모델들 가운데 한 가지일 뿐이다. 사례연구에 앞서서 먼저 EPT의 장점을 다음과 같이 요약한다. 이 점들은 모든 코칭 고객과 관련이 있기 때문이다.

(1) EPT를 사용하면 세 가지 단순한 구조를 통해 세바스찬과 다니엘, 니콜라가 직면한 핵심 도전 과제에 신속하게 집중할 수 있다. 나는 그들에게 가장 잘 맞는다고 생각되는 프로파일을 확인한 다음, 그들의 행동을 이해하고 관찰하는 데 사용하는 렌즈로 싸움, 도피, 얼어붙기라는 개념을 사용했다.

(2) EPT를 고객들이 자기 이슈를 근본적으로 인식하도록 돕는 데 매우 유용한 방법으로 제공했다. 이 모델을 모든 리더에게 조직 차원에서 적용하고, 각 프로파일에 강점과 약점 모두를 포함하기도 한다. 이를 통해 그들이 자신의 어려움에 단순히 초점을 맞출 수 있고, 쉽게 느낄 수 있는 수치shame와 취약성vulnerability을 줄이고 자존감을 보호할 수 있었다. 또 각 사례에서 방어를 사용하지 않고 정서적이고 행동적인 이슈를 발견하는 데 도움이 되었다.

(3) 매우 중요한 점은 EPT가 고객들이 스스로 가장 숙련되고 효과적인 버전으로 자기 리더십을 조금이라도 전환하면 표면 아래에서 자기들에게 무슨 일이 일어나는지 더욱 깊은 통찰을 개발하도록 돕는다. 이런 수준으로 이해하면 역기능적 방향으로 그들을 밀고

가는 핵심 촉발 요인triggers을 더 쉽게 확인할 수 있게 한다.

(4) EPT는 이런 방아쇠를 피할 수 없을 때 더욱 효과적으로 감정을 관리하고, 피하기 위한 새로운 실천 전략을 개발하는 기초를 놓았다. 그리고 압력을 받을 때조차도 가장 자기 자원에 근거하고 건설적으로 머물 수 있게 한다.

(5) 이 모델은 또 세바스찬과 다니엘, 니콜라가 확신과 결단력으로 자신의 도전 과제를 해결하도록 동기를 부여했다. 이는 그들 스스로에 대한 긍정적인 것과 그렇지 않은 것 사이의 통로를 분명히 볼 수 있고 더 나아질 수 있다는 희망을 느꼈기 때문이다. 다른 면에서는 그들이 동료와 조직에 미치는 역기능적인 자기 행동의 부정적 요소를 이해하고 그들의 성장에 박차를 가하게 했다.

(6) 이 세 고객은 EPT를 강력하지만 접근 가능한 도구로 사용하여 사장이나, 동료peer, 팀 구성원 또는 기타 이해관계자 여부와 관계없이 같은 과제를 지닌 동료로 생각할 수 있게 했다. 그들은 일반적으로 삼각형의 꼭짓점 가운데 하나에 각자를 배치하고 이 모델이 제공하는 다른 사람들의 감정과 행동에 대한 새로운 통찰력을 통해 유익한 것을 발견했다.

나는 뒤이어 다음에 설명할 사례연구들이 EPT의 유연성을 더 상세히 입증할 수 있다고 생각한다. 이 모델이 특정한 고객들의 요구needs를 가장 잘 충족시키게끔 쉽게 적용할 수 있다는 사실은 이 모델의 유효한 가치의 하나이다. 마지막으로 EPT의 가장 유용한 특징 가운데 하나는 이것이 임원 코치가 고객의 **가족 배경**, **성장 과정**이나 **삶의 경험**에 대해서 **거의 알고 있는 바가 없더라도** 고객의 근본적인 역동 관계들을 알아내고 작업할 수 있게 해준다는 점이다. 이것은 도움이 되지 않는 고객의 패턴이나 엄격한 방어 메커니즘의 기원을 이해하고, 더 깊이 있게 고객의 변화와 성장을 돕기 위해 언제든 도움이 될 수 있다는 내 신념을 반영한 것이다.

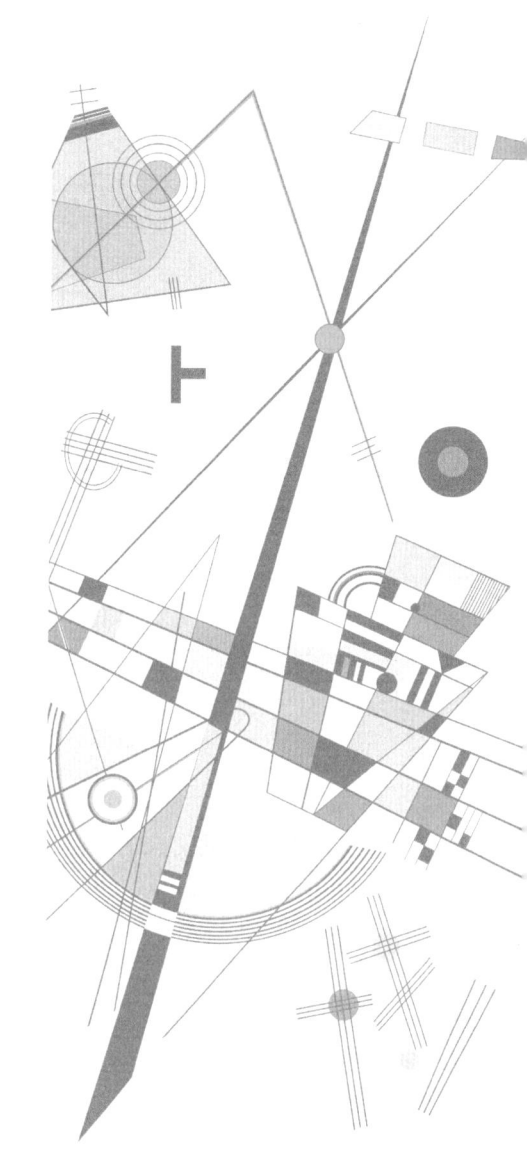

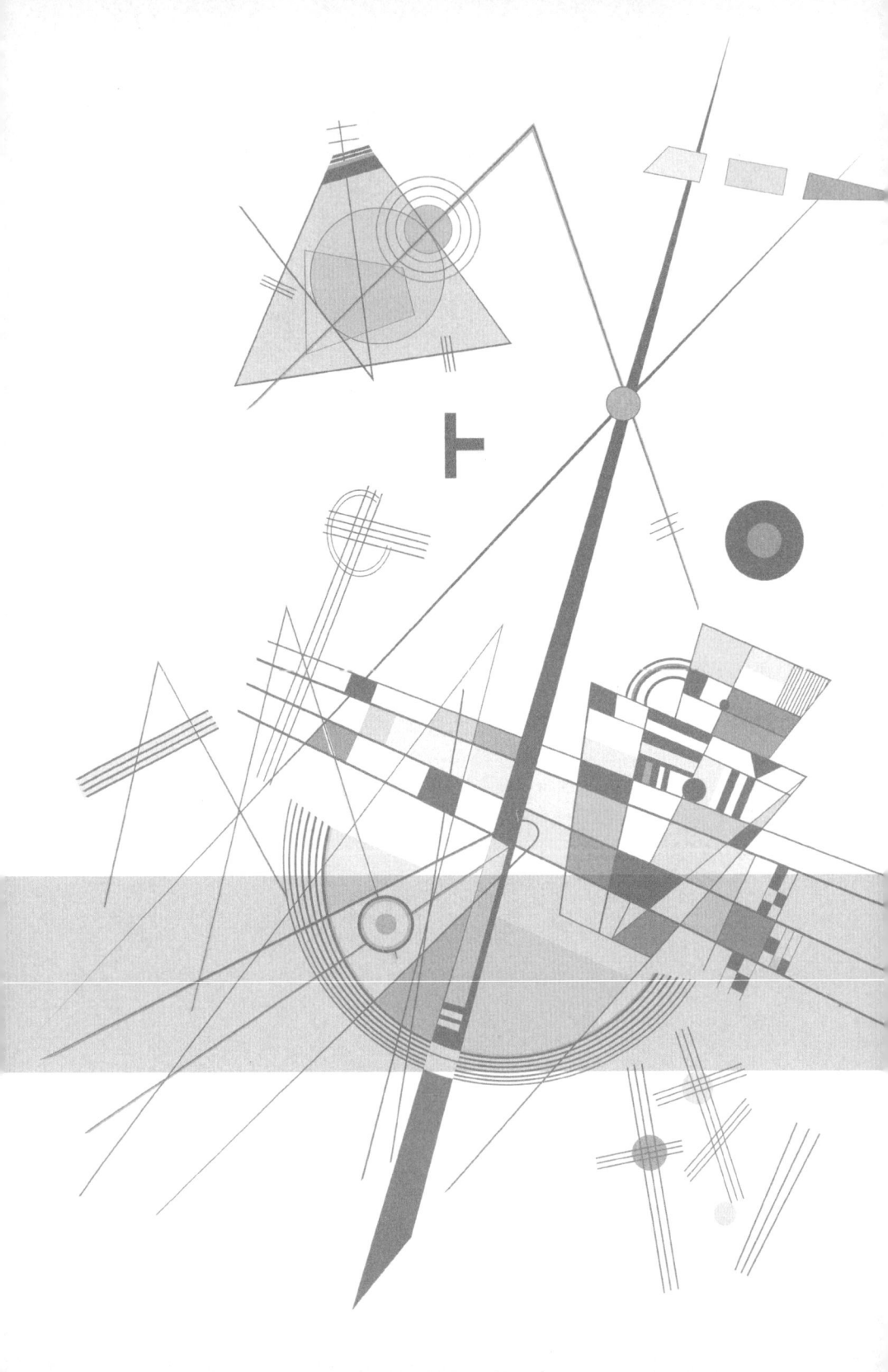

8장.
타인을 괴롭히는 고객

8장. 타인을 괴롭히는 고객

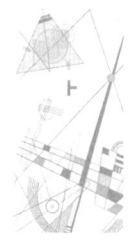

이 사례연구는 감정과 행동 패턴이 정서 프로파일 삼각형Emotional Profiles Triangle(EPT)의 맨 꼭대기에 있는 고객에 관한 연구이다. 그의 기본 위치는 **싸움**fight이다. 높은 성취를 이룬 그는 특별히 압박을 받으면 과제에 대한 열정이 다른 사람을 향한 공격성으로 넘쳐 나오며, 능숙하게skillful 자기 자원을 활용하는 상태resourced state를 지속하기가 매우 어려워지는 고객의 좋은 예시이다.

● 핵심적인 정신역동적 통찰

세바스찬Sebastian과 같은 EPT 프로파일을 가진 고객들 내면세계의 핵심은 압력을 느낄 때 타인을 비판적으로 대하거나 공격하는 경향이다. 그들 대부분은 타인을 괴롭히거나 비슷한 방법으로 자신을 괴롭히는 매우 비판적인 내면의 목소리를 듣는다. 이 점은 그들이 타인에게 상처를 주는데도 의식적으로 의도한 것이 아니라는 이유가 된다.

> 그들의 주관적인 경험은 주로 분노한 희생자anger victim이다. 만약 그들이 자기 패턴을 변화하여 EPT의 가장 효과적인 형태로 되돌아갈 수 있는 도움을 받는다면, 그들의 행동이 타인에게 미치는 영향력과 동시에 그 자신이 경험하고 있는 바를 반드시 해결할 수 있을 것이다.

고객에 대하여

세바스찬의 경우 임원코칭은 상사의 권유로 효과적으로 도입됐다. 그는 30대 후반의 유능하고 야심에 찬 변호사이며, 주요 도시 법률회사의 소송 부서에서 떠오르는 신예였다. 코칭 시작 일 년 전에 연봉을 받는 파트너로 현재 회사에 합류했고, 특정 분야에서 별도 수임료를 받는 성공적인 경력을 쌓으며 이름을 올리고 있었다. 그는 고객들에게도 인기 있었고 사업개발에도 재능이 많았다. 그러나 업무 수행에서 오직 한 가지 점이 촉망받는 변호사의 진로를 위협(심지어 탈선derail)했다.

주요 코칭 이슈

나는 처음 평소 잘 알고 지내는 법률 사무소의 HR 책임자에게 전화를 받고 세바스찬 이야기를 들었다. HR 책임자는 자기 사무소에서 매우 중요하게 생각하는 파트너 변호사의 행동에 심각한 문제가 있다고 말을 꺼냈다. 세바스찬은 일 년 전 다른 법률회사의 추천으로 파트너십을 계약하고 함께 일해 왔다. 내가 그의 어떤 부분이 회사가 파트너 계약을 하게 하였는지 묻자, 그녀는 세바스찬이 밝고, 결단력이 있으며, 고객과 꾸준하게 거래를 잘하는 매우 능력 있는 변호사라고 즉시 말했다. 그는 선임 변호사와 동료, 일반 직원들과의 업무 관계도 좋으며 특히 지적인 면에서 다른 사람들의 존경을 받았다. 두세 명의 동료들과 가까운 전문적인 협력 관계professional friendship를 쌓고 있다고 했다. 또 성공적인 사업 개발과 그의 바람직한 요소들이 혼합되어 회사는 물론 그녀도 그가 그려내는 빛나는 미래를 기대하게 됐다고 말했다. 그렇다면 무엇이 문제가 됐는가?

세바스찬은 회사에 출근한 지 얼마 되지 않아 여러 차례 비공식적 불평의 표적이 되었고, 직원들의 입에서 '괴롭힘bullying'이라는 단어가 여러 상황에서 튀어나왔다. 세바스찬은 중간 관리자들이나 지원부서 담당이 성과가 낮거나 실수를 하면 이해할 수 없을 만큼 공격적으로 행동했다. 그의 공격 방법은 비꼬는 말sarcastic remarks에서 혹평까지 다양했다. 동료들을 향해 여러 차례 소리를 질렀고 가끔 개방된 사무실에서도 그랬다. 직원들 대부분이 세바스찬의 이런 행위는 주로 스트레스를 받거나 고객과 거래에 관계된 일에서 드러난다고 보았다. 내가 사례 하나를 알려달라고 요청하자 그녀는 세바스찬이 고객을 위해서 밤새도록 서류 준비를 한 뒤에 일어났던 최근 사례를 이야기해주었다. 그는 케빈Kevin이라는 젊은 직원이 처리한 업무에서 부주의한 오류를 발견했다. 이 오류를 발견하지 못했다면 회사는 굉장히 당황스러운 사태에 빠졌을 것이다. 그는 개방된 사무실인 케빈의 책상으로 찾아가 동료들 앞에서 불같이 화를 내며 그를 멍청이라 부르고 욕을 해댔다.

세바스찬 부서의 소송 책임자는 소송이 끝난 뒤 이 같은 행위에 대해 피드백했지만 소용이 없었으며 그에게 효과적으로 전달된 것처럼 보이지 않았다. 세바스찬은 '침착함을 유지할 수 있도록 노력하라'라는 말에 성의 없이half-hearted 동의했고 대화 대부분을 방어로 채웠다. 세바스찬은 자기가 겪었던 압박감을 설명하며 지원팀 내 유능한 직원이 부족하다고 불평했다. 이후에도 그의 행동은 특별히 주목할 만한 변화가 없었다. 마지막으로 그녀가 코칭 의뢰를 하지 않고는 버틸 수 없었던 결정타는 세바스찬의 폭발을 견디지 못한 비서가 사임한 일이었다.

세바스찬 부서의 책임자는 이 상황이 더 지속되면 안 된다는 결론을 내렸다. 그는 경영 파트너와 HR 책임자 등과 상의하여 세바스찬을 공식 미팅에 초대했다. 세바스찬에게 심각한 행동에 대해 이야기하며 그가 회사에 남아 확실한 파트너가 되려면 이 문제를 해결해야 한다는 점을 분명히 했다. 세바스찬은 분노와 고통destress이 혼합된 감정으로 응답했다. 세바스찬은 자기 행위를 별거 아닌 것처럼 축소하며 말했고, 모든 원인을 과도한 업무와 고객으로 인한 스트레스 탓으로 돌렸다. 또 자기 행동 때문에 누군가 화가 났다면 유감이라고 덧붙였다. 그는 자기 미래에 대해 회사에서 일어날 수 있는 결과에 충격받았고, 훨씬 더 나쁘게 행동하는 다른 파트너들도 많이 있다고 주장했다. 그러나 고위 관리자들은 단호한 태도로 그에게 앞서 말한 내용을 반복했다. 그가 자기 행동을 변화하게 도울 수 있는 결정적 수단으로 코칭을 제안하자 세바스찬은 마지못해 여기에 동의했다. 그는 나에게 첫 코칭을 위한 만남을 연락하도록 지시받았다.

첫 만남 준비하기

세바스찬 비서가 약속을 정하기 위해 사무실로 연락하기 2주 전이었다. 첫 만남을 앞두고 나는 세바스찬이 코칭과 나 모두에게 철저하게 적대감과 양가감정ambivalent을 가질 가능성이 있다고 짐작했다. HR 책임자에 따르면 세바스찬은 자기 문제를 보는 회사의 관점을 인정하지만 완전히 받아들이지는 못했으며, 자기 행위가 이런 방식으로 다뤄지게끔 강요받은 사실에 억울해했을 것이라고 했다. 이런 상황을 고려했을 때 나는 그가 아마 불안anxious하고, 굴욕감을 느끼며 humiliated 분노하고 있을 것이라 예상했다.

코칭 도전 과제

내가 마주한 도전 과제는 용납할 수 없는 행위가 자기 책임이 아니라는 주장과 맞서지 않으면서 세바스찬의 신뢰를 얻는 것이었다. 나는 상황에 대한 세바스찬의 심경에 공감하면서 변화의 필요성을 그와 논쟁해야 했다. 또 이 두 지점 사이에서 올바른 균형을 유지해야 했다. 코칭을 성공적으로 진행하기 위해서는 먼저 동료들을 매우 화나게 했던 지금까지 자기 행동 방식을 인정하도록 해야 한다. 그렇지만 세바스찬이 나를 비판적이고 판단적이라 생각하면 그의 방어기제는 수그러들지 않을 것이고, 우리의 작업동맹working alliance도 만들어지지 않을 것이다.

 이런 긴장은 특이한 것은 아니었지만 세바스찬이 조금 노골적으로 코칭을 강요받았다는 점에서 특별히 세심하게 다루어야 했다. 나는 민감성susceptibilities을 지녀야 했다. 내 안에서 일어나는 남을 괴롭히는 왕따에 대한 [내] 분노와 고객의 관점에서 철저히 상황을 보려는 내 성향이 지닌 두 지점을 스스로 잘 살피며 나아가야 했다. 어려운 세션이 될 수밖에 없지만 중심을 잡고 내 역할을 유지하기 위해 스스로 준비해야 한다. 나는 세바스찬 같은, 이를테면 무언의 지적 테스트unspoken intellectual test를 통과해야 하는 고객은 나로서는 추가적인 도전 과제를 부여받은 것일 수 있다는 점을 잘 알고 있었다. 세바스찬이 고공 비행해온 학업 과정과 전문가 경력은 그 누구라도 그를 존경할 만하고, 이야기하면 좋은 사람으로 기대할 것이라는 점이 코칭 진행 초기에 중요한 사항일지도 모른다. 코치로서 내 인증 자격을 설명하기보다는 우리가 토론을 거쳐 얻게 될 통찰력을 통해 간접적으로 이 이슈를 다룰 계획이었다.

불안 담아내기

세바스찬이 사무실에 도착해서 만나보자 그는 삼십 대 후반의 키 크고 잘 생긴 남자였으며 멋있는 체격physical presence을 뽐냈다. 나는 그로부터 강렬하고intensity 신경 예민한nervous 에너지를 느꼈다. 코칭룸에 앉으면서 그에게 다과를 권했다. 그의 얼굴과 눈은 빠르게 정보 수집하듯 지적이고intelligence 자신을 지키려는 듯 조금은 신중함wariness을 내보였다. 나는 그의 이런 모습 뒤에 있는 불안과 취약함vulnerability이 느껴졌고 이것이 내가 그를 향해 따뜻하게 다가가는 데 도움이 되었다.

나는 세바스찬에게 대화를 시작하도록 요구하기보다는 우리의 만남을 둘러싸고 일어난 어려운 상황과 내가 들었던 내용을 개략적으로 설명하며 대화를 시작했다. 나는 이 같은 명료함transparency이 그의 불안을 잠재울 수 있을 거로 생각했고, 처음부터 그의 심각한 상황이 표면에 떠오르게 되었다는 것을 강조해서 담아내는 효과containing effect도 가질 것이라고 느꼈다. 나는 그와 만난 것을 기쁘게 생각하지만, 그는 아마도 여기 온다는 것 자체에 복잡한 감정mixed feelings을 느낄 수도 있다는 점을 이해한다고 말해주었다. 나는 HR 책임자가 내게 무슨 말을 했는지 그에게 먼저 말했고, 천천히 이 상황에 대한 그의 생각과 감정을 듣고자 했다. 나는 비록 코칭 진행 여부에 대한 우리의 생각을 각자 회사와 나눠야 하지만 대화 내용은 기밀이 유지된다는 점을 거듭 강조했다. 또 이 문제가 해결되지 않고 남게 되면 그의 미래와 관련된 결과와 공식 회의 내용, 행동 관련 이슈 등을 포함한 간단한 브리핑을 해주었다.

문제의 구성: 방어적 반응 피하기

세바스찬의 행동 관련 이슈로 대화가 넘어갈 때 나는 될 수 있으면 그의 방어적 반응은 언급하지 않으려 했고, 그가 이 문제를 되도록 쉽게 인정할 수 있게 하려 했다. 그러므로 나는 의도적으로 전해야 하는 메시지 내용을 전하기는 하지만 그 충격을 완화하는 언어를 사용했다. 예를 들면 이와 같다.

'나는 당신이 협상 중간에 압박을 받게 되자 특별히 중간 스태프에게 좌절감을 줄 수 있을지라도 전달할 수밖에 없다고 결심하게 된 당신의 **위급함을 모아보니** 그것을 이해할 수 있었다. 문제는 이 위급함과 좌절을 표현하는 방식이 때로는 나쁘게 빠져버려 다른 사람들을 뒤집어지게upset 하는 것 같다. 비록 당신이 요구하는 것이 100% 옳을 수도 있고 누군가에게 그렇게 할 의도는 없었을지라도 그것이 관계 전선에 부수적인 손상을 주었던 것으로 보인다. 이제 그것이 지금 **당신을 물기 위해** 되돌아오고 있다.'

나는 이 내용을 듣는 세바스찬이 더는 굴욕감을 느끼지 않도록 이 시점에서 그의 행동에 당하는 쪽에 미치는 영향에 대해서는 일절 언급하지 않았다. 그러나 회사가 이 이슈를 심각하게 재고하고 있으며 이것을 매우 큰 문제로 다루고 있다는 점을 강조했다. 상황과 관련한 간단한 정리를 마치고, 나는 그의 감정에 공감하고 있다는 점을 보여주고 동시에 그 감정의 예상 지점을 만들어 줌으로써 그가 자기감정을 토로할 수 있게 했다. 이를 위해 나는 다음과 같이 말했다.

'나는 당신이 정말 화가 났고 충격을 받았으며, 무슨 일이 일어났는지 상상할 수 있다. 분명히 당신은 대단한 능력을 갖추고 있다. 회사도 당신이 이바지한 가치가 얼마나 큰지 내게 말했다. 그러나 당신의 헌신, 정말 열심히 성공적으로 일한 기록이 이 위기를 해결해 줄 수는 없다. 나는 그가 코치에게 보내져 마치 "고쳐진다get fixed"는 느낌이 드는 것은 결코 유쾌한 경험이 아니라는 것을 잘 알고 있다.' 말을 끝내고 나서 나는 세바스찬에게 이 상황을 어떻게 생각하는지 말해달라고 요청했다.

내가 말을 마치고 세바스찬의 반응을 보니, 접근이 합리적이었는지 그는 조금 긴장을 풀고 몇 가지 중요한 지점에서 고개를 끄덕였다. 내가 문제 행동을 묘사한 점을 언급할 때에는 불편해 보였지만, 나는 그의 방어적 반응의 촉발을 피하고 완급 조절을 잘했다는 것을 느꼈다. 그러자 세바스찬은 그때 일어난 일에 대해 자기 의견을 말하기 시작했다. 그는 당연히 극히 불공정하고 잘못 처리 되었다고 느끼는 공식 회의에 초점을 맞췄다. '저성과자들의 작고 보잘것없는 불만'에 대한 과잉반응이라고 말했다. 또 그들이 자신에 대해 뒷말만 하지 말고 자기에게 직접 말해야 한다고 생각했다.

나는 그의 말에 동의 여부를 보이지 않고 오직 주의 깊게 경청했다. 그에게 그 일이 어떻게 다뤄졌는지를 떠나 그때 그의 부적절한 행동에 아무런 문제allegations가 없었다고 생각하는지 조용히 물었다. 나는 세바스찬이 고객과 협상하는 동안 스트레스를 받았다는 것을 스스로 인정할 수 있었다는 점을 긍정적으로 받아들였다. 또 그가 어떤 일이 잘못되면 너무 날카롭게 반응했다는 점과 아마도 그것이 때로는 다른 사람을 불편하게 했을 거라고 인정하는 모습에 조금 고무되었다. 비록 자신이 얼마나 불공평하게 대우받았는지를 불평하는 모습으로 재빨리 되돌아갔지만 나는 그가 잠깐이라도 자기 행동에 솔직한 모습을 보여줬고, 우리가 앞으로 만들어갈 그의 행동에 대한 통찰을 보여주었다고 느꼈다.

고객 이해하기: 작업가설 세우기

지금까지 내가 듣고 보았던 것을 되돌아보았을 때, 나는 세바스찬이 압박을 느끼면 그의 기본 위치default position가 **싸움**fight이라는 것을 정확하게 알게 됐다. 내가 더 깊이 있게 알아보아야 할 것은 무엇이 그가 그러한 반응reaction을 얼마나 많이 반복하게 하는지 정확하게 파악하는 것이다. 나는 그가 말한 업무량, 고객에 대한 헌신, 서비스 질에 대한 우려, 마감일 등과 그의 강렬한 감정 스타일을 함께 생각해보면서 그의 공격적 행동 뒤에 무엇이 있는지 작업가설working hypothesis을 개발했다. 이런 관점을 세우면서 나는 세바스찬이 '기본적으로는 괜찮은 사람'이라는 HR 책임자의 견해를 떠올렸다. 또 비슷한 고객에 대한 내 경험과 세션 중 세바스찬에 대한 내 감정적 반응response을 끌어냈다. 그의 분노와 나란히 동시에 그가 다른 사람에게 상처를 입혔다는 생각에 나는 정말로 고통을 느꼈다[투사적 동일시].

내 작업가설은 세바스찬의 감정 폭발에 기름을 붓는 주요한 요인이 자기 자신의 필요needs에 충분히 주의를 기울이지 못하는 어려움이었다. 특히 그는 자기 업무량과 수준에 대한 적절한 경계 설정을 하지 못한 것으로 보인다. 완벽주의자로서 그는 높은 자기 기준으로 회의를 통해 팀 작업의 모든 요소를 점검하며 자신에게 엄청난 압력을 주었다. 압력이 너무 무거워서 지쳐버리면 자기 성과에 대한 불안과 모든 일을 다 하지 못한 데서 오는 좌절감이 매우 커진다. 공격적인 자기 에너지를 과업에 투입하는 대신에 대체로 다른 사람들의 성과가 매우 저조하다는 증거에 의해 촉발되어 공격성을 **다른 사람**에게 부적절하게 분출시켰다.

동시에 세바스찬의 지나치게 양심적인 행동과 엄청난 작업량, 자기 임무를 다하지 못하고 지원하지도 않는 고위 관리자들을 포함한 회사 전체를 향해 그의 분통이 쌓이게끔 했다. 나는 그가 특히 스트레스를 받았을 때 그의 마음속에 분노와 함께 떠올랐을 질문들을 추측해보았다. 왜 다른 사람들은 놀고 있는데 나만 이렇게 힘들게 일하는 거야? 왜 회사에 대한 내 기여도와 헌신을 인정해주지도, 감사해 하지도 않는 거지? 어째서 내 동료 가운데 몇 명은 일도 제대로 못 하고 노력도 하지 않는 거지? 외부 압력이 점차 굉장히 심해질 때 공격적인 행동으로 추동되고 타인을 공감하지 못하게끔 만든 것은 성과에 대한 불안과 **화난 희생자 의식**angry victmhood의 결합이다.

이런 가설은 불행히 그의 행동이 틀림없이 발끈해서 흥분한 순간 일어나는 것이기에 세바스찬이 다른 사람에게 굴욕감과 상처를 주는 체계적인 괴롭힘systematic bully은 아니라는 견해로 나를 이끌었다. 오히려 그는 자기 필요와 경계를 관리하는 데 실패했고 과부하가 주는 위험 신호를 **싸움**으로 반응하는 경험을 지닌 다소 **불안정한 완벽주의자**였다. 이런 사건이 일어났을 때 그는 다른 사람에게 공감하는 능력을 잃어버렸고, 비록 나중에는 조금 후회하기는 했지만 자기 행동을 정당화했다. 그의 괴롭힘/갈굼은 다른 사람에 대한 그의 태도 때문이 아니더라도 발생했는데 이 점이 본질적으로 매우 의미 있는 사항이었다.

사람과 행동을 분리하기

나는 세바스찬과 대립하기보다는 **옆자리에 나란히**alongside 굳게 위치를 잡고, 작업가설을 테스트하기 위해 사람과 그의 행동을 서로 분리하여 접근하기로 기획했다. 그동안 일어났던 일에 대한 그의 이야기를 오랫동안 귀 기울여 경청하면서 나에게 분명하게 드러나는 어떤 뭔가의 에너지를 감지하며 이야기했다.

'압력을 받을 때 행동이 잘 안 된다는 사실은 우리 둘 다 인정하고 있다. 그렇지만 당신은 아침에 일어나지 않고 잠자리에서 마치 다른 사람을 화나게 하려고 계획을 세우는 사람 같다는 생각이 내게 불현듯 떠올랐다. 물론 이것은 당신의 의도가 아니라는 것은 분명하다. 사실 이런 일을 추측하는 자체가 당신을 기분 나쁘게 할지 모르지만, 당신이 젊은 직원들이 눈물을 흘릴 정도로 불편하게 공격하는 모습을 생각하면 솔직히 나는 질겁하게 된다.'

이것이 세션의 전환점이 됐다. 세바스찬은 고개를 끄덕였고 눈물을 글썽였다. 그는 내 가설이 정확하게 맞으며, 공식 회의에서 그를 **분노하게 만든 원인** 가운데 하나는 그가 타인을 괴롭히는 사람을 증오하는데, 자신이 타인을 괴롭혔다는 혐의를 받는다는 점이었고, 그들이 볼 때 자기가 그런 사람으로 보일 수 있다는 사실에 겁에 질렸다는 것이었다. 나는 그의 감정과 말에서 정말 진실함을 느꼈다. 현재 상황이 그에게 얼마나 힘든upset 상황인지를 나는 인정했다acknowledge.

세바스찬의 선한 의도를 이렇게까지 명확하게 확인하는 목적은 자신이 그랬다는 점을 나중에 부인하지 않고 성격character과 행동을 서로 분리하기 위한 것이었다. 세바스찬이 근본적으로 좋은 사람이며 남을 괴롭히는 사람이 아니라는 사실을 인정함으로써 나는 그의 자존감을 보호하고, 회사의 조치에서 느꼈을 부끄러움과 죄책감을 덜어주며, 또 그의 내부에서 들려오는 비판적인 목소리를 낮춰주고 싶었다. 이런 내 개입은 변화를 원하는 세바스찬의 한 부분을 강화하고 우리의 작업동맹을 구축하기 위해 기획한 것이다.

작업동맹 구축하기

나는 신뢰를 지속해서 쌓아가기 위해 그의 반응response을 격려하며, 현재 작업 접근 때문에 희생자가 된 세바스찬의 한 측면과 관련한 내 관심을 실례를 들어 언급하며demonstrate 나아갔다. 세바스찬이 자기 필요needs를 충분히 돌보고 있는지, 그의 폭발을 막을 수 있도록 돕기 위해 코칭과정을 활용하여 자세히 검토할 것을 제안했다. 세바스찬은 스스로 높은 기준을 세워놓고 그것을 위해 자신을 지나치게 열심히 일하도록 만들었다는 점을 알았다고 말했다. 이것은 그의 직업적 성공에 결정적 역할을 했지만 나는 그가 설정한 과도한 요구에 비해 자신을 충분히 잘 보호하지 못해서 비싼 대가를 치르고 있는 것은 아닌지 객관적으로 조심스럽게 의문을 제기했다. 이 대가는 다른 사람들을 화나게 하는 방식으로 압력을 가하는 행동을 하게 만들었고 결국에는 이제 그 자신 역시 곤경에 빠지게 했다. 마지막으로 코칭받는 이 기회가 도움이 될 것이라는 낙관론을 표현했다. 나는 세바스찬이 작업 패턴에 몇 가지 중요한 변화를 주고, 자기감정에 더 효율적으로 대처하고 관리하는 좋은 방법을 배울 수 있다고 확신했다. 이는 그에게 그렇게 문제가 되었던 그의 과민성irritability과 폭발적인 분노를 피할 수 있도록 해줄 것이다.

　이것은 우리가 세바스찬의 기본적인 정서적 역동 관계들을 탐구하여 의미 있고 지속 가능한 행동 변화를 가져올 작업을 시작할 수 있는 문을 열어주었다. 세바스찬이 자기 행동에 어떤 책임을 지겠다는 의지를 보이면서, 동시에 의심과 억울함으로 분개하던 태도에서 신뢰와 참여로 옮겨가고 있다고shifting 느낄 수 있도록 내게 반응response을 보이자 나는 힘을 얻었다. 세바스찬은 긴장과 불안을 좀 덜 느끼는 듯 보였고, 나는 그가 내 감정과 의도에 공감하고 문제의 심각성을 정직하게 인식하고 있다고 느꼈다. 자신이 깊이 담아진다는 느낌이 그를 코칭에 더욱 열심히 참여하게끔 도왔다고 생각했다. 우리의 상호작용 초기 단계는 이렇게 뒤이어 진행될 코칭 작업의 기초가 되었다.

높은 성취와 낮은 자존감

두 번째 세션에서 세바스찬은 자신의 배경에 대해 간략하지만 중요한 정보를 말해줬다. 변호사 아버지와 학자 어머니라는 성공한 부모 밑에서 밝고 스포츠를 좋아하는 형을 둔 둘째로 태어났으며 자신은 어렸을 때부터 성취도가 높았다고 했다. 부모는 그에게 학문적으로 뛰어나야 한다는 점을 강조했다. 세바스찬은 아버지를 아들들에게 매우 헌신적이었지만, 자기 기대에 부응하지 못한 경우에는 가차 없고 비판적이었으며 쉽게 짜증 내는irritated 변덕스러운volatile 사람으로 묘사했다.

우리가 세바스찬의 어린 시절을 깊이 있게 탐구하진 못했지만, 나는 그의 내면세계에 대한 해결의 실마리를 건네받은 느낌이었다. 세바스찬의 가족 환경에서 느낀 압력과 기대는 성공할 수 있는 그의 능력과 그 결과로 받게 될 칭찬들, 그의 내면 욕구와 맞물려 결국에는 **자기 업적에 근거해서만 자신을 소중하게 여기는 경향**을 강화했다. 이것이 그에게 **업적이 없다면 자신에게 진정으로 가치 있는 것이 무엇인가에 대한 근본적인 불안과 실패에 대한 뿌리 깊은 두려움**을 낳았다. 세바스찬이 실패의 위험을 불러일으키는 고통스러운 불안에 대해 자신을 방어하기 위해 개발한 전략은 무엇인가? 성공 기록을 지속해서 유지하는 데 필요하면 무엇이든 해야 하고, 자기 일에 자신을 던지는 것이었다.

이 전략이 세바스찬에게 얼마나 도움이 됐을까? 한편으로 그는 외부 세계에서 보상을 얻었다. 좋은 성적을 거뒀고 그의 경력은 빠르게 발전했다. 다른 면에서 그는 진실로 그의 성취를 즐기고 이를 내면화하기 위해 애썼다. 예를 들면, 그는 A 성적을 받았을 때 기뻤고 이러한 결과를 냈다는 사실에 안도했지만, 이러한 성공들은 항상 그의 다른 쪽에서 기다리는 불안정하고insecure 자기 비판적인 부분에 큰 영향을 미치지 못했다. 이는 달리 보면 만약 그가 하는 일이 다소 틀어지면 자존감이 쉽게 붕괴할 수 있는 취약함을 의미했다.

나는 이런 생각 대부분을 세바스찬에게 말했고, 그에 대한 공감과 탐구 정신spirit of enquiry을 바탕으로 이러한 생각을 했다는 점을 확실히 했다. 나는 우리 모두에게 부모 역할 모델parental role models과 가족의 기대가 피할 수 없는 영향을 미친다고 언급하면서 내가 하고 싶은 내용으로 서두를 뗐다. 또 세바스찬이 내 발언을 어떻게 받아들이고 있는지를 세심하게 관찰했다. 그가 이런 내용을 얼마나 설득력이 있다고 느끼는지 그리고 그가 이것에 방어적인지 또는 거리감을 느끼는지를 확인하고자 했다. 사실 그는 긍정적으로 반응했고, 자신도 알고 있지만 남과 공유하기 어렵고, 심지어 자신도 인정하기 힘든, 이성적인 수준에서 설명할 수 없는 문제들인 그의 불안정성과 낮은 자존심 모두를 잘 이해하게 되었다는 안심을 표현했다.

그러고 나자 세바스찬은 내게 그의 과거 - 옥스포드 대학에 들어가지 못한 그의 예상치 못한 실패 - 에 대해 더 많은 이야기를 알려줌으로써 내 이야기에 뼈대를 올려 주었다. 이런 실패가 대부분은 실망스러운 경험이지만 세바스찬은 이 일이 그의 자존심과 자부심에 얼마나 엄청난 타격을 입혔는지 설명했다. 그의 말을 경청하면서 이 실패가 그에게 상실감loss뿐만 아니라 무가치함worthlessness과 수치shame 같은 고통스러운 감정들을 불러일으켰음이 내게 분명해 보였다. 세바스찬은 초자아superego가 비난하는 목소리에 사로잡혀, 자신이 다른 사람에게 믿음을 줄 만큼 정말 잘하는 사람이 아니라는 두려움에 대한 확신으로 **자기 자신을 거절**한 것이다. 세바스찬은 사립학교 학생들에 대한 옥스퍼드의 편견을 탓하며 실패를 합리화하려고 했지만, 이 에피소드의 주요 영향은 다시는 실패하지 않겠다는 결심을 더욱 굳게 한 것과 낮은 자존감에 쉽게 상처 입는 자기 취약성vulnerability을 더욱 강화하게 된 것이었다. 그 이후로 심지어 단지 실패할 수 있다는 가능성이 조금이라도 있으면, 그 위협은 그의 불안이 피어오르는 데 풍부하게 연료를 제공했고 그의 방어기제를 유발했다.

왜 지금인가?

세바스찬의 성장 배경과 이것이 그의 정서와 행동 패턴에 어떤 영향을 미쳤는지 더 깊이 이해하자 나는 지난 일 년 동안 그에게 무슨 일이 있었는지 궁금해졌다. 고객이 위기에 빠져 코치를 찾아오면 그가 해왔던 일 그대로 함께 문제를 탐색하기 시작한다. 이때 나는 언제나 자신에게 질문한다. '왜 지금 [찾아 왔는가]?'

세바스찬이 현재 어려움에 급격히 빠지게 된 점이 무엇 때문인지 이해하기 위해 나는 과거와 현재 회사의 경험에 관해 물었다. 특히 그가 예전에 스트레스 압력에 어떻게 대처했는지 또 파트너로 승진해 이곳으로 옮겨 온 뒤에 어떻게 했는지 감을 얻고자 했다. 그러자 매우 흥미로운 사실을 발견했다. 그는 이전 회사에서 6년 동안 주니어 직원으로 매우 잘 일해 왔고 이곳으로 옮겨와 고위직으로 계약했다. 파트너가 되기 전 그는 매일매일 업무에 열정과 정서적, 육체적 활력이 넘치는 야망에 찬 과제 지향적인 사람이었다. 지금은 내가 알고 있듯이 이 회사에서 큰 성공을 보여주어야 할 심리적 필요가 있었다. 이것이 업무를 체계적이고 조직적인 접근방식으로 밀고 가도록 뒷받침하게 한 것으로 보였다. 이전 회사에서는 할당받은 업무가 잘 진행되도록 치밀하게 관리하고 충분하게 시간을 들여 그의 성격 특성에 맞는 전략으로 일을 진행했다. 유망한 젊은 변호사로서 그는 파트너와 고객이 요청하는 것을 해결하는 데에 성공적으로 집중했다. 그가 있었던 곳에서 파트너가 되기 위해 기다리기보다는 스스로 파트너가 되기 위해 현재의 회사로 옮겼다.

새로운 회사로 이직하고 회사와 파트너십으로 전환하는 것은 분명 어려운 일이었다. 세바스찬의 현재 조직은 이전 조직보다 덜 공격적인 문화를 가졌으며, 동료를 존중하며 좋은 대인관계 역량이 강조되었다. 무엇보다 그는 파트너였기 때문에 완전히 새로운 수준의 기대를 받고 있었다. 세바스찬의 어깨에는 이전과 다른 수준의 책임감이 얹혔고, 만약 무엇인가 잘못된다면 그는 여기에 책임을 져야 했다. 세바스찬은 고객의 업무를 처리하고 동료 업무에 영향력을 행사함으로써 회사에 이익을 가져와야 했다. 따라서 그는 젊고 경험이 부족한 직원들로 구성된 팀을 지도하고, 동기를 부여하고, 감독해서 성과를 내야 했다. 이는 세바스찬이 자기 업무 성과에 대한 통제력을 크게 떨어뜨렸고, 다른 사람에게 더 많이 의존하게 했다. 이직한 뒤 그는 더 많은 책임감을 느끼면서도 자신이 능력을 발휘하고 영향력을 주는 능력은 떨어졌다고 느꼈다.

세바스찬이 이런 변화를 설명하면서 나는 그가 점차 화가 나고 있다는 것을 볼 수 있었다. 내 눈앞에서 세바스찬은 지난 일 년이 그에게 얼마나 힘겹고 벅찬 시간이었는지 스스로 인정함으로써 고통스러운 감정들을 **느끼고 경험하고 있었다**. 그는 현재 회사의 일들이 자신이 알아차린 것보다 훨씬 더 자신감을 떨어뜨리고 일하는 즐거움에 영향을 미쳤다고 인정했다. 파트너로서 세바스찬의 새로운 역할이 실패 위험을 높였고, 이것이 자기 가치에 강력한 위협으로 돌아온 것 같다고 내가 말하자 그는 동의했다. 이전과 마찬가지로 세바스찬은 그의 의식적 인식conscious awareness에서 밀어 냈던 감정을 검토하고, 표면으로 올라오는 고통을 더 잘 덜어 주어 매우 안도하는 모습을 보였다.

● 세바스찬의 방어 패턴들

우리는 세바스찬이 현재 그의 역할에서 가장 힘겨워하는 것이 무엇인지 정확하게 알아내고자 더욱 상세히 탐색하기로 했다. 이것을 명확하게 밝혀내는 데는 오랜 시간이 걸리지 않았다. 그가 빠르게 추진해야 하고 복잡하며 높은 비용을 대는 고객과 거래에 성공해야 하는 사건을 책임지자, 그는 매우 스트레스를 받고 불안으로 날카로워졌다. 그는 이 업무와 관련해서 평소 자기 전략대로 더 열심히 일하고 더 높은 수준으로 과제를 통제하려고 했다. 그러나 더욱 성공적인 결과를 이루려면 그는 지원부서 직원과 부하들에게 더 의존해야 했다. 그들 가운데 몇 명은 자기가 보기에 유능하지 못한 직원임에도 어쩔 수가 없었다. 이것이 **세바스찬 내면에 평소의 전략이 효과를 내지 못하고 실패할 것이라는 압박을 만들어냈다**. 심지어 주니어 직원들이 할 만한 실수라 할지라도 그는 통제력을 잃고 끓어 넘치는 분노와 혼란스러운 불안의 정서적 칵테일에 취하게 했다.

긴급한 조치들

이 시점에서 나는 근본 원인을 이해하고 다루는 데 비록 시간이 걸리더라도 이런 폭발을 어떻게 막을 수 있는지 긴급 이슈로 조금 시간을 할애하는 것이 어떤지 제안했다. 세바스찬은 이를 잘해내고 싶어 했다. 세바스찬이 자기 행동으로 충격에 직면했다는 것은 상상하건대 자기가 다른 사람에게 괴롭힘/왕따로 보일 수 있는 그 밖의 어떤 짓을 할까 극도로 염려한다는 의미이다. 그래서 우리는 세바스찬이 그 사건에서 느꼈던 익숙한 감정을 느꼈을 때 그가 어떤 조치를 즉각 취할 수 있는지를 알아보는 데 집중했다. 이는 상대방과 시선을 마주치지 않고, 호흡 운동을 통해 감정을 잠재우고, 만약 필요하다면 그 공간을 벗어나 주변을 잠깐 걸으며 침착함을 되찾게끔 노력하는 것들이었다. 이렇게 해서 세바스찬이 더욱 안전하게 느끼도록 도왔다. 그렇지만 이것은 우리가 그의 문제 뒷면에 존재하는 역동들을 바꾸려고 노력하는 동안 단기간에 필요한 긴급 조치로 오직 잠시 문제를 통제할 수 있을 뿐이다.

세바스찬의 방어: 투사와 공격자에 대한 동일시

코칭과정을 설명하기 전에, 나는 세바스찬이 휘말린 사건의 역기능적 진행을 뒷받침하는 무의식적 역동에 대해 내가 이해한 것을 공유하고자 했다. 그가 최고로 압박을 느낄 때, 심리적인 불안정감에서 벗어나기 위해서 어떤 방어기제들을 사용하는지에 관련된 구체적 내용이다. 내가 보기에 그는 타인을 공격하는 순간에 방어기제로 자기가 느끼기에 감당할 수 없을 부적절하고 부도덕한 바보 같은 자기 모습을 그가 가혹하게 비방했던 관계자에게 전이시키는, **투사**projection를 사용한 것 같았다. 감정이 최고로 올라온 순간에 그는 자기가 노력해온 긴 시간과 노력을 할애한 자기 자신에 대한 분개resentment가, 그 자신을 하나의 희생자처럼 느끼게 만들어 자신에 대한 매질을 **정당화**했다. 이것은 일시적으로 그가 일반적으로 느끼는 다른 사람에 관한 관심과 공감을 차단하게 했다.

나는 세바스찬이 그의 부하 직원인 케빈의 실수에 대해서 불같이 격노fury했던 사실을 내게 말해준 HR 책임자가 하고 싶은 말이 무엇이었는지 알게 되었다. 케빈의 실수는 고객이 세바스찬과 그의 회사에 나쁜 인상을 받을 수 있는 실수 가운데 하나였다. 이 때문에 그는 수치를 당할 것이라는 위협을 느껴 어떤 비용이 들더라도 실수를 피해야만 했다. 그의 불안정과 의존reliance이 참을 수 없는 수준으로 높아지자 세바스찬의 불안이 불타오르게 된 것이다.

나는 세바스찬의 행동에서 그가 투사projection를 사용함과 동시에, 또 다른 방어기제인 **공격자에 대한 동일시**identification를 분별해낼 수 있었다. 이는 어른들이 아이들에게 비판적이거나 공격적인 행동을 정기적으로 취했을 때 발생할 수 있는 방어기제이다. 모든 아이는 부모님이나 아니면 다른 중요한 인물이 제공하는 역할 모델에 강하게 영향을 받는다. 그러나 부모의 행동을 공격으로 경험한 아이들은 부모를 강하고 힘센 공격자와의 동일시로 자기 불안과 고통, 취약성을 회피하려고 시도할 수 있다. 때에 따라 아이들은 의식적, 무의식적으로 모든 관계에서 권력 투쟁과 이를 통해 승자와 패자로 나뉘는 것을 보고, 이기는 것이 지는 것보다 더 좋다고 생각하게 된다.

세바스찬의 경우 특히 그가 불안하고 통제 불능이라고 느낄 때 그는 아버지의 극도로 비판적인 태도를 채택하는 자신을 발견했다. 물론 그는 부모의 비판적이거나 공격적인 행동으로 인한 희생자였으며 의식적으로는 이런 접근 방식을 강력하게 비난했다. 그렇지만 이 순간 세바스찬이 공격자와 동일시하고, 다른 사람을 향해 그들이 부적절하다는 자신의 견디기 어려운 감정을 투사하고자 하는 자신의 심리적 필요가 혼합되어 타인을 괴롭히는 행동으로 나타났다.

세바스찬의 공격성 분출과 비판적인 공격 뒤에 무슨 일이 일어났는가? 대체로 그는 매우 빠르게 진정되었지만 받는 쪽에 있는 사람들은 자연스럽게 분노가 남았고 상처받았고 화가 난 상태였다. 세바스찬은 이에 무신경하지 않고 후회했지만 그는 자기 행동을 합리화하고, 일어나 버린 일을 깊이 성찰하고 수정하기보다는 다음 과업으로 재빨리 옮겨가는 경향이 있었다. 그는 다른 사람보다 더 열심히 노력하고 있다는 점을 들어 자신의 급한 성질과 독설을 정당화하는 사실fact로 활용했다. 세바스찬은 그의 동료들이 자기가 업무를 통해 얼마나 많은 중압감을 느끼고 있는지 알고 있고, 그가 했던 모든 일이 과제를 수행하기 위한 것으로 이해하고 있으리라 가정했다. 이 짐은 회사가 자신이 다인을 괴롭힌다는 비난accusations에 직면했을 때 그가 왜 진정으로 충격과 고통을 받았는지를 설명하는 데 도움이 된다.

이런 행동 패턴에 비춰볼 때 주요 코칭 작업은 세바스찬이 그 자신과 다른 사람들을 희생자로 만드는 짓을 멈추게 돕는 것이다. 그래야 그가 전문가이자 리더로서 지닌 잠재력을 충분히 발휘할 수 있다.

코칭의 핵심 과제

세바스찬과의 두 번째 세션 뒤 잠시 멈춰 검토하고 점검해 보았다. 어려운 시작이었음에도 작업 효과를 위해 세바스찬으로부터 충분한 신뢰와 참여를 끌어내

강력한 작업동맹 구축을 위한 기반이 마련되었다고 생각했다. 또 나는 그가 용납하기 어려운 행동의 원인도 더 잘 이해하고 있다고 느꼈다. 이제 주된 목적은 그의 통찰력을 개발하고, 내적, 외적 압력을 더 건설적인 방식으로 관리하는 법을 배우는 가장 좋은 방법을 찾는 것이다. 그렇지만 이 과정이 쉽거나 간단할 것으로 기대하지 않았다. 세바스찬은 자신의 과도한 노력, 피로, 분노, 불안, 파괴적 공격 패턴을 버리고, 이를 만드는 방어기제를 수정하기 위해서는 몇 가지 중요한 발달적 과제developmental tasks를 수행해야 했다.

내가 본 세바스찬을 돕기 위한 핵심적 코칭 과제는 다음과 같다.

(1) 자기 자신과 업무 사이에 확고한 경계를 세워 과도한 업무량과 피로, 스트레스 및 분노에 대한 지속적인 경험을 줄인다. 이렇게 되면 자기에게 필요한 것needs에 관심을 기울이고, 필요할 때 도움을 청하며, 고객과 동료들에게 적절하고 사려 깊은 방법으로 '아니다'라고 거절하는 법을 배운다.
(2) 무엇이 이런 화와 불안 반응을 촉발하는지 더욱 자각하게 되고 이를 효과적으로 이를 관리한다.
(3) 가능하다면 이런 반응을 촉발하는 요인을 회피하고 이를 예상할 수 있는 전략을 개발한다.
(4) 불안과 화 감정에 자극받을 때라도 그 순간에 침착하게 머물기 위해 체득한 embedded 기술을 적용해 회피할 수 없었을 때라도 좀 더 잘 대처할 수 있게 한다.
(5) 자기 행동이 개인과 관계에 미친 영향을 훨씬 더 잘 이해함으로써 자기 기대와 일치하지 않는 성과를 내는 동료에 대한 태도를 바꾼다.
(6) 자기 불안과 낮은 자존감을 이해하고 직면함으로써 스스로에 대해 더 잘 느낄 수 있다. 이것은 결정적으로 자기 비판적 공격에 대한 취약성을 덜어주고, 그로 인해 다른 사람에 대한 자기 무능감inadequacy을 투사할 가능성을 줄인다.
(7) 이런 역동을 이해하여 공격성에 대한 동일시를 멈춘다. 의식적으로 그는 괴롭히는 사람이 되고 싶지 않기 때문에 실제로 이런 방식으로 행동하는 그의

일부분이 있다는 점을 수용하기가 고통스러울 수 있다. 그러나 이 패턴을 깨뜨리는 것이 필요하다. 그는 이런 이해에서 오는 죄책감과 수치를 느끼는 것을 견뎌내야 할 것이다.

정서 프로파일 삼각형을 활용한 통찰

나는 이를 위해 세바스찬의 자기 인식self-awareness 개발을 시도했다. 세바스찬과 토론 초기에 나는 의식적 마음conscious mind의 표면 밑에서 무슨 일이 일어나는지 탐구하고자 할 때 **투사**나 **공격자에 대한 동일시** 같은 기술적 용어에 전혀 초점을 맞추지 않았다는 점이 중요하다. 심리적 방어 메커니즘 개념이 그의 역동을 파악하는 데 매우 유용하지만 내가 세션에서 사용하는 용어는 그를 이해하고 나와의 사이에 다리를 놓는 데에 그 목적이 있다.

세 번째 코칭세션에서 나는 그에게 FPT에 대해 설명하기로 했다 이를 통해 그가 통찰력을 얻고 코칭 과제에 더욱 심도 있게 참여할 수 있게끔 돕고자 했다. 나는 리더십 책임을 맡은 모든 사람이 직장에서 감정을 다루는 세 가지 주요 방법 가운데 하나를 취하는 경향에 관해 설명했다. 이 세 가지 유형의 장단점을 동등하게 강조했다. 예상대로 세바스찬은 자신을 검토하며 스스로 삼각형의 꼭대기에 있는 그룹에 속한다고 쉽게 언급했다.

사람들이 선정한 위치가 정확성이 떨어진다고 생각하더라도 EPT를 모두에게 적용할 수 있게 표준화하여 그들 스스로 어느 한 측면에 해당한다는 것을 쉽게 받아들이도록 했다. 이는 타인을 괴롭혔다는 혐의로 죄책감과 수치심과 당혹감을 다루고자 애쓰는 세바스찬에게 특별한 도움을 주었다. 적극적인 격려와 더불어 EPT를 활용해 세바스찬이 자기 자신에 대한 비판적 재평가critical reassessments를 내리도록 도왔다. 한편으로 그는 리더십 강점과 부적절한 자기 행동의 연관성을 살펴봄으로써 자기 지각self-perception이 향상되었고, 특히 이번 같은 행동은 진정한 자기 성격이 반영된 것이 아니라 압박감 때문이라는 것을 이해했다. 반면에 세바스찬이 자신에 대해 더 잘 느끼고, 그로 인해 덜 방어적으로 행동하게 됨으로써 그는 자신이 이전에 취했던 공격적인 행동들이 타인에게 미치는 영향력을 더 깊이 인식하고recognize 인정acknowledge할 수 있었다. 이는 앞으로의 코칭과정을 열어 나아가는 데 획기적인 돌파구로 드러났다.

정서 프로파일 삼각형을 활용한 변화 촉진

EPT로 세바스찬이 근본적인 내적 변화에 따라 직장에서 필요한 행동 변화가 이뤄지도록 동기를 부여하고 격려하는 데 유용하게 적용할 수 있다는 점을 설명했다. 모델의 각 프로파일에 속한 리더들은 그들의 최고 자기best self를 되찾고자 할 때 직면하는 구체적인 도전 과제의 윤곽을 그려주었다. 이는 그가 지금까지와 비교해 무엇을 다르게 행동해야 하는지를 결정하는 데 도움을 준다. 그는 다른 두 프로파일이 지닌 매우 매력적인 강점들을 바탕으로 자기만의 접근법을 만들어내자는 아이디어를 개발했다. 또 자신이 존경하는 두 명의 고위직 동료들을 찾아냈다. 한 명은 과거 회사에서, 다른 한 명은 현재 회사에서 골랐다. (1) 한 명은 시원하고cool, 차분한calm 스타일이고 (2) 또 한 명은 사람-중심이고, 공감적이다. 세바스찬은 그들을 본보기로 여기고 기준을 점차 높여 가기 위해 열정과 전형적인 우월성을 잃지 않고, 압박을 느낄 때도 더 공감적이고, 객관성을 유지할 수 있는 능력을 개발하는 데 집중했다.

  자기와 다른 프로파일을 가진 다른 사람의 모습을 확인하는 것은 세바스찬에게 또 다른 방식으로 도움이 되었다. 그는 자기와 다른 사람에게 경의를 표하면서도 각 프로파일의 효율적인 측면과 그렇지 않은 측면을 같이 볼 수 있었다. 시원하고 차분하고 아주 침착한 스타일을 가진 동료는 위기에서 멀리 떨어져 있을 수 있었고, 사람-중심적이고 공감적인 동료들은 대인관계의 어려운 상황을 피하는 경향이 있어 때로는 어려운 결정을 내리지 못했다. 이런 발견은 세바스찬이 자기가 최고의 리더십을 발휘하는 데 적용할 수 있는 자기만의 특정한 강점에 대해 더 분명하게 알 수 있게 했다. 이는 열정enthusiasm과 에너지, 사업 결과를 달성하기 위한 단호한 집중determined focus 등이다.

대화로 독백하기

내가 세바스찬이 자신을 핍박하는 초자아Superego를 변화시키고 주니어 직원의 실수에 대한 그의 반응을 통제할 수 있도록 도움을 준 방법 가운데 하나는 5장에서 소개한 **대화로 독백하기**monologue to dialogue라고 불리는 기술이었다. 나는 그가 불안과 분노가 견디기 힘들 정도로 올라오면, 그 순간에 '정말 바보 같군, 제대로 하는 게 아무것도 없구만?!' 이런 식으로 말하는 오래된 내면의 목소리가 나온다는 것을 파악했다. 그러면 그는 **싸움**fight으로 들어간다. 내가 모델링하여 설명한 내면의 새로운 목소리는 세바스찬의 객관적 이해를 강화했다. 이전의 반응은 그에게 도움도 되지 않고 공정한 것도 아니었다. 이 새롭고, 건설적인 목소리는 다음과 같다. '좋아, 지금 상황 때문에 내 자동적인automatic 반응이 나온 것이군. 그래, 무언가 잘못됐을 때 정말 놀랍도록 짜증 나지! 그렇지만 나는 호흡을 하고, 차분하게 진정하고 나를 채찍질하려는 욕동urge to lash out을 담아내자contain. 그래서 내가 반응하기 전에 더 균형 있고 사려 깊게 행동하자.' 이것은 잘 돌아갔고, 세바스찬의 내적 변화inner shift를 통합하고 자기 내면 코치inner coach를 개발하는 데 중요한 요소로 작용했다.

경계 설정

세바스찬에게 **자기 필요**needs를 충족하기 위해 책임을 지도록 집중하는 것도 오래된 파괴적인 패턴을 성공적으로 수정하는 데 중요한 역할을 했다. 나는 꾸준하게 그가 자기 작업 시간에 대해 민감한 경계를 세우도록 격려했고, 그의 일에 대한 고객의 기대를 더 적극적으로 관리하고[기대관리], 일의 우선순위를 더 거침없이 설정해야 하며, 동료들에게 더 많은 것을 위임할 것을 지속해서 권고했다. 그는 불안 수준이 올라가서 견딜 수 없는 불편함을 느꼈지만 이런 방향으로 한 걸음씩 조처를 하기 시작했다. 그는 큰 용기와 인내로 이런 전략을 고수해 점차 더 쉽게 느끼게 되었고, 부정적인 결과보다는 긍정적인 결과를 낳는다는 것을 발견했다. 중요한 것은 내가 모델링 한 것이 그를 위한 관심과 돌봄을 위한 마음으로 설계했다는 점과 결과적으로는 자신을 덜 비난하는 느낌이고, 자신에 대해 더욱 양육적nurturing이라는 점을 세바스찬이 점차 알기 시작했다는 것이다.

타인을 책임 추궁하는 다른 방법

세바스찬이 자기 필요needs를 돌보는 방법은 자기 동료들을 효과적으로 관리하는 방법을 배우는 것이다. 그는 동료 로지Rosie를 어떻게 관리했는지 검토하며 많은 발전을 이루었다. 그녀는 세바스찬이 지금껏 꾸준히 짜증을 냈던 주니어 직원이며 과거에 두세 차례 이성을 잃고 그녀에게 화를 낸 적이 있었다. 로지를 설명할 때도 그녀가 저성과자이고, 다루기 골치 아프다고 표현했다. 어쨌든 그녀에 대한 세바스찬의 행동은 상황을 악화시켰다.

우리가 로지와 함께 일했던 지난 작업 관계를 검토해 보았다. 세바스찬은 처음부터 그녀의 저성과를 해결할 수 없고, 그녀를 성장시키기 위한 노력은 시간 낭비라고 생각했다. 그의 행동 뒷면에는 그녀에게 너무 화를 낼 것 같은 두려움이 자리 잡고 있었고, 동료들을 잘못 다루는 모습에 비난받을 것 같은 두려움이 움직이고 있었다. 그녀에 대해 타인에게 불평하는 것보다 그녀의 업무를 자신이 대신하기가 더 쉬워 보였다. 로지도 물론 그녀에 대한 세바스찬의 비언어적인 짜증을 느끼면서 동기와 자신감은 점점 더 약해졌다.

코칭과정 중 한 번을 골라 세바스찬은 로지와 면담하기로 결정했다. 이전에 이성을 잃고 마구 대했던 것을 사과하고, 관계를 개선하기 위한 만남이었다. 그는 되도록 구체적으로 그녀의 업무에 대한 기대치를 설명하고, 그녀가 좋은 성과를 냈던 사례와 함께, 더 성장할 수 있는 구체적인 업무에 대한 몇 가지 방안을 제시하고자 했다. 그는 면담을 사전에 신중하게 준비했고, 차분하고 분명한 태도로 이전과 다른 방식으로 로지와 소통할 수 있었다. 세바스찬의 사과로 두 사람 관계는 개선되었고 업무에 대한 그의 구체적인 접근법은 그녀의 관심을 끌었다. 이런 기회는 그들 사이에 정규적인 만남의 첫 단추가 되었다. 만남을 지속하면서 세바스찬이 로지에게 기대했던 점들이 개선되었다는 사실을 분명히 반복해서 기억하고 인정하자 계속 잘 지내게 되었다. 그녀가 자기 목적을 성취하기 위해 더 많은 도움이나 코칭 또는 안내가 필요하게 되면 그때마다 세바스찬은 자기 시간을 더 많이 할애했다.

다음 몇 달 동안 우리는 이런 주제들을 함께 연구했다. 세바스찬의 알아차림self-awareness은 매우 빠르게 깊어졌다. 물론 그 자신을 더 잘 이해하는 것이 그가 고통스러운 감정들로부터 자신을 쉽게 떼어놓을 수 있다거나, 다른 사람을 탓하며 감정을 외부화하는 성향을 쉽게 바꿀 수 있다는 것을 의미하는 것은 아니다. 이렇게 하는 데는 시간이 걸린다. 그렇지만 세바스찬의 자기 인식은 꾸준하게 향상됐고, 이와 함께 부적절한 자기 행동을 인정하는 그의 능력 또한 향상되었다. 이런 점은 그가 미래에는 다르게 행동할 수 있을 거라는 자신감을 스스로 느끼게 한다.

결과

이런 과정을 거치면서 우리는 세바스찬의 행동과 영향력에 대해 주요 이해관계자들에게 피드백을 요청했고 다면평가를 실시했다. 그는 주로 매우 차분하고 팀을 세심하게 관리하는 리더로 평가받았다. 그는 이제 더 전문적이고 적절한 방식으로 주니어 동료들을 대하는 것으로 보였다. 그가 변화했고 향상되었음을 나타내는 여러 구체적인 사례들이 피드백에도 나타났다.

세바스찬은 1년에 걸쳐 4주에 한 번씩 미팅을 통해 자신의 태도 변화에 필요한 내적, 외적 변화shift를 지속하게 하고 통합할 수 있도록 노력했다. 자기 가치self-worth, 수용력, 경계 설정, 차분함과 시기적절한 방식으로 동료들과의 문제 다루기, 자기감정을 관리하는 능력은 모두 눈에 띄게 향상됐다. 우리가 작업을 마쳤을 때, 회사에 있는 세바스찬의 핵심 이해관계자들은 기뻐했고, 동등한 파트너로 승진할 수 있는 전망은 밝아 보였다. 우리 둘 모두에게 이는 어렵지만 궁극적으로는 굉장히 보람찬 여정이었다.

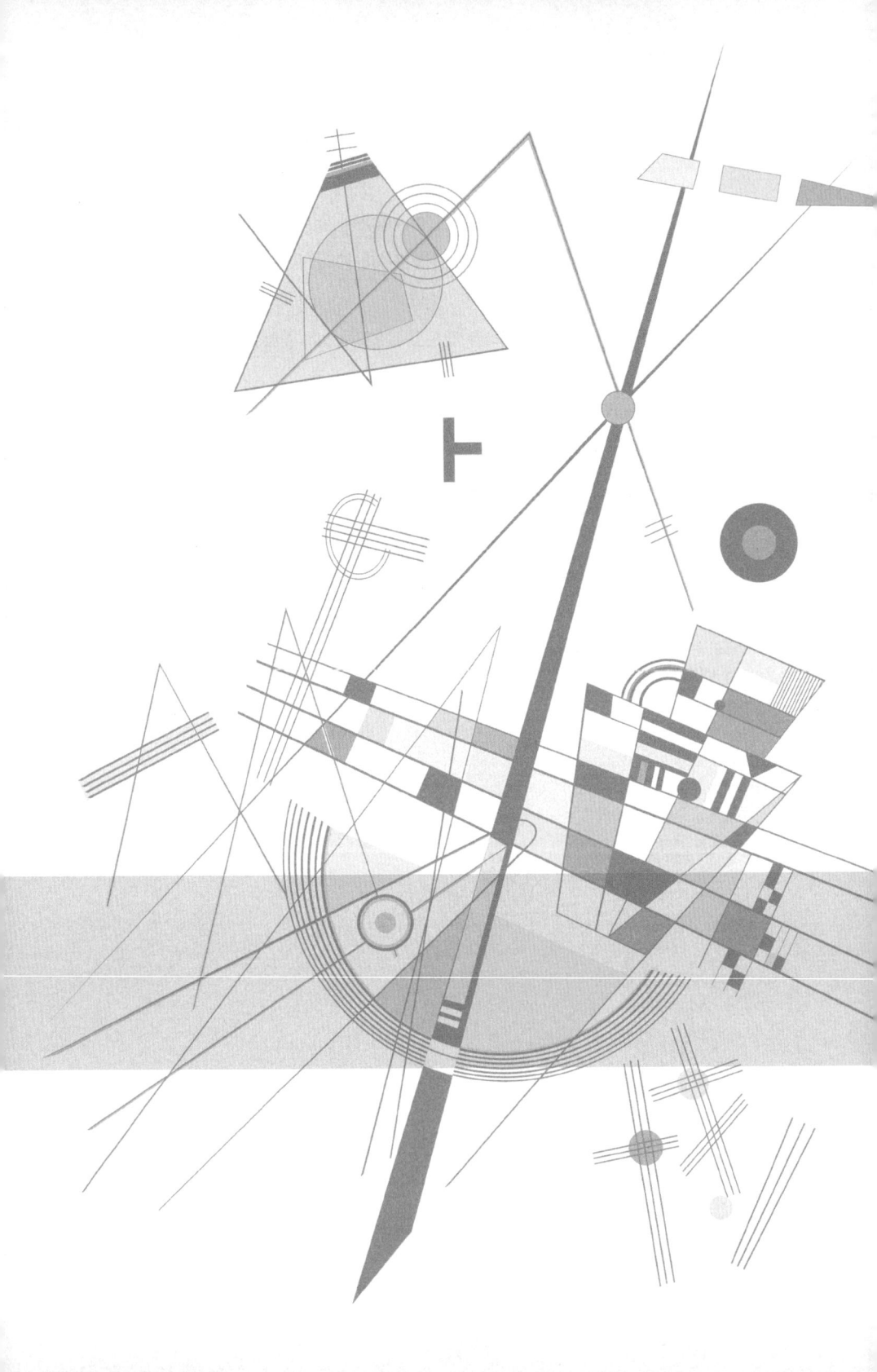

9장.
사람들을 기쁘게 하는 사람

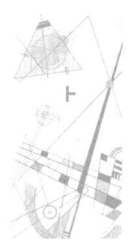

9장. 사람들을 기쁘게 하는 사람

이 사례연구는 정서 프로파일 삼각형Emotional Profiles Triangle(EPT)의 왼쪽 하단에 있는 정서와 행동 패턴을 지닌 고객이다. 이 고객은 기본 반응으로 **도피**flight를 활용한다. 다니엘Daniel은 따뜻하고 열정적인enthusiastic인 사람의 좋은 예이며 선천적으로 관계 형성에 중점을 둔다. 그렇지만 특별히 압박을 느낄 때는 갈등과 저성과자를 다루는 데 어려움을 겪는다.

● 핵심적인 정신역동 관점

다니엘과 같은 고객의 내면세계에 대해 기억해야 할 핵심은 '너무 좋은 사람too nice'이라는 점이다. 이런 사람들은 항상 공격성에 두려움을 느끼고, 여기에 대처하기 위해 자기 자신이나 타인의 부정적인 감정과 행동을 부인하는deny 방식으로 이를 처리한다. 이 점이 매우 많은 문제를 초래한다. 그들은 아마 복잡한 대인관계 문제를 해결하려 하지 않고 이를 회피하거나 자기 자신을 옹호하는 데 실패한다. 게다가

> 압박감을 느낄 때는 그들이 가진 공격성은 위장된 형태로 나타나게 된다. 다른 사람에 대한 적의를 간접적인 방법, 주로 무의식적인 방법으로 표출하거나 내적으로 자기self에게 대항한다.

고객

다니엘은 그의 직속 관리자의 제안과 HR 책임자의 지원을 받아 코칭을 시작했다. 대형 제약회사의 고위 운영 책임자로 마흔네 살인 그는 경력 내내 제약 분야에서 일해 왔고, 더 높은 관리직을 맡기 위해 현재 회사로 삼 년 전에 옮겨 왔다. 다니엘은 그의 사업 분야에서 재무성과를 달성하지 못했지만 이에 상응할 만한 모습을 보였다. 그는 근면하고 성실한 팀 플레이어로 평가됐고, 대체로 직원들에게 인기가 많았다. 최근 평가에서도 다니엘의 전반적인 업무 성과는 상당히 좋았지만, 일부 핵심 분야에서는 좀 더 개선할 필요가 있다고 판단되었다.

주요 코칭 이슈

다니엘의 직속 관리자는 꼼꼼하게 브리핑했다. 다니엘 강점에 주목하면서도 그는 다니엘이 저성과자들을 효율적으로 다루는 데 어려워하는 모습을 보인다고 내게 말했다. 그는 다니엘이 그의 팀에서 특히 저항적인 모습을 보였던 사람들을 다루고자 애썼던 사건들을 설명했다. 그는 또한 다니엘이 권위가 부족하고, 리더십 영향력이 약하다는 평가를 받는다고 설명했다. 다니엘이 자기 팀원들에게 더 큰 영향력을 미치고, 최고 경영진을 상대할 때 좀 더 진지한gravitas 태도를 갖도록 변화하기를 바랐다. 다니엘을 '사랑스러운 친구lovely chap'라며 지지하는 태도를 보였으며, 회사에 가치 있는 기여자임이 분명하다고 말했다. 그렇지만 그는 다니엘이 자신감이 부족하고 자신을 스스로 낮추고 있다고 믿었다.

다니엘이 담당하는 사업 영역에서 몇 가지 제품들이 성공하자 그로 인해 팀은 커졌고, 회사에서의 역할이 더욱 중요해졌다. 다니엘이 자기 프로필을 업데이트하고, 어려운 결정 사항은 더욱 단호하고 결단력 있는 태도를 보이고, 전체적인 리더십 영향력을 끌어올려야 할 필요성이 더욱 긴박해졌다. 이 때문에 다니엘의 직속 관리자가 이런 문제를 해결하는 데 도움을 주려고 코칭을 추천했다. 나는 다니엘이 직속 관리자의 이런 생각에 긍정적으로 반응했다고 전해 들었다. 삼일 뒤 그는 첫 번째 약속을 정하기 위해 내 사무실에 연락했다.

● 첫 번째 만남을 위한 준비

다니엘에 관한 브리핑을 듣고, 나는 그가 우리의 첫 만남을 어떻게 느끼고 있을지 생각해보았다. 그가 조금 자기 비하적self-deprecating일지 모르고, 남들과 잘 지내려는 매우 예민한 사람일지 모른다고 짐작했다. 다니엘의 직속 상사가 추천했기 때문에 나는 그의 눈에 권위적인 인물로 보일 것 같았다. 그는 내 이력을 보았겠지만 나를 알지 못했고 임원코칭을 받은 경험도 없었다. 나는 다니엘이 코칭과정이 어떤 식으로 진행될지, 특히 내가 그를 어떻게 바라볼지 궁금한 가운데 어느 정도 불안anxiety을 갖고 있을 거라고 생각했다. 상사가 자신에 대해 코치에게 뭐라고 말했을까? 코치가 나를 비판적으로 판단할까? 코치는 나와 함께 일하기를 원할까? 나는 다니엘이 자신에 대한 이러한 걱정을 지닌 채 협조적이고accommodating 친밀한 태도로 행동할 것이라 예상했다.

코칭을 통한 도전

내가 예상한 코칭의 도전 과제는 다니엘의 '친절함niceness' - 어떤 약점의 원천이 될 가능성이 보이는 강점 - 과 관련된 것이었다. 나는 그가 자신의 취약함vulnerabilities에 대해 나를 신뢰하고, 그가 안전지대safety zone에서 나오게 도전할 수 있는 충분한 안전감과 담아주기containment를 제공해야 한다. 이를 위해 우리는 다니엘의 두려움과 심리적 억제inhibitions를 탐색할 수 있는 작업동맹을 구축해야 할 것이다. 나는 다니엘과 관계를 맺고 그를 지지하는 일은 조금 쉬운 일일지 모르지만, 그에게 동기를 부여하고 더 단호해지는assertive 자신을 허용하게 하는 일은 어려울 것으로 예상했다.

도피flight를 기본 성향으로 하는 EPT 프로파일을 가진 다른 고객과의 경험에 비추어 보면 나는 다니엘이 이러한 변화를 성취하기 위해서는 그가 '이기적인selfish' 행동과 인기 없는 자신이 되는 것에 대한 두려움과 씨름할 필요가 있다고 생각했다. 이는 갈등에 대한 두려움을 불러일으킬 것이고, 자존감의 주요 원천이 되어온 그의 친절한nice 자기 이미지self-image에 심각한 위협이 될 것이다.

불안 담아내기

다니엘은 약속 시각보다 15분 일찍 도착했고, 사무실 관리자가 그를 들어오게 하자 대기실에 앉으면서 곧바로 사과했다. 내가 그를 맞이하러 내려오니 중간 키의 곱슬곱슬하고 연한 갈색 머리를 한 쾌활하고 정직한 얼굴open face을 가진 남자를 볼 수 있었다. 다니엘은 자리에서 벌떡 일어나 나와 악수하며 미소 지었다. 그는 코칭을 받기 위해 이곳으로 오는 교통 상황을 이야기하며 생각보다 훨씬 일찍 도착했다고 말했다. 그는 조금 긴장하는 듯 보였고 나는 그에게 호감을 느꼈다. 나는 그의 불안을 감지하며 특별히 따뜻하게 맞이했다.

코칭룸에 자리 잡고 그에게 차를 따라주었다. 다니엘은 가벼운 이야기를 친밀하게 꺼냈고, 내 말에 빠르게 고개를 끄덕였고 미소 지었다. 나는 그가 나와 시선을 마주쳤다 말다 하는 모습에서 그가 느끼는 약간의 과민함nervousness과 나에 대한 부드러운 열의eagerness를 감지해냈다. 다니엘은 내가 그에게 시간을 내어준 것에 감사해 했고, 농담조로 '현미경 아래에 앉아서 비치길' 기대한다고 말했다.

손에 차를 든 채 자리에 앉아, 나는 다니엘에게 그의 상사가 내게 연락했고 그의 배경에 대해 조금 이야기해주었다고 말했다. 그렇지만 내가 어떻게 도울 수 있을지에 대해 그에게 직접 듣고 싶다고 했다. 무엇인가 고쳐야 한다는 교정코칭remedial coaching을 위해 보내졌다는 굴욕감humiliation에 맞서야만 할 세바스찬과의 코칭에서 나는 그가 타인을 괴롭히는 행동을 했다는 고통스러운 사실에 직면하고, 내가 그 사건에 관한 입장을 직접 듣기를 원한다는 점을 분명히 하고, 시작부터 그에게 내가 알고 있는 사실을 정확하게 말해주기도 했었다. 그렇지만 다니엘의 경우에 나는 만약 그가 자기 이야기를 꺼내기 시작하면 그의 불안이 더 빨리 사라지리라 생각했기에 그에게 이야기의 주도권을 넘기면서 그가 이 상황을 통제할 수 있게 했다.

다니엘은 내 제안에 열정적으로enthusiastically 고개를 끄덕였다. 그리고 자기 경력과 현재 제약회사에서 그가 맡은 역할, 지금 직면하고 있는 몇 가지 문제들을 이야기했다.

● 패턴 확인하기

나는 다니엘의 이야기를 경청하면서 관찰했다. 그가 자기 일을 즐기고 동료들에게 공감을 보이는 따뜻한 모습이 그려졌다. 그는 책임감이 강하다고 느끼는 한 팀에 관해 이야기했다. 팀원들이 새로운 고혈압 약물의 성공적인 생산과 유통을 위해 얼마나 노력했는지 설명했다. 또 자기 상사를 긍정적으로 평가했고 존경심과 함께 그에게서 받은 지원에 고마움을 나타냈다. 내가 보기에는 자기 강점보다는 다른 사람을 칭찬할 준비가 더 되어 있는 것처럼 보였다.

내가 코칭목표에 대해서 질문하자 다니엘은 그의 직속 부하 가운데 다루기 힘든 직원 문제와 좀 더 자신감 있게 프리젠테이션을 하고, 최선을 다해 자기 영향력을 향상하고 싶다고 말했다. 그의 직속 상사는 리더십 권위를 세우는 문제와 고위 관리직으로 좀 더 영향력을 발휘하는 주제를 제기했다고 나는 전했다. 그는 이에 대해 인정하는 모습을 보였지만 앞서 이야기할 때보다 덜 열정적이고 약간 비꼬듯 냉담한 투로 그것을 '꽤 어려운 명령'이라고 말했다. 내가 조심스러운 태도로 좀 더 자세히 설명해달라고 요청하자, 그는 사내 정치company politics를 좋아하지 않으며, 약간 감정 섞인 목소리로 오직 자기를 위한 안건 제기와 경력을 사업 이익보다 우선에 두는 주변 동료들처럼 되고 싶지 않다는 말을 감정을 섞어서 말했다.

나는 이 점에 강하게 관심이 갔다. 이어서 그의 의식 표면 아래에서 어떤 일이 일어나는지 반영해reflect 보려고 노력했다. 나는 먼저 자신이 조금 더 권위적인 모습이 되려고 하다가 실패할까 봐, 또 이것이 불가능하다는 것을 알게 될까 봐 당연히 두려워하는 것이 아닐까 예상했다. 그렇지만 그가 동료에 대해 언급할 때 보이는 감정적인 에너지에 더욱 호기심이 생겼다. 그의 목소리와 단어들은 중요한 의미critical quality를 전달하고 있었다. 다니엘은 앞서 보였던 관용적이고tolerant 느긋한 태도easygoing를 갑작스럽게 더는 보이지 않았다. 나는 언제나 어떻게든 모든 사람이 공격적인 충동을 가지고 있으므로 다니엘처럼 자기 분노에 불편함을 느끼는 고객들에게 나타날 수 있다는 점을 염두에 두고 있었다.

나는 다니엘이 권위적 리더십을 정치적이고, 자기 본위self-seeking적인 것과 동동하게 생각하여 그가 자기 동료들과 경쟁하는 데서 느끼는 불안과 불편함에 대해 자신을 스스로 방어하고 있다는 작업가설을 세웠다. 이 두 가지를 연결해서 그는 이 문제를 해결하기를 꺼리는 자기 모습을 합리화rationalization했다. 이 합리화는 변화를 위한 필요성에 의문을 던지고 자기 위치를 정당화하는 동시에 스스로 높은 도덕적인 고지를 유지할 수 있게 하는 역할을 했다. EPT 맥락에서 볼 때 이는 자기 성과와 리더십 영향력 증진에 대한 상사의 기대에 직면했을 때, **도피**flight 형태를 취하는 것으로 볼 수 있다. 이런 방어기제가 다니엘이 원하지 않고unwanted, 자기 것이 아니라고 끊어내고자 했던disowned 그의 어떤 부분, 즉 실제로 경쟁이 치열하고, 야망에 차 있는 부분에 대항해 자신을 지키기 위해 무의식적으로 만들어졌는지 나는 궁금했다.

갈등 회피

다니엘의 관점과 행동을 좀 더 이해하기 위해서 나는 그에게 직통으로 보고하는 여섯 명의 매니저 가운데 한 명이며 특히 대하기 어려워했던 게르하르트Gerhard에 대해 이야기해달라고 부탁했다. 게르하르트는 취리히 본사에서 파견되어 영국에 온 지 18개월 된 30대 초반의 스위스인이었다. 다니엘은 그를 밝고bright, 열심히 일하며 양심적인 사람이라고 묘사했다. 그렇지만 게르하르트가 관리하던 후배 팀의 구성원들은 그의 리더십 스타일에 만족하지 않았다는 점이 점차 드러났다. 그들은 다니엘에게 게르하르트가 자신들에게 너무 많은 것을 요구하고, 너무 빨리 비판적인 태도로 변하는 리더라고 표현했다. 분명한 점은 다니엘이 그들과 일대일로 시간을 거의 보내지 않았고 실제로 그들에게 긍정적인 피드백을 거의 주지 않았다.

다니엘이 게르하르트의 단점을 예를 들어 묘사하고 이것이 팀원들의 사기나 행동에 부정적인 영향력을 미쳤는지 설명하면서 그는 점점 더 생동적인 모습이 되었다. 게르하르트의 강압적인 접근방식에 대해 들으며 나는 그들을 대신해서 점차 분개하고 있으며, 다니엘도 조금 못 견디고 있는 것 같다는 느낌이 내게 일어나는 것을 발견했다. 나는 속으로 생각했다. '정말 끔찍한 말이군, 그래 당신은 그 일에 대해 뭘 해봤어?'

내가 다니엘에게 이 문제를 해결하기 위해 무엇을 했는지 물었을 때, 그는 자리가 불편한 듯 앉은 자세를 약간 바꿨고, 나와 시선을 마주치던 눈을 돌렸다. 다니엘은 게르하르트에게 그의 행동에 대해서 말하려고 두 번이나 시도했다고 말했다. 그렇지만 그에게 아주 작은 영향력만을 미쳤다. 그는 게르하르트가 변화의 필요성을 이해하려 들지 않았고, 아마 다르게 행동할 능력조차 없는 것으로 느껴졌다고 말했다. 나는 두 사람이 나눈 대화 내용을 더 자세히 물었다. 다니엘은 그와 대화할 때 간접적이고, 우회적roundabout으로만 언급했을 뿐이었다.

처음에 다니엘은 게르하르트에게 상황이 어떻게 흘러가고 있는지 물었다. 그러자 게르하르트가 '괜찮은 것 같은데요'라고 했고, 이에 맞서 그는 전혀 도전하지 않았다. 그 대신 그저 단순하게 팀원들이 긍정적인 사람들이라는 말과 함께, 게르하르트가 자기가 준 힌트를 알아채기를 바라며 팀원들에게 격려를 많이 해주면 잘 반응할 것이라는 말만 했다. 그렇지만 게르하르트는 그렇게 하지 않았다. 그 뒤 팀 미팅이 특히 좋지 않게 흘러갔다. 게르하르트의 피드백을 듣고 다니엘은 조금 직접 이야기하려 노력했다. 팀원들에게 주요한 문제에 대해 그들의 생각을 묻거나 그들이 너욱 관심받고 있으며 감사하게 느끼게 더 포용적인 접근법을 취하는 것이 어떻겠냐고 제안했다. 그렇지만 게르하르트는 그의 말에 방어적으로 반응했다. 그는 팀원들에게 다가가려 시도했지만 오히려 저항적이었고 새로운 의견을 내기에는 이미 늦었다고 주장했다. 그러자 다니엘은 이 문제에서 손을 떼버렸다.

다니엘은 동료와 관련해 겪고 있는 또 다른 어려운 상황을 내게 이야기했다. 다른 부서장인 아만다Amanda에 관한 문제였다. 그가 내게 설명해준 이야기에 따르면, 그녀의 행동은 경쟁적이며 타인을 힘들게 깎아 내리는undermining 타입으로 들렸다. 무엇보다도 그녀는 타인과 함께 수행한 공동 업무의 공로를 모두 자신에게 돌렸고, 최고 경영진들과의 특별 회의에 자기가 연구 결과를 발표해야 한다고 주장했다. 다니엘은 팀 미팅에서 그녀가 자기 생각을 무시하고dismissive 비난하는 것 같다고 느꼈다.

다니엘은 아만다의 행동과 그 영향력을 사실에 근거해 묘사했다. 그 이유는 아마 이 상황에서 희생자가 그의 부하 직원들 가운데 한 명이 아닌 자신이기 때문에 게르하르트 행동을 설명할 때보다 덜 생기 있게 보였다. 그는 아만다를 직접 비판하는 어떤 말도 하지 않으려 했다. 내가 아만다가 했던 행동에 대해서 어떤 감정을 느꼈는지 다니엘에게 묻자, 그녀가 자신보다 더 나은 발표자이며 주도권을 잡는 것이 프로젝트를 위해서 더 좋을 것이라고 말했다. 팀 미팅에서 그녀의 행동도 '그저 단지 그녀의 스타일이고, 그녀는 이 문제에 대해 정말로 열정이 있으니 자기가 여기에 과민 반응해서는 절대로 안 된다'는 것이었다.

다니엘은 아만다와 일하는 것이 어렵다고 말하고 그녀와 관계를 개선하고 싶다고 말하면서도 자신은 화가 나지 않는다고 주장했다. 나는 다니엘이 그녀의 행동에 직접 대면하지 않은 것을 듣고도 놀라지 않았다. 이런 나쁜 상황이 점차 늘어날 것이라는 생각이 들었다. 다니엘은 그녀가 시간이 지나면 자기 방식을 존중하고 좀 더 협조적collaborative이 될 것으로 기대한다며, 전문적인 모습으로 남는 편이 더 좋다고 했다.

다니엘에게서 게르하르트와 아만다에 대해 듣고, 잠재적인 갈등에 직면할 때 그의 **도피** 성향이 심각해 조금 놀랐다. 특히 그의 팀을 관리하는 게르하르트의 문제 있는 행동을 묘사할 때 매우 생기animated가 돌았다는 점에 관심이 갔다. 그렇지만 이런 이슈를 직접 해결하려고 하자, 다니엘은 에너지가 빠져나갔고, 그런 과제들은 완전히 통제 밖에 있다는 식으로 대했다.

역전이 활용

나는 심리적 수준에서 다니엘에게 무슨 일이 벌어졌는지 이해하고자 노력했다. 게르하르트와 아만다 각자와 상호작용interactions한 그의 이야기를 듣는 동안, 나는 어떤 강렬한 감정들을 느꼈고 이 역전이를 살펴보는 일이 매우 유용하다는 점을 알게 되었다. 게르하르트와 아만다의 행동에 대한 가장 두드러진 다니엘의 묘사는 내가 두 사람에게 약이 오르는annoyed 감정을 느끼게 했다. 나는 내가 한 번도 만나보지 않은 그들의 행동에 다니엘보다 더 십자가를 진 듯한crosser 느낌이 든다는 사실과 마주쳤다. 이는 내게 그들 자신의 공격성으로 불편함을 느끼는 사람들이 무의식적으로 타인이 그들을 대신해서 자기 분노를 느끼도록 조종하는 방법으로, 자주 그들의 감정을 간접적으로 표출하는 때도 있다는 사실을 상기시켰다.

이를 반영하여reflection 나는 이 미묘한 과정이 실제로 세션에서 일어나고 있다고 생각했다. 다니엘이 게르하르트에 대해 내게 말하면서, 나는 내가 느끼는 짜증을 담아내기로contain 결정하고, 나 자신을 다니엘의 염려에 공감하는 모습을 보여주는 것으로만 국한했다. 그 대신에 나는 게르하르트가 그의 팀을 그런 방식으로 잘못 다루는 모습을 보는 것이 다니엘에게 얼마나 짜증 나는 일이었을지 이해한다고 말했다. 다니엘은 내 이야기에 **즉각적으로, 아마 자신이 이 문제를 과장해서 말한 것 같다**며 반응했다. 게르하르트는 좋은 의도에서 그렇게 했으며 그의 행동은 아마 문화적 차이를 반영했을 것이라고 말했다. 내가 동의하자 다니엘은 게르하르트에 대한 그의 불평으로 움츠러드는 순간이 눈에 들어왔다. 그는 마치 자신이 너무 가혹하거나 불공정해지는 것을 두려워하는 듯 보였다. 이는 그가 타인을 비판하거나 판단해야 하는 자신의 일부분을 얼마나 불편해하는지, 나쁘게 비치는 것을 얼마나 염려하는지 알 수 있는 중요한 초기 징후early indication였다.

내 의견을 밀어붙여 다니엘이 더욱 방어적인 태도를 보이는 것보다, 그리고 게르하르트를 반대하는 역할을 취하고 싶지 않았기 때문에, 문화적 다양성에 대한 그의 주장을 인정하기로 했다. 이에 그치지 않고 나는 새로운 언어, 환경, 조직문화에 적응하는 것이 게르하르트에게 얼마나 힘든 일이었을지 언급하기까지 했다. 흥미롭게도 다니엘은 내 이야기에 약간 고개를 끄덕였지만, **게르하르트의 행동이 그의 직속 부하들에게 끼친 역효과에 대해서 다시 한번 강조**했다. 다니엘은 마치 내가 그와 껄끄러운 관계에 있는 동료를 너무 깊게 이해하지 않도록 미리 조처를 하는 것 같았다.

이는 내게 다니엘이 게르하르트와 불편한 내적 갈등을 경험하고 있다는 가설을 세우게끔 했다. 그는 한편으로 화가 났고, 그에게 비판적인 감정을 가졌지만, 다른 한편으로 이런 감정을 갖는 자신에게 두려움과 죄책감을 느꼈다. 그러므로 그는 무의식적으로 나를 화가 나는 쪽에 동의하도록 유혹했다lured. 그러고 나서 그는 즉시 기권했다. 분명 다니엘은 그 자신의 공격성에 두려움을 느꼈고, 아마도 이 감정을 인정하면 결국 이로 인해 너무 멀리 가버릴 것 같아 두려워했을 것이다. 그는 또 비판적이거나 동정심 없는unsympathetic 사람으로 여겨질까 두려워하는 것 같았다. 아마도 다니엘은 만약 내가 게르하르트와 맞서게 되면 그 자신이 지닌 잠재적 보복심을 두려워한 것일지도 모른다. 그 결과 다니엘은 게르하르트와의 관계에 대해 내 지지를 끌어낼 만큼만 그에 대한 불평을 늘어놓다가, 내가 그에 대한 지지를 표현하자마자 바로 신속하게 후퇴했다. 이 관계는 아만다와 관련해서도 패턴이 반복되었다. 나는 그를 향한 아만다의 명백한 수동 공격적 행동을 언급했다. 그러나 다니엘은 자기 말이 과장됐을 수도 있으며, 그 경우에 아만다의 행동은 옳았고, 그녀에게 반박하지 않았던 것이 가장 최선이었을 수 있다며 내 말에 바로 반박했다.

이 역동과 나란히 나는 다니엘에게 두 가지 다른 감정을 경험했다. 한편으로 나는 그에게 호감을 느꼈고, 오히려 그를 보호하고 싶었다. 그의 친절함niceness과 그가 보이는 속수무책인 난감함helplessness은 내 안의 '구원자rescuer' 부분을 활성화했고, 그가 동료들과 어깨를 나란히 하여 그들의 행동에 맞설 수 있게 도와주고 싶게 했다. 그렇지만 다른 한편으로 나는 다니엘에게 짜증을 느꼈고 그가 움츠러들지 않고 행동하게끔 그를 흔들고 싶었다. 그는 문제의 원인에 대해 불평하면서도 단호하게 해결하기를 꺼림으로써, 타인에게 좌절감을 불러일으키는 강력한 희생자라는 생각을 상기시켜주었다.

우리의 첫 세션에서 다니엘을 향한 내 역전이 반응의 마지막 요소 또한 흥미롭다. 나는 세션 초반에, 다니엘의 리더십 영향을 키우고자 하는 상사의 바람에 대한 그의 반응에서 미묘하게 비판받는다고 느꼈다. 다니엘은 상사의 소망 이야기에 대해 분명하게 불편함을 느꼈지만, 자기감정을 간접적으로만 드러냈다. 우리가 보았듯이 그는 리더십 영향이라는 개념을 도덕적으로 높은 기준에 맞춰 거부할 수 있는 매우 부정적인 것 - 과도하게 정치적이며 유리한 위치만 차지하려 애쓰기만 하는 사람jockey - 과 연결하게 해 표현하는 전략을 사용했다. 나는 그가 반드시 그러한 불쾌한 행동에 관여해야 한다는 것을 분명하게 암시했기 때문에 약간 잘못 판단했다는 느낌이 들었다. 다시 말하면 나는 이것이 그의 무의식적 공격성이라는 주제가 매우 우회적인 방식으로 드러나는 것과 일치한다는 느낌을 받았다.

작업동맹 구축

다니엘과의 첫 세션에서 이러한 작업가설을 세웠지만, 나는 그의 감정에 대한 자기 인식self-awareness 수준이 낮다고 느꼈다. 작업동맹을 맺기 위해서는 내가 그의 페이스에 따라 움직이는 것은 필수적이었다. 그는 자신이 갈등을 굉장히 꺼리며, 사람들과 좋은 관계를 유지하는 것을 선호한다는 점에 대해서는 매우 개방적이었지만, 자기와 다른 사람의 공격성을 대할 때 두려움을 느끼는 정도에 대해서는 자각하지 못하는 것으로 보였다. 그러므로 이 단계에서 나는 신중하게 처리해서, 왜 그가 게르하르트와의 문제를 다룰 때 더 굳어지고 또 아만다에게는 왜 맞서지 않았느냐는 질문을 직접 묻지 않으려고 의식적으로 노력했다.

세바스찬의 경우에는 그가 만약에 공격적인 행동을 취한다고 해도, 그 안에 담긴 타인을 대하는 근본적인 의도는 좋았다는 점을 인정하는 것이 매우 중요하다고 느꼈다. 그렇지만 다니엘의 경우는 그의 긍정적인 자기 상self-image이 중심이고 그가 가장 중요하게 여기는 만큼 그것을 내가 인정하고recognized 존중하고 있다는 점을 그에게 보여주어야 한다고 느꼈다. 그래서 이 세션이 끝날 무렵에, 나는 그를 알게 돼 기쁘고 그가 다른 사람들을 위해 매우 헌신적으로 돕는 가치 중심values-driven적이고 돌봄적 리더였다는 것을 볼 수 있어 좋았다고 말해주었다. 나는 또 그가 코칭 여정에서 무엇이든 선택해 변화하려고 하더라도 스스로 진실하고 진정성을 유지하는 것이 가장 중요하다는 말을 덧붙였다.

다니엘이 더욱 효과적인 리더로 거듭나기 위해서는, 직장에서 겪는 어려운 관계를 해결하기 위해 대응해온 기존의 자기 방식을 수정해야 한다는 점을 더욱 분명하게 자각해야 하지만, 나는 **강력한 신뢰 구축 전에** 이 이슈를 수면으로 올리는 것은 비생산적이라고 확신했다. 다니엘도 이런 내 의견에 긍정적이었다. 나는 다니엘이 내가 그의 가치를 인정한다는 점에 기뻐한다는 것을 알아챘고, 그가 가진 리더십 유형을 변형하려고 그를 레일에 올려놓으려 하지 않는다는 점에 **안도감을 느낀다**는 점도 눈치챘다. 그는 단지 나와 같이 코칭받게 될 앞날이 기대된다고 말했다.

● 고객이 자기감정을 느끼도록 돕기

다음 세션에서 다니엘은 내게 게르하르트와 몇 가지 문제가 더 있었으며, 이 문제를 어떻게 해결할 수 있는지 생각해보고 싶다고 말했다. 나는 그의 이런 제안을 격려했다. 그가 자기 분노를 부인했던 첫 번째 세션에서 우리가 나눴던 대화가 다시 재연되는 것을 피하고 싶었다. 나는 꼭 필요하다고 생각했던 게르하르트에 대한 단호한 잣대를 들이대 다시 다니엘을 수동적이고 무력한 위치로 **퇴각하게 하는 함정**에 빠질 위험이 있다고 생각했다.

이런 이유로 다니엘이 부정적인 감정을 갖기 시작하려는 그를 격려하는 방식으로 그의 자기 인식이 높아지게 시도하기로 했다. 4장과 5장에서 언급한 복합감정mixed feelings이라고 부르는 기술을 활용했다. 이는 고객이 경험하는 내부 갈등의 양면을 분명히 하는 것이다. 이를 성공적으로 수행하는 열쇠는 **사고**thoughts**와 감정**feeling **두 가지 모두 자연스럽고 당연하다**는 것을 고객에게 먼저 전달하는 것이다. 이는 고객에게 일어나는 불안, 당혹감embarrassment, 수치 또는 죄책감 등을 줄이는 기능을 하고, 고객의 의식적인 인식conscious awareness 하에 부정적 감정을 느끼고 이를 인정할 수 있도록 한다.

나는 다니엘에게 게르하르트에 관해 내게 말한 것에 대한 내 성찰reflection을 나누고 싶다고 말했다. 나는 그 상황이 딜레마로 들어오고 정말 까다롭게 느껴졌다고 했다. 한편으로 다니엘은 새로운 환경에서 그가 느낀 압력에 예민하게 반응했고, 게르하르트를 분명하게 돕기를 원했다. 다른 한편으로 그는 게르하르트의 미숙한 관리 능력과 이것이 주니어 직원들에게 끼치는 영향에 다소 실망감을 느껴 당연히 걱정스러워했다. 나는 전하고자 하는 요지를 방어적인 반응 없이 받아들일 수 있기를 희망하며 **온화한 단어**를 사용해서 **신중**하게 말했다. 그가 내가 말한 이 같은 공식화formulation에 쉽게 동의하고, 게르하르트에게 어떻게 하면 더 확고한 태도로 대할 수 있을지 탐구할 필요가 있음을 깨달았다고 말하자 나는 속으로 기뻐했다.

● 다니엘의 방어기제: 억압, 부인, 투사적 동일시

이 코칭세션의 나머지를 언급하기 전에 다니엘이 이 갈등의 급박한 두려움을 추동하는 근원적인 역동을 강조하고 싶다. 이것이 그가 동료들을 적절하게 다루지 못하게 방해했다. 심리적 안전감을 유지하고 고통스러운 감정에서 자신을 보호하고자 사용했던 **무의식적 방어기제**를 통해 정신역동적 관점을 이해할 수 있다.

그렇다면 그의 방어기제들은 무엇인가? 우선 다니엘은 공격성, 불만, 분개resentment와 관련된 모든 감정을 자기 마음의 무의식적 공간으로 억누르는 것으로 보였다. 다른 사람들의 행동이 화나게 하고 비판적인 감정을 불러일으켰을지라도 이런 감정들을 부인하고 거부해 자기 안에서 몰아내 버렸다. 그렇지만 분노는 인간의 감정 스펙트럼의 자연스럽고 필수적인 부분이다. 그리고 억압이나 거부로 이 감정이 모두 사라지는 것은 아니다. 그 대신에 지하에 묻어두고 오직 위장된 형태disguised form로 그 표면을 드러낸다. 이것은 개인이 그들의 공격성을 억압하면 할수록 더 두렵고 강력하게 무의식적으로 그것을 느끼고, 그것을 인정하는 데 저항을 증가하고 악순환을 일으킬 수 있다.

내 역전이 응답의 결과로 다니엘은 **투사적 동일시**projective identification라는 다른 방어기제를 알게 되었다. 투사는 사람들이 자기가 원하지 않는 측면을 다른 사람에게 내보내고 이를 볼 수 있게 해주지만 투사적 동일시는 그보다 더 나아간 것이다. 이는 **상대방에게 내보낸 원치 않던 감정들과 미묘하게 그들과 동일시를 불러일으키는 방식으로 타인을 끌어들인다**. 이로 인해 내가 다니엘의 이야기를 들을 때, 단순하게 그들의 행동이 미숙하다거나 적절하지 않다고 생각하는 부분에서 끝나지 않고 게르하르트와 아만다에게 분노를 느끼기 시작한 것이다. 그렇지만 내가 이 감정을 가볍게 표현하자 다니엘은 즉각적으로 상대방의 처지에서 그것이 일으켰던 감정들로부터 자신을 분리했고, 자신이 방금까지 언급했던 어려움이 과대평가된 것이라 말했다.

이는 내가 다니엘의 방어기제와 자기 분노에 대한 그의 두려움의 주요 원인이 타인에게 미움받거나 거부당하는 것에 대한 그의 불안인 것으로 느껴졌다. 다른 사람들이 그의 행동을 실제로 어떻게 생각하는지와 상관없이, 그는 자신이 잘못 행동할 수 있을 아주 작은 가능성조차 이를 인지하는 것에 죄책감과 수치심을 동시에 느꼈다. 똑같이 중요한 점은 다니엘이 친절하고 인내심 있게 행동했다고 느낄 때는 자존심과 자부심에 대한 의미 있는 감significant sense을 얻게 된다는 점이다.

이것은 이미 불안을 위장된 형태로 그것을 표현했다는 점에서 앞에서 지적된 부분의 예시가 된다. 다니엘은 그의 회피적 행동을 의식적으로 합리화하는 데 능숙해져 있었다. 불안이 뿌리를 내리고 있었음에도 그는 자기와 다른 사람에게 자기 불안을 지나치게 드러내지 않았다.

다니엘의 방어기제는 우리가 모두 그렇듯이 자기 기질과 유전적 이유, 양육 환경 특히 부모와 관련된 부분 등의 조합으로 유래된 게 아닐까 생각한다. 두 번째 코칭세션에서 나는 그의 환경에 대해 조금이나마 물어볼 좋은 기회를 잡았다. 나는 다니엘의 아버지가 자기 외아들과 감정적으로 단절된 상태였다는 정보를 들었다. 또 다니엘은 아버지가 자기 관심사에만 몰두했고, 그의 어머니를 사랑스럽지만 '걱정이 많은 사람worrier', 자신감이 떨어지는 사람이라고 설명했다. 부모님 두 분 다 논쟁을 좋아하지 않았고 분노를 표현하는 것은 그의 가족 안에서 꺼려지는 것이었다. 긴장감이나 의견 불일치는 대체로 표면으로 드러나지 않거나 해결되지 않았다. 이 가정의 좌우명은 '말이 많으면 화근이 된다[속담]'였다.

다니엘의 방어적 행동 패턴들은 일찌감치 개발되었고 평생 유지되었다. '사람들을 기쁘게 하는 사람people pleasers'처럼 다니엘은 무의식적으로 게르하르트와 아만다 같은 사람들의 행동에 대해서도 그들이 자신과 다른 사람들에게 일으킨 문제에 대해 맞서지 않고 허용하기로 해왔다. 비록 이로 인한 문제들이 다니엘 자신이나 다른 사람들을 괴롭힐 수 있어도 마찬가지다. 그는 의식적으로 그들의 행동이 부적절하다는 것을 알고 있었지만, 이를 해결하기 위한 어떤 일도 할 수 없다고 인식했다. 이 때문에 다니엘은 상황을 해결하지 못하는 자신의 실패를 정당화할 수 있었다. 또 갈등을 피함으로써 심리적 안전감을 얻을 수 있고, 공격적이거나 판단하지 않는 좋은 사람으로 자기감정을 유지할 수 있었다.

다니엘에게 이 방어기제들이 얼마나 잘 작동했을까? 어떤 수준에서 보면 그는 긍정적인 대인관계 기술과 사업 기술을 활용하여 상당한 성공을 이룰 수 있게끔 꽤 잘 작동했다. 그렇지만 이것을 사용한 대가는 크게 돌아왔다. 그는 게르하르트와 아만다, 그 밖에 다른 사람들의 행동으로 말미암아 상당히 스트레스를 받았고, 중요한 점은 그들의 신중하지 못한 행동들이 다니엘 팀과 그 조직 목표를 달성하는 데 부정적인 영향을 끼쳤다는 점이다.

경력 관점career perspective에서 단호한 태도를 보이지 못하는 다니엘의 무능력은 그의 승진을 제한하는 위협 요인이었다. 그래서 나는 그가 직무 경력에서 중요한 갈림길professional crossroads에 서 있다고 느꼈다. 비록 그의 상사가 그를 지지하고 있었지만 그는 분명히 다니엘이 보여준 자기 이슈를 해결하길 원했다.

그가 현재 조직에서 성장하려면 이 문제를 해결하는 것이 매우 중요하다고 느꼈다. 내가 직면한 문제는 이제 다니엘이 그의 성과를 다음 단계로 끌어 올리게 돕는 것이다. 코칭이 성공하려면 다니엘은 방어 패턴을 완화하고, 자신감을 유지할 수 있는 내적 변화를 이루어 더 강력한 리더십 유형을 보이는 것이어야 한다.

코칭의 핵심 과제

나는 다니엘의 경우 기대하는 리더십 수준까지 나아가려 한다면 그의 깊이 있는 공격성에 대한 두려움과 다른 사람을 기쁘게 해야 한다는 [자신이 갖고 있는] 필요를 중요하게 변화shift해야 한다고 느꼈다. 내가 본 가장 중요한 코칭과제는 다음과 같다.

(1) 다니엘은 분노와 부정적인 감정을 억압하거나 회피하거나 투사하기보다 이를 더욱 자각하고aware 인정하여야 한다acknowledge. 이를 위해 그는 이러한 감정들을 자극해 불러일으켜지는provoked 매우 불편한 불안과 죄책감을 절실하게 용인하는tolerate 방법을 배워야만 할 것이다.
(2) 그가 부정적인 자기감정들을 행동화할지 여부와 어떻게 행동할 것인가를 선택할 수 있다는 점을 배워야 한다. 인정하는 것은 그것을 통제한다는 의미가 아니다.
(3) 자기 필요needs와 소망wishes을 회사에서 분명하고 정직하게 그러나 공정한 자세로 표현할 수 있어야 한다. 여기서 중요한 점은 다니엘이 그렇게 하지 않을 때 자신과 타인에게 초래되는 부정적인 결과를 이해해야 한다는 것이다.
(4) 자기 가치와 자신감에 대한 근본적인 감을 키워야 한다. 그는 자기 자신을 친절하고 남을 배려하는 관리자로서, 또 필요할 때는 타인의 부적절한 행동

에 맞서고 경계를 설정할 수 있는 능력과 친절과 돌봄 모두를 관리하는 자라고 자신을 인정할 필요가 있다. 이는 다니엘에게 자기 리더십 역할을 더 효율적이고 영향력을 행사하는 데 필요한 내적 권위와 자기 존중을 부여해준다.
(5) 모든 수준의 동료들과 적극적으로 소통하기 위한 실용적인 전략을 배운다. 전달하고자 하는 핵심 메시지를 공격적이지 않게 그와 소통하는 동료들이 확신을 하고 진지하게 받아들일 수 있도록 그에게 준비하는 과정이 있어야 한다. 그의 언어, 비언어적 의사소통에 일관성과 권위가 강화될 필요가 있다.
(6) 의사소통과 발표 기술을 향상해 자기 확신과 권위가 반영되게 해야 한다.

정서 프로파일 삼각형을 활용한 통찰

나는 마음에 이 같은 근본적 과제를 지닌 채 다니엘과 코칭의 첫 관심을 영향력을 거의 행사할 수 없다고 느끼는 외부 요인에서 그 자신에게로 **초점을 옮기게 하는 것**이다. 게르하르트에게 느끼는 문화적 차이와 아만다의 독재적 행동 스타일에 대해서도 마찬가지다. 그는 대인관계 상황에서 오는 이런 어려움에 대해 자기가 이해하고 책임져야 할 부분에 대해 지금과는 다른 방식으로 접근할 수 있어야 한다.

세바스찬과 마찬가지로 나는 EPT 모델이 다니엘의 방어적 반응을 유발하지 않고 자기 인식을 높이는 데 도움이 될 것을 알았다. 세바스찬과의 코칭에서 EPT가 가장 유효했던 점은 그가 받아들일 수 없는 공격적인 행동에서 느낀 수치shame를 줄이는 것이었다. 이는 그 자신과 다른 사람의 약점에 좀 더 관대해질 수 있는 법을 배우지 못하게 방해했다. 다니엘의 경우에 EPT는 다른 방식으로 도움을 주었다. 자기의 도피flight 행위를 인정할 수밖에 없도록 그를 **살살 끌어내는**데 매우 유효했다. 다니엘이 이를 부인하는 것은 스스로 편안한 지대comfort zone에 머물러 있는 것이고, 그는 문제에 대해 한탄하지만 그것들을 해결하는 데 어떠한 행동을 취하지 않고, 책임지지 않는 것을 의미한다. 그렇다면 아무것도 변하지 않을 것이다.

나는 다니엘에게 EPT 개념을 처음 소개하며 세 가지 프로파일 각각의 효과적이고 숙련된 버전에만 초점을 맞춰 이야기했다. 그렇게 하지 않고 저마다의 비효율적이고 역기능적인 측면을 바로 소개했다면, 다니엘은 자신이 너무 비난받는다고 느끼고 방어적으로 될 수 있다. 나는 다니엘에게 세 가지 긍정적인 프로파일 가운데 그가 속한 유형은 무엇인지 생각해보도록 권했다. 그는 이에 대해 신중하게 고민하고 삼각형 왼쪽 아래 끝에 있는 관계 지향적인 지도자인 것 같다고 말했다.

그러고 나서 나는 모델의 유형마다 하나의 중요한 사건 형태 또는 일반적인 불안이 위협으로 다가오게 되면 우리는 모두 자신이 가진 자원이나 역량을 효과적으로 움직이지 못하게 된다고 이어서 설명했다. 다니엘의 프로필이 갖는 관계 지향적이고 상대방에게 공감하는 탁월한 대인관계 능력이 그가 조화로운 관계를 유지하게끔 했다. 심지어 현실을 객관적으로 바라볼 때 갈등을 피하려는 노력이 비현실적이거나 실제로 불가능한 경우에도 그가 그렇게 노력하게끔 이끌었다. 나는 **도피**라는 개념을 소개하면서 그의 자존감을 보호할 수 있도록 그의 강점을 되도록 강하게 연결해서 최대한 표준화하는 방식으로 표현하기 위해 최선을 다했다.

다행히도 이는 다니엘에게 잘 적용되었다. 그의 이슈를 신중하게 경청하고 많은 확언affirmation과 공감을 통해 그와 강력한 작업동맹을 맺을 수 있었다. 이로 인해 그는 과거에 반드시 인식하고 해결해야 하는 어려운 대인관계 상황에서도, 문제를 외면하려고 했던 그의 성향을 이전보다 더 깊이 있게 인식할 수 있게 되었다. 이는 그의 근본적인 감정이 내면세계 안에서 변화를 이뤄내고, 이전과 다르게 행동할 수 있도록 자유롭게 도와 핵심적인 코칭 작업의 돌파구가 되어주었다.

정서 프로파일 삼각형을 활용한 변화 촉진

세바스찬의 경우처럼 EPT는 다니엘이 변화의 필요성에 집중할 수 있게 큰 도움이 되었다. 그가 가진 유형의 최고 리더십의 근본적인 요인들은 공감하는 마음, 따뜻한 관계를 구축하고 다른 사람을 성장시키는 수용력 등으로 표현된다. EPT 모델은 다니엘 정체성의 핵심적이고 매우 가치 있는 부분들을 확인affirm하는 데 도움이 되었다. 이런 특성들을 그의 **도피 반응** - 그가 점차 인지하고 인정하기 시작한 - 에 연결함으로써, EPT는 그가 이전과 다르게 행동하는 것이 그가 불친절하고 불공평하며 '나쁜bad' 사람처럼 행동하는 것을 뜻하는 것이 아니며 그럴 필요성도 없다는 것을 스스로 알게 해주었다. 그는 게르하르트와 아만다를 대할 때 더 효과적으로 행동할 수 있게끔 하는 새로운 행동 전략의 가능성을 고려할 수 있을 정도로 충분한 안정감을 느끼기 시작했다. 세 번째 세션 막바지에 다니엘은 그의 접근법을 바꾸기 위해 기꺼이 노력하리라고 선언했다. 이는 그와 같은 갈등-회피 고객이 갖는 주요한 단계이다.

  EPT를 사용해 다니엘이 변화의 필요성을 이해하게끔 한 방식과 세바스찬에게 EPT를 사용했던 방식이 다르다는 점에 주목할 필요가 있다. 세바스찬의 경우에 나는 타인을 괴롭힌 자기 행동에 대해 그가 느끼는 수치심을 되도록 **피했다**. 그의 완벽주의와 리더십의 가장 나쁜 측면이 아니라 가장 좋은 면이 드러나고 입증하고 싶어 하는 그의 타고난 소원innate wish에 호소했다. 다니엘의 경우에는 리더십 유형의 가장 좋은 형태는 그가 가장 가치 있게 여기는 자질들의 통합된 형태라는 사실을 강조함으로써 그를 **안심시켰다**. 나는 그의 유형이 최악의 형태를 보일 때 - '친절함niceness'이 너무 나갔을 때, 또는 도피 반응을 보일 때 - 이를 해결하는 것이 그에게 더 안정적이라는 느낌이 들도록 만들었다. 나는 갈등을 다루지 않으려는 그의 모습이 그 자신뿐만 아니라 동료들과 조직에 미치는 부정적인 결과를 강조함으로써 다른 사람들을 염려하는 그의 관심에 변화가 필요하다는 점을 호소했다. 다니엘이 게르하르트의 행동을 관리하지 않은 결과로서 게르하르트의 팀원들이 고통을 겪고 있었고, 아만다의 입장에 반대하지 않았기에 다니엘이 관리하는 모든 사업 영역에서 그는 자기 가치를 인정받지 못하고 있었다. 나는 또 그가 젊은 동료들의 중요한 역할 모델이라는 점과 그들이 그를 좋아하는 것만큼 존경할 수 있게 될 [외적]필요가 있다는 점을 지적했다.

마지막으로 EPT는 다니엘이 이제 기꺼이 이 변화에 임하고 집중하는 데 도움을 주었다. 세바스찬에게 그랬던 것처럼 그가 속하지 않은 나머지 두 개 프로파일의 가장 좋은 형태 몇 가지 자질들을 그의 리더십 유형에 추가해 변화하고자 했다. 다니엘은 관계 유지와 형성에 쏟아 넣는 열정enthusiasm과 정서적 헌신을 직장에서 직면한 **과제**tasks를 다룰 때 더욱 쏟아 넣기로 했다. 이는 삼각형 꼭대기 유형의 관리자들이 취하는 형태이다. 또 그는 삼각형의 오른쪽 아래에 있는 리더십 유형에 속하는 관리자들처럼, 때때로 대인관계 상황에 더 무심하고 객관적이며 감정을 잘 드러내지 않으며 다가가는 능력을 키우기로 했다.

● 점진적인 발전: 다니엘의 부정적 감정 떠 올려 보기

다니엘은 이런 목표를 위한 노력으로 뒤이은 코칭세션에서 꾸준한 진전을 이루었다. 나는 그의 감정적, 행동적 목표를 달성할 수 있도록 돕기 위해 다양한 전략과 기술을 사용했다. 우리는 토론을 통해 다니엘의 가족 배경과 부모의 역할, 전문직 역할 모델, 직장생활에서 있었던 성인기의 중요한 몇 가지 사건들로 화두를 돌렸다. 그렇지만 직장에서의 최근 도전 과제에 주로 중점을 두었다. 한편으로 그의 감정과 생각, 행동을 바라보는 통찰력을 기를 수 있도록 지원하며 다른 한편으로는 그가 즉각적으로 실무에 적용할 수 있는 실용적인 새로운 단계를 만들도록 지원하는 두 사이를 이리저리 움직이며 그 두 가지 모두에 집중하고자 노력했다. 우리는 함께 이야기를 나누며 이를 검토하고 수정했다.

정신역동 관점에서 볼 때 다니엘의 주요한 도전 과제는 만약 그가 타인에게 더 완고한 태도로 나갔다면 자기 공격성에 대한 무의식적 두려움을 고려할 때 자신이 잘못된 행동을 할 수 있을 것이라는 **의식적인 두려움**conscious fear이었다. 나는 다니엘이 분노와 비판적인 사고 등을 포함한 인간 감정의 전체 범위를 모두 가지고 있다는 사실을 받아들이도록 열심히 노력했다. 이는 여전히 그에게 위협적인 개념으로 남아 있었고, 나는 여러 가지 특정 문제와 관련해서 두 번째 세션에서 잘 작동했던 복합감정 기술을 사용하고 있음을 이해했다. 이는 다니엘이 천천히 그러나 꾸준하게 그의 부정적인 감정의 현실을 받아들이고 순응할 수 있게끔 돕는 데 효과적이었다.

행동 스펙트럼 돌파구

영향력을 높이고 고위 경영진 그룹에 속하게 하려는 계획에 대한 다니엘의 저항을 다루기 위해 5장에서 소개한 변형variation된 행동 스펙트럼 기술을 활용했다. 이는 그가 과거 행동에서 극단적이고 수용할 수 없는 무서운 반대 방향으로 '획 뒤집어버리는' 것에 대한 두려움과 겸손하게 관리된 변화shift라는 현실성을 강조하는 변화 두 지점을 시각화하도록 그를 돕기 위해 고안되었다. 나는 다니엘이 그의 사업 분야에서 유망한 리더가 되기 위해 자기 정서 프로파일을 어떻게 활용할 수 있을지를 논의하면서 이것을 시도하기로 했다. 다니엘은 자기 경력만을 유일한 의제로 삼는 매우 정치적인 부류의 사람으로 보이는 것은 절대 원치 않는다는 점을 다시 한번 강조했다. 나는 자기 프로파일을 향상하는 것과 아주 정치적인 인물이 되는 것이 같은 일이 아니라는 것을 여러 번 지적했는데도, 그에게서 이 두려움을 지워내는 것은 어려운 일이라는 점을 알았다.

화이트 보드에 긴 수평선을 그렸다. 그리고 한쪽 끝에는 '고도로 정치적이고 자기 중심self-seeking'이라고 쓰고 다른 한쪽 끝에는 '소박하고Naïve 상습적이고 자기 비하self-deprecating'라고 적었다. 뒤에 있는 것은 사실상 앞에 설명한 것의 직접적인 반대였다. 이것은 다니엘을 잠깐 생각하도록 멈추게 했다. 우리가 말했듯이 그는 마침내 이 스펙트럼의 한쪽 끝에 서 있는 사람이 되지 않으려는 두려움이 그를 건설적인 장소에 위치하게 하는 것이 아니라, 오히려 스펙트럼의 다른 한쪽에 서 있기를 고집하게 만들었다는 점을 깨닫는 강력한 통찰의 순간을 맞이했다. 우리는 그가 어떻게 묘사되는 위치에 서고 싶은지를 알아내고자 했다. 그가 '정직하고honest, 진정성 있고authentic, 통합적인integrity' 사람이 되고 싶다는 것을 알게 됐다. 그리고 우리는 이 이미지를 척도의 끝에 있는 '소박한' 방향으로 이끄는 측면의 중심점에 매우 가까이 배치했다.

이는 다니엘이 취할 수 있는 어떤 새로운 행동이 그가 '정직하고 진정성 있고 통합적인' 테스트를 통과할 수 있게 하는지를 논의하게끔 했다. 그리고 다음 주에 참석할 고위 간부 회의에서 두 가지 변화를 이루기로 했다. 어쨌든 자신의 말이 절대적이고 본질적이며 독창적이지 않더라도 하나는 각 토론 주제에 적어도 한 번 정도는 구두로 의견을 내고 참여하는 것이다. 또 하나는 그의 부서가 지난달에 이룬 성취에 대해서 평소보다 좀 더 충분하고 완벽하게 이야기하는 것이다. 일반적으로 그는 주요 인물과 사실에 대해서만 스스로 한정해 언급하곤 했다. 이제 그는 어떻게 그의 관리자들 가운데 한 명이 혁신과 훌륭한 팀워크를 통해 좋은 결과를 만들어냈는지 더 자세하게 설명하기로 계획했다. 나는 다니엘이 자신의 억압에서 벗어난 것처럼 보였고 그러한 긍정적인 조치들을 제안했다는 점에 큰 기쁨을 느꼈다.

우리는 아만다를 향한 다니엘의 태도에도 이 스펙트럼 기술을 적용했다. 나는 '공격적이고, 경쟁적이고, 남을 깎아내리는'을 선의 한쪽 끝에 적어 넣고, 반대쪽에는 '호기심을 충족시키는appease, 화를 달래는placatory, 환심을 사려는ingratiating'을 적어 넣었다. 그리고 우리는 여기서 '정직하고, 진정성 있고, 통합적인' 것이 그의 행동 측면에서 의미하는 것이 무엇인지에 대해서 토론해보기로 했다. 그는 가능하다면 '공정하고fair, 우호적이며friendly, 필요하다면 완고한firm'이 좋은 설명이 될 것이라고 결론 내렸다. 비록 다니엘이 그 자신의 필요와 권리를 보호하기 위해서 아만다와 자신 사이에 경계를 세운다는 생각에 꽤 불안을 느낀 것은 사실이지만, 그는 이를 위해 헌신적으로 노력했다. 다음 달에 고위 경영진 앞에서 프레젠테이션을 마친 뒤에 다니엘은 또 다른 공동 작업을 진행할 예정이었다. 우리는 이 작업이 다니엘이 새로운 접근법을 시도할 완벽한 기회가 될 것이라는 점에 의견을 같이했다. 다니엘은 그들이 어떤 식으로 함께 일할 것인지, 어떤 방식으로 그에게 중요한 내용과 문제들을 해결하고 싶은지 명확히 하고자 아만다와 사전에 미팅을 주선하기로 했다. 이 회의가 시작될 무렵에 다니엘은 매우 걱정했던 것이 무색하게 자기 계획을 관철했다. 그는 지난번에 아만다가 발표를 주도했던 것처럼 이번엔 그가 발표하기로 그녀의 동의를 얻었다. 미팅이 잘 끝나자 그는 안도감을 느꼈고 기뻐했다.

결과

이런 획기적인 발전으로 다니엘은 약 6개월이 넘는 동안 자기 코칭 경험을 훌륭하게 활용할 수 있음을 보여줬다. 그의 프로파일을 높이는 과정에서 목소리와 신체 활동 전문 의사소통 코치인 샌들러 란츠Sandler Lanz와 두 세션을 추가했다. 그녀는 그의 목소리와 호흡, 자세를 교정해 그의 의견에 권위가 실리도록, 또 그의 의견이 더 큰 영향력을 미치도록 도왔다. 이후에 내가 그를 보았을 때도 이 변화는 분명하게 드러났다. 그는 이전보다 더 바른 자세로 서서, 목소리에 자신감과 에너지를 담아 말했다.

  어쩌면 다니엘이 이룬 가장 큰 성취는 몇 번이나 시도를 잘 못 하고 나서 다시 게르하르트에 대한 연례 평가를 하면서 그의 경영 스타일을 바꿀 필요성이 있다고 분명하고 명확하게 전달한 것이었다. 다니엘은 여전히 친절했고 공감적이면서도, 게르하르트가 관리하게 될 부하 직원들에 대해 다니엘이 그에게 기대하는 점이 무엇인지 의심의 여지 없이 명확하게 적어 넣었다. 게르하르트가 이에 방어적인 태도를 보였음에도 다니엘은 그가 자신의 이야기를 받아들인 태도를 보이기까지, 확신을 하고 확고한 태도로 계속해서 이야기를 번복했다. 그는 게르하르트가 그의 팀원들의 관심을 끌어모으고, 그들에게 동기를 부여하기 위한 실천 계획을 준비해 달라고 지시했다. 또 이 계획을 검토하기 위해 두 사람이 매주 일대일로 만나 코칭과 지도를 하기로 했다. 그리고 내 제안에 따라 그는 게르하르트가 성공을 위한 구체적인 척도를 포함해 공식 목표를 세우도록 그를 관리하기로 했다.

마지막 코칭세션 전에 다니엘과 그의 직속 매니저와 삼자대면에서 코칭을 받고 다니엘이 이룬 진전이 확인됐다. 다니엘의 상사는 다니엘이 고위 경영진 회의에서 이전보다 더 자신감 있고 좌중의 시선을 사로잡는 모습을 보여주었다고 했다. 회의 주제가 꼭 다니엘의 업무 영역에 속한 문제가 아니고 광범위한 사업 문제에 관련된 것이라도 적극적인 태도를 보였다고 덧붙였다. 나중에 들었지만 CEO는 이 효과에 대해서 요청하지도 않은 자기 견해를 내보이며 그를 칭찬했다고 한다.

게르하르트에 대해 다니엘의 상사에게 물었더니 그는 더는 문제가 안 된다는 대답을 들었다. 그는 다니엘이 게르하르트의 감정을 활용하여 그의 경영 스타일을 해결하고 그를 코칭하여 이를 잘 수행했다는 것을 알고 있었다. 게르하르트의 발전이 눈에 띄지 않았지만 그는 파견 근무가 끝날 때가 다 되었고, 요점은 다니엘이 그를 새로운 임무를 위해 다시 불렀다는 사실이다.

나는 이 이야기를 들으며 내 고객이 매우 자랑스럽게 느껴졌다. 어렵고 힘들었던 일이지만, 우리의 코칭은 겸손하고 밝고 열정적인 사람이 자신을 비능률적이고 수동적인 '친절함niceness'의 위치에 꽁꽁 묶어버린 불안에서 벗어나 자유로워질 수 있도록 도운 것이다. 그의 정서 프로파일은 압박을 느낄 때 도피를 기본으로 유지하며, 갈등을 어려워했다는 것을 의미했다. 그러나 다니엘의 내부에서 일어난 변화는 자기 잠재력에 대해 훨씬 더 많이 깨닫게 해주었다. 그가 자기와 타인의 공격성을 부인하는 데 사용했던 에너지 대부분이 이제 더욱 건설적인 목적으로 사용할 수 있게 됐다. 그는 자신감 있고 자신을 존중하며 권위 있는 지도자로 거듭났다.

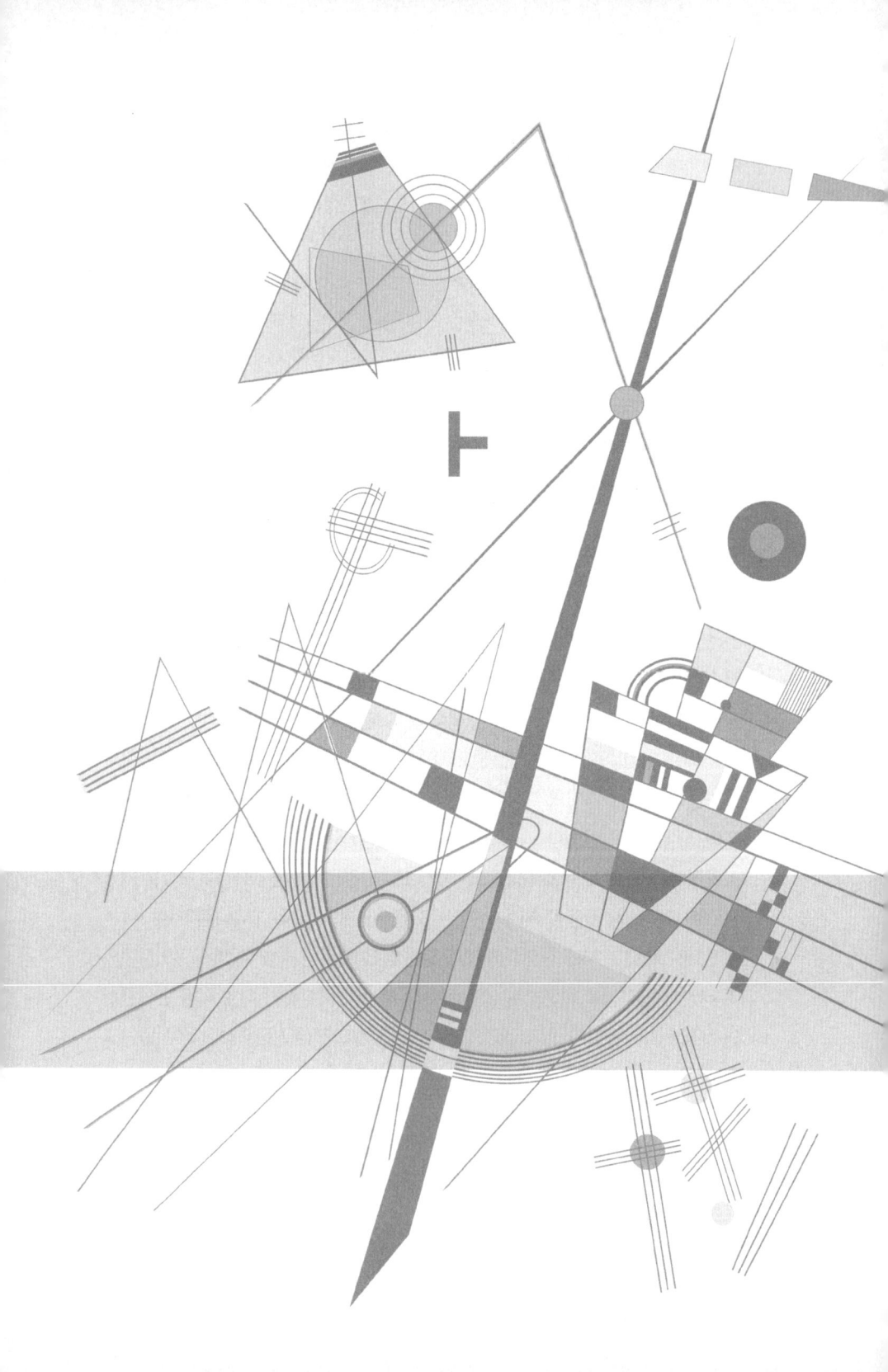

10장.
얼음 여왕

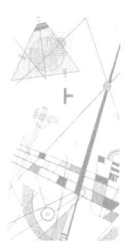

10장. 얼음 여왕

이 사례연구는 정서 프로파일 삼각형Emotional Profiles Triangle (EPT)의 오른쪽 아래 끝에 속하고 얼어붙기freeze를 기본 행동으로 하는 고객에 관한 것이다. 니콜라Nicola는 차분하고calm 분석적이고 객관적인 리더로 이와 관련한 좋은 예가 된다. 있는 그대로 자연스럽게 감정적이지 않고 냉정한 스타일은 그녀가 직장에서 강력한 대인관계를 형성하는 데 어려움을 겪게 했다.

● 주요 정신역동 관점

니콜라와 같은 고객들 내면세계의 핵심적인 부분은 정서적으로 관여하는 데 어려움이 있고, 개인적으로 이런 취약함vulnerability을 자주 숨긴다는 점이다. 이들은 자신이나 타인의 감정에 압도당하는 것을 염려anxious하는 경향이 있고, 이 때문에 이 감정과 자신 사이에 적당한 거리를 두어 조절감a sence of control을 유지하고자 한다. 이는 그들을 극도로 사적인 사람으로 만들고 가까이하기 어렵게 만든다. 압박을 느낄 때

> 그들은 팀과 더 많은 연결이 필요하지만, 더 멀리 떨어지고 개입하지 않는 경향이 있다.

고객

니콜라는 하버드 경영대학원 고위 리더십 프로그램을 마치고 돌아온 뒤 3주 만에 내게 직접 연락한 금융 분야의 성공적인 리더였다. 그녀는 다른 기관에 있는 내 고객에게서 나와 관련한 정보를 들었다. 그녀는 다국적 기업 금융서비스 회사 영국 지부의 전무라고 자신을 소개했다. 이 직위에서 5년 동안 일해 왔다고 덧붙였다. 그녀는 마흔일곱 살의 나이에 자기가 속한 분야에서 탁월한 성과를 냈고 내년에 은퇴하는 유럽과 중동, 아프리카(EMEA)지역 담당 CEO 뒤를 이을 후계자 후보 두 명 중 한 명이었다. 하버드 리더십 프로그램은 EMEA 지역 HR 담당 이사가 자기 계발 기회로 제안했기에 이를 수료했다. 이 프로그램을 수행하는 동안 니콜라는 지적 자극을 즐겼고 강력한 힘을 지닌 리더들로 구성된 동료 그룹과 상호작용하고 있었다. 이 프로그램 안에는 20여 명의 직장 동료들에 의한 종합적인 360도 다면평가 과정이 포함되어 있었고, 이 자료에 그녀가 가진 리더십 프로파일의 중요한 약점이 드러났다.

주요 코칭 이슈

니콜라는 전략 수립과 분석 능력이 뛰어나다는 피드백을 받았지만, 그녀의 모든 동료는 그녀의 대인관계 능력에 대해서는 이보다 덜 긍정적으로 평가했다. 설문 조사 응답자들은 그녀가 타인을 정중하고 courteous 전문적인 태도로 대하지만,

따뜻함이 부족하고 그녀에 대해 알기가 어렵고 필요할 때 도움받기가 쉽지 않고 가까이하기가 힘들다고 말했다. 특히 그녀가 압박을 느낄 때는 더 그렇다고 했다.

그녀는 또 부하 직원 관리에 큰 관심을 지니지 않는 것으로 보인다. 팀원들이 직접 서술한 내용direct reports에 따르면 팀원들과 더 많은 시간을 보내고 경험을 공유하고 코칭과 정기적인 피드백을 제공해주기를 원한다고 했다. 또 그들은 그녀가 저성과자들과 더 적극적으로 대처해주기를 원했다. 마지막으로 여러 응답자는 니콜라가 스트레스를 받을 때, 평소보다 더 멀리 떨어져 자기 사무실로 사라져버리는 경향이 있다고 응답했다. 오직 더 상세한 정보를 얻기 위해 동료들에게 관련 자료를 요구할 때만 사무실 밖으로 나온다고 했다. 이러한 그녀의 행동은 그녀의 동료들에게 그들이 자기 상사로부터 거의 세부적인 관리micro-managed를 받지 못하며 무시당하고 있다고 느끼게 한다고 말했다. 여러 사람이 그녀가 스스로 전적으로 짐을 짊어지려고 하기보다는 압박감에 빠졌을 때 자신들에게 더 많은 도움을 요청하기를 바라고 있다고 설명했다.

이러한 피드백 결과로 니콜라는 코칭받기를 결정했다. 그녀는 이 문제가 EMEA CEO 지위를 승계할 수 있는지 성공 여부를 만들 수 있다는 생각을 했기에 이 점과 관련한 자기 능력을 높이려고 결심했다. 그녀의 직속 상사와 HR 담당 이사 모두 코칭에 대해 알고 있었고, 앞으로 나가려는 그녀의 시도에 기뻐했다. 그렇지만 이 코칭의 본질은 그녀가 내게 의뢰했고 그녀를 위해 설계한 과정이라는 점이었다.

첫 만남을 위한 준비

니콜라와 첫 전화 통화를 한 지 한 달이 지나서야 그녀의 개인 비서가 첫 세션 약속을 잡고자 사무실로 연락했다. 나와의 전화 통화에서 니콜라는 되도록 빨리 만나고 싶다고 말했기 때문에 나는 이 설명되지 않은 지연에 조금 놀랐다. 그녀가 말한 코칭 이슈와 실제 약속을 잡은 그녀의 느림slowness 사이에 어떤 연관관계가 있는지 궁금했다. 자기 동료들과 충분한 소통이 어렵다고 느끼는 이 고객이 나와의 코칭 관계는 어떨까? 친밀성intimacy에 대해 매우 혼란스러운 복합감정mixed feelings을 가졌을 가능성이 있었다. 나는 만날 약속을 지연하는 그녀의 태도가 이 양가감정ambivalence의 정도를 반영하는 것이 아닌지 의심했다. 특히 니콜라는 내가 너무 침입적intrusive이거나 자기 취향에 내가 너무 감정 표현을 서슴지 않을touchy-feely까 우려할지 모른다고 생각했다. 우리가 만났을 때 이런 가능성을 염두에 두는 것이 중요하리라 생각됐다.

● 코칭 도전 과제

전화하는 동안, 니콜라는 다면평가 피드백에 대한 분명하고 간결한 분석을 내게 말하고 불거진 문제를 해결하기 위해 그녀가 결정한 것을 이야기했는데 이는 내게 깊은 인상을 남겼다. 그녀는 직접적이고, 전문적이며 사무적인businesslike 태도로 이야기다. 그녀가 최선의 상태일 때 보여줄, 차분하고 객관적이며 업무 지향적 특징인 강력한 리더십을 그려보았다(정서 프로파일 삼각형 용어로 말하자면 삼각형의 오른쪽 아래 끝에 있는 프로파일). 그러나 압박을 느끼거나 스트레스를 받을 때, 이 프로파일의 리더들은 **얼어붙게**freeze 된다. 그들은 매우 기능적으로 작동하다가 타인에 대해 정서적으로 관계할 수 있는 수용력capacity이 역기능 방향으로 줄어들고 냉정하게unemotionally 관계 맺지 않는 스타일로 전환된다.

　　내가 옳았다면, 내 과제는 니콜라가 내적, 외적인 변화를 이룰 수 있도록 돕기 위해 충분히 가까워지는 동안 그녀와 거리를 둘 필요가 있고, 정서를 포함해 그녀가 느끼는 불편함discomfort zone을 존중하면서 그녀와 작업동맹working

~~alliance~~을 구축하는 것이다. 만약 내가 그녀의 사적 경계들을 빡빡하게 조정하려 하고 개인적인 소원을 세심하게 고려하지 못한다면 그녀가 방어적 반응을 보일 것은 거의 자명한 일이다. 반면에 내가 그녀와 충분한 신뢰와 감정적 연결을 할 수 있을 만큼 가까워지지 못한다면 나는 그녀가 자신과 다른 사람의 감정에 접촉하고 더 관대해질 수 있도록 돕지 못하게 될 것이다.

불안 담아내기 containing

니콜라의 첫 느낌은 매우 인상적이었다. 짧은 금발에 디자이너 안경을 쓴, 키 크고 날씬한 그녀는 세련되고 품위 있어 보였다. 그녀는 코칭룸으로 계단을 오르며 쉽게 말문을 열었다. 자리에 앉자 나는 그녀와 만나 기쁘다고 인사하며 코칭 관련한 그녀의 생각을 듣고 싶다는 기대를 표현했다. 특히 코칭을 통해 **성공적인 결과**라고 여기는 것이 무엇인지 듣는 것이 코칭과정에 큰 도움이 될 것이라 했다. 그녀의 구체적인 목표는 무엇일까? 그녀는 물론 다른 사람들이 그녀가 성취한 결과를 어떻게 하면 알 수 있을까?

대화를 시작하며 나는 업무적이고 정확한 용어와 '느낌'보다는 '생각'에 대한 용어를 많이 사용한다는 것을 알아차렸다. 이는 본능적이기도 하지만 이 만남을 위해 그녀가 준비한 결과이기도 했다. 나는 코칭과정에 대한 걱정을 줄이기 위해 니콜라가 가진 이성적이고 감정을 드러내지 않는 스타일과 일치하고 ~~match~~ 싶었다. 고객의 배경, 경험, 현재 역할과 조직적 이슈를 더 많이 이해하기 위해 열린 질문으로 자연스럽게 접근했다. 어쨌든 주어진 프로파일 대로 나는 그녀가 코칭을 통해 성취하고 싶은 것이 무엇인가에 집중하기로 하고, 대화의 **주도권을 그녀가 쥐고 있다는 느낌**이 들도록 해주었다. 또 우리가 이곳에 같이 있는 것은 단순히 담소를 나누기 위한 것이 아니라 과제 달성을 위해 함께 한다고 그녀를 안심시켜 주었다.

● 코칭 이슈 탐색하기

니콜라는 자신이 논리적이고 분석적이며 큰 그림을 그리는 데 재능 있는 성공적인 리더로 여긴다고 말했다. 자기 강점이 사업이 어느 방향으로 진행되어야 할지 계획하고, 이 계획을 구현하는 데 필요한 단계들이 반드시 효과적으로 진행되도록 강화하는 능력이라고 했다. 또 새로운 의견을 내고 계획 짜는 것을 즐긴다고 말했으며, 일상적인 사람 관리는 특별히 좋아하는 일이 아니라는 사실을 인정했다.

그녀는 CEO로 승진하고자 하는 짜릿한 도전 과제를 숨김없이 드러냈다. 자기와 경쟁하는 유력한 후보자는 전략과 분석 분야에서는 자기보다 취약하지만, 그 대신 훌륭한 대인관계 기술을 가졌다고 평가받는 사실도 알고 있었다. 이런 대인관계 기술은 다문화 국가 대표들을 관리하는 EMEA CEO 역할과 특히 관련이 있었다. 그녀는 자신이 책임자가 된 뒤 영국 사업에서 우수한 결과를 달성했음에도 경쟁자와 비교해 이 같은 점이 취약하다고 평가받으면 승진하지 못할 것도 알고 있었다.

니콜라가 지금까지 들어왔던 피드백을 어떻게 생각하는지 그녀에게 물었을 때, 과거에도 이와 비슷한 피드백을 이미 받은 적이 있다고 말했다. 이 피드백을 받고 나서 그녀는 사람 관리와 동기부여 심리학에 대한 여러 권의 책을 사서 읽었고, 이것 말고도 지난 몇 년 동안 직장에서의 관계에 대해 더 많이 노력했다고 말했다. 그녀는 팀원들과 정기적인 회의를 했고, 매월 한 번씩 그녀의 직속 부하와 함께 일대일 세션을 가진다고 했다. 또 동료들과 편안한 비공식적 만남을 몇 번 가졌다고도 했다. 그런 노력을 했는데도 이 문제가 최근 다면평가 피드백 결과로 다시 불거져 나와, 해결해야 하는 문제로 떠올랐다는 사실에 굉장히 충격을 받았다. 그녀는 매우 좌절해서 그녀 자신에게 물었다. "사람들은 내게서 뭘 더 바라는 거야?"

이런 놀라움과 좌절을 겪으면서도, 니콜라는 자기 리더십에 더 많은 관심이 필요하다는 점을 인정했다. 그녀는 작은 규모의 친구 집단과 가족들을 제외

하고, 열린 마음과 편안한 태도로 타인을 대하기 어려워한다는 점을 인정했다. 타인을 향한 자연스럽고 가벼운 관심을 보여줄 수 있는 다른 국가 담당자 가운데 한 명을 부러워했다고 조금 애석한 듯이 말했다. '그는 항상 편안하고 친절해 보이며 업무 관련 문제이든 사회적 문제이든 관계없이 누구에게나 대화를 끌어낸다. 모든 사람이 그에게 호감을 느끼고, 이런 일은 그에게 너무 쉬워 보인다.'

하버드 프로그램에 참여한 다른 참가자들의 피드백을 통해 니콜라는 다면평가 결과에 포함된 주제들뿐만 아니라, 그녀의 정서적 접촉 문제를 더 잘 인식할 수 있게 됐다. 나는 이것을 좀 더 이야기해주도록 요청했다. 그리고 하버드 프로그램의 같은 반 동료들이 그녀가 강점을 보이는 분야에 대해서는 그녀에게 긍정적인 피드백을 주었음이 드러났다. 그러나 니콜라의 프로젝트팀원들이 서로에게 건설적인 비판을 했을 때, 누군가가 니콜라를 약간 '얼음 여왕ice queen' 같다고 묘사했다. 이 팀원은 니콜라가 유쾌하고 전문적이지만 자기 자신에 대해 많은 사실을 알려주려 하지 않는 모습을 알았기 때문에 그녀를 이렇게 표현했다고 했다. 이따금 그녀는 약점이나 취약점이 없는 '너무 완전무결'해 보였고, 이는 거리감을 느끼게 했으며 심지어는 그녀를 약간 겁나는 존재로 느껴지게 했다. 이런 의견에 그녀와 팀을 이룬 다른 팀원들도 동의했으며 다면평가 결과에도 이 주제에 관련된 이야기가 언급되어 있다.

더 깊이 파보기

니콜라의 말을 경청하며 몇 가지 질문이 머릿속에 떠올랐다. 나는 동료들과 소통하려 했던 그녀의 의식적인 노력이 어째서 그녀가 바라는 만큼 효과가 없었는지 그 이유를 알아보고자 했다. 그래서 그녀에게 평가자들이 '직접 서술'한 부분과 관련해 부하 직원들과 가졌던 일대일 세션에 대해 상세히 말해주도록 요청했다. 그러자 직속 부하들과 가졌던 미팅들이 대체로 업무 위주였음이 드러났다. 이 미팅의 목적은 개인이 현재 담당하는 이슈를 토론하는 것이었다. 시간을 맞추지 못하는 부하들의 부족한 역량을 향상하도록 돕기 위해 그들의 성과에 대한 정기적인 피드백과 그녀에 대한 직접 피드백 보고 내용을 갖고 코칭하는 것을 어떻게 느꼈는지 나는 질문했다. 니콜라는 팀원들이 경험이 풍부하고 업무를 어떻게 해야 하는지 알아야 할 고위 관리자라고 느꼈다고 응답했다. 그렇기에 그녀는 그들의 '머리를 쓰다듬어' 주거나 '야단칠' 필요가 없다고 생각했다. 니콜라의 처지에서 볼 때 자기 상사가 자신이 업무에 편하게 임할 수 있도록 손을 뗀 사실에 감사했고, 만약 그가 가까이 서서 지켜보고 있으려 했다면 자신이 하수 취급당하는 느낌feel patronized이 들었을 것이라고 했다.

나는 니콜라가 동료들과 어떻게 대화하는지 사회적 상호작용social interactions에 관해 물어보았다. 니콜라는 사람들이 주말이나 휴일에 어떻게 지냈는지 물어보기도 하고, 일대일 만남을 시작하거나 마칠 무렵에 그것과 관련해 몇 분 정도 이야기를 나눠야 한다고 반드시 기억하고 있다고 내게 말했다. 내가 니콜라 자신의 이야기에 대해서는 얼마나 많이 상대방과 나누고 있는지를 묻자, 그녀는 '아마 많이는 아닐 겁니다'라고 대답했다. 니콜라는 자신이 항상 업무와 개인적인 일을 분리하자는 원칙으로 팀을 운영해왔으며, 식업석으로 '사적인 일을 사무실에 끌고 오지 않는다'는 원칙을 지켜왔다고 말했다. 사무실에 있는 사람들 대부분이 임원인 자기 사생활에 관심이 있다고 할 수는 없겠지만, 어쨌든 니콜라의 경험에 따르면 어디에나 항상 '모든 것을 알고 싶어 하고, 알아낸 내용을 소문으로 만들지 않을 것이라고 믿을 수 있는 그런 사람'들은 없다고 말했다.

나는 어째서 니콜라가 큰 그림을 그려내는 데에 분명히 재능이 있는데도 '감동적인 비전inspiring vision'을 세우는 자기 능력이 왜 다면평가에서는 낮은 점수를 받았다고 생각하는지 이해하고자 했다. 이것도 니콜라를 당혹하게 했지만 우리가 이 평가지의 질문을 탐구했을 때 니콜라가 정서적 연결emotional connection이 부족하다는 점도 드러났다. 그녀는 영국 사업이 어느 방향으로 나가야 하는지는 분명한 비전을 갖고 있었지만, 이를 타인과는 충분하게 소통하지 않았다는 사실을 인정했다. 나는 니콜라의 비전이 내게 **어떻게** 이해될지 그 느낌을 알고 싶다고 그녀에게 설명해달라고 부탁했다. 그리고 니콜라가 정확하고 자세한 정보 중심으로 거의 전적으로 목표와 대상에 집중한 내용을 매우 낮고 단조로운 목소리 톤으로 제시했기 때문이란 사실이 드러났다. 그녀가 말하고자 하는 바는 훌륭했지만 이 내용을 열정 없이 전달했기 때문에 나는 그녀가 그려낸 이 사업에서 성취할 수 있는 것이 무엇이냐는 그림에 대해서 감정적으로 감명을 받거나 동요되지 않았다.

마지막으로 나는 니콜라에게 그녀가 특정한 압박을 느낄 때나 스트레스를 받을 때 어떻게 행동했는지를 생각해보았는지 물었다. 그녀가 스트레스 상황에 부닥치면 동료들과 거리를 두고 아주 세세한 관리자micro manager가 된다는 피드백을 받았다. 그렇지만 니콜라는 자신은 압박에 잘 대처한다고 대답했다. 그녀의 몇몇 동료들과 다르게 그녀는 위기 상황에서도 침착하고 허둥대지 않는 능력을 갖추고 있었다. 어려운 문제나 상황을 객관적으로 바라보고 이를 해결하기 위해 무엇을 해야 하는지 빠르게 분석하는 그녀의 능력에 관해서 설명했다. 또 니콜라는 그녀 자신이나 팀원들이 수행해야 할 업무를 마무리 짓는 데 집중한다고 했다.

나는 니콜라의 방식이 가질 수 있는 단점을 바꾸기 위한 노력을 시도해보기 전에 이 같은 접근이 지닌 강점들을 확고히 하고자 했다. 그녀가 주변의 다른 사람들이 불안해하거나 심지어 공황상태에 빠졌을 때도 침착하고calm 냉정한cool 상태를 유지할 수 있는 수용력capacity의 가치를 강조했다. 나는 니콜라가 받아온 피드백을 언급하고 나서 그녀의 집중도가 최고조hyper-focused에 이르렀을 때 동료들이 그녀를 어떻게 여겼을지 생각해보았는지 물어보았다. 니콜라는 자기가 압박을 느끼는 동안 동료들에게 **멀리 떨어져 활용할 수 없는 사람**처럼 비쳤을 수 있고 이를 이해할 수 있다고 말했다. 그렇지만 그녀는 팀원들이 자기는 그저 책임자로서 업무를 다 하는 것이며 문제를 해결하기 위해서 최선을 다하고 있다는 점을 분명히 알아야 한다고 주장했다.

작업동맹 구축

우리의 첫 만남은 주로 니콜라의 주요 문제에 대한 설명을 듣는 것으로 진행됐다. 나는 내가 유용하게 쓰일 만큼 그녀의 문제에 깊이 파고 들어가며 그녀의 프로파일과 강점들 그리고 발전 필요성을 분명하게 의식했다고 생각했다. 그러나 우리가 나눈 상호작용은 거의 전적으로 **인지적인 수준**cognitive level에서만 일어나는 것으로 느껴졌다. 이것이 니콜라에게 심리적으로 안정감을 제공하고, 감정의 통제권을 제공하기 위한 전략으로써 잘 적용되고 있는데도 - 그리고 내가 얻은 정보는 유용하고 중요한 것이었지만 - 나는 우리가 강력한 작업동맹을 구축하려면 초점을 다시 맞출 필요성이 있다고 느꼈다.

니콜라와 같은 과업 중심의 성취 지향적인 고객을 통해, 그녀가 말하는 모든 말을 액면 그대로 받아들이기가 나로서는 힘든 경험이라는 점이 중요하다고 느꼈다. 니콜라는 자기 안전지대를 넘어 어느 정도 그녀의 보호막protective coating이 **뚫리는 느낌**으로 그녀를 밀어붙이는 내 노력을 중요하게 여겨야만 했다. 그렇지만 감정과 친밀감, 사생활 침입에 대한 그녀의 불안을 고려할 때, 그녀가 나를 위협적이지 않고 그녀의 경계를 침범하지 않을 것이라 **신뢰할 수 있는 사람**이라 여기도록 하는 것이 나에게는 더 중요했다.

나는 그녀를 조심스럽게 대하겠다고 마음먹고 다니엘에게 했던 것처럼, 우리가 다루는 문제에 대한 그녀의 **복합감정**들을 말로 표현하게verbalizing 하며 니콜라와 더 강력한 관계를 형성해갔다. 이런 시도를 통해 나는 그녀가 자기 인식을 얼마나 쉽게 확장할 수 있는지를 알 수 있었다. 또 자기 생각과 분석이 코칭과정에서 중요한 부분을 차지한다는 사실을 깨닫도록 도움을 줄 수 있었다. 나는 이것이 그녀에게 진정한 가치를 더할 수 있는 일임을 보여주면서demonstrating 이것이 신뢰를 구축할 수 있기를 희망했다.

복합감정 기술

그래서 나도 의도적으로 감정적 용어보다는 인지적 용어를 사용했다. 나는 니콜라가 동료들과 관계 형성에 두 가지 사고 기준을 가진 것으로 보인다고 말했다. 만약 그녀가 지금의 태도에서 조금 변화를 준다면, 더욱 효율적인 리더가 될 것이라는 사실과 이를 뒷받침할 많은 데이터가 있음을 분명히 인정했다. 그렇지만 니콜라는 이에 적극적으로 임하면서도 변화를 위한 아이디어에 집중을 덜 하게 만드는 자기 내면의 중요한 지점이 있었다. 한편으로 그녀는 특별히 성공적인 경력 구축을 위한 노력을 그만둔 것은 아니므로 당연히 대인관계 관리의 현재 수준을 변경하는 문제는 조금 이해가 안 되고 **꺼려진다는 것**이다. 또 다른 수준에서는 아마도 니콜라의 더 깊은 부분으로 보이는데, 그녀는 오직 전문적 차원에서 그녀의 사생활과 감정 통제를 유지하고 싶을 뿐이고 이를 위해 **과업 중심**의 일 관계를 이어가고 싶다는 생각이었다.

　니콜라는 고개를 끄덕이며 동의했고, 내가 언급한 것이 그녀가 내면에 주의를 집중하게 하는 데 성공했다는 느낌이 들었다. 니콜라는 잠시 침묵한 뒤에 몇 가지 변화를 이루기 위해 노력하겠다고 결의에 차서 말했다. 그렇지만 그 과정이 기대되지는 않는다고 덧붙였다. 나는 니콜라의 정직함을 기꺼이 환영했다. 그리고 코칭이 진정 가치 있는 것을 제공하고, 니콜라가 자기 목표를 이루는 데 도움이 되려면 현재 접근 방법이 구체적으로 그녀를 위해 잘 작동하는지를 탐색해야 한다고 설명했다. 이것이 반드시 편안한 과정이 아닐 수 있지만 우리는 그녀가 어떤 변화를 이루고 싶은지 또 어떻게 실제로 이 목표를 달성할 수 있는지 정확하게 지적해 줄 수 있다고 말했다.

　나는 작은 변화shift가 큰 차이significant difference를 끌어낼 수 있다고 덧붙였다. 지금까지 니콜라의 경력 성공을 고려할 때, 나는 그녀의 잠재력을 최대한 발휘하고 그녀가 더욱 발전할 수 있도록 그녀의 최근 피드백에서 드러난 도전 과제를 해결하는 것이 가치가 있다고 생각했다. 그녀는 '글쎄요, 한번 해봅시다'라고 대답했지만, 이것이 그녀의 모든 잠재력을 풀어주고 그녀가 더욱더 나갈 수 있게 하는 해결책이다.

　　　이 인터벤션은 코칭과정에 별로 열광적이지 않고 시큰둥한 반응을 존중하고 인정한다는 것을 내가 보여줌으로써 니콜라의 결의commitment를 강화하기 위해 고안되었다. 나는 그녀에게 과도한 다짐reassurance을 하게 해 코칭에 대한 그녀의 의구심을 경시하거나 낮추고 싶지 않았다. 동시에 그녀의 걱정을 계속해서 담아주고contain 싶었다. 나는 그녀가 진행 과정을 충분히 통제할 수 있으며, 어떤 중요한 변화를 시도하기보다는 그녀의 리더십을 단순히 수정하고modify, 향상하는 것이라고 차분하고 낮은 톤으로 언급하여 이것을 해냈다.

니콜라의 내면세계 이해하기

니콜라를 북돋아 주면서 자기 견해를 충분히 말하게 하고, 수면 위로 떠오른 몇 가지 주제를 탐구했다. 그리고 그녀의 불안을 담아주며 한걸음 내디디고 자각 인식을 확대했다. 나는 이렇게 첫 세션을 하며 작업동맹을 시작하고, 이 흥미로운 고객을 검토해 갔다. 내가 보기에 니콜라는 외부 세계에는 자신감 있고 높은 전문성을 지닌 사람으로 자신을 드러냈다. 그녀는 훌륭한 사회성 기술, 자기 통제력, 다른 사람들과 유연한 소통을 하고 있었다. 또 우리의 첫 만남 같은 불안감을 일으킬 가능성이 큰 상황에도 잘 대처하는 것처럼 보였다. 그렇지만 다르게 보면 니콜라는 거의 모든 기능을 **지적인 수준**으로만 수행하는 것처럼 보였다. 그녀의 언어와 비언어적 표현은 모두 침착하고, 정확했으며 이에는 감정과 깊이가 섞여 있지 않았다. 나는 니콜라의 동료들이 그녀의 잘 정돈된 전문적인 가면 뒤에서 그녀가 진짜 무슨 생각을 하는지, 무슨 감정을 느끼는지를 알아내기 힘들었을 것이라는 걸 알 수 있었다. 예를 들어 그녀가 동료들에게 주말이나 휴일에 관해 물어볼 때 대화가 예절 바르지만, 피상적이고, 그녀의 순수한 관심을 전달하는 데는 아마도 실패했을 것 같다는 생각이 들었다. 니콜라가 정확하게 일을 하기 위해 열심히 노력한 것은 의심의 여지가 없지만, 그녀의 정서적인 삶은 대부분 직장을 벗어났을 때나 아마도 그녀의 의식적 인식 밖에서 일어난 것처럼 보였다.

불안해하는 사람인가 아니면 그저 냉담한 사람인가?

이는 니콜라와 사람들 사이에 거리를 만들었고, 다른 사람들과 소통하는 그녀의 능력을 훼손했다. 혼자 있고 싶고, 자기 충족적self-contained인 것에 대한 그녀의 선호나 취향 때문만은 아니었다. 나는 니콜라 자신이 팀원들과 더 깊이 소통해야 한다는 예상이 **매우 감정적으로 불편을 경험**하게 했을 거라는 가설을 세웠다. 왜 내가 이러한 인상을 받았을까? 어쨌든 어떤 사람들은 단순히 타인들과 가까워지는 것에 대한 걱정보다는 기질적으로 감정을 내색하지 않는다.

내가 니콜라에 대해 이런 가설을 세운 이유 가운데 하나는 마치 그녀가 '잔뜩 신경 쓰이게 코앞에서 지켜보는 것'은 누구든 그것이 고맙지 않듯이, 그녀의 팀원들도 그녀에게 코칭과 피드백 받는 것을 반기지 않으리라 생각하는 그녀의 관점 때문이다. 니콜라가 자신은 객관적이고 오직 사실에 근거한 분석을 하는데 이 생각을 팀원들이 아니라고 하는 것을 이해할 수 없다고 많은 자료를 제시하지만 그래도 나는 내 가설을 유지했다. 니콜라의 이런 주장은 '잔뜩 신경 쓰이게 바로 코앞에서 지켜본다'라는 식의 표현에서 볼 수 있듯 자신에게 너무 가까워지려는 사람들에 대한 그녀의 감정을 표현한 것이다. 이는 그녀가 동료와 관련된 업무 방식을 정당화하기 위한 방어적 특성이다.

직장에서 그녀가 보였던 다른 정보를 공유하며 코칭 이슈를 토론하자 위와 같은 영역에서 그녀의 숨은 감정적 취약성에 대한 또 다른 단서를 찾을 수 있었다. 니콜라는 사무실에서 자기 사생활 이야기를 '쏟아붓는' 사람들을 비판적으로 묘사했고, 이는 그녀에게 다시 한번 예기치 않은 감정적 흥분을 불러일으켰다. 여기서 나는 그녀가 이 주제와 관련해서 다른 사람들이 어떻게 행동하는지에 대한 객관적인 현실보다는 **자기감정을 더 많이 반영**한다는 것을 또다시 느꼈다.

내 경험에서 볼 때 고객이 자기가 부인하는 어떤 것을 묘사할 때 관련된 설명을 과장한다면, 자기 불안이 반영된 것으로 보인다. 의식적 수준에서는 자기 나름의 진실한 의견을 간단하게 표현하지만, 무의식적으로 그들은 정서적 불편함emotional discomfort 때문에 자신을 방어하려고 한다. 우리가 다니엘의 역동을 보았듯이 그는 회사 내에서 자기 프로파일 향상과 관련한 내 주장에 과도하게 비판적 반응을 불러일으켰다. 이는 이기적이고self-seeking 정치적인 태도를 검토해 보고자 하는 아이디어를 거절하게 했다. 이런 경험에서 볼 때 니콜라의 다소 극단적인 언어에는 만약 그녀가 자신을 타인에게 아주 조금만 보여준다면 자신이 노출되고 또 그들이 자기 사생활을 침해할까 봐 두려운 그녀의 감정이 반영된 느낌이 들게 했다. 그녀는 자기 두려움을 관리하기 위해 직업 생활과 개인을 중심으로 그녀 자신과 타인을 가르고, 직속 상사로서 자기 역할을 중심으로 **엄격하게 경계를 설정**하고 있는 것으로 내게 보였다.

동료들의 피드백에 따르면 니콜라는 압박을 받을 때면 행동이 점차 과장되는 방식을 보이는데, 이는 내게 그녀의 차분하고 침착하며 냉정한 개인의 표면 아래 놓인 불안을 확인하는 데 도움이 되었다. 압박을 받거나 직장에서 위기에 처했을 때 니콜라의 기본 위치가 **얼어버리는**freeze 대응 상황에 꼭 들어맞는 것처럼 보였다. 사실 그녀는 행동 면에서는 얼어버리지 않았다. 오히려 그 반대라고 할 수 있을 것이다. 그렇지만 니콜라의 정서적 인식과 유용성 측면에서 보면 그녀는 얼어버렸다고 할 수 있다. 그녀와 동료와의 관계가 최고였을 때 관계에 다소 거리가 있었다. 니콜라가 자기 공감 능력이 위협을 받게 될 때 그 관계는 거의 완전히 중단되었다. 그녀의 모든 에너지와 노력이 문제해결에 집중되었고, 그녀의 동료들은 그녀가 통제해야 하는 업무의 연장선 안에 놓였다. 니콜라는 도움을 청하거나 그녀가 얼마나 압박을 느꼈는지에 대해 이야기하는 것이 불가능하다는 것을 알게 되었다. 이것은 그녀에게 부담과 함께 홀로 있는 느낌이 들게 했고, 그녀의 동료들은 자신이 훼손당하고, 가치가 떨어지는 느낌을 받게 했다.

역전이 활용하기

니콜라에 대한 내 역전이 반응들은 그녀의 내부세계를 해독하는 데에도 유용하다는 점이 드러났다. 그녀에 대한 내 경험은 긍정적이었다. 나는 자기 생각을 명료하게 표현하는 능력을 포함한 그녀의 자질과 지적 능력, 그녀가 받은 피드백에 대한 정직함과 이 문제를 해결하려는 결단 등 그녀의 많은 부분을 존경했다. 니콜라 역시 진정한 리더십의 권위와 존재감을 보여주고 있었다. 반면에 그녀가 완벽하게 편안한 상태일 때도 나는 그녀에게 온기를 거의 느끼지 못했고, 업무 관계가 아닌 개인적으로 내게 관심이 있다고 느끼지 못했다. 코칭 만남 중에도 나는 약간 무시당하는 느낌이었고, 니콜라가 내 직업적인 역할 안에서는 나와 관계하고 있지만 역할 안의 **개인으로서 나와는 아무런 관련이 없다는 느낌**이 들었다.

물론 이것이 우리의 첫 번째 만남이었을지라도, 나는 이런 맥락에서 내가 니콜라와 직접 상호작용한 경험이 내게 중요한 자료를 제공했다고 생각했다. 이 경험은 그녀의 동료들이 어떤 감정을 느꼈을지를 내가 이해하게 해주었고, 내가 니콜라 자신과 타인들과 의식적으로는 어떻게 관련되어 있는지, 정서적 측면보다는 지적인 수준 아니면 인지적 측면에서 어떻게 관계하고 있는지에 대한 통찰력을 주었다.

코칭과정을 보면 우리의 초기 만남은 내게 복합감정mixed-feelings을 느끼게 했다. 나는 니콜라가 동료와의 관계를 개선하기 위해 전념하려는 것으로 보였다. 그녀가 자기 경력의 다음 단계로 넘어가려면 이 점이 중요하다는 것을 분명히 인정하는 모습에 기뻤다. 똑똑하고 성공적인 여성 리더와 같이 작업할 수 있는 전망 역시 나를 기쁘게 했다. 그렇지만 다른 면에서 보면 니콜라가 이 코칭을 기꺼이 하려는 의지가 있는지, 또 이 과정에 지적으로 임하는 것만큼이나 감정을 갖고 임할 수 있을지에 대해서는 의구심이 들었다. 니콜라는 자신이 성장해야 할 필요성에 대해 대략 설명했지만, 어째서 그리고 왜 그녀가 리더십의 대인관계 분야에서 이렇게 어려움을 느끼는지에 대한 통찰과 호기심은 거의 보여주지 못했다.

나는 니콜라가 다른 사람과 한계를 설정하고 관계 맺는 그녀의 핵심 이슈를 요약한 내 경험을 검토해 보았다. 균형을 갖고 나는 이 고객과 함께 하는 도전을 기대했다. 그러나 그녀가 다른 사람들과 더 효과적으로 관계 맺을 수 있도록 내적 변화를 하도록 그녀를 어떻게 도울 것인지 조금은 우려가 되었다.

니콜라의 방어기제: 억압, 합리화, 투사

니콜라와의 두 번째 코칭세션을 설명하기 전에 그녀가 안정감과 통제감을 유지하기 위해 사용해왔던 구체적인 심리적 방어에 대한 내 시각을 공유하고자 한다. 우선 그녀는 순간적이거나 시간이 지남에 따라 의식적으로 자각, 인식되는 분노와 두려움 같은 불안한 감정을 밀어내기 위해 **억압**을 사용하는 것으로 보였다. 이 때문에 그녀는 고도로 통제되고 평온함과 논리적이며 감정적이지 않도록 접근하는 **가면을 개발**할 수 있었다. 그녀는 위기에 직면할 때마다 어떤 특별한 파문이 일어나지 않았다. 사실 니콜라가 제공한 자료를 볼 때 그녀 주위에 있는 사람들이 흥분하면 할수록 감정적으로는 더욱더 멀리 떨어져 있는 것처럼 보였다. 니콜라의 전문적인 갑각류 같은 껍질은 어떠한 취약성이나 도움 요청을 보이는 것을 회피하게 하는 그녀의 자기만의 필요를 반영하고 있었다. 분명히 그녀는 통제력을 유지하는 것을 통해 심리적 안전감을 얻어 왔다.

그녀가 취한 모든 불간섭주의적hands-off이고 무심한 관리 방식을 정당화하기 위해 니콜라는 **합리화**rationalization라는 방어기제를 사용했다. 이것은 논리적이고 사실에 근거한 행동을 설명하기 위해 개발된 것이다. 조금은 진실을 지니고 있을지라도 이는 확신을 주지는 못한다. 니콜라의 견해 가운데 가장 직접적인 보고서는 부하 직원들이 코칭과 피드백을 원하지 않을 것이고 사실 그것을 윗사람이 잘난 체하는 것으로 알고 있는 것 같았다. 그녀가 받은 실제 피드백은 이런 견해를 지지하지 않으며, 상식으로도 맞지 않는다. 그녀가 말하는 사례는 어떤 사람들에게는 적용될 수 있지만 모두에게 적용되지는 않을 것이다.

또 니콜라는 **주지화**Intellectualization라는 방어기제를 사용했다. 굉장히 똑똑하고bright 잘 교육받은 그녀는 리더십이나 인적 자원 관리와 관련된 이슈를 토론했다. 예를 들면 그들의 정서를 자극하고, 영감을 불러일으키고 동기 부여해야 할 필요성 등, 그렇지만 이 같은 논의가 함축하는 의미를 알면서도 그 결론을 자신에게 적용하지는 않았다. 그녀가 첫 세션에서 자신이 읽었던 동기부여 관련 주제의 여러 책에 대해 내게 이야기할 때 자신이 그랬다는 사실을 내게 이야기했었다.

끝으로 니콜라는 견디기 어려운 자기감정이나 소망을 다룰 때 **투사**projection를 사용한다. 무의식적 수준에서 그녀는 침입적이고 압도적이 될 잠재적 가능성이 있는 자신의 한 부분에 특히 두렵고 부끄럽다고 생각했다. 그 때문에 니콜라는 다른 사람들을 밀어붙이고 압도하려는 자기 충동을, 꼬치꼬치 캐묻고 참견한다고nosiness 비판했던 다른 사람들에게 무의식적으로 투사했다. 이런 사실은 모든 것을 알기 원하고, 그 이야기를 소문으로 옮길 것이라며 신뢰하지 않았던 동료들에 대한 그녀의 언급에서 분명히 드러났다.

이런 방어기제는 니콜라의 어린 시절에 생겨났을 가능성이 크다. 우리가 그녀의 성장 배경에 관해 이야기하자 어린 시절부터 그녀는 자기 자신을 자립적으로self- contained 모델화했다는 것이 드러났다. 그녀가 물려받은 기질은 감정이나 의견을 잘 말하지 않는 내성적인 아버지와 감정적으로 예측할 수 없고 때로는 참견하기 좋아하는 변덕스러운 어머니에 가깝다. 이것은 그녀가 다른 사람에게 자기의 내면을 너무 많이 보여준다면 자기는 타인에게 노출되거나 압도되어 자신이 세운 경계를 제어할 수 없다는 뿌리 깊은 무의식적인 불안으로 이어진 것으로 보였다.

니콜라가 발전시켜온 냉정하고 차분하고 자립적인 대인관계 스타일은 성인이 되어 여러 가지 방식에서 잘 적용됐다. 그녀는 그녀와 꽤 닮았다고 평가받는 남자와 행복한 결혼을 했고 자기 선택에 따라 아이를 갖지 않았으며, 경력 면에서 인상적인 수준의 성공을 이루었다. 차분한 태도를 유지하는 그녀의 능력과 자기 욕구를 억제하는 능력은 직장에서 어려운 시기를 만날 때마다 이에 적극적이고 생산적인 태도를 보일 수 있도록 도와주었다. 또 이것은 그녀가 성취할 수 있으리라는 자신감과 다른 사람들의 존경심과 칭찬을 통해 자부심을 느끼게 해주었고, 자기 자신을 통제 아래 두어야 한다는 생각에도 확신을 주었다.

그러나 니콜라는 의심할 여지 없이, 그녀의 감정을 무시하고 직장에서 자기감정과 생각을 남과 나누지 않은 행위에 대한 대가를 혹독하게 치르고 있었다. 팀원들과 그의 동료들로부터 받은 피드백은 그들이 지금과 다른 수준의 참여와 공감을 얻기를 바라고 있다는 것을 보여주었다. 또 이런 결과 때문에 최고경영자들은 그녀가 팀을 최고 수준으로 끌어올릴 능력이 있는가에 대해 사실상 의심을 품고 있었다.

게다가 약점이 드러나고 도움을 요청하기 어려워하는 니콜라의 모습은 갑작스러운 번-아웃으로 그녀를 취약하게 만들었고 직장에서의 압력이 너무 커져 버렸다. 이런 모든 이유로 니콜라와 회사는 만약 그녀가 자기 방어기제를 조절하는 방법을 배우고 감정적 자기self를 더 많이 활용한다면 더 큰 이익을 얻을 수 있을 것으로 판단했다.

● 주요 코칭 과제

그렇다면 니콜라의 핵심적인 성장과 행동 과제는 무엇인가? 그녀는 자신의 내외부적 경계를 덜 경직되게 만들고, 이전보다 더 스며들 수 있게 돼도 자신은 충분히 안전하다고 느낄 방법을 찾을 필요가 있다. 이를 위해 그녀는 자기감정이 불러일으키는 두려움과 불편함을 인내하는 법을 배워야 했고, 타인의 감정에 의해 자신의 경계가 침범당할 위협에 덜 염려하는 법을 배워야 했다. 이것만으로도 그녀는 자기와 관련된 사람들에게 더 관여할 수 있고 그들에게 동기를 부여하고, 영감을 줄 수 있는 리더로 거듭날 수 있었다. 나는 니콜라가 다음과 같은 일을 하도록 돕고자 했다.

(1) 긍정적이든 부정적이든 감정의 모든 범위를 더 잘 인식할 수 있게 한다.
(2) 자기감정과 행동을 통제하고 제어하는 능력에 대한 자신감을 얻고 그렇게 함으로써 그것을 억제하거나 부정할 필요를 줄인다.
(3) 직장에서 사람, 화제, 문제에 대해 자기감정을 적절하게 동원하고 표현한다. 그래야만 다른 사람들이 그녀를 어름 여왕이 아니라 살아있는 인간으로 입체적으로 볼 수 있다.
(4) 사람들에게 지적으로 개입하는 것만큼이나 감정적으로 개입하여 모든 사업 비전에 대해 함께 의견을 나누도록 한다.
(5) 스스로 안전하다고 느끼는 방식으로 직장에서 자기 생각, 감정을 더 자연스럽게 공유한다. 그리고 취약한 요소를 드러낸다.
(6) 개인적으로 그들 각자에게 더 많은 관심을 두고, 그들과 일대일로 더 많이 시간을 내고 경청과 코칭, 피드백 등을 통해 더 깊게 직접적으로 관여한다.
(7) 압박이 누적되는 경고 신호를 확인하고 동료들과 유대관계를 유지한 채 문제를 해결할 방법을 찾는다. 문제해결에 동료를 배척하거나, 부담을 모두 혼자 짊어지지 않는다.

정서 프로파일 삼각형으로 통찰을 개발하고 변화를 위한 동기부여

이 같은 목표를 염두에 두고 다음 코칭세션에서 나는 니콜라에게 정서 프로파일 삼각형EPT을 소개했다. 뛰어난 지도력을 발휘할 수 있는 세 가지 유형을 이야기하자 나는 니콜라가 처음에 자기 리더십 형태를 삼각형 꼭대기의 프로필에 배치하는 모습에 흥미를 느꼈다. 그녀는 이 유형 리더들의 특징인 과제 지향적이고 전달 중심인 모습이 자신과 같은 것 같다고 말했다. 그리고 사업에서 가능한 최상의 결과를 성취하기 위해 굉장히 깊이 노력하고, 이끌어가는 자기 모습을 보았다. 그녀의 이야기에 동의하면서, 나는 이러한 프로파일을 가진 지도자들이 가장 효율적으로 업무에 임할 때, 열정passion과 열의enthusiasm, 에너지를 갖고 높은 수준으로 감정을 드러내는 특징을 갖는다고 지적했다.

니콜라는 삼각형 모델의 두 번째 차원, 즉 압박을 느낄 때 각 프로파일의 특징인 덜 효과적이고 서툰 리더십 형태를 설명하기 전에는 여전히 확신을 갖지 못하는 모습을 보였다. 니콜라가 삼각형의 꼭대기에 있는 프로파일을 가진 지도자들이 스트레스를 받으면, 폭발적으로 공격하거나 비판적인 반응을 보이기 쉽다는 사실을 깨달았을 때 즉시 이렇게 말했다. '글쎄요, 그건 제가 아니군요.' 삼각형의 오른쪽 하단에 있는 프로파일이 **가장 효율적으로 작동할 때의 모습**을 다시 바라보자 그녀는 이 프로필이 그녀와 가장 닮아 보인다고 판단했다.

세 가지 프로파일을 살펴보는 과정에서 두 가지 방식이 그녀의 자기 인식을 높이는 데 도움이 되었다. 먼저 우리의 대화는 삼각형 상단에 있는 지점과 왼쪽 아래 끝에 있는 지점이 가진 리더십 형태들이 업무와 대인관계 각각에 가장 긍정적인 방법으로 발휘될 때에 그 초점을 맞췄다. 나는 삼각형 오른쪽 아래에 있는 프로파일인 차분하고, 계산적이며, 감정을 중심에 두지 않는 접근의 강점을 강조하면서, 직장에서 감성 표현이 매우 가치가 높은 중요한 역할을 강화하는 데 도움이 된다고 말했다. **감정 표현의 중요성**은 니콜라가 우리의 첫 번째 만남에서 이미 암묵적으로 인정한 것이었지만, 나는 그녀가 여전히 감정의 중요성을 인정하는 것을 꺼리고 있다고 느꼈으며 그녀가 받았던 피드백이 그녀 팀원들의 어떤 약점이나 미성숙함을 반영한 것이라고 몰래 속으로 생각하고 있다고 느꼈다.

다음으로 EPT는 우리가 이성적인 리더들이 압박을 느낄 때 **얼어버리는** 방식에 주목할 수 있게 해줬다. 또 이런 행동이 그들의 동료들이나 조직에 가져다 줄 부정적인 결과에 대해서도 깊이 있게 탐구할 수 있게 해주었다. 나는 삼각형의 오른쪽 아래에 있는 지점에 속한 유명 인사들의 몇 가지 사례를 들어 그들의 강점과 약점을 이야기했다.

하나의 예시로 '감정이 없는 오바마NO DRAMA OBAMA'라는 별칭을 가진 버락 오바마Barack Obama를 들 수 있을 것이다. 이 별칭은 침착하고, 차분하며 냉정한 그의 리더십 유형을 반영해 지어진 것이다. 이 객관적이고 분석적인 리더십 유형이 미국 대통령에게 얼마나 긍정적으로 작용했는지, 그리고 이것이 어떤 경우에는 그의 업무 수행에 얼마나 심각하게 방해가 되었는지도 설명하고자 했다. 브리티시 페트롤륨의 최고 경영자인 토니 헤이워드Tony Hayward처럼, 2010년 석유 유출 사고에 대한 그의 반응은 너무 억제된low-key 것이었다. 비록 그가 이 상황에 대처하고자 즉각적인 조치를 했지만, 그의 감정 표현 부족은 미국 대중과 평론가들로부터 부정적으로 인식되었고 많은 비판을 받았다. 내 생각엔 오바마가 과제에 초점 맞추고 원하는 약속과 관심을 표명한 것이 아니고, **비극의 규모에 걸맞은 감정**을 표출하는 데 실패한 것이 문제를 만들었다. 대통령의 지지도는 그의 고문단 요청에 따라 그가 의식적으로 격정적인 반응을 보여줬을 때만 상승했다. 앞의 8장에서 언급했듯이 비극의 규모에 걸맞은 감정 표출은 토니 헤이워드가 아주 분명하게 실패했던 일이며 그는 이 실패로 자리에서 물러나는 대가를 치러야 했다.

니콜라와 공유했던 두 번째 사례로는 1997년 다이애나 공주Princess Diana의 죽음에 대한 여왕의 공식 반응이었다. 타고난 기질과 지속적 훈련 등으로 삼각형의 오른쪽 아래 끝 프로파일에 속한 여왕은 많은 대중 앞에서 격렬한 감정적 반응을 보여야 하는 자리임에도 감정을 드러내지 않았다. 사람들의 시선에서 자신과 그녀의 가족을 감추려는 시도를 보이는 얼어 붙어버린freeze 반응을 보였다. 그 뒤 EPT 왼쪽 아래에 있는 관계 지향적 지도자인 토니 블레어Tony Blair 영국 총리의 지속적인 개입으로 겨우 여왕을 설득시켜 버킹엄궁전에서 반기를 게양하고 이를 방송으로 제작하도록 했다. 몇 년 동안 여왕에게 그렇게 잘 작동했던, 통제하고 자기 원칙적이며 감정을 표현하지 않는 스타일의 리더십이 이 경우에는 결국 효과적으로 작동하는 데 실패했다(영화 The Queen은 이 사건을 아주 잘 보여준다).

니콜라는 내가 언급한 사례들을 집중해서 들었다. 이런 사례들은 그녀의 분석적이고, 데이터 기반 스타일로 그녀에게 제시되었으며, 나는 그녀가 가진 강점과 약점에 대한 그녀의 인식이 재구성되는 것을 알 수 있었다. 마침내 니콜라는 어떻게 하면 자신이 더 열정적이고 에너지 넘치고 따뜻하고 공감적이며 열의가 높은 리더십 스타일, 즉 삼각형 왼쪽 아래와 꼭대기에 있는 리더십 유형에 속하는 리더들이 사용하는 특성을 더할 수 있을지 그 방법을 검토하고 싶다고 제안했다. 나는 정말로 기뻤다.

감정적 개입 촉진

계속되는 코칭세션에서 니콜라와 나는 이 전략을 그녀가 받은 피드백에서 지적된 특정한 분야에 적용하기로 했다. 우리는 먼저, 어떻게 하면 비즈니스에 대한 그녀의 비전을 타인들에게 더욱 감정을 섞고 매력적인 방식으로 전달하여, 큰 그림을 잘 그리는 그녀의 재능을 더욱 가치 있게 활용할 수 있을지 고심했다. 내 생각에 이 과제는 그녀와의 작업에서 좋은 시작이 될 것 같았다. 니콜라에게는 이전보다 더 많은 감정을 표현하고 청중의 요구에 맞추기 위해 조정하는 방법을 찾는 도전이 되긴 했지만, 이것이 그녀가 매우 불편해하는 대인관계적 진밀감closeness과 같은 그런 수준은 아니었다. 다가올 연례 경영관리 회의는 니콜라가 이를 적용해볼 만한 아주 좋은 기회였다. 우리는 발표할 메시지 내용을 검토한 뒤에 그녀의 연설을 **청중의 한 사람**으로 듣고 느낌을 피드백하였다. 나는 니콜라가 강렬한 감정을 느낀다고 여기는 점들을 연결 지어 그녀가 자신의 감정 범위를 넓히도록 **체계적으로 밀어붙였다**. 예를 들면 그녀가 조카의 장학금 시상식에서 느꼈던 자부심을 자기 팀에 대한 그녀의 자부심으로 연결해 이 감정을 다시 한번 느끼도록 부추겼다. 그녀는 그녀 자신을 거세게 밀어붙이며 훌륭한 진전을 이뤄냈다.

니콜라에게 아주 어려웠던 도전 과제는 그녀의 팀원들과 다른 동료들과 일대일 대화를 나눌 때 그 내용에 자기감정을 섞는 것이었다. 나는 비록 그녀의 근본적인 역동에 대한 내 견해를 한 번도 밝히지 않았지만, EPT와 다른 도구tool, 기술을 사용하여 니콜라가 자기 인식self-awareness을 매우 깊이 있게 할 수 있도록 도와주었다. 이 작업의 핵심 부분은 바로 내 질문에 따라 그녀의 어머니와 아버지 사이의 관계를 재평가reassessment하는 점이다. 이전에 그녀는 자기 어머니를 남의 사생활에 개입하려 들며 지나치게 정서적이라고 여겼고, 그녀의 아버지가 이러한 어머니로부터 철수해 아버지 자신을 보호하려는 모습에 전적으로 공감을 나타냈었다. 니콜라는 이제 감정이나 따뜻함을 표현하는 데 어려움을 느꼈던 아버지의 모습이 오히려 어머니에게 자꾸 무언가를 요구하고 애정을 호소하는 행위를 하게 만들었다는 것을 알게 되었다.

 그녀가 얻은 통찰력이 문제의 돌파구가 되어주었다. 이는 니콜라가 타인에 의해 감정적으로 압도되거나 침해당하는 것에 대한 자기 두려움을 더 잘 이해할 수 있게 해주었고, 어머니의 행동 결과로 이런 행동 패턴들이 그녀의 어린 시절에 어떻게 뿌리내렸는지 알 수 있게 해주었다. 그녀는 자신에게 더는 유용하지 않다고 동의한 그녀의 오랜 불안에서 벗어나기로 했다.

 부모님과의 상호작용을 바라보는 니콜라의 새로운 견해는, 그녀가 자기감정이 없는 태도, 특히 압박을 느낄 때 얼어버리는 반응이 팀원들에게 미칠 수 있는 영향력을 더욱 잘 이해할 수 있게 해주었다. 그녀는 팀원들에게 경험했던 지나치게 의존적이고 미숙한 몇 가지 행동들이 그녀 자신의 철수withdrawal와 멀어짐remoteness에 대한 반응으로 생겨난 것일지 모른다는 것을 알아차리기 시작했다.

 이러한 통찰이 있었지만 나는 니콜라가 그녀의 행동뿐만 아니라 자기 자신을 충분히 이해하는 것이 필수적이라고 느꼈다. 그녀가 심리적인 안정감을 느끼면서 감정에 대한 통제권을 잃지 않고 자기 경계를 편안하게 할 수 있도록 배우기 위해 자신을 드러내는데, 작지만 제어할 수 있는 **작은 발걸음**을 내딛도록 지원하는 것이 필요했다. 나는 이를 생각에 두고 니콜라에게 그녀의 직속 부하 직원 가운데 한 명이 직접 보고한 사례를 선택해 연구하자고 요청했다. 우리는 EPT를 사용해서 그의 프로파일을 탐구하고 그의 강점과 약점을 이야기한 다음 어떻게 그녀가 그와의 관계를 변화시킬 수 있을지 알아내고자 했다. 그다음 그녀가 이 사례연구에서 취할 단계를 세심하게 연출했다. 예를 들면 그녀는 그 부하가 그녀에게 경계심을 덜 느끼기를 원했고, 영국 사업이 어떻게 흘러가고 있는지에 대한 그녀의 생각과 감정을 공유하고자 했다. 비록 그는 그녀보다 직급이 낮았지만 매우 능력이 있었고, 그가 니콜라의 아이디어에 유용한 반응을 테스트하는 대상sounding board이라고 여겼다. 우리는 사전에 그녀가 무슨 내용을 그와 나누고 싶은지와 나누고 싶지 않은 내용을 포함해 대사를 만들고 대화를 롤플레잉했다. 이 연습은 성공적이었다. 그녀가 개인적인 흥미, 가정생활, 기타 사생활을 어떻게 하면 이전보다 더 나눌 수 있는지를 검토하는 주제로 넘어갔다. 여기서 중요한 핵심은 신중한 준비와 사무실에서의 조심스러운 실험, 니콜라가 위와 같은 행동을 사무실에 적용했을 때 부정적인 결과들보다는 긍정적인 결과가 나온다는 것을 **경험하게 하여** 새로운 행동이 **점진적으로 내면화**하도록 해야 한다는 것이다.

결과

코칭 계획이 뒤로 갈수록 니콜라와 나는 우리가 첫 번째 만났을 때 밝힌 목표와 비교하며 진행 상황을 검토하기 위해 많은 세션을 활용했다. 그녀는 모든 점에서 개선된 점을 구체적인 사례로 제시할 수 있었다. 예를 들면 EMEA 경영자 회의에 앞서 회계 오류로 인해 뛰어난 실적이 오히려 저평가되어 나타났을 때 그녀가 대처한 사례를 들 수 있다. 그녀는 자기 사무실로 들어가 문제를 홀로 해결하려 하지 않고 팀원들을 사무실로 불러 모아 무슨 문제가 생겼는지를 설명하고, 어떻게 하면 상황을 성공적으로 해결할 수 있을지 머리를 맞대기로 했다. 동료들은 이 초대에 놀랍도록 잘 응해주었고, 그녀는 이전과 달리 자신의 새로운 행동이 불러일으킨 불안에 잘 대응하고 문제를 해결하는 성과를 이루었다.

내 관점에서 매우 강력한 변화의 지표 가운데 하나는 니콜라에 대해 내가 경험한 내용이다. 코칭과정 동안 우리의 관계는 느리지만 꾸준히 변화했다. 내가 니콜라와 눈을 마주칠 때 느꼈던 평면적two-dimensional인 감정을 더는 찾아볼 수 없었다. 몇 달 동안 그녀의 온기와 공감하며 진정한 정서적 연대를 경험했다. 또 나는 그녀의 결단과 지성에 감탄하면서 그녀를 점차 좋아하게 되었다.

우리 관계의 변화는 니콜라의 발전을 반영하는 것일 뿐만 아니라, 우리의 작업동맹 그 자체에 중요하게 작동했다. 이는 타인과의 **친밀감을 용인**하고 감정을 전문적인 직장 관계의 한 부분으로 여길 수 있는 능력을 키우는 중요하고 핵심적인 부분이었다. 물론 우리의 토론도 중요했다. 특히 니콜라처럼 분석적이고 날카로운 고객에게는 더욱 그랬다. 그녀가 감정을 공유하고 자기 취약점을 보여줄 수 있는, 그러나 거부되거나 압도당하지 않는 전문적인 관계는 그녀가 배워야 할 가장 강력한 항목이었다.

코칭이 끝난 지 6개월 만에 니콜라는 새로운 360도 다면 피드백 과정을 실시했다. 그녀는 우리가 함께 검토할 자료를 가지고 그다음 코칭세션에 나를 만나러 왔다. 우리는 함께 노력한 모든 분야에서 그녀가 개선을 보였다는 것을 증명하는 점수에 매우 기뻤다. 비록 그녀는 EMEA의 최고 경영자로 승진하는 데에는 실패했지만 몇 달 뒤에 그에 상응하는 자리로 승진을 제안받았다. 니콜라 부부는 미국으로 이사하기로 했다. 니콜라에게 코칭이 의미하는 바는 매년 그녀가 내게 보내는 크리스마스 카드를 통해 짐작할 수 있었다. 그녀는 매우 잘 지내는 것으로 보였다.

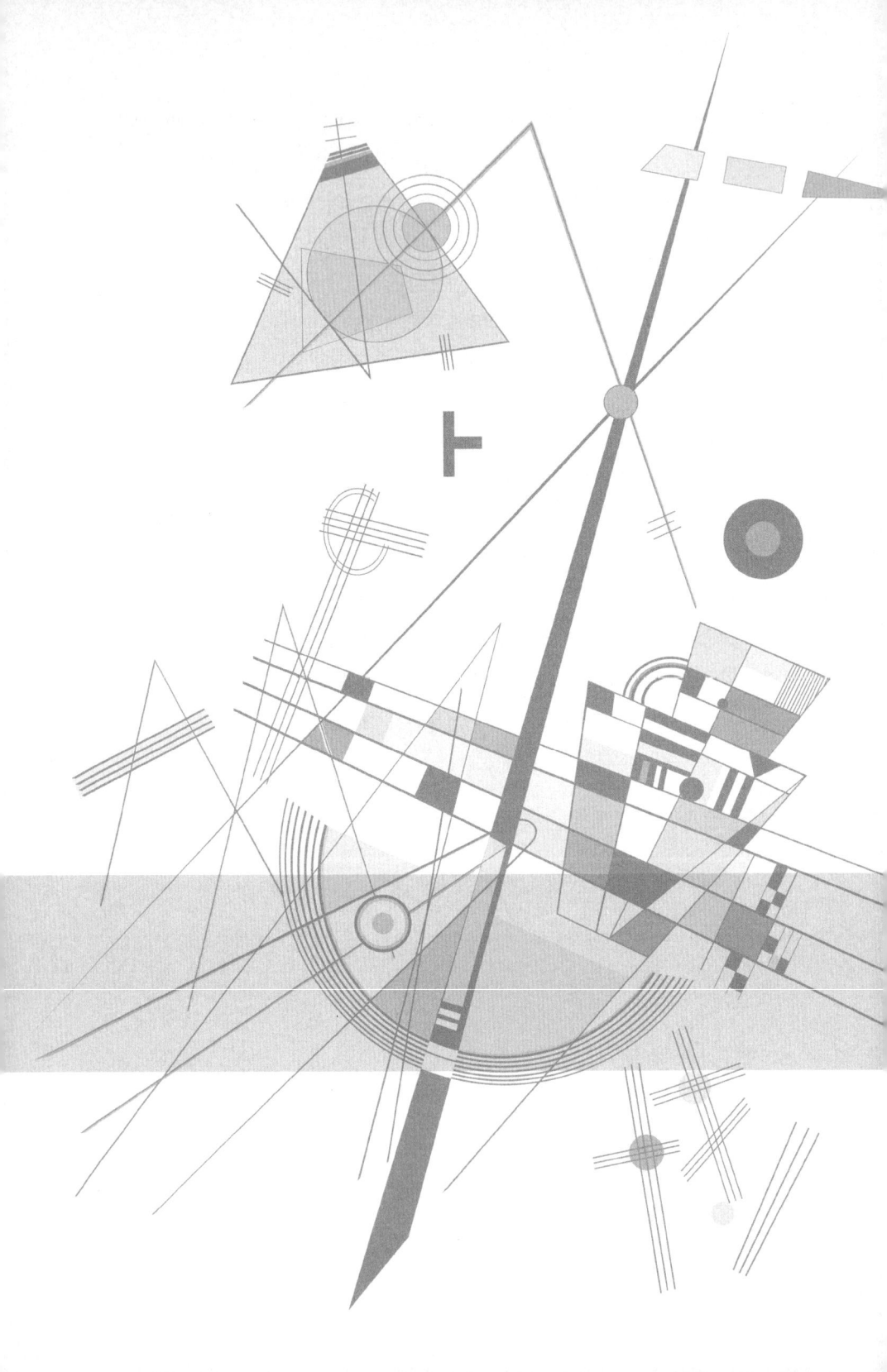

11장.
결론

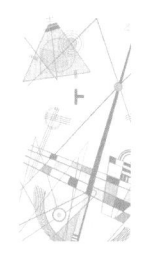

11장. 결론

이 장에서는 중요하지만 자주 간과되는 임원코칭의 몇 가지를 정신역동 관점에서 검토한다. 이는 코치-고객 관계의 중요성을 이해하는 데 큰 도움이 된다. 이어서 나는 애착attachment과 의존성dependency이라는 주제와 관련한 몇 가지를 나누고자 한다. 먼저 고객이 일찍 코칭을 종결하거나 우리가 고객에게 다른 도움을 주기 위해 다른 분야의 전문가를 소개할 필요가 있을 때 코치가 직면하는 문제를 검토해 보자.

코칭의 조기 종결

이 책에 실린 예제와 사례연구들은 주로 코칭이 성공적으로 적용됐을 경우를 보여준다. 그러나 우리가 알다시피, 코칭이 항상 성공하는 것은 아니다. 일부 고객들은 참여조차 하지 않고 계약을 **일찍 종료**하거나, 점차 **조금씩 참여하지 않고 물러나거나**, 코칭과정에서 성과를 거의 얻지 못한다. 그들은 코칭 자체를 거부할 수도 있고, 특정한 코치를 거절할 수도 있다. 어떤 조직에서는 자금 지원을 중단하거나 고객들을 정리해고 한다.

　　　　내가 모두 경험한 이런 상황을 볼 때 코치들은 두 가지 도전 과제에 직면한다. 우리는 코칭이 잘 진행되는 경우처럼 개인과 조직의 관계를 다룰 때 제공한 **똑같은 수준**의 통찰과 보살핌, 기술 등을 적용해야만 한다. 동시에 코칭이 예상대로 진행되지 않기 때문에 자연스럽게 **우리 안에서** 유발될 감정과 생각들을 반드시 잘 관리해야 한다. 자기 의심 self-doubt, 혼란, 죄책감, 분노, 짜증과 후회는 모두 코치의 존재감 presence을 감지할 수 있게 한다. 그렇지만 이런 상황들은 코치의 실천을 향상하는 데 **유용한 기회**를 제공한다. 우리는 실수를 인정할 수 있는 정직함과 자기 인식, 실수로부터 배움을 얻는 것이 중요하다. 마찬가지로 어떤 요소가 우리의 통제 범위를 벗어나는지 이해하고 실패한 코칭관계를 전체적 관점에서 살펴보는 것도 필요하다.

헬레나

코칭을 조기 중단했던 고객 사례로 소매업 분야의 중간 관리자인 헬레나 Helena를 들 수 있다. 그녀는 내가 수퍼비전하는 코치에게 코칭을 받았다. 그들이 처음에 사전 면담 chemistry check을 했을 때는 잘 맞는 것처럼 보였다. 그들은 8회기의 코칭 세션을 갖기로 함께 동의했다. 헬레나는 최근 다면평가 결과에서 몇 가지 주제를 개발해야 한다는 피드백을 받았다. 그녀의 부하 직원들은 그녀가 자주 짜증을 잘 내며 때로는 우울함을 보인다고 언급했다. 헬레나의 직속 상사는 재능은 있지만 그녀가 자기 인식이 부족하고 매우 주도적인 완벽주의자라고 표현했다.

　　　　코치는 그녀와의 코칭에 따뜻하고 열정적인 태도로 임했다. 두 번째 코칭 세션이 끝난 뒤 헬레나는 코치에게 일정을 확인한 뒤 다음 날짜를 정해 메일로 보내주겠다고 말했다. 그러나 코치는 메일을 받지 못했다. 며칠 뒤에 코치는 그녀에게 다음 만남 약속을 잡기 위한 메일을 보냈지만 역시 답장을 받지 못했다.

그다음 주 헬레나의 HR 담당자가 코치에게 전화했다. 담당자는 헬레나가 코칭을 받았던 그다음 주 초에 더는 코칭을 지속하고 싶지 않다고 말했다고 전했다. 이유는 코치가 '사업 지향적business-oriented'이지 않다는 것이었다. 솔직하게 그녀는 자기 직업에 기술적 측면에 더 나은 지침을 줄 수 있는 그녀보다 더 노련한 사람을 코치로 원한다고 말했다. HR 담당자는 그녀의 결정을 수락했고 헬레나를 위해 다른 코치를 찾기 시작했다. 담당자는 코치에게 두 차례 진행된 코칭세션에 대한 청구서를 요청했다.

수퍼바이지 코치는 HR 담당자의 말에 매우 놀랐고 내던져진 것 같은 느낌이 들었다. 헬레나는 처음부터 제시된 코치의 배경을 알고 있었고 이전에는 특별한 선호를 표현하지 않았다. 또 코치는 훈련 전에 업계에서 일하며 매우 많은 사업적commercial 경험을 쌓았었다. 게다가 그의 역할이 그녀에게 사업에 도움이 되는 지침business guidance을 제공하는 것이 아니라 그녀의 경영 스타일을 개선하는 것에 도움을 주는 것이라는 사실은 명백했다. 코치는 헬레나가 그에게 직접 자신의 불만을 제기하지 않은 점에 화가 났고, HR 담당자가 헬레나의 결정을 바꾸려는 의지를 보이지 않았다는 느낌에 실망했으며 이 고객과의 코칭 실패를 염려했다.

수퍼비전에서 우리는 무슨 일이 일어났는지 탐구했다. 헬레나의 결정은 코치가 그녀와 지난 코칭세션에서 나눈 대인관계 행동과 관련된다면 평가 자료의 매우 비판적 설명과 관련 있는 것으로 보였다. 코치의 말에 따르면 헬레나는 부정적인 피드백에 대해 일관되게 변명을 늘어놓았고 그 책임을 다른 사람에게 미뤘다. 코치가 이 문제에 부드럽게 다가가 그녀의 행동에 집중하려 하자, 그녀는 짜증을 내며 방어적으로 행동했다. 코치가 친근하게 접근했음에도 분명히 그녀의 아픈 곳raw nerve을 찌른 것이다.

우리는 다면평가 결과가 헬레나가 자기 동료로부터 공격받았다고 느끼게 했다는 가설을 세웠다. 그녀는 자기변명에 동의해주지 않는 코치에게 화가 났고 그 뒤 HR 담당자에게 더는 코치와 함께 작업하고 싶지 않다고 말한 것이다. 그녀는 아마도 무의식적으로 코치가 느꼈던 것과 똑같은 감정을 느낄 수 있었을지 모른다. 그녀는 자신이 느낀 것을 그에게 직접 말하지 않았다. 마치 그녀가 자기 다면평가 결과를 보고 느낀 감정과 같은 분노와 무력함을 코치에게 남겨 두었다. 코치의 배경과 관련된 그녀 마음의 변화가 피드백 결과를 액면 그대로 받아들여서는 안 된다는 헬레나의 주장 때문이라고 우리는 느꼈다.

  코치는 이 경험을 충분히 숙고하는 것이 도움이 될 것으로 생각했다. 이 가설은 그가 자기 안에서 일어난 일과 어느 정도 거리를 두고 생각하게끔 했다. 그는 헬레나의 결정이 코치로서 그의 가치가 떨어졌기 때문이거나, 사업 전문성 부족을 객관적으로 판단해서 내린 것이 아니라, 코칭세션 중 일어난 그녀의 정서적 반응의 한 부분으로 행해진 것으로 생각했다. 우리는 그가 헬레나와 나눈 논의에 다르게 대응할 수 있었는지를 탐구했다. 그가 내린 결론은 이러했다. 비판적인 피드백으로 인한 헬레나의 고뇌와 굴욕의 정도를 그가 과소평가했고, 그로 인해 그녀를 너무 빠르고 거세게 밀어붙였다는 것이다. 그의 관심사는 그녀가 일부 건설적인 변화를 돕는 전제 조건으로 동료에 대한 자기 행동에 책임지도록 돕는 것이었다. 그러나 처음에는 그가 좀 더 미묘하고, 공감적이며 긍정적인 접근방식을 사용했어야 그녀와 더욱 효과적으로 **나란히 함께할 수**alongside with 있었고, 그녀의 방어기제를 자극하지 않을 수 있었다. 이를 통해 우리는 그가 비슷한 상황에서 취할 수 있는 대체 기술alternative techniques을 탐색할 수 있었다.

  우리는 또 이렇듯 갑작스럽게 코칭을 조기 종결할 경우, 코치의 입장을 곤란하게 만들지 않고 적절히 종결하기 위해서 무엇을 해야 하는지에 대한 의견도 나누었다. 그 결과 그는 HR 담당자에게 전화하기로 했지만 자신을 방어하거나 일어난 일은 자세히 설명하지 않았다. 그는 간단히 그저 성찰하면서 헬레나의 결정이 자기 배경보다는 그들이 함께 논의했던 이슈들과 더 연관성이 있을 것으로 생각했다. 그렇지만 그녀의 결정을 존중한다고 분명하게 말했다. 또 그는 이번 코칭이 잘 진행되지 못한 점에 유감을 나타냈다. 그는 헬레나에게 신중한 단어를 사용하여, 자신과 코칭을 끝내고 싶어 하는 그녀의 결정을 들었고, 앞선 두 번의 코칭이 즐거웠으며 그녀에게 밝은 미래가 있길 바란다며 메일을 보냈다. 차분하고 전문적인 어조로 그는 경계에 대한 성숙한 접근법을 모델링했으며, 헬레나의 행동이 그들의 [코칭]작업 관계의 종결로 확정되는 것을 허용하지 않았다. 이것은 코치의 성취감sense of completion과 자존심self-respect에 중요한 것이었다.

이 예시는 고객의 역동과 코칭 초기 단계의 특징인 코칭에 대한 불안과 양가감정이 때로는 코칭과정 실패의 원인이 될 수 있음을 보여준다. 또 이것이 우리가 도전적인 상황으로 고객을 잃었을 때 수퍼비전이 할 수 있는 역할을 다시 한번 강조하게 했다. 코치가 자신에게 일어난 일을 분석하고 그의 감정을 갈무리하고 고객이 그렇게 행동하게끔 만들었던 원인에 대한 통찰력을 갖도록 도움으로써, 그는 자신의 균형감과 자신감을 회복할 수 있었고 또 앞으로 이전과 다른 방식으로 그가 행동할 수 있다는 것도 이해할 수 있게 했다.

참조

때에 따라서는 실제로 심리치료나 상담 또는 어떤 형태의 연합 치료allied treatment가 더 적절한 고객을 임원코칭에서 만나기도 한다. 이런 경우가 코칭 초기에 드러나기도 하고 시간이 지나면서 나타날 수 있다.[7] 대부분 임원코칭 고객들은 자기 사업 분야에서 높은 성취를 이룬 사람들이며, 정신의학적인 또는 심리치료를 받는 것에 불편함을 느끼는 사람들이다. 많은 사람은 여전히 이러한 종류의 도움이 필요하다는 사실에 수치감과 두려움을 느낀다. 그러나 코치와 서로 믿을 수 있는 관계를 형성하여 이것을 경험하고 그들의 자기 인식이 개발되면서 이전에는 고려조차 하지 않았던 상담과 치료라는 선택권이나 아이디어를 기꺼이 고려하게 된다. 이런 식으로 임원코칭은 때로 고객들에게 다른 지원에 대한 가치 있는 통로를 연결하는 다리를 놓아줄 수 있다.

먼저 여러 해 동안 나는 심리치료사, 상담가, 아동과 가족 치료사, 임상심리학자들, 부부 관계 전문 상담가들과 정신과 의사들에게 고객들을 소개해왔다. 이 분야에서 당신이 신뢰하는 숙련된 지인들과 좋은 관계를 유지하는 것이 도움이 된다. 때로 코치는 고객에게 믿을 만하고 신뢰할 수 있는 사람의 이름을 제공할 수 있을 때까지 준비해 둔 권장 사항을 지속해서 제공할 필요가 있다. 내 경험에 따르면 코칭과 치료는 자주 잘 어우러져 작용하지만, 어떤 경우에는 개인이 한 번에 하나의 과정에만 참여하는 것이 더 좋을 때도 있다. 이러한 상황에서 전문적인 방식으로 고객 조직과 연락하는 한편 고객의 사생활을 보호하는 것은 언제나 그렇듯이 코치의 역할 가운데 가장 중요한 부분이다.

● 코칭 종결

대부분 임원코칭 프로그램의 종결은 코치와 코치이 그리고 조직 사이의 계약에 따라 미리 결정된다. 코칭세션을 몇 회 할 것인지, 몇 달 동안 작업할 것인지가 사전에 합의되며 일반적으로 이 계약은 준수된다. 이 경우 코치는 반드시 코칭 프로그램의 프레임을 염두에 두고 그 기간 안에 성취할 수 있는 결과를 현실적으로 생각해야 한다. 더 고위 임원일수록 모든 당사자에게 도움이 된다면 코칭계약이 연장되는 경우가 전혀 이례적인 일이 아니다. 또 어떤 경우에는 보통 고위 경영자 개인과 **종결하지 않고**

마무리할 수 있다. 이런 종결 방식의 장단점을 논의하는 대신 그 시기가 합의됐다는 가정에 따라 종결의 두 가지 측면을 검토하고자 한다.

코칭과정 완료: 검토, 평가 및 상호책임

임원코칭 프로그램은 종결이 가까워지면 반드시 여러 가지 실용적인 조치practical steps를 취해야 한다. 먼저 코치이와 조직, 코치가 코칭 작업 결과를 검토하고review, 평가하고evaluate 이를 사려 깊게 마무리할 수 있도록 설계해야 한다.

이를 위한 첫 단계는 일반적으로 2~3회 정도 코칭세션이 남았을 때 실행할 내용이다. 나는 먼저 코치이가 관심을 기울일 수 있도록 종결이 예상되는 사실을 언급하고 다음 만남 때 우리의 진척 상황을 검토해 보자고 제안한다. 어떨 때는 고객이 먼저 제안하기도 한다. 이것은 결론을 내는 과정의 첫 공식 단계가 된다. 검토 과정을 준비하면서 나는 내가 주목하려 했던 것을 되돌아보고 구체적인 코칭목표와 과제들을 얼마만큼 달성했는지 그 정도를 검토해 본다. 또 내가 격려해온 고객의 근본적인 발달적 변화들과 이것들이 얼마나 성공적으로 이루어졌는지를 검토하고, 고객 개인과 작업 중 느낀 내 감정을 성찰하는 시간도 가진다. 나는 고객들이 나와 동등하게 철저히 준비하게 해서 우리가 만났을 때 검토 과정을 그들이 주도적으로 이끌 수 있도록 요청한다. 그들에게 도움이 되고 적절하리라고 느끼는 내 생각을 그들과 공유하지만 이는 고객이 자기 것을 먼저 나누게 한 뒤에 진행한다. 이것은 자신의 배움과 코칭에 대한 그들의 책임감을 강화한다. 고객이 내 인식과 견해를 듣기 전에 자기 인식과 견해를 듣는 것은 그들이 얼마나 많이 변화했는가를 알아보는 데 유의미한 통찰을 제공한다.

일대일 검토 과정에서 중요한 요소는 고객의 직속 상사와 함께 하는 두 번째 삼자회담을 준비하는 것이다. 이 작업은 대개는 적어도 한 번의 개별 코칭세션이 남아 있을 때 수행하는 게 좋다. 직속 상사 또는 코칭과 관련된 조직의 다른 사람, 이를테면 HR 담당자가 같이 참여해도 좋다. 모든 관련자는 되도록 코칭의 투자 수익ROI return on investment이 어떤지 알고 싶을 것이다. 고객과 조직 모두에게 코칭이 제공한 유익은 무엇인가?

고객은 서로 다른 코칭목표objectives에 대해 그들이 성취한 바가 무엇인지 분명하게 설명할 수 있어야 하며, 그들이 어떻게 변화했고 전반적으로 어떤 이익을 얻었는지 느낄 수 있어야 한다. 고객 자신의 인식과 동료들로부터 받은 피드백을 포함한 질적 자료는 반드시 풍부한 삽화illustrations와 예시를 통해서 그 내용을 전달해야 할 것이다. 가능하면 양적 자료도 포함되어야 한다. 여기에는 고객이 어떻게 변화했는지에 대한 직속 상사의 견해가 추가될 것이다. 조심스럽게 추진된 삼자회담은 참석자들에게 그들이 생각한 것이 잘 이뤄졌다는 사실과, 깊이 있게 개발할 필요가 남아 있는 것도 그들이 알 수 있도록 한다. 만약 코칭이 성공적으로 이뤄졌다면 이 평가 과정은 코치와 고객이 조직에 대한 상호책임의 필수적인 요소일 뿐만 아니라 모든 이해관계자에게 긍정적인 어떤 것이 되기도 한다.

최종 코칭세션은 3자 회담에서 제기된 남은 문제를 해결하고 고객의 향후 발전 방향을 미리 파악하는 데 사용될 수 있다. 이 세션을 준비하면서 나는 주로 고객들에게 코칭에서 해결해야 할 그들의 필요 사항 가운데 몇 가지를 만족시키고, 그들이 계속 개발할 수 있도록 도움이 될 수 있는 다른 가능한 원천을 생각해보기를 요청한다. 이러한 사고를 통해 그들이 더욱 발전할 수 있도록 돕는다. 일반적으로 이것은 존경하는 멘토나 조직의 고위 구성원 가운데 자신의 후원자, 신뢰하는 동료들 또는 내 '생각의 동반자thought partner'나 정서적 지원의 원천이 될 만큼 충분히 서로를 이해하는 직장 외부의 친구, 친척과 지인들을 포함한다.

마지막 세션은 또한 코칭 작업과 코칭관계를 축하하고 종결을 인정하며, 어떤 공식, 비공식 후속 작업follow-up을 명확히 하는 시간이다. 이 단계는 고객과 코치 모두에게 중요한데 코칭을 건설적이고 적절한 방식으로 종결하는 데 중요하다.

● 정서적 과정: 애착의 중요성

그러나 종결 시에 고려해야 할 또 다른 차원이 있다. 여기서 정신역동 접근이 독특한 이바지를 한다. 마지막 세션이 가까워질수록 표면 아래에서 일어나는 정서적, 심리적 경험에 대해 고객과 코치 모두 의식적으로든 무의식적으로든 이를 이해하고 해결할 수 있어야 한다.

이 주제를 다룰 때 우리는 먼저 코치-고객 관계의 본질을 다시 한번 재검토해야 한다. 나는 코칭이 잘 진행되고 양측이 코칭에 완전히 참여할 때, 어느 정도 상호 애착attachment이 생겨나는 것은 자연스럽고 적절한 것이라 믿는다. 결국 코칭은 일련의 친밀한 일대일 조우를 포함하고 있으며 우리는 강력한 신뢰 관계를 만들어내는 것이 목표다. 이 과정에서 우리는 그들의 가장 개인적인 생각, 감정, 경험을 공개하고 공유하게 되고, 그들 스스로 취약하게vulnerable 될 수 있다. 이 과정이 진행되면 코치도 역시 정서적 자기들emotional selves을 드러낸다.

어떤 코치들은 애착이라는 개념에 불편함을 느낀다. 그들은 이것을 전문적인 경계를 무너뜨리는 부적절한 것이라 여긴다. 나는 그들이 자기들 감정의 힘이나 고객 감정의 힘을 두려워하고, 코칭관계 안에서의 정서적 연대emotional bond라는 개념에 위협을 느낀다고 생각한다. 내 생각에 이런 두려움은 잘못된misplaced 것이다. 코칭이 진정으로 효과가 있기 위해서는 고도의 전문적인 관계 안에서 코치가 고객에게 중요한 존재가 되어야 하며 그 반대로 고객 또한 코치에게 중요한 존재가 되어야 한다.

그렇다면 왜 나는 애착이 중요하다고 믿는가? 어려운 문제에 직면한 고객을 돕고, 그들이 의미 있는 변화를 만들고 도움이 되지 않는 행동 패턴을 깨뜨리는 데 힘을 보태기 위해서라도, 나는 코치가 전적으로 자기들과 같은 입장이라는 것을 고객이 느껴야 한다고 생각한다. 6장 폴Paul의 사례가 보여주듯이 이것은 현실을 바라보는 고객의 관점에 지나치게 이입한다는 것을 의미하지 않는다. 반대로 그들의 말을 단순히 액면 그대로 받아들여서는 안 된다거나, 그들이 사물을 다르게 바라보고 행동을 바꾸게 도전해서는 안 된다는 의미가 아니다. 이는 고객의 관점으로 그것을 이해하기 위해 그들의 감정으로 어느 정도 깊이 있게 공감하기 위해, 개인과 조직의 세계로 들어갈 수 있도록 고객과 함께 충분히 확인identifying하는 것을 의미한다. 이를 이행하는 과정에서 나는 필연적으로 고객에게 따뜻하게 대하고 돌봄을 시도한다. 코칭과정에 진정으로 임하면서 심지어 싫어하는 성격이나 행동을 하는 고객을 대할 때도 마찬가지로 이런 내 모습을 발견한다.

고객의 관점에서 볼 때도 같은 과정이 적용된다. 코칭이 성과를 발휘하려면 고객 역시 자신의 중요한 측면을 공유하고, 자기 취약점을 보여줄 만큼 충분히 코치를 신뢰해야 한다. 모든 작업이 잘 이뤄진다면 코치는 고객들이 진정으로 이해하고 담아질 수 있게 하며, 그들이 어려운 문제를 해결하고 직업적인 역할과 인간으로서 성장할 수 있도록 도와줄 수 있다. 결과적으로 고객은 코치에게 자주 복합적인 감정을 느끼지만 많은 사람이 이 양가감정을 코칭과정에 끌어와 성찰하여, 감사appreciation와 따뜻함의 중요한 요소가 되게 한다.

코치-고객 관계와 의존성

코치에 대한 고객 감정에 대해 앞서 말한 요점과 밀접하게 관련된 주목하고 싶은 이슈가 있다. 이것은 코칭을 위임한 HR 공동체 구성원과 때로는 코치들 스스로에 의해 제기되는 의존성dependency에 대한 두려움이다. 그들은 [고객들에게] 코치와 코칭과정을 무엇이라도 하지 못할 것이 없는 버팀목으로[마치 신 같은 존재를 만난 것처럼], 또 코치는 유익하고 필요한 것 이상으로 작업을 지속해 이런 상황state of affairs을 부추겨 이용하고 장려할지도 모른다고 우려한다. 코칭에서 보이는 의존성에 대한 내 견해는 이와 다르다. 내 견해는 정신역동 관점과 인간이 어떻게 배우는지에 대해 내가 이해한 바에 크게 근거한다.

내가 건강한 의존성이라 부르는 것은 어떤 성공을 위한 성장 과정의 필수 부분이다. 코칭에서 우리는 고객이 배울 수 있는 조건을 만들기 위해 노력한다. 우리는 그들에게 친숙하지만 업무 수행에 도움을 주지 않거나, 자기 파괴적인self-damaging 사고, 감정 및 행동 방식 등을 분석해 이를 버리고 새롭고 효과적인 방법을 고안해낼 수 있도록 돕는다. 때로는 이 과정에서 고객들은 심각할 정도의 불편함을 견뎌내고, 무서운 위험을 이겨내야 한다. 이를 위해 고객은 코치들의 판단과 안내에 의존하게 된다. 더 중요한 것은 자기 발전을 위한 여정 중 가장 어려운 순간에 고객이 꾸준하게 감정을 담아내고containment 지지와 지원을 제공할 수 있는 코치들의 능력에 의존해야 한다.

펠리시티

이와 관련해서 펠리시티Felicity라는 이름의 고객이 떠오른다. 그녀는 기술적인 역량은 뛰어나지만 직장에서나 밖에서나 모두 사회적으로 고립되어 있었다. 유난히 남에게 자기 이야기를 하지 않고 자부심self-sufficient과 개성이 강한 편이다. 대인관계 능력을 개발하기 위해 코칭을 선택했지만, 코치에게 자기 세계를 허용하거나 도움을 수용하기 위해 그녀 스스로를 충분히 개방하는 데에 독특한intensely 복합감정을 가지고 있었다. 세션은 그녀의 최근 작업 활동과 도전 과제 및 업적을 스스로 설명하는 것으로 시작했고 나는 고객이 이런저런 너무 많은 이야기를 쏟아내는 통에 열심히 귀를 기울여야 했다. 초기 세션에서 나는 쏟아지는 말에 의해 나 자신이 의자에 핀이 박혀 고정된 듯 불편했고, 누군가와 함께 말하기보다는 일방적으로 말하고 듣는 식이었다. 나는 그녀에게 제공할 수 있는 도움이 전혀 없기에 내가 부적당하고inadequacy 쓸모없는redundant 사람으로 느껴졌다.

그러나 그녀의 이야기를 신중하게 경청하고 배경을 충분히 알게 되자 나는 펠리시티의 행동이 나를 공격하는 의도에서 비롯된 것이 아니라 다른 사람에게 너무 가까워지는 것이 불안하여 일어나는 **방어**라고 이해되기 시작했다. 나는 또 내가 느꼈던 부적당함이 펠리시티에 대한 내 역전이의 일부였고, 그녀 자신의 낮은 자기 가치selfworth에 대한 뿌리 깊은 감정이 반영된 것으로 느껴졌다. 내가 그녀에게 도움이 될 말을 전혀 하지 못하게 함으로써, 그녀는 무의식적으로 자신에게 고통스럽고, 그녀가 인정하지 못한 부분을 내게 투사하고 있었다. 이른바 **투사적 동일시**projective identification라고 불리는 방어기제였다.

이런 통찰 덕분에 나는 펠리시티의 행동에 의문을 제시하지 않고, 그 대신 그녀가 드러내는 자료에 대해 할 수 있는 한 최선으로 관찰하고, 공감하면서, 그녀가 지속적으로 세션을 통제할 수 있도록 했다. 이런 결정은 코칭의 가치가 거의 전적으로 **코치와의 관계를 경험**하는 데 있다는 몇 명의 고객을 통한 내 진실한 깨달음에 근거한 것이다. 펠리시티도 그런 고객 가운데 한 명이었다. 그녀가 나와의 친밀감을 용인하고 내가 간단한 노력을 할 수 있도록 허락한 모습 자체가 코칭에서 중요한 성장의 발걸음을 보여준 것이다. 내가 더 독단적이거나 그녀의 행동에 대한 내 견해를 피드백했다면 나는 그녀가 굴욕감을 느끼며 내게 모욕을 당했다고 생각했으리라 확신했다. 그리고 나를 향한 그녀의 신뢰도 하락했을 것이다.

1년간의 코칭과정이 지나자 펠리시티는 점차 편안해지고 자각 인식 모두가 높아졌다. 놀랍게도 직장에서 타인과의 관계를 형성하고 이를 관리하는 능력이 발전했다. 이 경우 그녀의 진전에 영향을 미친 것 가운데 우리가 나눈 대화 내용은 아주 최소한에 불과했다. 그 대신에 아주 제한적이지만 우리의 관계가 변화의 핵심 요인이었다. 그녀와 함께한 그녀의 기준에 따른 감정적 교류의 보답은 그녀가 코칭에 적극적으로 참여하는 것으로 내게 돌아왔다. 그녀는 스스로 세션의 가치를 허용함으로써 효과적으로 자신을 어느 정도 의존하게 했다. 이처럼 한계를 두고 진행했기 때문에 펠리시티 같은 폐쇄적인 개인에게 돌파구가 재연되었다 represented.

결과적으로 펠리시티는 자신과 다른 사람들을 다르게 경험할 수 있게 만드는 우리 둘 중 그 누구도 부추겼다고 인정할 수 없는 심리적, 감정적 변화 shift가 표면 아래에서 발생한 것으로 보인다. 코칭이 끝난 뒤에도 우리는 서로 연락을 유지했다. 나는 그녀가 계속해서 발전하고 있다는 사실을 알게 되어 매우 기뻤다. 그녀는 오랫동안 기다려온 승진을 할 수 있었고, 동료들과도 즐거운 관계를 맺을 수 있었다.

코칭과정이 반드시 건강한 의존 관계라는 요소를 포함해야 한다는 주장이, 이 의존 관계가 반드시 결과로 이어진다는 뜻이 아니다. 내 작업의 핵심 목표는 고객이 그들의 마음속에 존재하는, 자신만의 **내면의 코치**inner coach를 개발하도록 돕는 것이다. 이는 고객이 나아가야 할 길을 안내하고, 정서적인 지원과 지지를 보내는 자기 자신을 위한 코치다. 이것은 고객이 점차 자신에게 가장 도움이 되고, 스스로 섭취하고 소화해서 만들어내어 내면화하는 과정을 포함한다. 우리는 이것을 코치의 지원 수준이 점차 줄어들어도 일터의 어려운 상황에서 그들이 배운 기술과 통찰을 적용하는 수용력capacity이 늘어나는 고객을 통해 알 수 있다.

예를 들어 코칭 초기 단계에서 어려운 피드백 대화를 준비하는데 도움과 격려가 필요한 고객이 있었다. 시간이 지남에 따라 그는 자기 불안과 의심을 자신에게 말할 수 있게 되었고, 코칭이 끝날 때쯤에 그는 그런 피드백 대화에 독립적으로 대처하고 헤쳐 나갈 수 있는 능력을 철저하게 습득했다.

고객의 내면 코치가 성장하고 있음을 나타내는 한 가지 징조는 그들이 직장에서 벌어진 문제를 어떻게 다뤘는지에 대해서 내게 말할 때이다. 문제를 해결할 때 그들이 내가 이전 코칭세션에서 말했던 것을 그들 자신에게 상기시켰다고 말하거나, 머릿속에서 내 목소리가 떠올라 이를 들었다고 말하기도 했다.

쉐릴

예를 들어 5개월 동안 함께 일했던 쉐릴Cheryl이라는 고객은 동료 가운데 한 명과 만나는 회의에서 까다로운 순간tricky moment을 이야기하며 코칭세션을 시작했다. 동료가 그녀에게 도발적인 말을 했을 때, 얼마나 자극을 받았는지 묘사했을 때 그녀는 "나는 폭발할 뻔했지만, 내게 화를 내기 전에 10까지 수를 세보라는 당신의 이야기를 떠올렸다. 그러자 진정되고 차분해졌다. 나는 깊이 호흡하고, 회의가 끝나고 이 문제를 해결하기로 했다." 나는 쉐릴과 이러한 특정한 문구를 사용한 기억이 전혀 없었기 때문에 이 말을 듣고 스스로 미소 지었다. 그러나 나는 이를 좋은 신호로 여겼다. 그녀는 분명히 자기 내면에 존재하는 자신만의 코치와 대화를 개발하고 있었다. 공격적으로 반응하려는 그녀의 오래된 충동은 더 침착하고 사려 깊은 관점을 지닐 수 있는 새로운 수용력capacity의 도움으로 누그러졌다. 배움에 열린 마음을 갖도록 해준 건강한 의존성은 그녀가 새로운 수준의 자기 인식과 기술로 자신을 독립적으로 관리할 수 있는 능력으로 진화하고 있었다.

● 종결을 둘러싼 의식적, 무의식적 행동

정신역동 개념은 인간으로서 우리가 심리적 안정감을 추구하고 불안으로부터 자신을 방어하며, 우리 삶에 중요한 인물에게 애착을 생성하도록 프로그램되어 있다고 설명한다. 정서적으로 몰두하고, 적절한 방법으로 타인과 관계할 수 있는 수용력은 건강한 심리 발달의 주요 지표이다. 이는 피할 수 없는 대가를 가져온다. 관계가 끝나면 우리는 이에 따른 고통과 상실감을 경험한다. 이런 아이디어는 임원코칭 프로그램의 종결과 어떤 관련이 있을까? 앞서 내가 보여주려고 시도했듯이 좋은 코칭 관계는 의미 있는 한 사람과 애착과 건강한 의존성을 그 핵심 요소로 한다.

코칭과정의 종결이 가까워지면 코치와 고객 모두 복합감정을 경험하게 된다. 요구되는 작업 과정이 완료되면 양쪽 모두 이를 통해 달성한 성과에 대한 자부심과 즐거움은 물론 어느 정도 안도감과 자유로움을 느낄 것이다. 고객은 코치가 제공한 도움을 더는 필요로 하지 않기 때문에 자부심self-esteem을 높일 수 있을 것이다. 그들은 아마 다이어리에 새삼스럽게 생긴 추가 시간을 환영할 수 있다.

종결과 관련된 또 다른 측면이 있다. 고객과 코치 모두 더 고통스러운 감정을 경험할 수 있다. 나와 함께 좋은 작업을 했던 고객과 작별 인사를 할 때 나는 자주 상실감을 느낀다. 그들과 친해졌고 그리워질 것이다. 물론 그 감정의 깊이는 관계의 깊이와 기간에 따라 다르다. 때로 나는 취약함이나 어려움에 부닥칠 위험이 있는 고객에 대해서는 걱정스러울 때가 있다.

코치로서 이러한 감정을 인식하고 적절하게 관리하는 능력은 필수적이다. 이는 두 가지 의미가 있다. 먼저 나는 이 감정들을 내가 하는 일의 한 측면으로 인정하고 받아들일 필요가 있다. 물론 나는 고객에게 내 감정을 표현하는 행위와 내 감정을 억제하는 행위 사이에 적절한 균형을 찾을 필요가 있다.

종결 과정 동안 코치로서 내가 해야 할 다른 중요한 측면은 고객이 느끼는 상실감과 행동들을 이해하고 인식하는 것이다. 여기에는 부정, 슬픔, 불안, 죄책감 그리고 분노를 포함한 상실을 애도하는 과정에서 생겨나는 모든 자연스러운 징후들이 포함될 수 있다. 고객이 이러한 감정들을 인지하고, 특히 그들이 이 감정들을 적절하게 공유할 수 있을 때, 그들은 바람직한 종결을 귀중하고 적절한 한 부분으로 만들어낸다.

그러나 많은 임원코칭 고객들, 이따금 합리적이거나 업무 지향적인 개인들도 이런 종류의 감정에 불편함을 느끼고 이런 감정을 의식적으로 자각하고 드러내지 않으려고 애쓴다. 그들은 **부정**을 방어로 사용하고, 결과적으로 코칭을 끝내는 것에 대한 그들의 감정을 다양한 무의식적이고 간접적인 방법으로 제기한다. 다음은 내가 직접 관측한 임원코칭 종결과 관련된 행동의 예이다.

- 마지막 코칭세션에 참여하기 전에 너무 바쁘다는 적절한 이유를 들어 코치가 그들을 떠나기 전에 코치를 떠난다.
- 최종 세션을 반복적으로 취소해서, 코칭과정의 종결을 연기한다.
- 코칭과정 후기나 종결이 가까워질 때 새롭게 심각한 문제를 일으키고, 추가적인 작업 필요성을 제기하거나 이러한 문제 제기를 통해 코치가 불안과 죄책감을 느끼게끔 한다.
- 마지막 코칭세션 내내 고객 자신이 특별한 진전이 없다는 점을 보여주며 코치에게 자기 분노와 버림받은abandonment 것 같은 감정을 투사한다.
- 코칭에 대한 어떤 긍정적인 피드백이나 감사함을 보류하고 코치를 떠나기 위해 응징하려 한다.

수년에 걸쳐 나는 이런 도움 되지 않는 무의식적 역동 관계들이 내가 고객이 코칭의 종결을 인정하고 이를 받아들이도록 준비하는 데 충분한 작업을 하지 않았을 때 일어날 가능성이 훨씬 더 크다는 것을 배웠다. 앞서 설명한 실제적인 단계는 이 작업이 필요하다는 것을 보여준다. 다른 측면은 종결을 둘러싼 어려운 감정이 표면화되고 표현되도록 돕는 적절하고 민감한 방법을 찾는 것이다. 나는 내 경험을 보여주는 것으로 이 장을 끝내고자 한다.

로버트

이런 우려를 보여준 고객 로버트Robert의 사례이다. 고위 공무원인 그는 리더십 프로파일에 대한 심층 평가를 포함한 리더십 프로그램에 따라 코칭을 시작했다. 프로파일에는 그가 지닌 취약점 부분이 두드러져서 이를 극복해야겠다는 생각에 예민해져 있었다. 그의 의사에 따라 우리는 이 주제를 집중적으로 다뤘다. 팀 관리와 동기부여, 자기 영향력을 더 확대하기 위한 스타일 개발 등 관련 주제를 총 10개월에 걸쳐 진행하기로 했다.

코칭받아본 경험이 없던 로버트는 처음부터 조금 의구심을 가졌기에 그에게서 신뢰를 얻기까지는 시간이 좀 걸렸다. 자족적이고self-contained 수줍음이 많고 개인적이었던 그는 점차 마음을 열고 코칭에 적극적으로 개입해 들어오기 시작했다. 그는 느리지만 시작부터 조금씩 꾸준한 진전을 이뤘고, 프로그램 후반부로 넘어가자 전환점이 만들어졌다. 코칭이 그에게 중요하게 된 것이다. 이유는 50대 초반인 그에게 코칭이 자신을 이해하고 다른 사람들과 관계를 맺는 새로운 방법을 찾게 했기 때문이다. 또 몇 개월 동안 그의 업무 효율성이 높아졌고 자신감을 되찾아 그를 변화시켜줬기 때문이다.

로버트의 경우 드문 일이지만 코칭 시작 6개월 만에 직속 상사가 퇴직했고 후임 인사 발령이 나지 않아 두 번째 삼자 미팅을 가질 수 없었다. 그 대신 나는 로버트의 동의를 받아 그의 피드백을 수집하기 위해 옛 상사와 통화하기로 했다. 나는 로버트가 존중했고 그에게 값진 지지를 해주었던 옛 상사의 재출발은 로버트에게 상당한 상실significant loss로 재연되고 있다는 사실을 알고 있었다.

코칭 종결 전 아직 두 번의 세션이 남았던 세션에서였다. 나는 로버트에게 우리의 코칭 작업이 거의 종결에 다다랐다는 사실을 상기시켰다. 그는 놀라고 조금 당황한 것처럼 보였다. 그는 즉시 이야기의 주제를 바꾸었고 끝나기 두 번째 세션을 앞두고 우리 작업 결과를 함께 검토하자는 내 제안에 응하지 않았다. 나는 그의 이런 반응을 주목했고 종결에 대한 로버트의 어려움을 잘 알았어야 했다고 나 자신을 성찰했다. 세션 마무리 지점에서 나는 우리 작업을 검토review 해보자는 제안으로 되돌아와 그에게 이번 세션을 어떻게 느꼈는지 물어보았다.

그는 내 의견에 동의했고 내게 이번 과정을 어떻게 구조화해야 하는지에 관해 물었다. 나는 그가 나와 거리를 두고 눈을 피하는 듯 느껴졌다. 그는 마치 검토에 별로 의미를 두지 않고 넓고 실제적인 과제로 접근하는 것처럼 보였다.

마지막 두 번째 세션이 시작되기 3일 전에, 로버트의 개인 비서가 만남을 취소한다고 연락했다. 그는 로버트가 이번 주 안에 끝내야 하는 중요한 보고서 작성이 있어 세션을 연기하고 싶어 한다고 전해왔다. 평소 로버트의 행동으로 미뤄봤을 때 이는 이상한 일이었다. 그는 약속을 잘 지키려 노력하고 이를 위해 일정을 적절하게 짜는 사람이었다. 일정을 재조정한 날 세션에 그는 조금 늦게 도착했다. 이것 또한 그에게 흔치 않은 일이었다. 그는 조금 혼란스러워 보였고 어머니가 돌아가신 뒤 연민심compassionate을 잃은 자기 상사 가운데 한 명에 대해 조금 길고 자세하게 이야기했다. 그는 과거에 그가 할 수 있었던 그 어떤 것보다 이번에 자신이 얼마나 그 상사에게 감정적인 지원을 아끼지 않았는지도 설명했다.

로버트의 이야기를 들으면서 나는 마음속으로 두 가지 반응inner response을 했다. 첫 번째로 나는 그가 묘사한 상황이 죽음과 관련되어 있음에 충격을 받았다. 나는 그가 이 주제를 꺼낸 것이 우연이 아니라고 생각했고 죽음이라는 주제가 무의식적으로 코칭 종결과 연결되어 있음을 깨달았다. 두 번째로 나는 관심을 가진 동료에게 감정적인 지원을 제공할 수 있을 만큼 그의 능력이 향상했다는 묘사에 감동하였다. 비록 그는 이를 코칭 내용과 명백하게 결부 짓지 않았지만 이야기 속에 암묵적인 인정acknowledgement이 존재했고, 이것은 내게 굉장히 보람 있는 순간이었다. 나는 그가 이미 우리 작업의 핵심 주제와 관련해 효과를 보고 있다는 점을 제시했고, 함께 코칭 결과에 대해 좋은 검토를 이어갈 수 있었다.

종결로 다가가면서 나는 타인과 감정적으로 연결하는 그의 능력이 성장하는 것을 보는 게 내게 얼마나 기쁜 경험이었는지, 그리고 이 코칭 경험이 내가 가장 소중히 여기는 기억 가운데 하나가 될 것이라고 말했다. 그는 내 말에 대꾸하진 않았지만 신중하게 귀 기울이는 모습을 보였다. 나는 그가 바로 이전의 코칭세션과 비교해서 자기감정과 더 많이 접촉하고 있다고 느꼈다. 이전 세션에서 드러난 정서적 난기류emotional turbulence – 거리감을 표현하고, 세션을 취소하고, 이후에도 지각한 것 - 가 코칭 종결로 생겨난 복합감정을 부인하지 않고, 이를 그대로 마음속에 담은 채 평정심을 유지하는 능력으로 진화한 것 같았다.

마지막 세션에서 로버트는 코칭과정 중에 그가 해결하려 애썼던 문제에 관해서 이야기를 나누며 시간을 보내길 원했다. 다시 말해 그가 어려운 관계를 맺었고 사람을 교묘하게 조정하고manipulative, 신뢰할 수 없다고 경험했던 동료직원과 관련된 문제였다. 로버트가 내게 이 동료와 관련한 최신 에피소드를 이야기할 초기 무렵 그의 태도에는 거부감이 있었고 나는 우리가 해결할 수 없다는 느낌을 함께 느꼈었다. 그렇지만 다시 그가 이 사건을 어떻게 다뤄왔는지를 설명하면서는 일 년 전에는 갖지 못했을 권위와 결단을 보여주고 있다는 점이 우리 모두에게 분명하게 인식되었다. 나는 내가 들은 내용에 깊은 인상을 받았다고 그에게 말했다. 그리고 일 년 내내 그가 만들어낸 '내면 코치'의 좋은 예라고 그것을 설명해주었다. 그는 압박감을 느낄지라도 다른 사람들을 대할 때 더 개방적이고 더욱 확신이 차서 나갈 수 있도록 자신을 격려하고, 이 행동을 유도하는 그의 내면의 코치에게 더욱 의지할 수 있었다. 그는 내 말에 기뻐하는 듯했고 내 의견에 동의했다.

이것은 거의 일 년여간 우리가 맺은 생산적인 파트너십에 따른 이 세션이 우리의 마지막임을 분명하게 이야기하는 데 효과적인 연결을 제공했다. 나는 그와의 코칭작업이 그리울 것이며, 시간이 흘러가도 그를 둘러싼 상황이 어떻게 진행되는지 내게 알려주길 바란다고 말했다. 내 말이 끝나자 그는 절제된 방식으로, 그렇지만 따뜻하게 내게 감사 인사를 했는데, 이는 그에게 코칭이 얼마나 큰 의미가 있었는지를 보여줬다.

마지막으로 우리가 이미 논의했던 주제로 되돌아가 보자. 즉 그가 신뢰하는 동료 두 명을 그가 반응 테스트를 해보는 대상 그룹과 비밀도 털어놓는 절친한 친구로 활용할 수 있는 방법을 고민하는 것이었다. 나는 코칭 **종결과 미래**에 다른 사람들을 유용한 도움을 받을 수 있는 자원으로 계속 접근할 수 있고, 그의 내면 코치에 의지하는 것 사이에 **연결**을 만드는 것이 중요하다고 생각했다. 우리의 마지막 악수는 서로에게 감동을 주는 순간이었다. 이후 로버트는 가끔 메일을 통해 일 년 정도 연락을 했고, 그가 언제나 잘해내고 있다는 사실을 알게 되어 기뻤다.

이 짧은 이야기는 코칭 관계의 종결을 다루는 공식을 제공한 것이 아니다. 너무나 많은 것이 고객 개인의 성향에 따라 다르다. 종결이라는 것이 그들에게 얼마나 많은 감정적인 의미를 지니고 있는지, 또 그들이 이에 대해 얼마나 툭 터놓고 이야기할 수 있는지에 따라 달라질 수 있다. 오히려 그것은 코치가 판단하기보다는 종결을 앞두고 고객에게 계속되는 더 많은 일이 일어날 수 있다는 가능성을 언제나 염두에 두는 것이 더 중요하다. 고객이 제공하는 단서에 민감하게 관심을 기울이고, 우리 자신의 감정을 조정함으로써 코칭의 마지막 단계는 코치와 고객 모두에게 풍부한 경험이 될 수 있다.

후기

코칭 현장에서 보낸 여러 해 동안 겪은 경험을 글로 정리한다는 것은 대단히 즐거운 작업이었다. 직관에 따라 고객들과 작업하면서, 자세한 분석 과정을 진행하면서 나는 내가 무엇을 왜 이렇게 해야 하는지 스스로 자문하는 과정이었기에 언제나 쉽지 않은 일이었다. 이런 분석 작업이 내가 더 나은 코치, 수퍼바이저, 교사가 되는 데 도움을 주었다는 점을 잘 알고 있다. 집필 작업의 끝이 보이는 이 순간은 내가 앞서 여러 번 언급했던 복합감정을 느끼는 순간의 하나이다. 물론 내가 좋아하고 헌신했던, 그렇지만 나를 좌절하게 하고 나 자신을 의심하는 고통스러운 상태에 끊임없이 몰아넣던 고객들과 길고 어려운 코칭을 끝낸 뒤 느끼는 감정과 그렇게 다르지는 않다! 때때로 내가 한 번이나 두 번 정도 추가 미팅을 한다면 코칭 결과가 더 좋았을 거로 생각했던 것처럼, 내가 조금만 더 시간을 할애해 글을 더 손보고 쓸 수 있었다면 그 결과가 더 좋았을 것으로 생각한다. 그렇지만 다행히도 능숙한 편집자와 나를 부르는 현실의 요구로 이런 내 욕심을 놓을 수 있게 되었다.

　　나는 이 책이 많은 것을 시사하고 도움이 되길 바라며 끝을 맺는다. 임원코칭 과정을 생동감 있게 재현하고 이 과정을 정신역동 접근의 예시로 구성하기 위하여 최선을 다했다. 여러분이 이 책을 읽고 설명한 개념이나 방법을 잘 활용하여 자기 코칭 실천을 강화하려는 마음을 갖게 한다면, 아니면 정신역동 접근에 대한 심도 있는 연구를 하게 된다면 이 책의 목적은 달성된 것이다.

---

7) 고객을 소개할 필요가 있다는 점을 파악할 수 있는 일반적인 심리학 문제의 경우, Buckley와 Buckley, 2006, 『코칭과 정신건강 가이드: 코칭에서 심리적 과제 다루기』 김상복 역. 한국코칭슈퍼비전아카데미. 2019(예정)을 참조

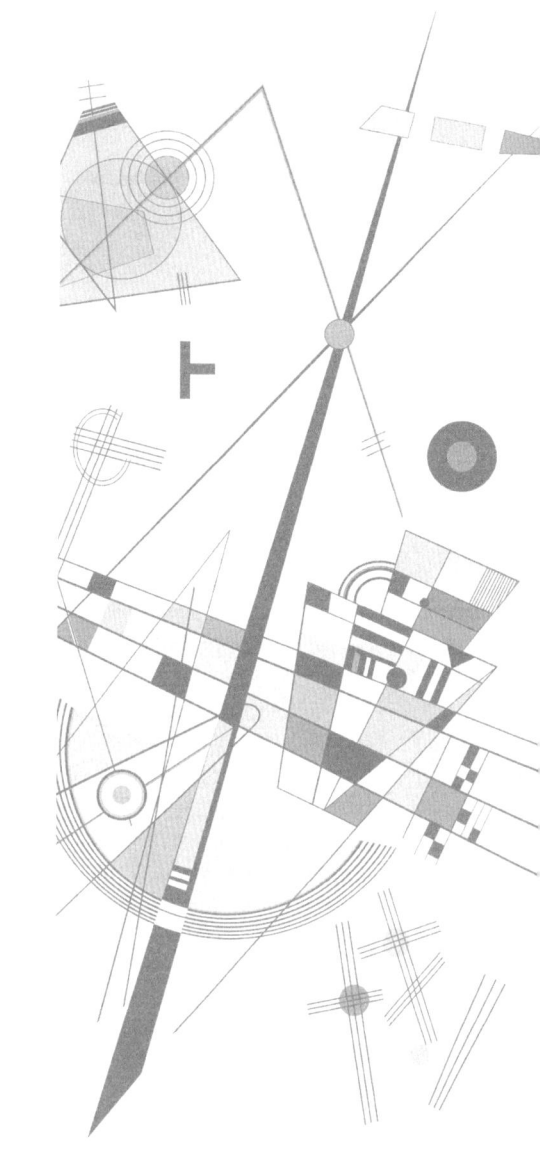

참고문헌 Bibliography

Armstrong, D. (2005) *Organization in the Mind: Psychoanalysis, Group Relations, and Organizational Consultancy*. London: Karnac Books.

Babiak, P. and Hare, R.D. (2007) *Snakes in Suits: When Psychopaths Go to Work*. London: HarperCollins. 『당신 옆에 사이코패스가 있다-매력적인 뒤에 숨겨진 진짜 속마음』 이경식 역, 알에이치 코리아. 2017.

Bion, W.R. (1961) *Experiences in Groups and Other Papers*. London: Tavistock Publications. 『집단에서의 경험』 현준 역. NUN(눈 출판그룹). 2015.

Bion, W.R. (1962) A theory of thinking, in *Second Thoughts*. London: Karnac Books. 『제2의 사고』 홍준기 역. NUN(눈 출판그룹). 2018.

Bridges, W. (2002) *Managing Transitions: Making the Most of Change*. London: Nicholas Brealey Publishing. 『변화 관리-변화를 성공적으로 이끄는 법』 이태복 역. 물푸레. 2004.

Brunning, H. (ed.) (2006) *Executive Coaching: Systems-Psychodynamic Perspective*. London: Karnac Books. 『임원코칭:시스템 정신역동 관점』 김상복 역. 한국코칭수퍼비전아카데미. 2020 예정.

Buckley, A. and Buckley, C. (2006) *A Guide to Coaching and Mental Health: The Recognition and Management of Psychological Issues*. Hove, UK: Routledge. 『코칭과 정신건강 가이드: 코칭에서 심리적 과제 다루기』 김상복 역. 한국코칭수퍼비전아카데미. 2019.

Casemore, R., Dyos, G., Eden, A., Kellner, K., McAuley, J. and Moss, S. (eds.) (1994) *What Makes Consultancy Work: Understanding the Dynamics*. London: South Bank University Press.

CIPD (Chartered Institute of Personnel and Development) (2009) *Taking the Temperature of Coaching*, Report, 24 September. London: CIPD.

Colman, A.D. and Bexton, W.H. (1975) *Group Relations Reader 1*. Washington, DC: A.K. Rice Institute.

Czander, W.M. (1993) *The Psychodynamics of Work and Organizations: Theory and Application*. New York: Guilford Press.

Damasio, A. (2006) *Descartes' Error*. London: Vintage. 『데카르트의 오류』 김린 역. NUN(눈 출판그룹). 2017.

Fonagy, P. (2001) *Attachment Theory and Psychoanalysis*. London: Karnac Books. 『애착과 정신분석-이론, 연구 그리고 임상적 함의』 이지연 역. 학지사. 2015.

Freud, S. (1991) *The Essentials of Psycho-Analysis: The Definitive Collection of Sigmund Freud's Writing*. London: Penguin.

Freud, S. (2006) *The Penguin Freud Reader*. London: Penguin.

Gay, P. (1995) *The Freud Reader*. New York: W.W. Norton.
Gerhardt, S. (2004) *Why Love Matters: How Affection Shapes a Baby's Brain*. Hove, UK: Brunner-Routledge.
Gladwell, M. (2006) *Blink: The Power of Thinking without Thinking*. London: Penguin. 『블링크-첫 2초의 힘』 이무열 외. 21세기북스. 2016.
Goleman, D. (1996) *Emotional Intelligence: Why it can Matter More Than IQ*. London: Bloomsbury. 『감성지능』 황태호 역. 1996. 비전비엔피.
Goleman, D. (2006) *Working with Emotional Intelligence*. New York: Bantam Dell.
Goleman, D., Boyatzis, R. and McKee, A. (2001) Primal leadership: the hidden driver of great performance, *Harvard Business Review*, December, pp. 42-51.
Hawkins, P. and Shohet, R. (2001) *Supervision in the Helping Professions: An Individual, Group and Organisational Approach*. Maidenhead: Open University Press. 『코치와 조력 전문가를 위한 수퍼비전』 이신애, 김상복 역. 한국코칭수퍼비전아카데미. 2019.
Hirschhorn, L. (1993) *The Workplace Within: Psychodynamics of Organizational Life*. Cambridge, MA: MIT Press.
Hirschhorn, L. (1997) *Reworking Authority: Leading and Following in the Postmodern Organization*. Cambridge, MA: MIT Press.
Hirschhorn, L. and Barnett, C.K. (eds.) (1993) *The Psychodynamics of Organizations*. Philadelphia, PA: Temple University Press.
Holmes, J. (1994) *John Bowlby and Attachment Theory*. London: Routledge. 『존 볼비와 애착이론』 이경숙 역. 학지사. 2015.
Horvath, A.O. and Greenberg, L.S. (eds.) (1994) *The Working Alliance: Theory, Research and Practice*. London: Wiley.
Howard, S. (2008) *Psychodynamic Counselling in a Nutshell*. London: Sage. Huffington, C., Armstrong, D., Halton, W., Hoyle, L. and Pooley, J. (eds.) (2004) *Working Below the Surface: The Emotional Life of Contemporary Organisations*. London: Karnac Books.
Kets de Vries, M. (ed.) (2010) *The Coaching Kaleidoscope: Insights from the Inside*. Basingstoke, UK: Palgrave Macmillan.
Kilburg, R.R. (2000) *Executive Coaching: Developing Managerial Wisdom in a World of Chaos*. Washington, DC: American Psychological Association.
LeDoux, J. (1999) *The Emotional Brain*. London: Orion Books Ltd. 『느끼는 뇌-뇌가 들려주는 신비로운 정서이야기』 최준식 역. 학지사. 2006.
Lee, G. (2003) *Leadership Coaching: From Personal Insight to Organisational Performance*. London: CIPD.
Neborsky, R.J. and Ten Have-De Labije, J. (2011) *Roadmap to the Unconscious: Mastering Intensive Short-term Dynamic Psychotherapy*. London: Karnac Books.
Obholzer, A. and Zagier Roberts, V. (eds.) (1994) *The Unconscious at Work: Individual and Organisational Stress in the Human Services*. London: Routledge.
O'Neill, M.B. (2000) *Executive Coaching with Backbone and Heart: A Systems Approach to Engaging Leaders with their Challenges*. San Francisco, CA: Jossey-Bass. 『경영자 코칭』 조윤정 역.

아시아코칭센타. 2009.
Peace, W.H. (2001) The hard work of being a soft manager, *Harvard Business Review*, December, pp. 5-11.
Peltier, B. (2001) *The Psychology of Executive Coaching: Theory and Application*. New York: Brunner-Routledge. 『경영자 코칭 심리학』 김정근 외 역. 학지사. 2017.
Rogers, J. (2004) *Coaching Skills: A Handbook*. Maidenhead: Open University Press.
Sandler, C. (2009a) Give me shelter, *Coaching at Work*, May, pp. 34-36.
Sandler, C. (2009b) The psychological role of the leader in turbulent times, *Strategic HR Review*, 8 (3): 30-35.
Sandler, C. (2010) How to manage leaders' anxiety, *People Management*, 8 April, p. 33.
Sandler, C. *The use of psychodynamic theory in coaching supervision* in Bachkirova, T., Jackson, P. & Clutterback, D. (Editors) (2011) *Coaching and Mentoring Supervision: Theory and Practice*. Maidenhead: Open University Press. 『코칭 멘토링 수퍼비전의 이론과 모색』 김상복, 최병현 역. 한국코칭수퍼비전아카데미. 2020 예정.
Sandler, J. (ed.) (1989) *Dimensions of Psychoanalysis*. London: Karnac Books.
Sandler, J., Dare, C., Holder, A. and Dreher, A.U. (1992) *The Patient and the Analyst*. London: Karnac Books.
Segal, H. (1973) *Introduction to the Work of Melanie Klein*. London: Karnac Books. 『멜라니 클라인-멜라니 클라인의 정신분석』 이재훈 역. 한국심리치료연구소. 1999.
Stern, D. (1985) *The Interpersonal World of the Infant*. New York: Basic Books.
　『최초의 관계 유아와 어머니』 민주원 역. NUN(눈 출판그룹). 2015.
　『정신분석과 발달심리학적 시각에서 바라본 유아의 대인관계적 세계』 한동석 역. CIR 2018.
　『좋은 엄마는 만들어 진다- 여성이 엄마가 되면 어떻게 변하게 되는가』 이근 역. 미래사. 2010.
Storr, A. (1989) *Freud: A Very Short Introduction*. New York: Oxford University Press.
Strachey, J. et al. (eds.) (1953-74) *The Standard Edition of the Complete Works of Sigmund Freud* (24 volumes). London: The Hogarth Press and the Institute of Psychoanalysis.
Winnicott, D.W. (1964) *The Child, the Family, and the Outside World*. London: Pelican Books. 『아이, 가족, 그리고 외부세계』 이재훈 역. 한국심리치료연구소. 2018.
Winnicott, D.W. (1984) *Through Paediatrics to Psychoanalysis: Collected Papers*. London: The Institute of Psychoanalysis and Karnac Books.
　『그림 놀이를 통한 어린이 심리치료』 이재훈 역. 한국심리치료연구소. 1998.
　『박탈과 비행』 이재훈 역. 한국심리치료연구소. 2001.
　『성숙 과정과 촉진적 환경』 이재훈 역. 한국심리치료연구소. 2000.
　『놀이와 현실』 이재훈 역. 한국심리치료연구소. 1997.
　『소아의학을 거쳐 정신분석학으로』 이재훈 역. 한국심리치료연구소. 2011.

색인 Index

가족families
    고객 이해를 위한 초기 관계salience of early relationships in understanding clients   116~119
갈등(내적 갈등)conflict, internal
    갈등을 다루기 위한 방어패턴salience of defensive patterns in dealing with   113~116
    고객 사례연구case studies involving client   113, 269~271
    고객 이해로 이끄는 프레즌스salience of presence in guiding understanding of client   109~113
    인간 정신의 반응as response to elements of human psyche   69
    강점, 고객 행동은 너무 오래 걸릴 때 변화를 달성하는데 겪는 어려움strengths, client behaviours challenge to achieving change when taken too far   183~185
검토reviews
    코칭 종결을 위한 검토salience as element of coaching closure   325~327
    경계, 고객 변화 메카니즘boundaries, setting of as client change mechanism   257
    담아주기 과정의 중요성importance in client containment process   142~144
경험experiences, coach
    고객의 긍정적 변화를 가능하게 하는 역할role and use in enabling positive client change   185~187
계약contacts, initial
    사례연구case studies of   199~202, 218~220
    코치, 고객의 특성과 특징salience and characteristics of coach client   197~198
    고객과 의사소통을 위한 코치의 통찰력과 견해의 중요성opinions and insights, coach importance of discretion in communicating to client   146~150
고객과 코칭clients, coaching
    초기 경험의 특징(성격특성, 양가감정)salience of early life experiences to   116~119
    코치-고객 관계의 특징salience of coach-client relationships   119~121
    고객 변화의 우선순위prioritising and organising client change   179~182
고객의 과제problems, client
    구조화 사례연구case study of framing of   240~242
    코칭과정에서 재구조화role of reframing in coaching process   171~173
고든 브라운 사례연구Brown, G, (case study)
    투쟁 리더십 스타일fight leadership style   222~223
공감empathy, coach   39~41
공격성aggression
    고객 사례연구case studies of clients displaying   222, 235~259
    역기능적 리더십 요인as element of dysfunctional leadership style   220~221
공인 인력개발협회Chartered Institute of Personnel and Development(CIPD)   53~55
관계(코치-고객)relationships, coach-client
    고객의 변화와 코치 통찰로서의 특징salience as agent of coach insight and client change   119~121
    관계 형성에서 초기 가족 경험이 주는 시사점relationships, early family salience in guiding understanding of clients   116~119
    관계 형성의 중요성과 특징characteristics and importance of building   125~129

조직-코치와 고객의 관계 관리relationships, organization-coach-client management of process 204~208
구조(코칭 과정)structure, coaching process
  불안과 양가감정 감소의 중요성importance in reducing anxiety and ambivalence 134

니콜라 사례연구Nicola(case study)
  변화를 위한 도전changing challenges 198~199, 292~293, 295
  변화의 결과change outcomes 314~315
  불안의 특징salience of anxiety of 295, 303~304
  억압, 합리화 투사 방어기제repression, rationalization and projection as defences 306~308
  코칭 전략coaching strategies 227~230, 301~302, 305~306, 309~314
  고용 프로필employment profile 292
  작업동맹 구축building the working alliance 300
  초기 미팅 준비initial meeting preparation 293~294
  코칭의 핵심과제key coaching tasks 308~309
  회피로 인한 동기부여와 통찰 방해motivation and insight avoidance as barrier 308~314
닉 사례연구Nick(case study)
  생각과 감정관련 고객의 무의식client unconscious thoughts and feelings 97~99
  심리적 방어기제로서의 억압repression as psychological defence mechanism 80~81

다니엘 골먼Goleman 54, 63
다니엘 사례연구Daniel(case study)
  고용 프로필employment profile 264
  방어 패턴pattern of defences of 267~269
  변화의 결과change outcomes 286~287
  불안의 특징salience of anxiety of 266~267
  억압, 부인, 반영으로서의 투사적 동일시 repression, denial and projective identification as defences 276~279
  작업동맹 구축building the working alliance

274~275
장벽을 통한 갈등회피conflict avoidance as barrier 269~271
초기미팅 준비initial meeting preparation 265
코칭도전coaching challenges 198~199, 266
코칭전략coaching strategies 227~230, 271~274, 280~281
핵심 코칭과제key coaching tasks 279~280
담아내기containment, client anxiety
  가능하게 하는 과정processes enabling 137~142
  담아내기의 중요성importance of 130~132
  사례연구case study of 141~142
대화(코치-고객)dialogue, coach-client
  고객의 변화 메커니즘as client change mechanism 189~191, 256
  의견에 관한 재량권 필요need for discretion regarding opinions 146~150
  일대일 과정의 도전challenges of process of one-to-one 45~48
데니스 사례연구Denise(case study)
  의사소통의 재량권discretion in communicating opinions 148~150
데오드레 사례연구Deirdre(case study)
  인생 초기 경험과 가족의 영향impact of early family and life experiences 117~119
데이비드 사례연구David(case study)
  코치-고객 관계coach-client relationships 119~120
도미닉 사례연구Dominic(case study)
  아동의 무의식 역동unconscious dynamics of children 75~77
동기부여(고객)motivations, client
  개발 전략 관련 사례연구case study of strategies to develop 309~312
  고객 특성 관련 사례연구case studies of client characteristics and 42~45
동일시(투사적)identification, projective
  방어기제로서의 사례연구case study of as defence mechanism 276~279
  심리적 방어기제의 특성characteristics as psychological defence mechanism 89~90

두려움fear
　　고객 사례연구case studies of clients displaying　223,
　　263~287
　　역기능적 리더십 스타일as element of dysfunctional
　　leadership style　221~223

라지 사례연구Raj(case study)
　　고객의 특성과 동기 부여client characteristics and
　　motivations　44
랄프 사례연구Ralph(case study)　180~182
레지나 사례연구Regina(case study)
　　경계 설정boundary setting　143~144
로렌스 사례연구Lawrence(case study)
　　심리적 방어기제로서의 주지화intellectualization
　　as psychological defence mechanism　86
로버트 사례연구Robert(case study)
　　무의식과 의식적 행동unconscious and conscious
　　behaviours　336~339
로저 사례연구Roger(case study)
　　고객의 정서적 경험client emotional experiences
　　104~105
루스 사례연구Ruth(case study)
　　고객의 내적 갈등client internal conflict　112
　　고객의 불안client anxiety　108~109
루이사 사례연구(고객의 불안)Luisha(case study) client
　　anxiety　107
리더십leadership
　　역기능dysfunctional styles　220~225
　　약점관련 사례연구case studies of weaknesses of
　　199~200, 235~315
　　코칭의 특성과 역할characteristics and role of
　　coaching in enhancing　53~55
　　효과성 강화를 위한 도전challenge of regaining
　　effective　225~226

마가렛 사례연구Margaret(case study)
　　코치 피드백의 활용use of coach feedback
　　186~187

마음(모델)mind, the models of　64~68
마음(무의식)mind, unconscious
　　정신역동 이론의 구성요소as element of
　　psychodynamic theory　59~60
마틴 사례연구Martine(case study)
　　고객과의 초기 계약coach client initial contact
　　199~200
맥스 사례연구Max(case study)
　　고객의 불안client anxiety　107~108
　　고객 이해를 위한 함께하기salience of presence in
　　guiding understanding of clients　113~116
　　정신역동 이론의 하나인 심리적 방어기
　　제mechanisms, psychological defence as element of
　　psychodynamic theory　61~62
　　코치-고객 관계coach-client relationships　120~121
　　패턴에 대한 사례연구case study of patterns of
　　249~250
말콤 사례연구Malcolm(case study)
　　동료로 인한 통찰insight into colleagues　187~189
멜라니 클라인Klein, M.　59
모델과 이론models and theories
　　마음의 구조structures of the mind　64~68
　　정신역동의 핵심개념key concepts of psychodynamic
　　59~90
모린 사례연구Maureen(case study)
　　전이transference　145~146
무의식unconsciousness
　　정신역동 이론의 요소로서 신경과학
　　neurological basis as element of psychodynamic theory
　　63~64
　　초기 역동의 사례연구case study of dynamics of in
　　early childhood　75~77
무의식functioning, unconscious
　　정신역동 이론의 요소as element of psychodynamic
　　theory　63~64
　　초기 어린시절 사례연구case study of in early
　　childhood　75~77

방어defences, psychological

색인　347

패턴에 대한 사례연구case study of patterns of 249~250
정신역동 이론의 메커니즘mechanisms of as element of psychodynamic theory 61~62
고객이해를 위한 프레즌스의 특징salience of presence in guiding understanding of clients 113~116
버락 오바마Obama, B. 310~311
베린다 사례연구Bellinda(case study)
부인, 심리적 방어기제denial as psychological defence mechanism 82~83
변화(고객)change, client
결과에 대한 사례연구case studies of outcomes 259, 286~287, 314~315
우선순위와 조직화에 대한 사례연구case study of prioritising and organising 179~182
지나친 회피 전략을 위한 요구need for strategies avoiding excessive 173~176
변화의 결과
사례연구case studies of 259, 286~287, 314~315
심리학 이론으로서의 방어 패턴patterns, defence as element of psychodynamic theory 61~62
부인denial
방어기제의 사례연구case study of as defence mechanism 276~279
심리 방어기제as psychological defence mechanism 81~83
분열과 이상화splitting and idealization
심리적 방어기제로서 특징characteristics as psychological defence mechanism 83~84
불안 고객anxiety, client
고객 이해를 위해 가이드(불안 담아주기), 코칭과정에 미치는 영향 등 106~109
사례연구case studies of 107~109, 129~130, 240, 266~267, 295, 303~304
이해와 인정의 중요성importance of recognition and understanding 130~132

사고(고객)thoughts, client
고객의 사고 관리management of 150~154

고객 이해를 위한 프레즌스의 특징salience of presence in guiding understanding of clients 96~100
정신역동 이론의 특징salience as element of psychodynamic therapy 79~80
코칭 초기 단계에서 고객의 역할과 활용role and use of client in early stage coaching 144~146
활용을 위한 전이와 역전이 사례연구 transference and counter-transference case studies of use 271~274, 305~306
사례연구case studies
고객 변화를 위한 자기 인식과 통찰, 피드백self-awareness, insight and feedback in ensuring client change 159~161, 185~187
고객 변화의 우선순위prioritising and organising client change 179~182
고객의 내적 갈등internal conflict of clients 110~112
고객의 분노와 정서anxieties and emotions of clients 107~109, 129~130, 240, 266~267, 295
고객 의도와 행동client intention versus behaviour 182~185
고객의 정서와 느낌, 참여와 촉진promotion and engagement of client emotions and feelings 312~314
고객의 통찰과 경험insights and experiences of clients 103~105, 187~188, 309~312
고객 주제의 구조화framing of client problems 240~242
낮은 자존감barriers to changing low self-esteem 246~248
담아주기containment of clients 141~144
동기부여와 성격 특징characteristics and motivations of clients 42~45, 308~312
리더십 스타일leadership styles 224~225
무의식적, 의식적 생각과 행동unconscious and conscious thoughts and behaviours 97~100, 336~339
방어 패턴defensive patterns of clients 114~116, 249~250
심리적 방어기제psychological defence mechanisms 80~90, 251~252, 306~308
싸우기-도망가기-얼어붙기 특징'fight', 'flight' and

'freezing' characteristics 224~225, 235~315
어린 시절 무의식적 역동unconscious dynamics of childhood 75~77
의사소통의 재량discretion in communicating opinions 148~150
작업가설 개발developing working hypotheses 242~244
전이 역전이transference and counter-transference 145~146, 152~154, 271~274, 305~306
정서프로파일 삼각형use of emotional profiles triangles 226~230, 254~255, 280~283, 309~312
조직-코치-고객의 관계organization-coach-client relationships 205~208
초기 계약coach-client initial contact 199~202
초기시절 경험과 가족관계early family and life experiences 117~119
코치-고객 관계coach-client relationships 119~121
코치-고객의 의존성coach-client dependency 330~331
코칭에서 정신역동 접근psychodynamic approach to coaching 167~168, 252~254
코칭의 조기종결early termination of coaching 320~323
산드라 사례연구Sandra (case study)
　역전이 관리managing counter-transference 153~154
산업(서비스 산업 포함)industries, service
　초기계약 사례연구case study of coach-client initial contact 200~202
상호작용interactions, initial
　사례연구case studies of 199~202, 218
　고객과 코치 관계의 특징salience and characteristics of coach client 197~199
상호책임accountability
　코칭 종결 요인salience as element of coaching closure 325~327
서비스(서비스 산업)services(service industries)
　코칭과 고객의 초기 계약 사례연구case study of coach-client initial contact 200~202
세바스찬 사례연구Sebastian(case study)

결과로서의 변화change outcomes 259
고용 프로파일employment profile 236, 248~249
낮은 자존감low self-esteem as barrier 246~248
리더십의 취약성leadership weaknesses 197~199
문제의 구조화framing the problem 240~242
방어로서의 투사와 동일시projection and identification as defences 251~252
방어 패턴pattern of defences of 249~250
불안의 특징salience of anxiety of 240
작업가설의 개발developing a working hypothesis involving 242~244
초기 미팅 준비initial meeting preparation 238
코칭의 도전coaching challenge of 198~199, 236~239, 248~249
코칭전략coaching strategies 226~230, 244~246, 254~256
핵심 코칭과제key coaching tasks 252~254
수잔 사례연구Suzanne(case study)
　고객 의도와 행동client intention versus behaviour 182~185
　코치의 피드백 활용하기use of feedback by coach 185~186
수퍼비전(코칭)supervision, coaching
　특성과 역할characteristics and role 52
수퍼에고superego
　마음 모델의 요소as element of model of the mind 67~68
쉐릴 사례연구Cheryl(case study)
　코치-고객의 의존성coach-client dependency 332
신경과학neurosciences
　초기 애착의 중요성role in importance of early attachment 74~75
심리학psychology
　개인의 초기 어린시절 애착 경험의 중요성 importance of early childhood attachments in individual 72~75
　인간 개발의 심리학of human development 69~72
싸움fight
　사례연구case study displaying characteristics of 235~259

색인 349

역기능적 리더십 스타일as element of dysfunctional leadership style 220~221

아담 사례연구Adam(case study)
   정신역동 코칭 분석psychodynamic approach to coaching 167~168
안나 사례연구Anna(case study)
   고객 특성과 동기부여client characteristics and motivations 42
안나 프로이트Freud, A. 59
알렉산드라 사례연구Alexandra(case study)
   역전이 관리 152
   압력, 완화를 위한 코칭의 역할pressures, leadership role of coaching in alleviating 53~55
애착관계(코치-고객)attachments, coach-client
   심리발달과 초기 어린시절의 중요한 애착 attachments, early childhood importance in psychological development 72~74
   애착의 중요성에 대한 신경과학의 입장role of neurosciences in confirming importance 74~75
   코칭 종결에서 애착관계salience as element of coaching closure 327~329
양가감정ambivalence, client
   코칭과정에서 양가감정 및 구조와 영향salience in coaching process 132~133
어려움(고객)difficulties, client
   구조화를 위한 사례연구case study of framing of 240~242
   코칭과정에서 재구조화의 역할role of reframing of in coaching process 171~173
어린시절childhood
   무의식 역동에 대한 사례연구case study of unconscious dynamics of 75~77
   심리학적 발달과 초기 애착의 중요성 importance of early attachments in psychological development 72~75
   코칭과정에서 보이는 경험적 특성salience of experiences in guiding coaching process 113~116
억압repression

방어기제로서의 사례연구case studies of as defence mechanism 276~279, 306~308
심리적 방어기제의 특징characteristics as psychological defence mechanism 80
얼어붙기freezing
   사례연구case studies displaying characteristics of 224~225
   역기능적 리더십 스타일as element of dysfunctional leadership style 222~223
에고ego 65~67
에드워드 사례연구Edward(case study)
   무의식적인 생각과 감정client unconscious thoughts and feelings 99
   역기능적 리더 간의 효과성, 도전과제 관리 effectiveness, management challenge of regaining among dysfunctional leaders 225~226
   정서 프로파일 삼각형의 활용use of emotional profiles triangles to regain 226
에릭 사례연구Erik(case study)
   내적갈등client internal conflict 110~111
에바 사례연구Eva(case study)
   고객의 정서적 경험client emotional experiences 103~104
엘리자베스 사례연구Elizabeth(case study)
   고객 특성과 동기client characteristics and motivations 45
   역기능적 리더십 스타일로서의 철수withdrawal as element of dysfunctional leadership style 223~225
위니캇Winnicott, D. 59, 73
의도(고객)intention, client 182~185
의뢰(코칭 고객)referral, coaching
   코칭 프로세스의 이슈와 함축implications and issues of process 323~324
의사소통(코치-고객)communication, coach-client
   고객의 변화 메커니즘as client change mechanism 189~191, 256
의견에 관한 재량권 요구need for discretion regarding opinions 147~150
일대일 과정의 도전challenges of process of one-to-one 45~48

의존성(코치-고객)dependency, coach-client
    발달, 정신역동 이론의 요소로서 심리적 특성development, psychological characteristics as element of psychodynamic theory　69~72
    코칭 종결시의 특징salience as element of coaching closure　329~331
이드id　64~65
이론과 방법theories and models
    정신역동의 핵심개념key concepts of psychodynamic　59~90
    마음의 구조structures of the mind　64~68
이상화identification
    방어기제로서의 사례연구case study of as defence mechanism　151~252
    심리적 방어기제의 특성characteristics as psychological defence mechanism　87
이상화와 분리idealization and splitting characteristics as psychological defence mechanism　83~84
인간의 심리적 개발psychological development　69~72
임원, 코치와 코칭coaches and coaching, executive
    사례연구case studies of　167~168, 244~245, 252~254
    성장과정growth of process　53~55
    스타일styles of　48~50
    특성, 도전, 목적characteristics, challenges and purpose　39~40, 45~48, 161~163
    코칭 위임 조직과의 초기 계약initial contact with commissioning organization　197~198

자가인식(고객)self-awareness, client
    고객변화를 촉진하는 역할role in promoting client change　159~163
자일즈 사례연구Giles(case study)
    심리적 방어기제로서의 전치displacement as psychological defence mechanism　84~85
자존감esteem, client self
    낮은 변화의 장애물 연구case study of barriers to changing low　246~248
자존감(고객)self-esteem, client

낮은 변화의 장벽에 대한 사례연구case study of barriers to changing low　246~248
작업가설hypotheses, working
    발달 관련 사례연구case study of developing　242~243
    임원코칭에서의 활용use in executive coaching　50~51
전치/위치 바꾸기displacement
    심리적 방어기제as psychological defence mechanism　84~85
정서와 느낌emotions and feelings, client
    관대함의 증가increasing client tolerance of　176~179
    관리를 위한 방어 패턴salience of defensive patterns in dealing with　112~116
    고객 이해를 위한 프레즌스salience of presence in guiding understanding of client　95~105
    드러나는 특성 사례연구case studies displaying characteristics of　222~223, 291~315
    역기능적 리더십 스타일as element of dysfunctional leadership style　221~222
정서를 알아차리는 위한 복합감정 기술'mixed feelings' technique of recognising emotion　168~170
정서 프로파일 삼각형emotional profiles triangles(EPTs)
    anticipated clients　216
    기원origins of use　212~215
    리더십 스타일leadership styles as element of　217~220
    리더십 효과성use in regaining effective leadership　226~227
    사례연구 활용case studies of uses　227~230, 255~256, 280~283, 309~312
    특성에 관한 정의definition and characteristics　216
정신역동psychodynamics
    이론의 사례연구case studies of theory of　167~168, 252~254
    이론의 핵심 개념key concepts of theory of　59~90
정신역동적 심리치료therapy, psychodynamic
    역사적 발전historical development　77~78
제라드 사례연구Gerald(case study)

방어 패턴client characteristic defensive patterns   114~116
제임스 사례연구James(case study)
　심리적 방어기제로서 분리와 이상화splitting and idealization as psychological defence mechanism   83
제프 사례연구Geoff(case study)
　불안 고객client anxiety   107
제조업manufacturing
　초기 계약 사례연구case study of coach-client initial contact   199~200
조 사례연구Zoe(case study)
　자기 인식과 아동의 변화self-awareness and client change   159~173
조직내 긴장tensions, internal
　코칭 초기 이슈와 문제점 내부적 종결internal termination, coaching implications and issues for early   319~323
종결(코칭)closure, coaching
　의뢰의 여향과 이슈referral implications and issues   324
　조기 종결의 이슈 영향early termination implications and issues   319~323
　프로세스의 성격과 특징characteristics and salience of process   325~327
주지화intellectualization
　심리적 방어기제로서의 특징characteristics as psychological defence mechanism   86
줄리아 사례연구Julia(case study)
　심리적 방어기제로서 투사projection as psychological defence mechanism   88

찰리(사례연구)Charlie(case study)
　방어기제로서의 투사적 동일시projective identification as defence mechanism   88~90
초기 경험experiences, early life
　고객 이해를 결정짓는 요인salience as determinant in understanding clients   116~119
초기접촉. 사업, 제조업 코치-고객의 초기 접촉 businesses, manufacturing case study of coach-client initial contact   199~200

카렌 사례연구Karen(case study)
　심리적 방어기제로서 합리화rationalization as psychological defence mechanism   85~86
컨설팅(코치와 고객)consultations, coach-client
　고객의 변화 메커니즘as client change mechanism   189~191
　의견에 대한 재량권의 필요need for discretion regarding opinions   146~150
　일대 일 과정의 성격challenges of process of one-to-one   45~48
케이트 란츠Lanz, K.   213
코칭을 위임하는 조직
　첫 미팅protocols for first meeting with   203
　초기 계약 관련 사례연구   199~202
　코치의 초기 접촉의 특징characteristics of initial contact with coach   197~199
크리스티나 사례연구Christina(case study)
　새로운 고객의 불안anxiety in new clients   129~130
클라이브Clive(case study)
　고객 정서의 정상화normalizing client emotions   177~178
키란Kiran(case study)
　고객의 불안 담아주기containment of anxious client   141~142

테레사 사례연구Theresa(case study)
　고객-코치의 초기계약coach-client initial contact   200~202
토니 블레어 사례연구Blair, T.(case study)
　도피적 리더십 스타일flight leadership style   224
토니 헤이워드Hayward, T.(case study)
　얼어붙는 리더십 스타일'freeze' leadership style   223~225, 309
통찰(고객)insights, client
　개발 전략 사례연구case study of strategies to develop

352　정신역동과 임원코칭

309~312
고객 변화의 촉진role in promoting client change 159~163
통찰과 코치의 견해insights and opinions, coach
　의사소통에서 코치의 재량importance of discretion in communicating 146~150
통찰(동료)insights, colleague
　고객이 유익을 얻을 수 있는 방법methods enabling clients to gain 187
투사projection
　방어기제로서 사례연구case studies of as defence mechanism 251~252, 306~308
　심리적 방어기제로서의 특성characteristics as psychological defence mechanism 87~88

평가evaluations
　코칭 종결의 특징salience as element of coaching closure 325~327
펠리시티 사례연구Felicity(case study)
　코치-고객의 의존성coach-client dependency 330~331
폴 사례연구Paul(case study)
　조직-코치-고객 관계organization-coach-client relationships 205~207
프로이트Freud, S. 59~90, 106
피드백(코치)feedback, coach
　고객의 긍정적 변화를 위한 역할role and use in enabling positive client change 185~187
피터 사례연구Peter(case study)
　심리적 방어기제로서의 동일시identification as psychological defence mechanism 87

합리화rationalization
　방어기제로서의 사례연구case study of as defence mechanism 306~308
　심리적 방어기제로서의 특성characteristics as psychological defence mechanism 85
확언affirmation, coach

코칭과정에서 제공해야 할 특징salience of providing in coaching process 136~137
행동behaviours, client
　고객 이해를 위한 특징salience in guiding understanding of clients 112~116
　변화를 가능하게 하는 고객의 통찰, 강점, 의도와 행동versus client intention in enabling change 182~184
　비합리적 신념과 고객의 심리역동 이해beliefs, client irrational psychodynamic approach to understanding 171
　코칭 종결과 관련한 고객 행동의 무의식, 의식적 특징, 고객의 우려concerning coaching closure 333~339
헬레나 사례연구Helena(case study)
　코칭 조기 종결의 의미implications of early termination of coaching 320~321
회피avoidance
　역기능적 리더십 요인으로서의 회피as element of dysfunctional leadership style 220~221
　알아차림, 고객의 변화를 촉진을 위한 자기 역할awareness, client self-role in promoting client change 159~163
회피flight
　사례연구case study displaying characteristics of 263~287
　역기능적 리더십 스타일as element of dysfunctional leadership style 221~222

색인 353

저자 소개

캐서린 샌들러 Catherine Sandler 박사

리더십 개발 분야에서 25년 넘게 활동해온, 영국의 가장 경험 많은 임원코치이자 수퍼바이저이다. 영리, 비영리 부문 고위직을 전문으로 코칭하고 있다. 개인과 조직에 괄목할 성과를 이끌어 내는 손꼽히는 프랙티셔너로서 명성을 얻고 있다.

영국 옥스포드 대학에서 박사 학위를 받았으며, 자격을 갖춘 심리 카운슬러이다. 1993년부터 2001년까지 런던비즈니스스쿨London Business School을 비롯한 여러 선도적 교육 기관에서 다양한 프로그램을 가르쳤다. 2000년에는 인시아드 INSEAD의 글로벌리더십센터에서 코칭 교육 개발에 참여하였으며, 주력 프로그램 인 '변화를위한 코칭과 컨설팅'을 가르쳤다. 런던의 타비스톡 클리닉Tavistock Clinic 에서 교사, 컨설턴트, 박사 학위 수퍼바이저였으며, 옥스포드 대학교에서 박사 학위를 받은 심리 카운슬러이다.

경제 불황에 대처하는 리더십을 포함, 임원 스트레스, 직장 내 따돌림, 독성적 성격을 드러내는 리더들과 일하기 등 리더십과 코칭 관련 강연 및 저술 활동을 하고 있다. 그녀는 풍부한 코칭 경험을 바탕으로 『임원코칭과 정신역동Executive Coaching - Psychodynamic Approach』을 저술하여 2011년 McGraw Hill에서 출판하였으며, 현재는 베이징과 상하이에서 정규 코치 교육 프로그램을 운영하고 있다.

샌들러 박사는 심리 훈련과 비즈니스 통찰력의 강력한 결합을 기반으로 코칭을 차별화한다. 개인과 그룹의 정신역동 관점을 사용하여 공감적이고 적극적인 통찰과 변화를 이끌어내는 데 중점을 두고 코칭한다. 360도 피드백, 성격 프로파일링 등 다양한 모델과 도구를 사용하여 심리를 진단하며 리더의 오래된 행동 양식을 변화시킨다.

지난 몇 년간 캐서린의 고객 목록에는 Argent Services, AXA, Baker & McKenzie, Barclays Bank, BBC, BP, Burberry, Capgemini, Carnegie Mellon University, Ernst & Young, John Lewis, Kingsley Napley, Lloyds Lloyd's Register Rail, 런던비즈니스스쿨, Reed Elsevier, Russell Investments, Societé Générale, UBS, Vision Capital, Waitrose, WD-40 등이 있다. 비영리 부문에는 NHS Trusts, FE Colleges, 중앙 정부와 자선단체 Save the Children UK 등의 고객이 있다.

발간사

호모코치쿠스 10. 정신역동과 임원코칭

코칭은 행동 변화를 통해 지금보다 더 성장하기 위한 도구이다. 코치는 고객의 변화와 발전을 위해 코칭세션에 집중하며 온 정성을 다한다. 코치가 정성을 쏟은 만큼 고객이 변하고 발전하는 것처럼 보람되고 기쁜 상황은 없다. 그렇지만 변한 것 같은 고객이 다시 과거의 모습으로 회귀하거나 한 발 나아갔다고 생각했는데 제자리걸음을 하고 있을 때는 코치로서 고객에게 안타까움을 느끼는 것을 넘어 코치 자신을 자책하기도 한다.

어디 고객만 그런가? 코치로 활동하는 나 자신도 지속적인 성장과 발전을 하고 싶으나 변화의 순간 무엇인가에 막혀 좌절하며 감정적 어려움을 경험하곤 한다. 그럴 때면 드는 생각이 '내가 왜 이럴까?'이다. 좌절하는 순간 정신분석과 관련된 책을 읽으며 나에 대한 이해와 그 이해를 바탕으로 고객을 더 많이 이해하게 된 순간들이 기억난다. 나아가지 못하고 맴도는 세션을 마친 뒤, 또는 내 마음의 어떤 불편함을 경험한 뒤 책에서 그 상황을 보고 알게 되었다. 그러면서 만나게 된 정신분석 이론에 매력을 느꼈지만, 왠지 엄두가 나지 않아 더는 깊이 있게 다가가지 못했다. 정신분석이라고 하면 어렵고 생소한 이론이라고 생각할 수도 있지만(나만 그런가?) 이 책에서는 이해하기 쉽고 알기 쉽게 저자가 경험한 많은 사례를 통해 정신분석이 코칭 현장에서 어떻게 활용되는지 소개한다.

조직에서 리더의 역량과 영향력은 특히 중요하다. 어떤 역량을 가진 리더인가에 따라 조직의 성과가 달라질 수 있다. 리더는 조직에 함께 몸담고 있는 조직원들에게 가장 크게, 그리고 강력하게 영향을 미친다. 조직에서 중요한 역할을 담당하는 자리이기에 어떤 조직에서는 때로 비용을 들여 리더에게 코칭 기회를 제공한다. 이 책을 읽는 것은 비즈니스 코칭, 특히 임원코칭에 관심이 있는 코치라면 임원코칭의 생생한 현장을 간접 체험할 기회가 된다.

코치가 중심이론을 가지고 코칭하는 것이 중요하다고 강조하셨던 역자의 뜻에 따라 여러 가지 이론을 탐색하면서 같은 고객이라도 코치가 어떤 이론을 배경으로 고객을 보는가에 따라 코칭이 달라질 수 있음을 보게 된다. 이 책은 정신분석 이론을 배경으로 고객을 바라보고 코칭을 진행한 사례들을 정리한 것이다.

코칭 시장이 더욱 활발해지고 코치가 전문가로 자리 잡을 수 있도록 하는 데에는 코치들의 자기 관리와 성장이 중요하다. 특히 지속적인 성장을 위해 열정을 가지고 학습하는 코치들이 많아지고 있다. 사람에 관한 관심과 타인의 성장을 기쁨으로 여기는 코치들이 자기 코칭을 비춰볼 수 있는 다양한 이론적 배경을 바탕으로 코치 자신과 코칭세션을 관리하고, 고객과의 신뢰를 바탕으로 단단한 관계 안에서 고객이 마음껏 도전해 보고 새로운 발걸음을 뗄 수 있는 든든한 파트너가 된다면 서로에게 도움이 되는 시간이지 않을까 생각해 본다. 여러 가지 학습 가운데 이론 중심 학습, 그 가운데서도 정신분석에 많은 관심과 학습이 진행되길 바란다.

코치들을 위해 한걸음 앞서가시며 좋은 책을 소개해 주시고 또 직접 글을 쓰고 임상 경험을 나눠주시는 김상복 코치님……. 먼저 가시는 코치님의 든든한 등 뒤에서 비바람을 피하며 안전하게 따라갈 수 있음에 감사드린다. 뜻을 세우고 그 뜻을 이루기 위해 부단히 목표를 향해 가시는 걸음의 곁에 함께 할 수 있어 기쁘다. 코치이자 연약한 한 사람으로서 불안이 엄습하여 도전하지 못할 때, 두려움 앞에서 주저할 때 지지와 격려로 곁에서 지켜봐주시고, 동기를 부여해 주셔서 큰 힘이 되었다는 것을 발간사 지면을 빌어 말씀드리고 싶다. 삶의 전환점에서 변화 현장의 목격자가 되어 달라는 요청에 응답하시고 인내를 가지고 기다려 주심에 감사드리며, 이 책에 나오는 코칭 경험들이 우리의 코칭세션에서도 유용하게 활용되기를 기대해 본다.

2019년 5월 3일
'참 나다움의 자유를 추구하며' 봄날의 늦은 밤 서재에서
코치 김현주

코칭 A to Z 출판목록

001	누구나 할 수 있는 코칭 대화 모델	김상복
	- GROW_candy 모델 이해와 활용	
002	세상의 모든 질문	김현주
	: 아하에서 이크까지, 질문적 사고와 질문 공장	
003	첫 고객·첫 세션 어떻게 할 것인가	김상복
	(1) 윤리적 가이드라인과 전문가 기준에 의한 고객 만남	
	(2) 코칭계약과 코칭 동의 수립하기	
004	코칭과 진단도구: 자기 이해와 수용	고태현
	- 활용사례를 중심으로	
005	해석학적 코칭: 내면세계로의 여정	최병현
006	전문 사내코치 활동 방법과 실천	김상복
007	영화로 배우는 웰다잉: Coaching In Cinema I	정익구
008	영화로 배우는 리더십: Coaching In Cinema II	박종석
009	크리스찬 리더십 코칭	최병현
010	병원 조직문화와 코칭	박종석
011	코칭에서 은유와 은유 질문	
012	고객체험·고객 분석과 코칭 기획: ICF 11가지 역량 해설10	
	(10) 코칭 기획과 목표 설정	
013	코칭에서 공간과 침묵: ICF 11가지 역량 해설4	
	(4) 코칭 프레즌스	
014	아들러 심리학과 코칭의 활용	
015	코칭에서 고객의 주저와 저항 다루기	
016	'갈굼과 태움' 어떻게 코칭할 것인가?	
017	영화로 배우는 부모 리더십: Coaching In Cinema III	
018	정신분석적 코칭의 이해	
019	행동 설계와 상호책임: ICF 11가지 역량 해설9, 11	
	(9) 행동 설계 (11) 진행 관리와 상호 책임	
020	감정 다루기와 감정 코칭 I	
021	12가지 코칭 개입 유형의 이해와 활용: Coaching In Cinema IV	
022	질문 이외의 모든 것·직접적 대화: ICF 11가지 역량 해설7	
	(7) 직접적 대화	
023	MCC 역량과 코칭 질문: ICF 11가지 역량 해설6	
	(6) 강력한 질문	
024	임원 & CEO 코칭의 현실과 코치의 준비	
025	미루기 코칭의 이해와 활용	
026	내러티브 기반 부모 리더십 코칭	
027	젠더 감수성과 코칭관계	

- 집필과정에서 필자의 의사와 출판 상황에 따라 제목이 바뀔 수 있습니다.
- 필자명이 없는 주제는 집필 상담 가능합니다. 공동 필자 참여 가능합니다.
- ■ 출판 ■ 근간

호모코치쿠스

코칭 튠업 21
: ICF 11가지 핵심역량과 MCC 역량

김상복 지음

뇌를 춤추게 하라
: 두뇌 기반 코칭 이론과 실제

Neuroscience for Coaching

에이미 브랜 지음
최병현, 이혜진 옮김

마음챙김 코칭
: 지금-여기-순간-존재-하기

Mindful Coaching

리즈 홀 지음
최병현, 이혜진, 김성익, 박진수 옮김

코칭 윤리와 법
: 코칭입문자를 위한 안내

Law & Ethics in Coaching

패트릭 윌리암스, 샤론 앤더슨 지음
김상복, 우진희 옮김

조직을 변화시키는 코칭 문화

How to create a coaching culture

질리안 존스, 로 고렐 지음
최병현, 이혜진 등 옮김

내러티브 상호협력 코칭
: 3세대 코칭 방법론

A Guide to Third Generation Coaching : Narrative-Collaborative Theory and Practice

라인하르드 스텔터 지음
최병현, 이혜진 옮김

임원코칭의 블랙박스

Tricky Coaching

맨프레드 F. R. 케츠 드 브리스 등 편집
한숙기 옮김

마스터 코치의 10가지 중심이론

Mastery in Coaching

조나단 패스모어 편집
김선숙, 김윤하 등 옮김

코칭·컨설팅 수퍼비전의 관계적 접근

Supervision in Action

에릭 드 한 지음
김상복, 조선경, 최병현 옮김

정신역동과 임원코칭
: 현대 정신분석 코칭의 기초1

Executive Coaching : A Psychodynamic Approach

캐서린 샌들러 지음
김상복 옮김

(출간 예정)

정신역동 코칭의 이해와 활용
: 현대 정신분석 코칭의 기초2
Psychodynamic Coaching : focus & depth

울라 샤롯데 벡 지음
김상복 옮김

임원코칭: 시스템-정신역동 관점
- 현대 정신분석 코칭의 기초3
Executive coaching: System-psychodynamic persfective

하리나 버닝 편집
김상복 옮김

마인드풀 리더십 코칭
Mindful Leadership Coaching : Journeys into the interior

맨프레드 F.R. 케츠 드 브리스 지음
김상복, 최병현, 이혜진 옮김

코치와 조력 전문가를 위한 수퍼비전
Supervision in the Helping Professions

피터 호킨스, 로빈 쇼헤트 지음
이신애, 김상복 옮김

코칭 프레즌스: 코칭개입에서 의식과 자각의 형성
Coaching Presence : Building Consciousness and Awareness in Coaching Interventions

마리아 일리프 우드 지음
김혜연 옮김

멘탈 강인함 완성
고성과, 웰빙, 회복력 향상을 위한 코칭전략 탐색
Developing Mental Toughness : Coaching strategies to improve performance, resilience and wellbeing

덕 스트리챠크직, 피터 클러프 지음
안병옥, 이민경 옮김

내러티브 코칭의 이론과 실천
Narrative Coaching : The Definitive Guide to Bringing New Stories to Lif

데이비드 드레이크 지음
김상복, 김혜연, 서정미 옮김

고용 가능성
개인에게는 원하는 일자리, 기업에게는 원하는 인재
Developing Employability and Enterprise: Coaching Strategies for Success in the Workplace

덕 스트리챠크직, 샤롯 바스워스 지음
조현수, 최현수 옮김

코칭과 정신건강 가이드
: 코칭에서 심리적 과제 다루기
A Guide to Coaching and Mental Health : The Recognition and Management of Psychological Issues

앤드류 버클리, 케롤 버클리 지음
김상복 옮김

인지행동 기반 라이프코칭
Life Coaching : A Cognitive behavioural approach

마이클 니난, 윈디 드라이덴 지음
정익구 옮김

강점기반 리더십 코칭
: 조직 내 긍정적 리더십 개발을 위한 가이드
Strength_based leadership Coaching in Organization An Evidence based guide to positive leadership development

덕 매키 지음
김소정, 박지홍 옮김

웰다잉 코칭
생의 마지막과 상실을 겪는 사람들을 위한 코칭 가이드
Coaching at End of Life

돈 아이젠하워, J. 발 헤이스팅 지음
정익구 옮김

정치 리더십
Leading Change
How Successful Leaders Approach Change Management

Paul Lawrence 지음
최병현 등 옮김

ADHD Coaching
- 정신건강 전문가를 위한 가이드

Prances Prevatt, Abigail Levrini 지음

코칭수퍼비전의 이론과 모색
Coaching and Mentoring Supervision : - Theory and Practice

타티아나 바키로버, 피터 잭슨, 데이빗 클러터벅 지음
김상복, 최병현 옮김

Productive Aging :
an occupational perspective

Marilyn B. Cole, Karen C. Macdonald 지음

Being Supervised
A Guide for Supervision

Marilyn B. Cole, Karen C. Macdonald 지음

.... **(코쿱북스)** ....

101가지 코칭의 전략과 기술
: 젊은 코치의 필수 핸드북
101 Coaching Strategies and Technique

글래디나 맥마흔, 앤 아처 지음
김민영, 한성지 옮김

리더십을 위한 코칭
Coaching for Leadership

마샬 골드 스미스, 로렌스 라이언스 등 지음
고태현 옮김

코칭의 역사
Sourcebook Coaching History

비키 브록 지음
김경화, 김상복 외 15명 옮김

코치와 카우치
Coach and Couch

멘프레드 F.R. 케츠 드 브리스 등 지음
조선경, 이희상, 김상복 옮김

이 도서의 국립중앙도서관 출판예정도서목록(CIP)은 서지정보유통지원시스템 홈페이지(http://seoji.nl.go.kr)와 국가자료종합목록시스템(http://kolis-net.nl.go.kr)에서 이용하실 수 있습니다. (CIP제어번호 : CIP2019019062)

Executive Coaching, 1st Edition

저작권 ⓒ2011 McGraw-Hill Education
이 저서의 한국 번역 판은 맥그로 힐 교육 코리아(McGraw-Hill Education Korea, Ltd.)와 코칭수퍼비전아카데미(Coaching Supervision Academy)가 공동으로 발행합니다. 이 판은 한국에서의 판매 허가를 받았습니다.

한국어판 ⓒ2019 McGRaw-Hill Education Korea, Ltd. 한국코칭수퍼비전아카데미.
이 간행물의 어떤 부분도 출판사의 사전 서면 허가없이 복사, 녹음, 녹화는 물론 데이터베이스, 정보와 검색 시스템을 포함한 어떠한 형태나 방법을 통해 전자적 또는 기계적 방법으로 복제하거나 전송할 수 없습니다.
이 책은 한국코칭수퍼비전아카데미에서 독점 배포됩니다.

 호모코치쿠스 10

정신역동과 임원코칭
현대 정신분석 코칭의 기초 1

초판 1쇄 발행 2019년 6월 20일

| 펴낸이 | 김상복
| 지은이 | 캐서린 샌들러
| 옮긴이 | 김상복
| 편 집 | 정익구
| 디자인 | 이상진
| 제작처 | 비전팩토리
| 펴낸곳 | 한국코칭수퍼비전아카데미
| 출판등록 | 2017년 3월 28일 제 2017-000021호
| 주 소 | 서울시 마포구 포은로 8길 8. 1005호
| 문의전화 (영업/도서 주문) 카운트북

전화 | 070-7670-9080 팩스 | 070-4105-9080
메일 | countbook@naver.com
편집 | 010-3753-0135
편집문의 | hellojisan@gmail.com 010-3753-0135

www.coachingbook.co.kr
www.facebook.com/coachingbookshop

ISBN 979-11-89736-08-8
책값은 뒤표지에 있습니다.